世界遗产
WORLD HERITAGE · PATRIMOINE MONDIAL
元上都遗址
SITE OF XANADU

元上都，是13~14世纪亚洲北方游牧与农耕两大文明在百年碰撞与融合中形成的具有文化融合典范价值的草原都城。位于蒙古高原的东南边缘，作为忽必烈的龙兴之地及元朝的第一座都城（1263~1273年），是蒙元帝国百年风云的权力中心之一，在此所发生的一系列重大政治、宗教、文化、军事等历史事件，都在中国历史乃至世界范围产生过显著影响。

元上都遗址，是中国元代都城系列中创建最早、历史最久、格局独特、保存最完好的遗址。它作为一座拥抱着巨大文明的废墟，见证了13世纪世界历史进程的大转折，记载和印证了13~14世纪这一特定的历史时期在中国所发生的重大历程——马背（游牧）民族对文化高度发达的农耕文明地区进行军事征服与文化吸纳与皈依的过程；以及由此产生的游牧与农耕两种文化兼容并蓄的“二元城市”模式，在世界文明发展史和城市规划设计史上拥有独特地位，对当代乃至今后的人类文明与文化进程仍具有启示意义。

元上都遗址申遗文本编制项目组

项目负责人：陈同滨

执　笔　者：陈同滨　蔡　超　徐新云　李　敏

俞　锋　郭辛欣　韩真元　吴　东

2012年中国申报世界文化遗产项目

NOMINATION DOSSIER FOR THE WORLD CULTURAL HERITAGE SITE OF XANADU

元上都遗址

申报世界文化遗产提名文件

内蒙古自治区文物局

中国建筑设计研究院有限公司建筑历史研究所

编著

文物出版社

图书在版编目（CIP）数据

元上都遗址申报世界文化遗产提名文件 / 内蒙古自治区文物局，中国建筑设计研究院有限公司建筑历史研究所编著. -- 北京 ：文物出版社，2019.10

ISBN 978-7-5010-6291-1

Ⅰ. ①元… Ⅱ. ①内… ②中… Ⅲ. ①都城(遗址)-文化遗址-文件-中国-元代 Ⅳ. ①K928.647

中国版本图书馆CIP数据核字（2019）第206240号

元上都遗址申报世界文化遗产提名文件

作　　者：内蒙古自治区文物局
　　　　　中国建筑设计研究院有限公司建筑历史研究所

责任编辑：马晓雪　李　飏
责任印制：陈　杰
责任校对：陈　婧

出版发行：文物出版社
社　　址：北京市东直门内北小街2号楼
网　　址：http://www.wenwu.com
邮　　箱：web@wenwu.com
经　　销：新华书店
制版印刷：天津图文方嘉印刷有限公司
开　　本：889mm × 1194mm　1/16
印　　张：37.5
版　　次：2019年10月第1版
印　　次：2019年10月第1次印刷
书　　号：ISBN 978-7-5010-6291-1
定　　价：780.00元（全二册）

UNESCO
元上都遗址
SITE OF XANADU

序 言

中国的北方是一片草原。

元上都——蒙元帝国的夏都，坐落于这片草原上的内蒙古锡林郭勒盟境内。清清的闪电河——滦河上游的一条支流，从茫茫金莲川草原由西向东蜿蜒而来，傍城而过，奔向浩瀚汹涌的太平洋。

2012年6月29日，这座曾于六百多年前闻名于亚欧大陆的蒙元帝国都城遗址，在俄罗斯圣彼得堡举行的联合国教科文组织第36届世界遗产委员会会议上，被列入世界遗产名录。元上都遗址所蕴含的丰富的文化价值，被国际文化遗产保护和研究组织所公认，享誉世界。

中国向联合国教科文组织提交元上都遗址申报世界文化遗产的文本，也是世界遗产大会审查通过元上都遗址列入世界文化遗产的唯一和首要的文件，现在正式付梓出版。它的出版，是作为世界遗产公约缔约国——中华人民共和国在保护人类文化遗产事业上不懈努力的标志之一，也是世界遗产大会对元上都遗址在人类发展史上的独特价值的认定，同时也是对元上都遗址保护研究工作的总结。毋庸讳言，文本的出版是传播元上都的重要载体，也是对文本编制工作的回顾和总结，也必将成为未来人们对这段艰辛历程的美好回忆和纪念，更是人们进一步认识和理解元上都遗址突出普遍价值的基础。

在距今 3000 多年以来北方转冷的气候演化大背景下，草原游牧民族逐步形成并创造了地球上独特的草原游牧文明。中国北方经匈奴、鲜卑、突厥、契丹等民族继承发展，至公元 13 世纪初，成吉思汗统一蒙古草原，蒙古民族正式形成，成为游牧民族的集大成者，建立的横跨欧亚草原的庞大蒙古帝国不仅创造了冷兵器时代的军事奇观，而且变革草原游牧社会制度，海纳百川，吸收与融合东西方不同文化，推动了游牧民族社会的进步。元世祖忽必烈在农耕与游牧过渡地带建立上都城，成为蒙元帝国的夏都。它南统中原丰饶的农耕区域，北揽游牧草原，是当时地球上从未有过的庞大帝国的都城，是世界上两种文化融合的城市规划杰出的典范。元上都遗址是蒙元帝国都城系列中历史最久、格局最独特、保存最完好的遗址。同时，元上都是蒙元帝国疆域内外、沟通东西方之间、南北方之间的交通体系的枢纽，使草原与中原、东方与西方的文化、人才、科技、经贸、交通、物质流动达到此前从未有过的顺畅和繁盛，对于欧洲城邦国家体系的演化、文艺复兴的萌芽以及大航海时代的兴起都有着重要的影响，并在几个世纪中给予世界文学艺术和其他创作以灵感。所以，一些学者称元上都遗址是一座拥抱着人类文明的巨大废墟。而今世界正在成为地球村，我国积极倡导构建人类命运共同体。作为世界文化遗产典型代表的元上都遗址所承载的深厚历史文化遗产价值，正是我们今天的中国作为一个崛起中的大国对世界文明和人类智慧的贡献之一。

在元上都遗址列为世界文化遗产的文本与读者见面的时刻，我们不能忘记，为把凝聚游牧文明和农耕文明的元上都遗址推上世界遗产舞台，国家文物局与内蒙古自治区、锡林郭勒盟、正蓝旗、多伦县的党委和政府的重视与做出的不懈努力，其中时任国家文物局局长的单霁翔先生等多位领导数次莅临元上都遗址进行现场指导，到内蒙古自治区首府呼和浩特与自治区领导商研推进元上都申遗工作；我们不能忘记在元上都申报世界文化遗产预备期，国家和内蒙古自治区专家学者在历史、考古、文化、环境等研究领域呕心沥血所取得的大量学术成果；我们不能忘记，以陈同滨所长为首的中国建筑设计研究院建筑历史研究所组成的工作团队，应邀承担了元上都申报世界文化遗产繁重的文本编制工作，宏观瞭望世界历史都城，微观细剖元上都遗址建筑特征，深度发掘元上都遗址所蕴含的突出普遍价值，阐释其真实性和独特性；我们不会忘记，从事元上都研究数十年的内蒙古大学教授叶新民及其他几位先生以三月之期，完成26万余字的申遗文本所需12个子课题的基础研究工作；我们不会忘记，徐苹芳、陈高华、刘迎胜、郭旃等数十位专家学者先后对遗址突出普遍价值研讨和完善所贡献的心智；当然，我们也不会忘记，在完成文本最后冲刺阶段的中英文审校工作中，中国古迹遗址保护协会（ICOMOS CHINA）和内蒙古大学外国语学院的中外籍专家，以及中国建筑设计研究院建筑历史研究所、排版印制公司和文本组工作人员，连续在印刷车间奋战20余日，每天伏案16个小时以上夜以继日呕心沥血地工作。国际古迹遗址理事会的技术评估团于2011年8月7日到10日完成对遗址现场的考察评估，完全肯定了申遗文本对元上都遗址的描述及对突出普遍价值的认定，并给予高度评价。内蒙古自治区领导的高度重视，元上都遗址考古和技术保护团队、基础设施建设与环境整治及保护管理团队和协调等工作团队，为文本作用的成功发挥以至申遗成功予以有力的支持。

元上都遗址申报世界文化遗产文本和附件，它既是一份国家文件，也是一部学术著作。它是元上都遗址历史光芒的聚焦、回眸灵魂的画卷、远瞩未来的灯塔。

昨天就是今天的历史，多年之后再看此文本，其珍贵性将更加凸显，无疑其自身也必将成为一件内涵丰厚的文化遗产。值此文本付梓之际，回忆文本研编日月的霞红月钩，苦乐杂陈，坎坷跌宕，不胜感慨。沉思良久，写如上简短文字，向元上都祝福，向所有为元上都遗址申报世界文化遗产文本做出贡献的朋友们、诸位领导、专家学者及各方面同志致以敬意！当然，还有与我一起在文本工作组工作的既是专家又是工作人员的顾问薄音湖教授、陈雅光处长、翟禹副研究员等同志。

刘兆和

2019 年 3 月 · 呼和浩特

注：刘兆和为内蒙古自治区元上都遗址申报世界文化遗产领导小组文本工作组组长，内蒙古自治区文物局原局长。

总目录

壹·文本

贰·附件

图版目录

壹·文本

2. 描　述

2.a 遗产描述

2.b 历史与演变

3. 列入理由

3.a 提议遗产列入所依据的标准

4. 遗产保护情况和影响因素

5. 遗产的保护与管理

贰·附件

1. 图　集

1.a 历史图片

1.b 遗存图片

1.c 自然风景图片

1.d 民俗图片

1.e 元上都文化影响图片

SITE OF XANADU

元上都遗址

前言

在亚欧大陆的文明发展史上，欧亚草原游牧族群以其非定居的生产生活方式，形成了有别于定居农业的族群社会特性，并在历史气候发生大幅波动的时期，必因生存资源的困境而与其南向各文明帝国产生激烈冲突。在中国，这种现象自公元前 3 世纪之后几乎贯穿了整个发展历史，特别是在蒙古高原漠南地区——存在着一条沿 200～400 毫米等降水量线分布的游牧—农耕的生业交错地带，成为不同生业的民族或族群产生冲突、交流与融合的重要地区，对亚洲东部近 2000 年来的历史进程具有重大意义；其中崛起于 12 世纪的蒙古民族，不仅对整个亚欧大陆的文明进程产生过极其重大的影响，也在漠南地区孕育了中华文明历史上版图最大的蒙元帝国。元上都遗址，位于漠南的农牧交错地带，是蒙元帝国开拓者忽必烈的“龙兴之地”。其在历史地理上的典型性非同一般！

2010 年，我们受内蒙古自治区文化厅委托，为“元上都遗址”的世界文化遗产申报提供咨询服务。虽然在中国历史上，生活在广袤的蒙古高原上的民族或族群曾屡屡与不同朝代的中央帝国政权产生大规模军事冲突，成为中国历史上的重要篇章，但是关于这些族群或民族以及他们的文化特性，却从未被作为文化主体予以足够的关注与研究。这一现象，在我后来受理的中哈吉三国联合申遗项目“丝绸之路：长安—天山廊道的路网”中更加明显——在现有世界史研究中，有关天山山脉以北和以西地区游牧民族的历史研究成果，无论是权威世界史专著还是联合国组织的《中亚史》专著，都未能被哈萨克斯坦和吉尔吉斯斯坦的专家所接受。

由是，元上都遗址的价值研究成为申遗工作的首要挑战。我从未研究过蒙元史，面对各种不同的学术观点争议，只能选择“用材料说话”的立场，并依据遗址的基本属性“城址”，引入了城市规划史学家格迪斯（Patrick Geddes，1854～1932 年）和芒福德（Lewis Mumford，1895～1990 年）有关城市是文明综合载体的“城市文化”理念，选择了从城市的空间规划特征角度作为切入点，对考古遗址及其环境的各种物质要素及其关联进行“解读”，逐一归纳成功能布局、规模形制、选址地形等城市规划要素，进而辨析游牧与农耕两种文明与文化对上都城在选址、建造、使用等方面的不同影响，进行价值特点的辨认与分析；最后将各种规划特征提升到文明与文化的角度予以认知与评价。

与此同时，项目组依据《实施〈保护世界文化与自然遗产公约〉的操作指南》规定的价值评估标准与同期同类对比要求，对已列入《世界遗产名录》的蒙古国同类遗产“鄂尔浑河谷”、特别是成吉思汗都城“哈剌和林”遗址进行了充分的实地考察，包括在中国考古专家帮助下获得了哈剌和林最新考古成果，并在对其进行深化研究分析之后，我们发现各种中国城市功能空间布局中存在着两种典型的基本规划形式：一种是游牧民族作为统治者的“并列型”，另一种是农耕民族作为统治者的向心式“环套型”；以此为基础进行元上都遗址城市功能空间形式的比对，发现其空间规划十分独特，充分展现出的游牧与农耕文明的二元城市文化。最终，项目组经由一系列的专项探讨，归纳出元上都遗址符合世界文化遗产的四项标准：民族文化交流之价值、蒙元帝国见证之价值、二元城市典范之价值以及与具有世界意义的事件、信仰与文学作品关联之价值。

这一价值声明获得了国际古迹遗址理事会评审专家的充分认可，并提出了进一步支持的观点，成为我国多年申遗项目中被国际组织认可程度最高的项目。2012年6月29日，在俄罗斯优美的圣彼得堡召开的联合国教科文组织第36届世界遗产委员会会议上，我国的第一个草原遗产“元上都遗址”成功列入《世界遗产名录》！

这是一个新的开端，任重而道远！同时我们深感庆幸，是元上都遗址将我们的历史知识与学术视野引向了一个更为广阔和深远的格局，可谓终身受益。更为值得关注的是，近年来国际史学界、包括中国的考古学和历史学家，正在从全球化及全球史的视野，开始反思欧亚草原文化在世界文明中应有的地位，包括开展有关蒙古民族历史源流的专题研究。

我们期待着，元上都遗址的价值将得到进一步的发掘，遗址的保护管理水平在世界遗产标准的指导下获得显著提升！我们期盼着，元上都遗址这一伟大而独特的人类文明遗产得以永世传承！

陈同滨
2019年3月15日

壹·文本

元上都遗址

SITE OF XANADU

执行摘要

a 缔约国

b 国家、省份或地区

c 遗产名称

d 精确到秒的地理坐标

e 申报遗产范围说明

f 显示申报遗产范围和缓冲区的地图和平面图

g 列入的理由《突出的普遍价值声明》

h 遗产申报遵循的标准

i 当地官方机关 / 机构的名称和联系信息

a. 缔约国

中华人民共和国

b. 国家、省份或地区

内蒙古自治区锡林郭勒盟正蓝旗、多伦县

c. 遗产名称

元上都遗址

d. 精确到秒的地理坐标

遗产申报区中心坐标（宫城 1 号建筑基址）：
北纬 42° 21'28.80"，东经 116° 11'06.46"

遗产申报区四向顶点坐标：
东：北纬 42° 25'09.39"，东经 116° 18'47.28"
南：北纬 42° 16'53.05"，东经 116° 13'57.47"
西：北纬 42° 24'35.56"，东经 116° 04'44.28"
北：北纬 42° 27'53.33"，东经 116° 13'03.54"

缓冲区四向顶点坐标：
东北：北纬 42° 37'43.91"，东经 116° 32'56.11"
东南：北纬 42° 10'13.90"，东经 116° 06'16.55"
西南：北纬 42° 17'00.75"，东经 115° 54'11.23"
西北：北纬 42° 39'42.98"，东经 116° 19'18.00"

e. 申报遗产范围说明

提名地的申报范围由元上都遗址的遗迹分布范围，以及与元上都遗址关联紧密的自然环境要素组成，结合可清晰辨认的现有地形划定边界；占地面积 25131.27 公顷。该范围受到《中华人民共和国文物保护法》《世界文化遗产保护管理办法》《内蒙古自治区元上都遗址保护管理办法》的保护。

该范围四至边界为：东起大敖包东侧的山丘（高程 1423 米），沿山脊线向南，经上都河水坝、砧子山东北侧山丘、接砧子山山脊线至南炮台主峰（高程 1482 米）；南自南炮台主峰至土墨图敖包；西自土墨图敖包，经额金敖包、沿山脊线至葫芦苏台敖包（高程 1452 米）；北自葫芦苏台敖包（高程 1452 米），高程 1417 米山丘，查干敖包，经乌和尔沁敖包林场南侧苏木界，沿高程 1474 山丘山脊线，至大敖包东侧的山丘（高程 1423 米）。

“元上都遗址”突出普遍价值的承载要素包括城址、墓葬群、自然环境和人文环境。其中：

1. 城址

城址始建于 1256 年、毁于 1368 年，由宫城、皇城、外城、关厢和铁幡竿渠组成，遗址遗迹分布面积 1796 公顷，是“元上都遗址”历史文化遗存的主体部分。

2. 墓葬群

墓葬群包括一棵树墓葬群（分布面积 215 公顷）和砧子山墓葬群（分布面积 292 公顷），它们分别是元代上都城蒙、汉两族居民的公共墓地，是上都城周边墓葬群的典型代表。这些墓葬与元上都的历史变迁联系紧密，墓中出土的器物和碑文反映了当时的居民生活情况。

3. 自然环境

自然环境由元上都城址所在的金莲川草原、上都河、龙岗山等自然环境要素，以及遗址所在地区的典型草原、森林草原、湿地和沙地 4 种类型共存的特色草原景观组成，反映了蒙古高原东南边缘地带的环境特征，是“元上都遗址”作为草原都城的基底环境。

4. 人文环境

人文环境包括分布于元上都周边群山顶部的敖包及与敖包相关的祭祀、那达慕大会等活动，它们是蒙古族萨满教信仰中山岳崇拜传衍至今的独特见证，是蒙古族人民向祖先寄托情感和敬意的场所。

缓冲区说明

提名地的缓冲区根据“元上都遗址”城址区的视线所及范围、历史环境完整的空间界面、自然要素与人文环境的分布范围综合划定，旨在保护遗产价值的完整性、即保护具有蒙古高原东南缘草原自然景观特色的地理环境价值特征；缓冲区占地面积 150721.96 公顷。该区受到《世界文化遗产保护管理办法》《内蒙古自治区元上都遗址保护管理办法》和《元上都遗址保护管理规划》、《元上都遗址生态环境与自然景观保护规划》的保护。

该区的四至边界为：东起松树沟－查干淖尔胡德嘎公路，沿黑风河河道、多伦县与正蓝旗间的行政边界，经白彦敖包、长仙敖包、狐仙敖包、老北沟、南喇嘛井子，沿马圈子沟山脊线至西大山山脊；南自西大山山脊，沿双敖包梁山脊线、多伦县与正蓝旗间的行政边界，至大石头场山丘（高程 1358 米）；西自大石头场山丘，经上都镇至桑根达来公路，嘎尔敖包、格根敖包以东山脊、胡虎出洛（高程 1393 米）、五牛石（高程 1397 米）、乌布尔满哈西侧山脊、哈尔其台阿，至乌和尔沁敖包林场北侧苏木界；北自乌和尔沁敖包林场北侧苏木界，沿阿土台敖包山、扎格斯台淖尔、浩力图淖尔、热木图淖尔以北山脊线，赛音胡都嘎苏木南侧苏木界，至松树沟－查干淖尔胡德嘎公路。

f. 显示申报遗产范围和缓冲区的地图和平面图

f-1 显示申报的遗产区和缓冲区边界的地形图的缩略图

地理坐标点

遗产区：
A: N42°27'53.33" E116°13'03.54"
B: N42°25'09.39" E116°18'47.28"
C: N42°24'35.56" E116°04'44.28"
D: N42°24'35.56" E116°04'44.28"

缓冲区：
E: N42°39'42.98" E116°19'18.00"
F: N42°37'43.91" E116°32'56.11"
G: N42°10'13.90" E116° 6'16.55"
H: N42°17'00.75" E115°54'11.23"

图 例

遗产区
缓冲区
城址分布区
墓葬群分布区
代表性敖包
其他敖包
1523 高程
铁路
公路
县界
苏木界

0 1 2 5千米

1954 年缩编，北京坐标系，1979 年 10 月数字化成图，1956 年海拔基准高程，2010 年 3 月绘制。

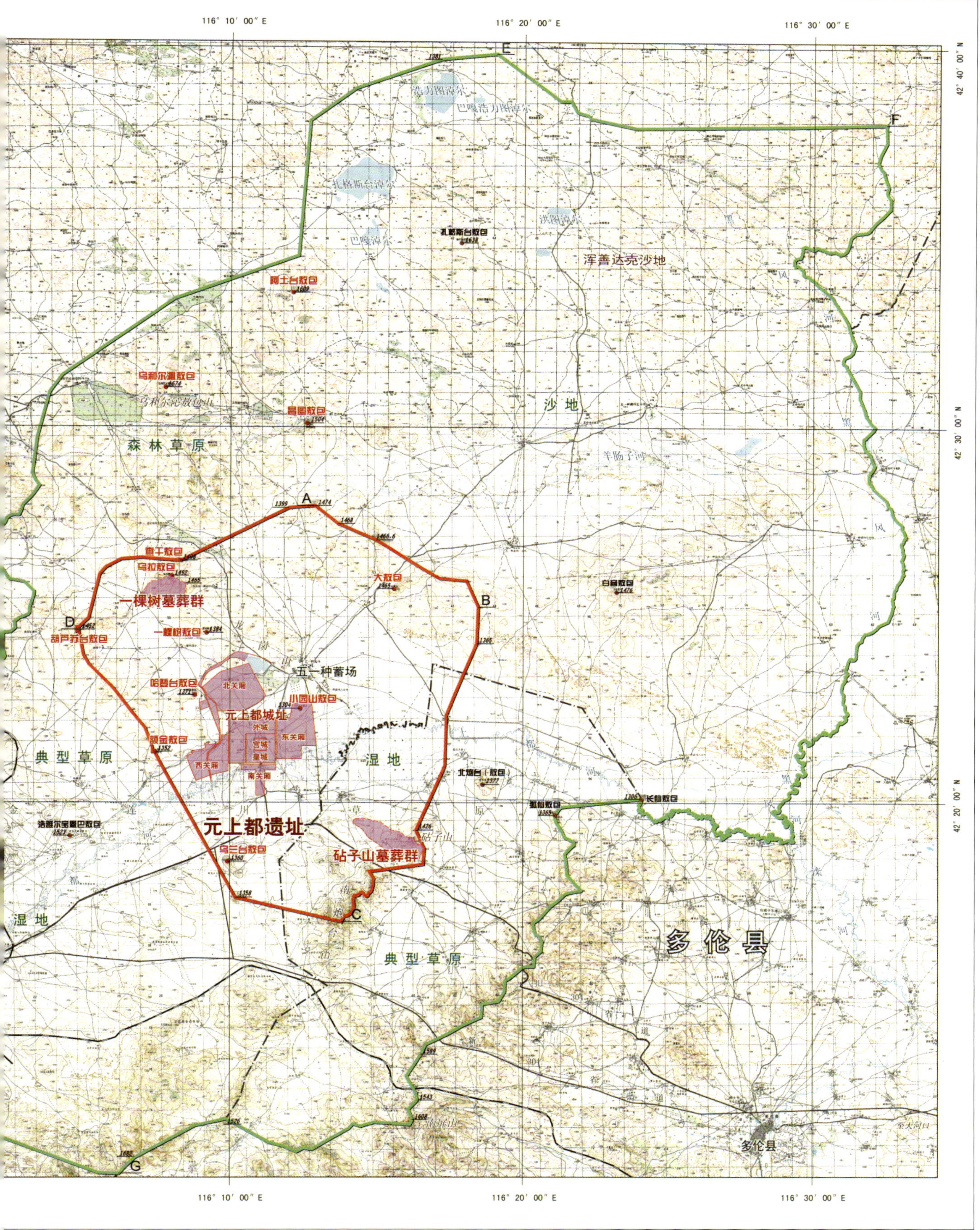
116° 10′ 00″ E
116° 20′ 00″ E
116° 30′ 00″ E
42° 40′ 00″ N
42° 30′ 00″ N
42° 20′ 00″ N
浑善达克沙地
沙地
森林草原
典型草原
湿地
元上都城址
元上都遗址
一棵树墓葬群
砧子山墓葬群
五一种畜场
多伦县
A
B
C
D
E
F
G

f–2 显示申报的遗产区和缓冲区边界的卫星影像图的缩略图

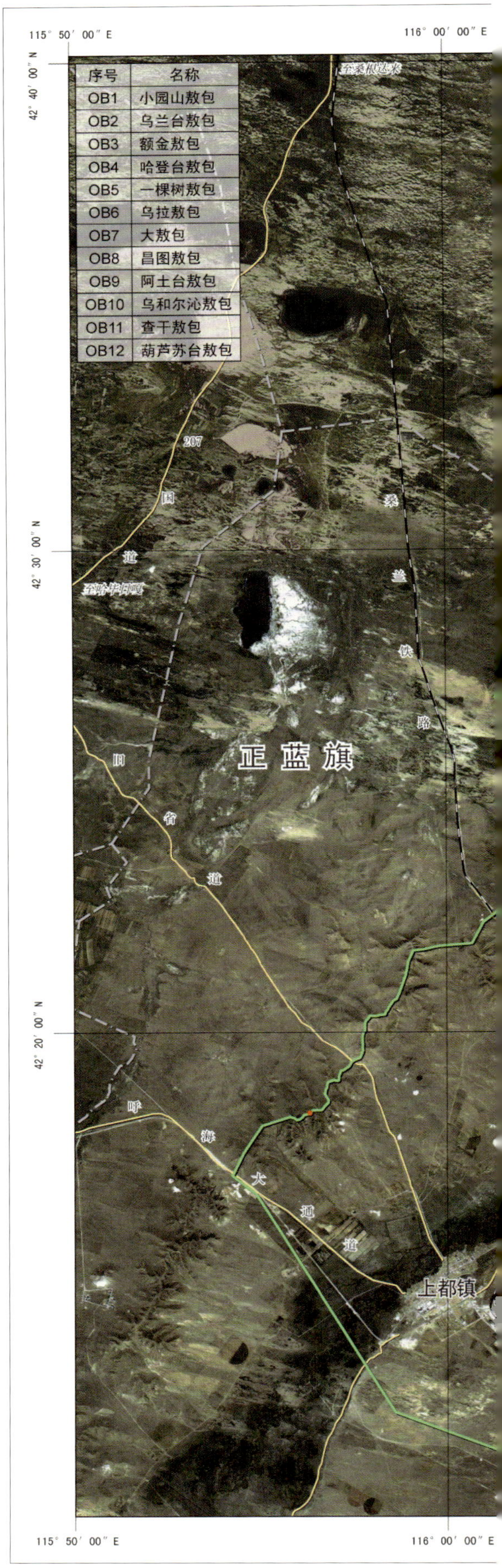

图　例

- 遗产区
- 缓冲区
- 城址分布区
- 墓葬群分布区
- 代表性敖包
- 其他敖包
- 铁路
- 公路
- 县界
- 苏木界

0 1 2 5 千米

1954 年缩编，北京坐标系，1979 年 10 月数字化成图，1956 年海拔基准高程，2010 年 3 月绘制。

116° 10′ 00″ E
116° 20′ 00″ E
116° 30′ 00″ E
42° 40′ 00″ N
42° 30′ 00″ N
42° 20′ 00″ N
OB9
OB10
OB8
森林草原
沙地
OB11
OB6
OB7
一棵树墓葬群
OB5
OB12
五一种畜场
OB4
OB1
OB3
湿地
型草原
元上都城址
OB2
砧子山墓葬群
典型草原
多伦县
304
304
多伦县

g. 列入的理由《突出的普遍价值声明》

简要综述

“元上都遗址”是 13 ~ 14 世纪亚洲北方游牧与农耕两大文明在百年碰撞与融合中形成的具有文化融合典范价值的草原都城遗址，位于蒙古高原的东南边缘，曾是蒙元帝国的第一座都城（1263 ~ 1273 年）与陪都“夏都”（1274 ~ 1368 年）。它由遗存占地 2287 公顷的城市遗址遗迹和墓葬群组成，并拥有 175853 公顷的辽阔而富有蒙古高原特色的地理景观与纯正的蒙古族敖包祭祀传统。

元上都遗址是中国元代都城系列中创建最早、历史最久、格局独特、保存最完好的遗址。它作为一座拥抱着巨大文明的废墟，印证、记载和见证了 13 ~ 14 世纪这一特定的历史时期和条件下，强悍、骁勇、快速的马背（游牧）民族对文化高度发达的农耕文明地区进行军事征服与文化吸纳和皈依的过程；以及在这一大背景下，马背民族出于传统、情感、习俗和上层统治集团政治的需要，对自身文明的信念坚持和对故乡的维系。由此产生的游牧与农耕两种文化高度兼容并蓄的“二元”城市模式，成为人类文明进程中一种独特的民族文化融合典范，在世界文明发展史和城市规划设计史上拥有独特的地位，也是一种特殊政体与社会架构兴起与覆灭全过程的唯一完整见证。作为忽必烈的龙兴之地、蒙元帝国百年风云的权力中心之一，在此发生的一系列重大的政治、宗教、文化、军事等历史事件，都在中国历史乃至世界范围产生过显著的影响。多种语言的、丰富的文献史料与遗址保存的完整性，使其具有久远和广博的考古研究潜力与魅力，对当代乃至今后的人类文明与文化进程仍具有启示与发现的意义。

完整性

元上都城自公元 1430 年废弃之后，甚少受到人类活动的干扰，以遗址的方式完整保存至今。规模达到 25131.27 公顷的“元上都遗址”申报范围，完整保存了 13 ~ 14 世纪元上都城的整体格局和城址（含宫城、皇城、外城）、关厢、铁幡竿渠与墓葬群等四大人工遗存要素，以及所有游牧与农耕两大文明结合的规划特征；在 150721.96 公顷的缓冲区范围内完整保存了城址的历史环境——都城选址的山水环境要素及其空间关系和自然形态；完整保存了遗址独特的草原景观特色，特别是美丽非凡的金莲川草原等自然景观特色；完整保存了城址周边的人文环境——位于城址周边群山顶部的大量敖包，以及与之相关的祭祀与庆典等活传统，包括当地居民对该遗址一贯的敬畏与恭敬，完整地传承并延续了遗产在精神层面的影响力，具有很高程度的完整性。

真实性

“元上都遗址”的真实性已经得到考古发掘和文献史料等“二重证据法”的印证。现有的历史遗存真实地保存了13～14世纪的元上都在外形、材料、传统建造技术和位置等方面的基本特征，真实保存了具有蒙汉民族文化结合特征的都城形制、历史格局与建筑材料等；墓葬群真实保存了蒙汉民族于上都生活的历史信息与物证；除明德门遗址和皇城东城墙进行过少量修缮活动，城址和墓葬群基本没有出现人工干预。同时，保存至今的蒙古高原东南缘地理环境与草原特色景观，真实地延续了草原都城的环境特征和空间感受；保存并传衍了代表蒙古族萨满教信仰的敖包实体及其祭祀传统，真实体现了“元上都遗址”至今仍是蒙古民族的情感寄托所在，具有极高的真实性。

OUV的保护与管理

“元上都遗址”作为全国重点文物保护单位，所有权为国家所有，受国家法律保护。提名地制定的专项保护法规《内蒙古自治区元上都遗址保护管理办法》和一系列针对保护、管理和景观保护的专项规划的公布实施，控制了农业开垦规模的扩展，维护了草原生态与环境景观，有效地保护了遗址本体及其环境。遗产所属的锡林郭勒盟及两个旗县——正蓝旗和多伦县通过设置专门的管理机构，已具备了对遗产进行有效保护和管理的行政能力。所有这些措施已为保护元上都遗址的真实与完整提供了法律、制度和管理上的保障。

“元上都遗址”保护的长期保障为：通过严格执行遗产专项法规《内蒙古自治区元上都遗址保护管理办法》和定期修编遗产专项规划《元上都遗址保护管理规划》，不断加强和完善遗产管理的有效性；关注遗产区的草原生态平衡需求和逐渐兴起的旅游需求，加强载畜量控制和游客管理措施，治理土地沙化，统筹协调相关利益方的需求，有效地保持提名地保护与遗产地社会经济的可持续发展关系，为真实、完整地保护草原都城的遗址及其环境所承载的独特价值，提供长期、有效的保障。

h. 遗产申报遵循的标准

经评估，提名地符合《实施保护世界文化与自然遗产公约的业务指南》第77条“突出的普遍价值的评估标准”规定的世界文化遗产价值标准(ii)、(iii)、(iv)、(vi)：

符合标准(ii)　展现出某个时间跨度或世界某个文化区域内，有关建筑、技术、纪念性艺术、城市规划或景观设计发展之人类价值观念的重要变迁或影响；

“元上都遗址”将北方草原游牧民族“逐水草而居”的传统非定居方式与

中原汉地农耕社会“背山面水”的传统定居方式相结合，展现了不同文明与民族之间在征服与同化过程中生活方式与价值观的交互影响与融合；这种融合所产生的理念、制度、宗教、经济举措深刻地影响到北方草原和古代中国的中原与南方，以至其他一些地方。

符合标准（iii） 能为传衍至今的或已消逝的文明或文化传统提供独特的或至少是特殊的见证。

元上都体现着骄傲的征服者高高在上的统治，对被征服者文化与政治体制的吸收与皈依，及对征服者传统的坚守与维系三种有所矛盾却又交互作用的历史动力下所生成的一种延续百余年的庞大政体与文化现象的兴起与消失。同时，它也作为中国元代都城系列中创建最早、历史最久、格局独特、保存最完整的遗址，以其地处中原农区与亚洲北方牧区交接地带的地理特性，在 13～14 世纪游牧民族从军事征战转向王朝治理的过程中，见证了游牧与农耕两种文明与文化在冲突与融合过程中的一种独特产物——二元文化，这一文化传统随着游牧民族的回归而消亡。

符合标准（iv） 是一种建筑、建筑整体、技术整体及景观的杰出范例，展现历史上一个（或几个）重要阶段。

元上都是农耕文明与游牧文化的精髓结合于一座城市的杰出范例，展现了忽必烈以游牧民族统治农耕民族、创建王朝治理这一重要历史时期，以及由此统治策略产生的一种游牧与农耕文化兼容并蓄的城市模式，在世界文明史和城市规划设计史上拥有独特的地位。

符合标准（vi） 与具有突出的普遍意义的事件、活传统、观点、信仰、艺术作品或文学作品有直接或实质的联系。

元上都是标志了 13 世纪欧亚文明分水岭的忽必烈建立蒙元帝国这一历史事件发生的场所；与引发欧洲“大航海时代”的《马可·波罗游记》直接关联；是导致 13 世纪亚洲宗教格局发生重要变化的宗教事件“佛道大辩论”的发生场所；遗址所在地至今仍传承着游牧文化的活传统“敖包祭祀”；它还作为梦幻花园 Xanadu 这一文化符号的原型闻名于世，在当今世界的文学、音乐、建筑等艺术领域产生广泛影响。

i. 当地官方机关 / 机构的名称和联系信息

内蒙古自治区锡林郭勒盟元上都文化遗产管理局
局长：庄永兴
地址：中国内蒙古自治区锡林郭勒盟锡林浩特市新区蒙元文化苑
邮编：026000
电话：（86–479）8286558
传真：（86–479）8286074

内蒙古自治区锡林郭勒盟正蓝旗元上都遗址文物事业管理局
局长：高华
地址：中国内蒙古自治区正蓝旗上都镇
邮编：027200
电话：（86–479）4226629
传真：（86–479）4226630
电邮：ysd–sy@163.com

内蒙古自治区锡林郭勒盟多伦县文物局
局长：吴克林
地址：中国内蒙古自治区多伦县诺尔镇上都路
邮编：027300
电话：（86–479）4528688
传真：（86–479）4528855
电邮：dlwenwuju@yahoo.com.cn

1 遗产的辨认

1.a 缔约国

中华人民共和国

1.b 省、县

内蒙古自治区锡林郭勒盟正蓝旗、多伦县

1.c 遗产名称

元上都遗址

1.d 地理坐标

遗产申报区中心坐标：
北纬 42°21'28.80"，东经 116°11'6.46"（宫城 1 号建筑基址）

遗产申报区四向顶点坐标：
东：北纬 42°25'09.39"，东经 116°18'47.28"
南：北纬 42°16'53.05"，东经 116°13'57.47"
西：北纬 42°24'35.56"，东经 116°04'44.28"
北：北纬 42°27'53.33"，东经 116°13'03.54"

缓冲区四向顶点坐标：
东北：北纬 42°37'43.91"，东经 116°32'56.11"
东南：北纬 42°10'13.90"，东经 116°06'16.55"
西南：北纬 42°17'00.75"，东经 115°54'11.23"
西北：北纬 42°39'42.98"，东经 116°19'18.00"

1.e 显示申报的遗产区及缓冲区范围地图与平面图

1.e-1　地图 1：提名地在世界和中国的位置

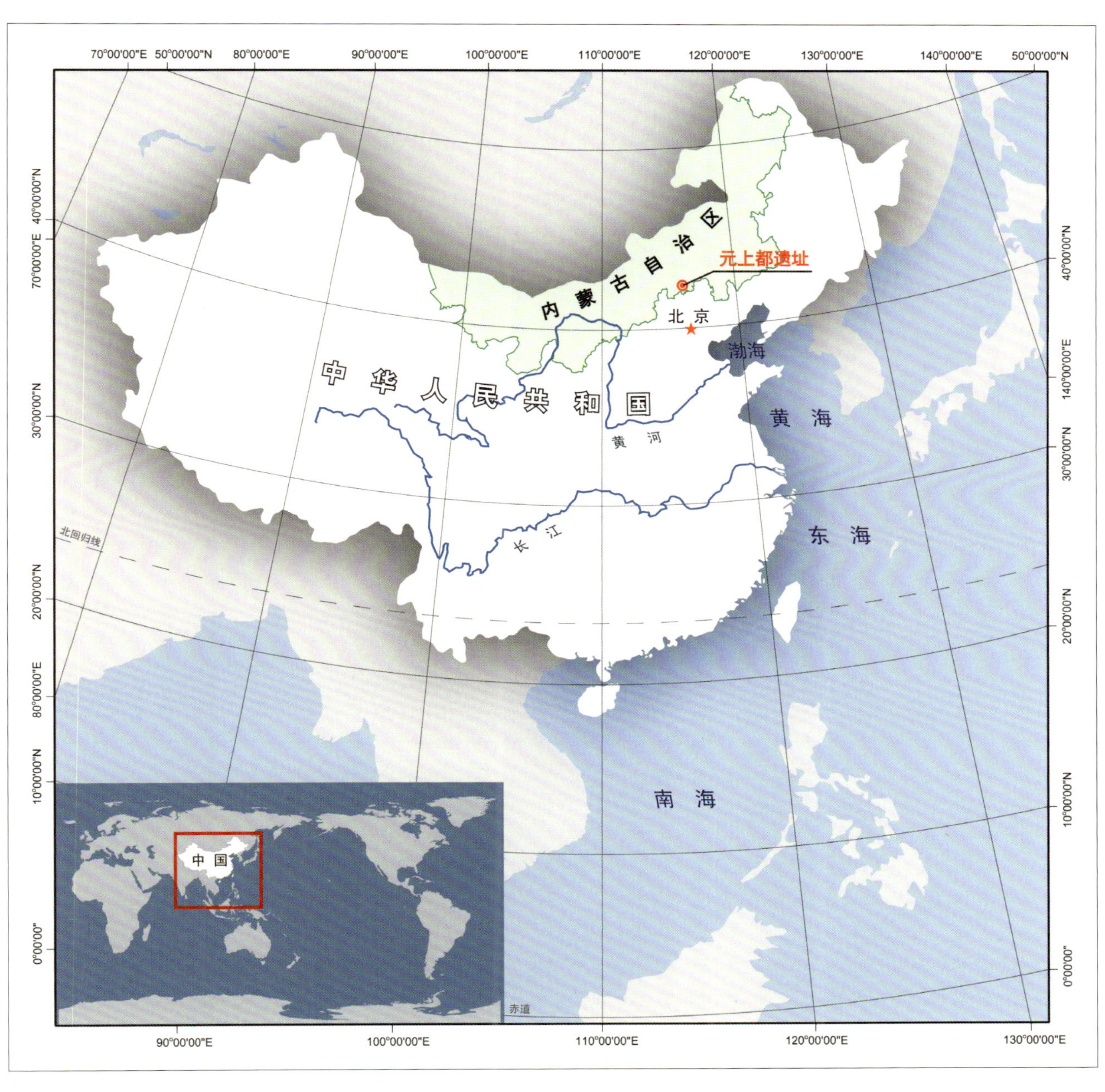

1.e-2 地图 2：提名地在内蒙古自治区和锡林郭勒盟的位置

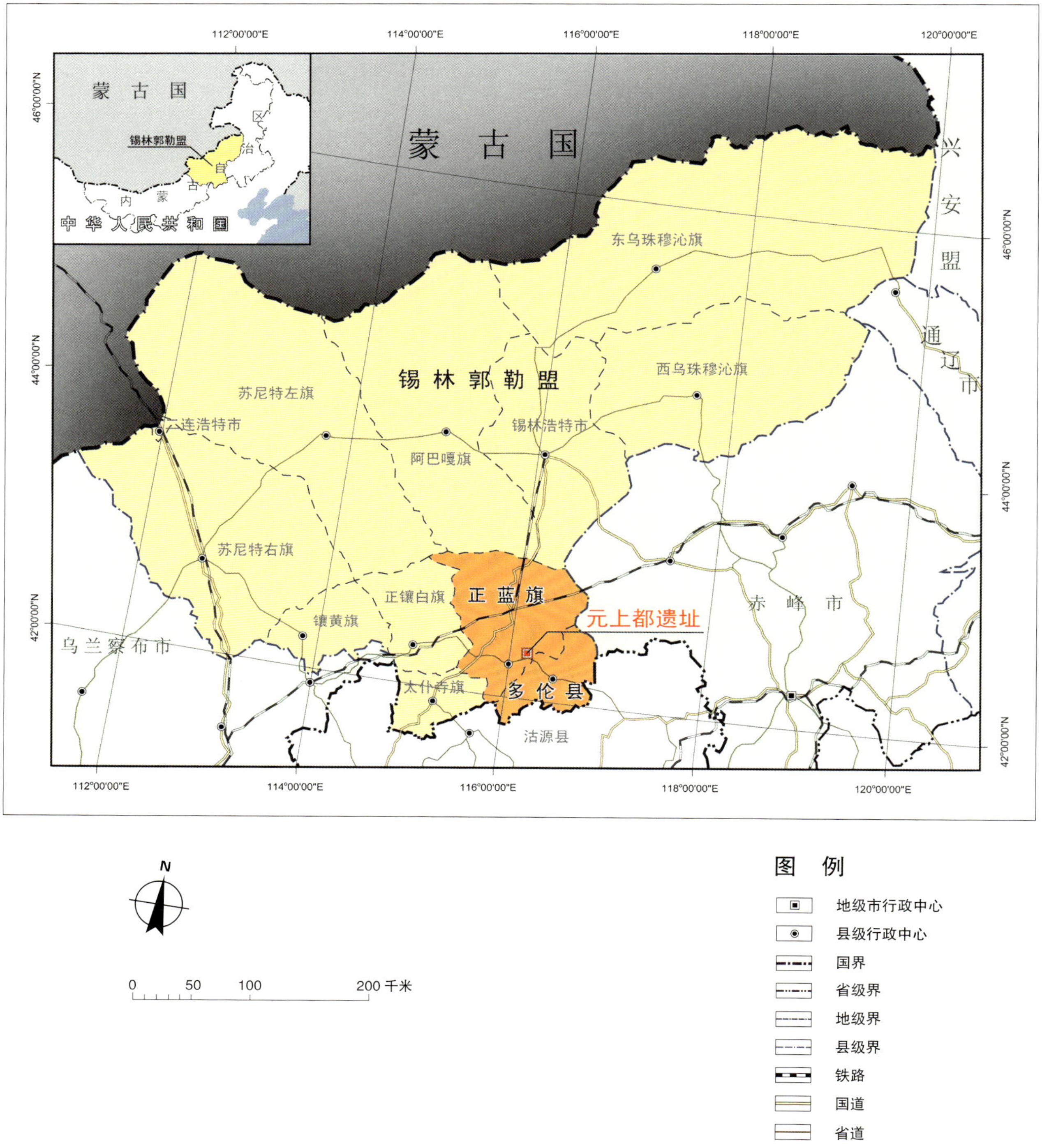

1.e-3 地图 3：提名地在正蓝旗和多伦县的位置

1.e–4 地图 4：显示申报的遗产区和缓冲区边界的地形图

地理坐标点

遗产区:
A: N42°27'53.33" E116°13'03.54"
B: N42°25'09.39" E116°18'47.28"
C: N42°24'35.56" E116°04'44.28"
D: N42°24'35.56" E116°04'44.28"

缓冲区:
E: N42°39'42.98" E116°19'18.00"
F: N42°37'43.91" E116°32'56.11"
G: N42°10'13.90" E116° 6'16.55"
H: N42°17'00.75" E115°54'11.23"

图 例

- 遗产区
- 缓冲区
- 城址分布区
- 墓葬群分布区
- 代表性敖包
- 其他敖包
- 1523 高程
- 铁路
- 公路
- 县界
- 苏木界

0 1 2 5 千米

1954 年缩编，北京坐标系，1979 年 10 月数字化成图，1956 年海拔基准高程，2010 年 3 月绘制。

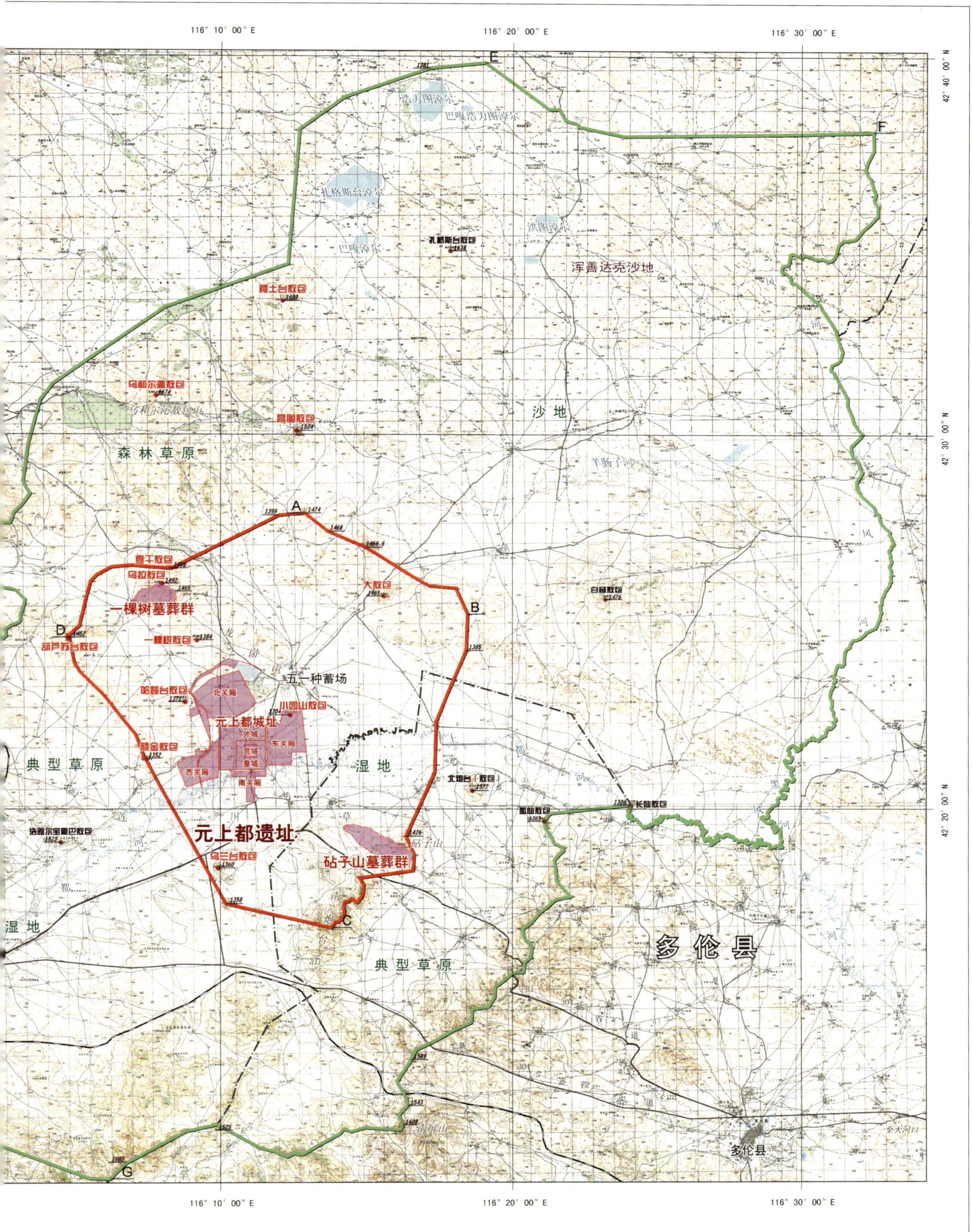
116° 10′ 00″ E
116° 20′ 00″ E
116° 30′ 00″ E
42° 40′ 00″ N
42° 30′ 00″ N
42° 20′ 00″ N
E
F
A
B
C
D
G
浩力图淖尔
巴嘎浩力图淖尔
扎格斯台淖尔
巴嘎淖尔
孔格斯台敖包
洪图淖尔
浑善达克沙地
阿土台敖包
乌和尔沁敖包
乌和尔沁敖包山
昌图敖包
沙地
森林草原
羊肠子河
一棵树墓葬群
乌拉敖包
一棵榆敖包
胡芦苏台敖包
大敖包
白音敖包
五一种蓄场
哈登台敖包
北关厢
元上都城址
小团山敖包
外城
东关厢
宫城
皇城
西关厢
南关厢
砧金敖包
典型草原
湿地
北烟台（敖包）
狐仙敖包
长仙敖包
元上都遗址
浩雅尔宝鲁巴敖包
乌兰台敖包
砧子山墓葬群
砧子山
湿地
典型草原
多伦县
多伦县

1.e–5 地图 5：提名地遗产区和缓冲区填色地形图

图 例

- 遗产区（25131.27 ha）
- 缓冲区（150721.96 ha）
- 城址分布区
- 墓葬群分布区
- 代表性敖包
- 其他敖包
- 铁路
- 公路
- 县界

0 1 2 5 千米

1954 年缩编，北京坐标系，1979 年 10 月数字化成图，1956 年海拔基准高程，2010 年 3 月绘制。

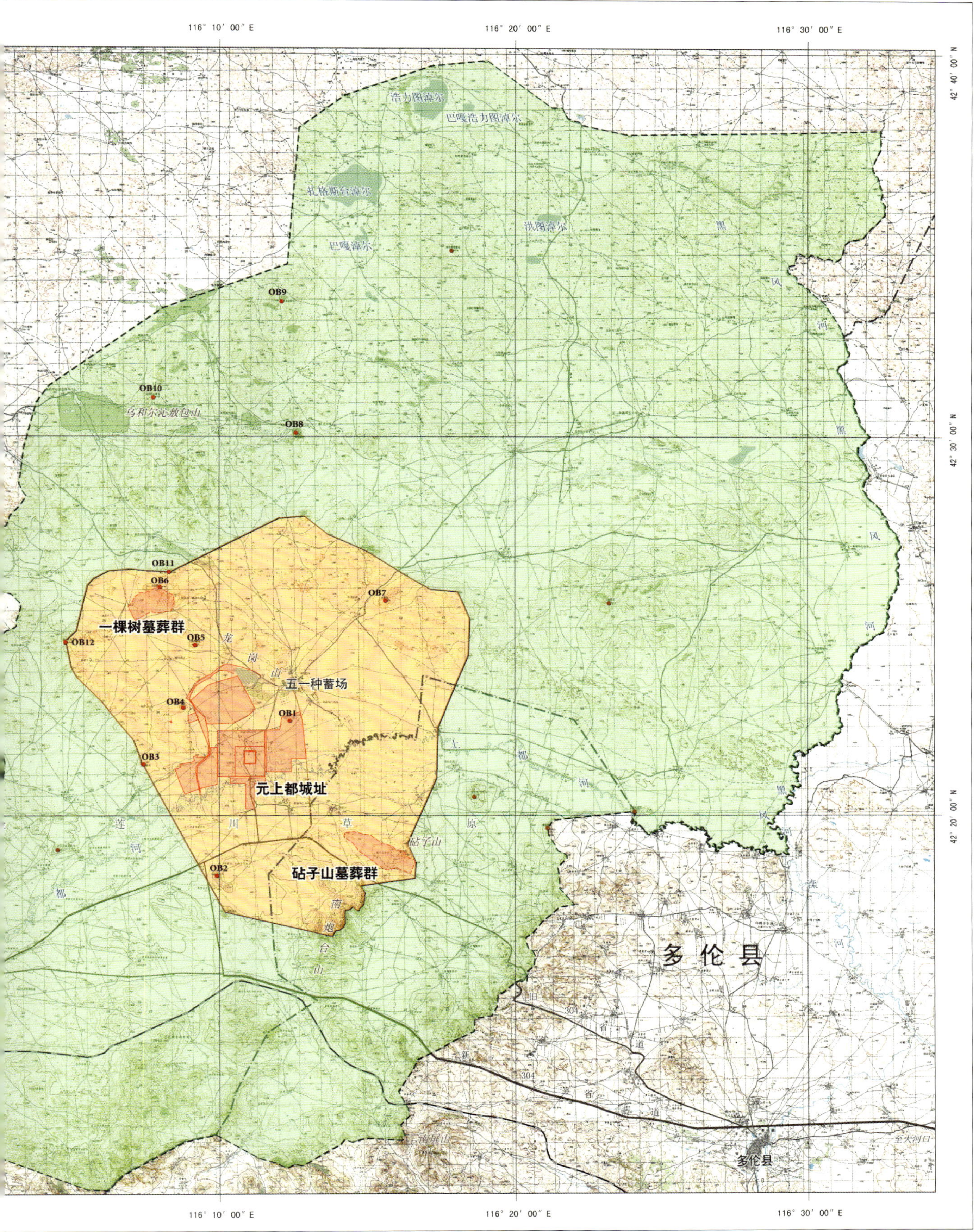
116° 10′ 00″ E
116° 20′ 00″ E
116° 30′ 00″ E
42° 40′ 00″ N
42° 30′ 00″ N
42° 20′ 00″ N
浩力图淖尔
巴嘎浩力图淖尔
扎格斯台淖尔
巴嘎淖尔
洪图淖尔
OB9
OB10
乌和尔沁敖包山
OB8
OB11
OB6
OB7
一棵树墓葬群
OB12
OB5
五一种蓄场
OB4
OB1
OB3
元上都城址
OB2
砧子山墓葬群
砧子山
多伦县
黑风河
上都河
多伦县

1.e-6 地图 6：提名地卫星影像图

序号	名称
OB1	小园山敖包
OB2	乌兰台敖包
OB3	额金敖包
OB4	哈登台敖包
OB5	一棵树敖包
OB6	乌拉敖包
OB7	大敖包
OB8	昌图敖包
OB9	阿土台敖包
OB10	乌和尔沁敖包
OB11	查干敖包
OB12	葫芦苏台敖包

图 例

- 遗产区
- 缓冲区
- 城址分布区
- 墓葬群分布区
- 代表性敖包
- 其他敖包
- 铁路
- 公路
- 县界
- 苏木界

0 1 2 5 千米

1954 年缩编，北京坐标系，1979 年 10 月数字化成图，1956 年海拔基准高程，2010 年 3 月绘制。

116° 10′ 00″ E
116° 20′ 00″ E
116° 30′ 00″ E
42° 40′ 00″ N
42° 30′ 00″ N
42° 20′ 00″ N
OB9
OB10
OB8
沙地
森林草原
OB11
OB6
OB7
一棵树墓葬群
OB12
OB5
五一种畜场
OB4
OB1
OB3
湿地
典型草原
元上都城址
OB2
砧子山墓葬群
多伦县
典型草原
304
304
多伦县

1.e–7 地图 7：提名地地形地貌图

高程色谱

1195–1230
1230–1250
1250–1260
1260–1270
1270–1280
1280–1290
1290–1300
1300–1310
1310–1320
1320–1330
1330–1340
1340–1350
1350–1360
1360–1370
1370–1380
1380–1390
1390–1400
1400–1420
1420–1440
1440–1460
1460–1500
1500–1540
1540–1600
1600–1640
1640–1680

图　例

- 遗产区
- 缓冲区
- 城址分布区
- 墓葬群分布区
- 代表性敖包
- 其他敖包
- 铁路
- 公路
- 县界

0 1 2 5 千米

1954 年缩编，北京坐标系，1979 年 10 月数字化成图，1956 年海拔基准高程，2010 年 3 月绘制。

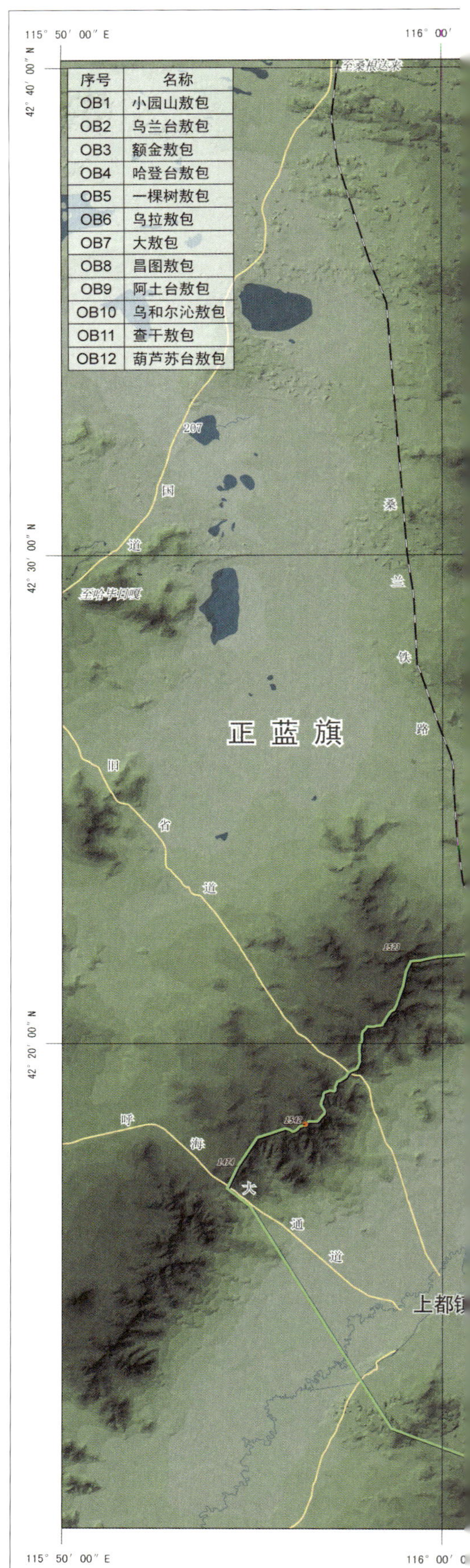

序号	名称
OB1	小园山敖包
OB2	乌兰台敖包
OB3	额金敖包
OB4	哈登台敖包
OB5	一棵树敖包
OB6	乌拉敖包
OB7	大敖包
OB8	昌图敖包
OB9	阿土台敖包
OB10	乌和尔沁敖包
OB11	查干敖包
OB12	葫芦苏台敖包

116° 10′ 00″ E
116° 20′ 00″ E
116° 30′ 00″ E
42° 40′ 00″ N
42° 30′ 00″ N
42° 20′ 00″ N
一棵树墓葬群
元上都城址
砧子山墓葬群
五一种蓄场
多伦县
OB1
OB2
OB3
OB4
OB5
OB6
OB7
OB8
OB9
OB10
OB11
OB12
304
304

1.e-8 地图 8：元上都城址遗存分布图

图 例

城垣

关厢分布范围

铁幡竿渠遗址

0 0.5 1 2 千米

1954 年缩编，北京坐标系，1979 年 10月数字化成图，1956 年海拔基准高程，2010 年 3 月绘制。

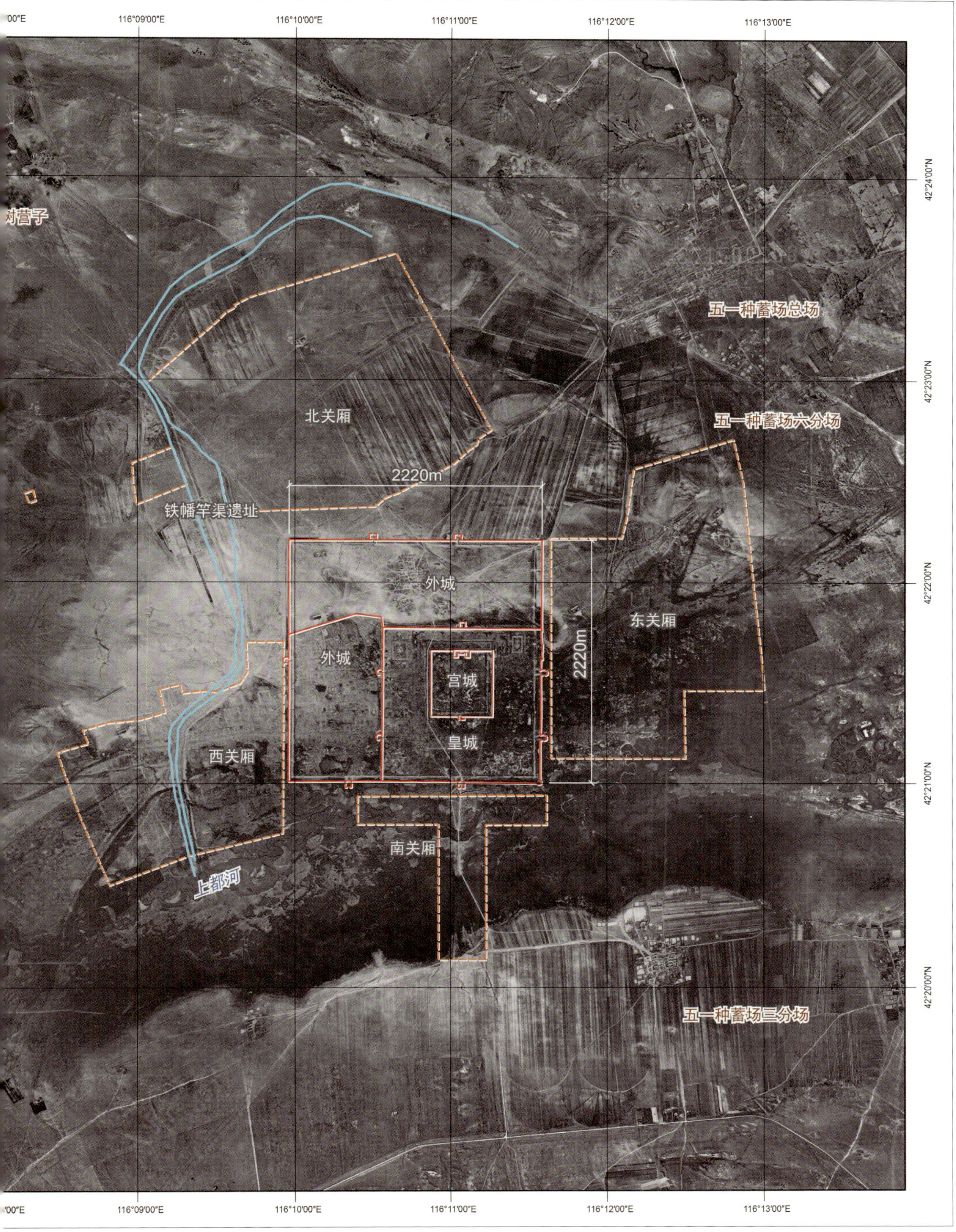
116°09'00"E
116°10'00"E
116°11'00"E
116°12'00"E
116°13'00"E
42°24'00"N
42°23'00"N
42°22'00"N
42°21'00"N
42°20'00"N
五一种蓄场总场
五一种蓄场六分场
五一种蓄场三分场
北关厢
2220m
铁幡竿渠遗址
外城
外城
东关厢
宫城
皇城
西关厢
南关厢
上都河

1.e-9　地图 9：元上都宫城、皇城、外城遗存航空影像图

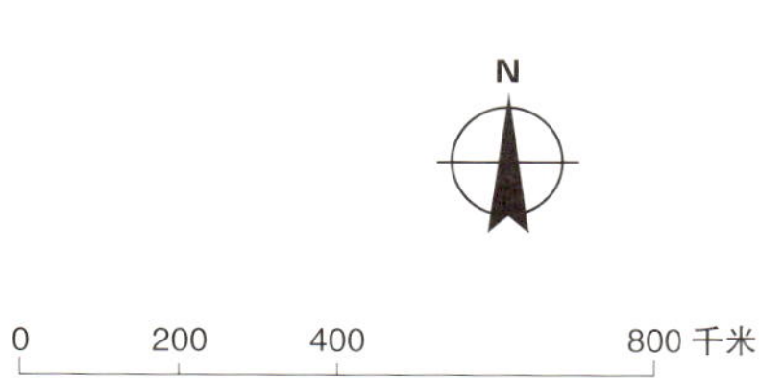

重要建筑基址信息表			
标号	考古编号	考古推测	创建年代
BS-I	1 号建筑基址	大安阁	建于 1266 年
BS-II	2 号建筑基址	穆清阁	建于 1353 年
BS-III	44 号建筑基址	乾元寺	建于 1274 年
BS-IV	46 号建筑基址	华严寺	建于 1258 年
BS-V	48 号建筑基址	文庙	建于 1267 年
BS-VI	54 号建筑基址	建筑遗址	建于 1332 年

1.e-10 地图 10：元上都宫城、皇城、外城考古勘探图

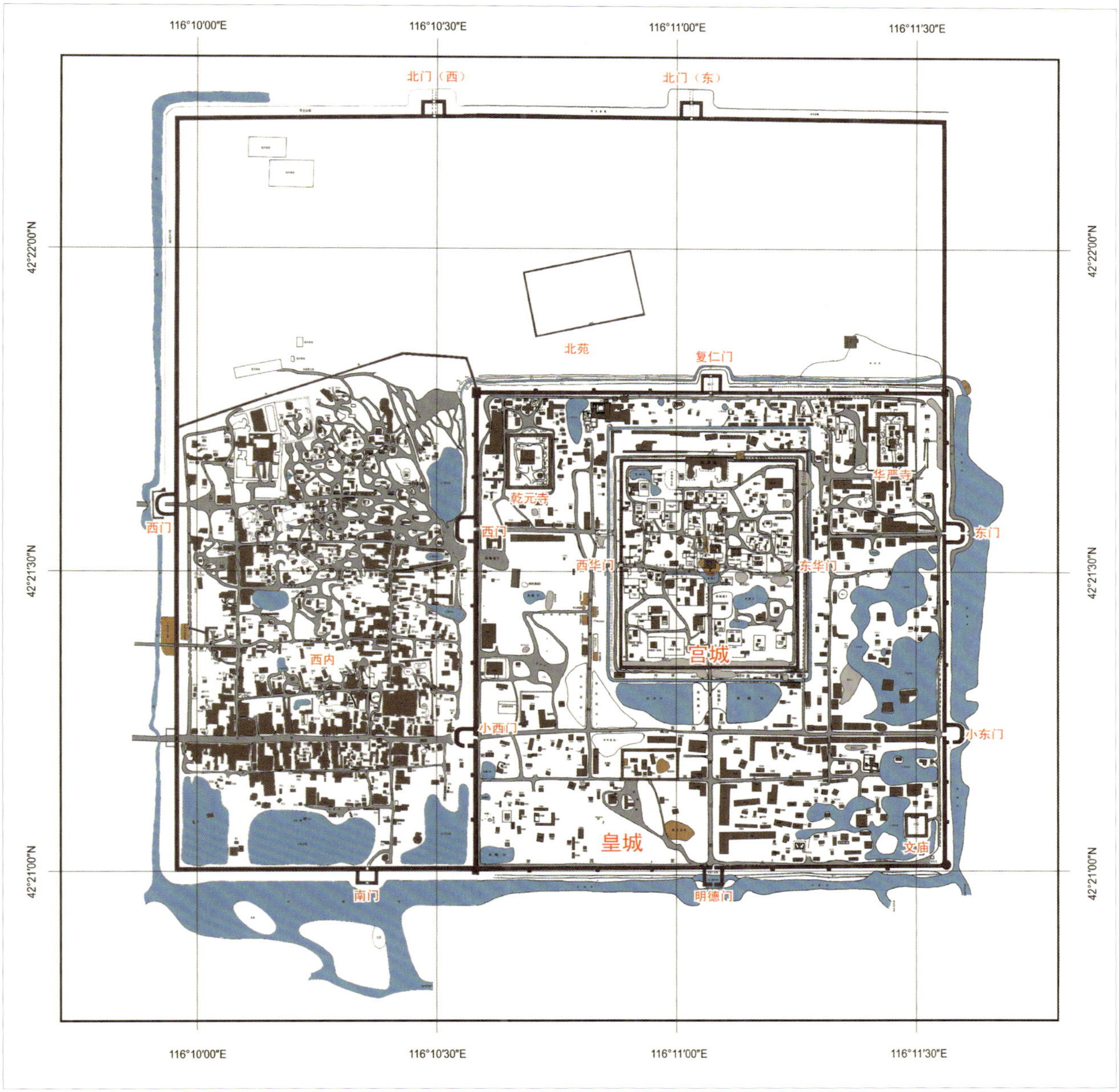

1.e-11 地图 11：砧子山墓葬群航空影像图

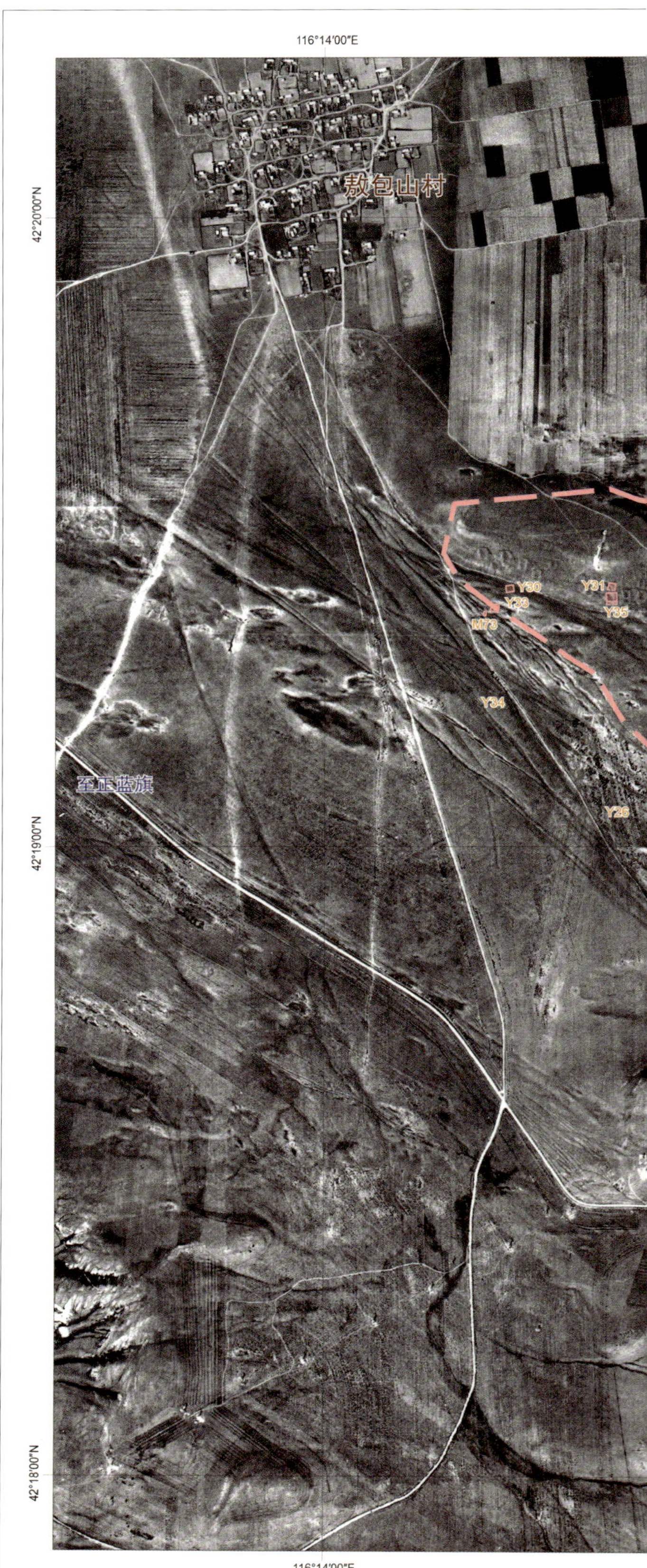

图 例

- 欧罗巴人种墓葬
- 经考古清理的其余墓葬
- 砧子山墓葬群分布边界

0 100 200 400 米

1954 年缩编，北京坐标系，1979 年10 月数字化成图，1956 年海拔基准高程，2010 年 3 月绘制。

116°15'00"E
116°16'00"E
116°17'00"E
42°20'00"N
42°19'00"N
42°18'00"N
砧子山
砧子山墓葬群
刘显柱营子
至多伦县

1.e-12 地图 12：一棵树墓葬群航空影像图

116°07'00"E
42°26'00"N
42°25'30"N
42°25'00"N

一棵树墓葬群发掘Ⅰ区分布图

M1 M2 M3 M4 M5 M6 M7 M8

0 25 50

116°07'00"E

图 例

经考古确认的墓葬

一棵树墓葬群分布边界

0 100 200 400 米

1954 年缩编，北京坐标系，1979 年 10 月数字化成图，1956 年海拔基准高程，2010 年 3 月绘制。

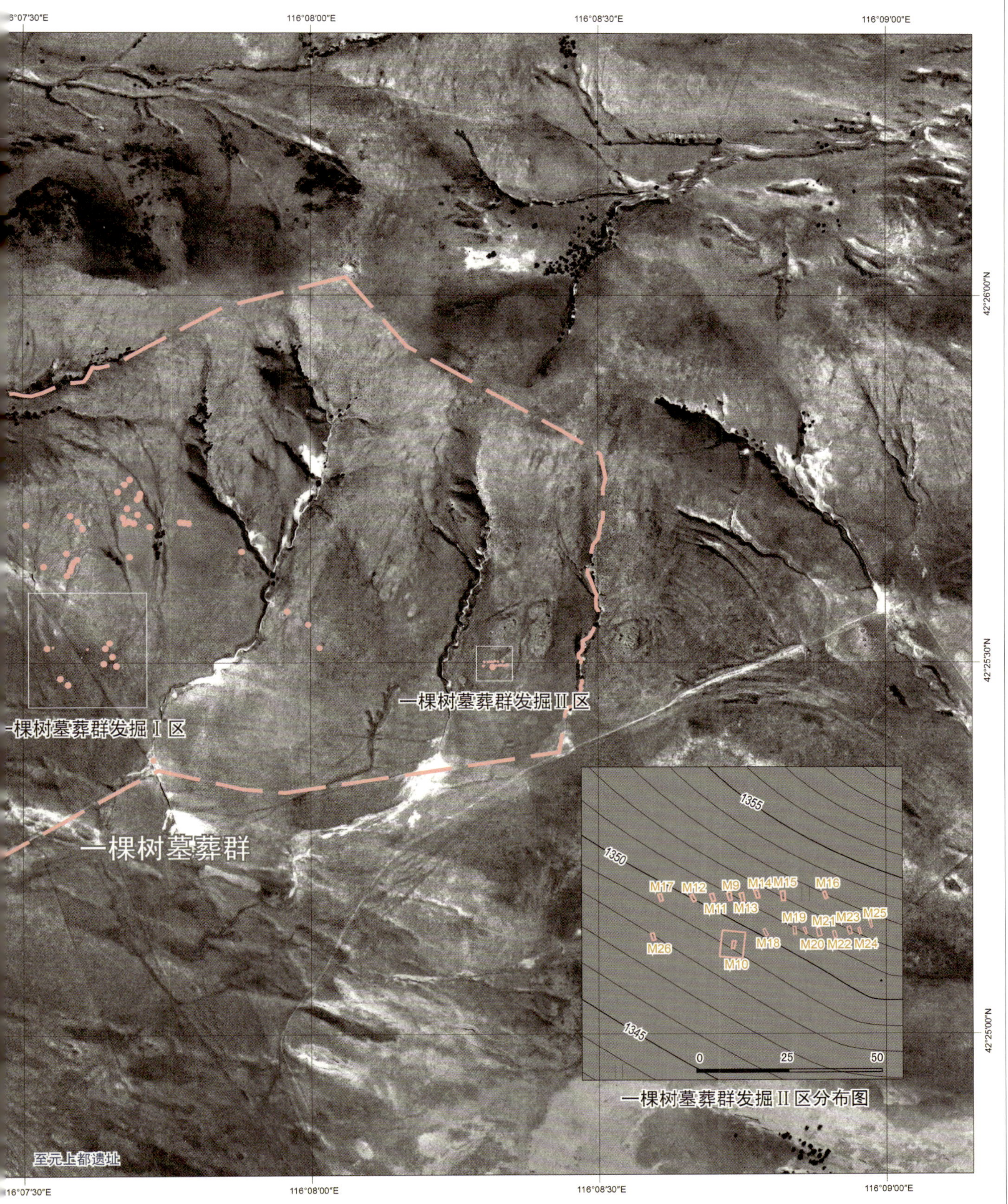
116°08'00"E
116°08'30"E
116°09'00"E
42°26'00"N
42°25'30"N
42°25'00"N
一棵树墓葬群发掘Ⅰ区
一棵树墓葬群发掘Ⅱ区
一棵树墓葬群
1355
1350
1345
M17 M12 M9 M14 M15 M16
M11 M13
M19 M21 M23 M25
M26 M18 M20 M22 M24
M10
0 25 50
一棵树墓葬群发掘Ⅱ区分布图
至元上都遗址

1.e-13 地图 13：提名地自然环境示意图

图 例

- 遗产区
- 缓冲区
- 城址分布区
- 墓葬群分布区
- 沙漠景观区
- 森林草原景观区
- 典型草原景观区
- 湿地景观区
- 铁路
- 公路
- 县界

0 1 2 5 千米

1954 年缩编，北京坐标系，1979 年 10 月数字化成图，1956 年海拔基准高程，2010 年 3 月绘制。

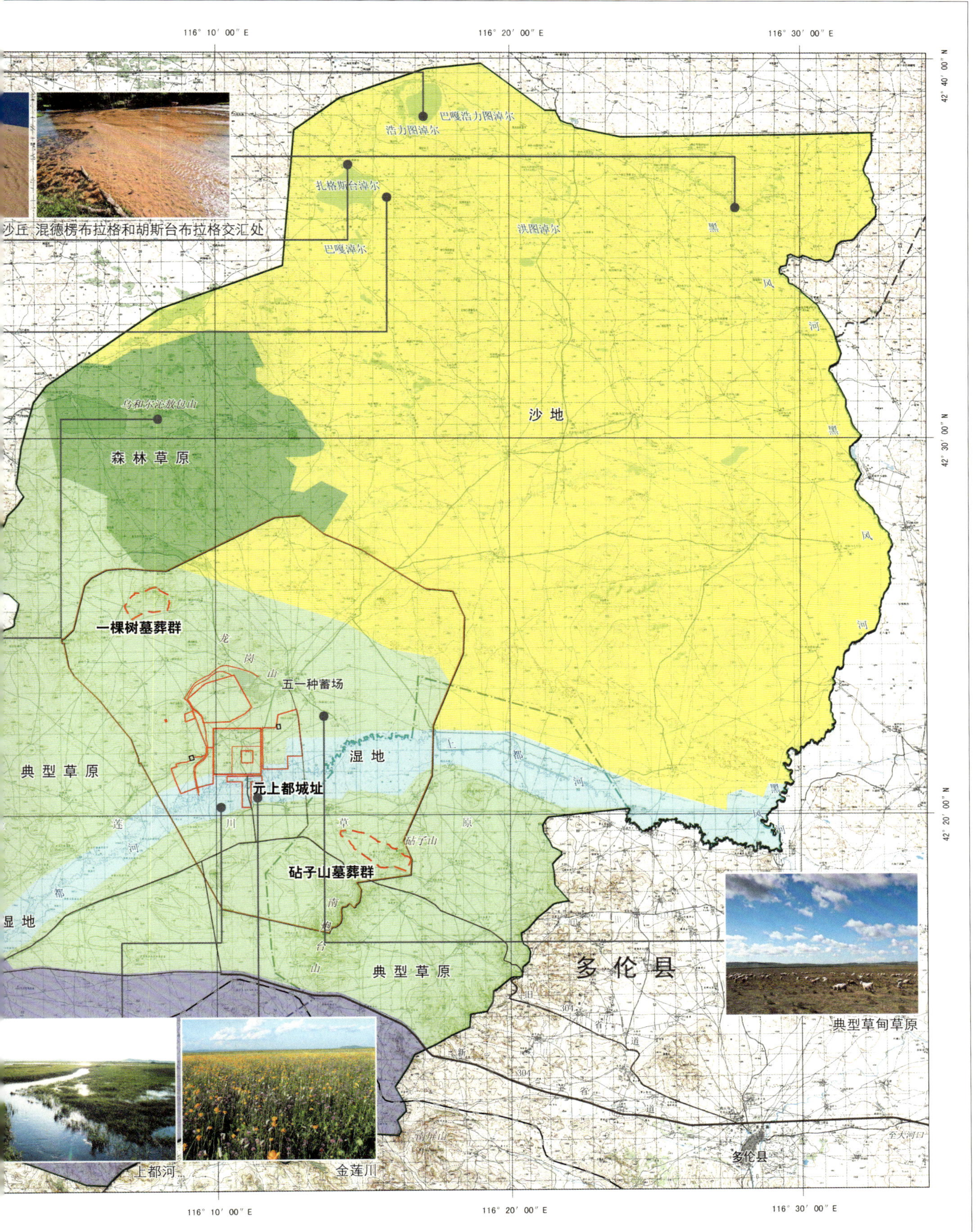
116° 10′ 00″ E
116° 20′ 00″ E
116° 30′ 00″ E
42° 40′ 00″ N
42° 30′ 00″ N
42° 20′ 00″ N
巴嘎浩力图淖尔
浩力图淖尔
扎格斯台淖尔
巴嘎淖尔
洪图淖尔
沙丘 混德楞布拉格和胡斯台布拉格交汇处
黑
风
河
乌和尔沁敖包山
沙 地
森 林 草 原
一棵树墓葬群
龙
岗
山
五一种蓄场
湿 地
上
都
河
典 型 草 原
元上都城址
莲
川
金
草
原
砧子山
砧子山墓葬群
南
炮
台
山
显 地
典 型 草 原
多 伦 县
304
省
道
南屏山
多伦县
典型草甸草原
上都河
金莲川

1.e-14　地图 14：提名地区划与元上都遗址保护总体规划衔接图

图　例

元上都保护管理规划

- 遗产区
- 缓冲区

全国重点文物保护单位
元上都遗址保护总体规划

- 保护范围
- 建设控制地带
- 城址分布区
- 墓葬群分布区
- 代表性敖包
- 其他敖包
- 铁路
- 公路
- 县界

0　1　2　　　5 千米

1954 年缩编，北京坐标系，1979 年 10 月数字化成图，1956 年海拔基准高程，2010 年 3 月绘制。

序号	名称
OB1	小园山敖包
OB2	乌兰台敖包
OB3	额金敖包
OB4	哈登台敖包
OB5	一棵树敖包
OB6	乌拉敖包
OB7	大敖包
OB8	昌图敖包
OB9	阿土台敖包
OB10	乌和尔沁敖包
OB11	查干敖包
OB12	葫芦苏台敖包

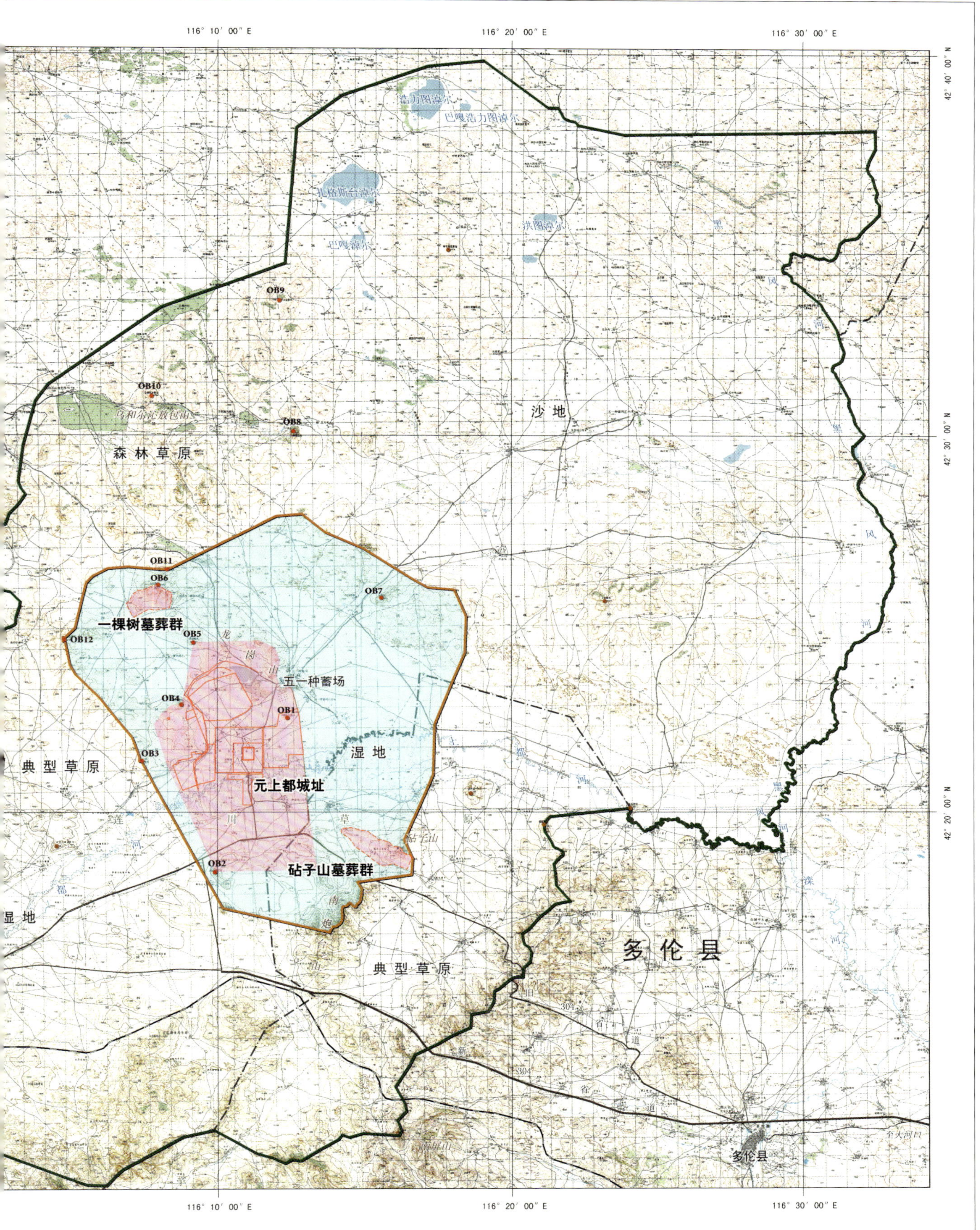
116° 10′ 00″ E
116° 20′ 00″ E
116° 30′ 00″ E
42° 40′ 00″ N
42° 30′ 00″ N
42° 20′ 00″ N
浩力图淖尔
巴嘎浩力图淖尔
扎格斯台淖尔
洪图淖尔
巴嘎淖尔
OB9
OB10
乌和尔沁敖包山
OB8
沙地
森林草原
OB11
OB6
OB7
一棵树墓葬群
OB12
OB5
五一种畜场
OB4
OB1
湿地
OB3
典型草原
元上都城址
OB2
砧子山墓葬群
砧子山
湿地
多伦县
典型草原
多伦县

1.f 申报的遗产区及缓冲区面积

遗产申报区面积：25131.27 公顷

缓冲区面积：150721.96 公顷

遗产申报区与缓冲区总面积：175853.23 公顷

2 描　述

2.a 遗产描述

“元上都遗址”是文化内涵在都城规划与历史遗存方面具有游牧文明和农耕文明的民族文化融合典范价值的中国北方草原都城[1]遗址，地处蒙古高原的东南边缘、传统的游牧区域和农耕区的交接地带，位于中华人民共和国内蒙古自治区锡林郭勒盟的正蓝旗和多伦县境内，西南距正蓝旗上都镇约 20 公里。

元上都遗址，是一个在游牧与农耕两大文化体系的冲撞中应运而生、又在两大文化体系的冲撞中逝去，留下了不可磨灭的广泛和深远影响的城市遗存；是一处曾经影响了世界文明百年进程的王朝都城所在；是一处拥抱着巨大文明的废墟。

自 1206 年成吉思汗建立大蒙古国后，对欧亚广大地区展开了大规模的军事征略活动，形成了逾 50 年的帝国军事扩张时期（1206～1259 年），对欧亚大陆的文明进程产生了重要影响。

1260 年，忽必烈[2]在开平府登基称汗，并于 3 年后将开平府确立为首都，正式定名“上都”。自此，忽必烈不仅使中国结束了长达 300 年的南北分裂局面、领土达到了历史上前所未有的统一疆域，并形成了亚洲前所未有的疆域辽阔的多民族国家；同时还直接影响了蒙古帝国的发展方向，导致统一帝国的结构成为联盟性质。这一转变意味着 13 世纪开始横跨欧亚大陆的草原帝国的征略，从忽必烈建立上都开始转向了农业文明为主的王朝治理，成为欧亚文明发展史上的一个明显转折。对此，无论是作为大蒙古国的一个历史阶段、还是作为中国中原王朝的一个朝代，都被历史学家们划为一个新的阶段。元上都因此成为 13 世纪欧亚文明史上游牧文明与农耕文明相结合的见证。

“元上都遗址”遗产整体由城址（约 18 平方公里）、墓葬群（约 5 平方公里）以及分布于整个 1759 平方公里范围内的自然环境和人文环境四部分共同组成。其中，城址包括宫城、皇城、外城、关厢和铁幡竿渠等要素，遗存类型有城墙、城门、道路、护城河、防洪渠，以及宫殿、寺庙、商铺、民居、仓库等各类建筑的基址；墓葬群分布于城址周边区域，包括以汉人家族墓葬为代表的砧子山墓葬群和以普通蒙古人墓葬为代表的一棵树墓葬群，它们是蒙、汉民族于上都生活的物证；自然环境包括与城市选址特征关系紧密的上都河、龙岗山和金莲川草原等自然要素，以及反映城市地理环境特征的沙地、湿地、森林草原和典型草原等特色景观；人文环境包括遗产所在地保存完好的蒙古族传统文化，以及城址周边分布于群山顶部的敖包所体现的草原游牧民族早期的山岳崇拜。它们共同见证了元上都作为元代都城的辉煌与元代社会的历史文化变迁。

1. 元上都被称为“草原都城”，参见陈高华、史卫民《元上都》，长春：吉林教育出版社，1988 年。
2. 忽必烈（1215～1294 年），是成吉思汗第四子拖雷的第二子，元宪宗蒙哥之弟。蒙古语称薛禅皇帝（Se～en qaγan），庙号世祖。

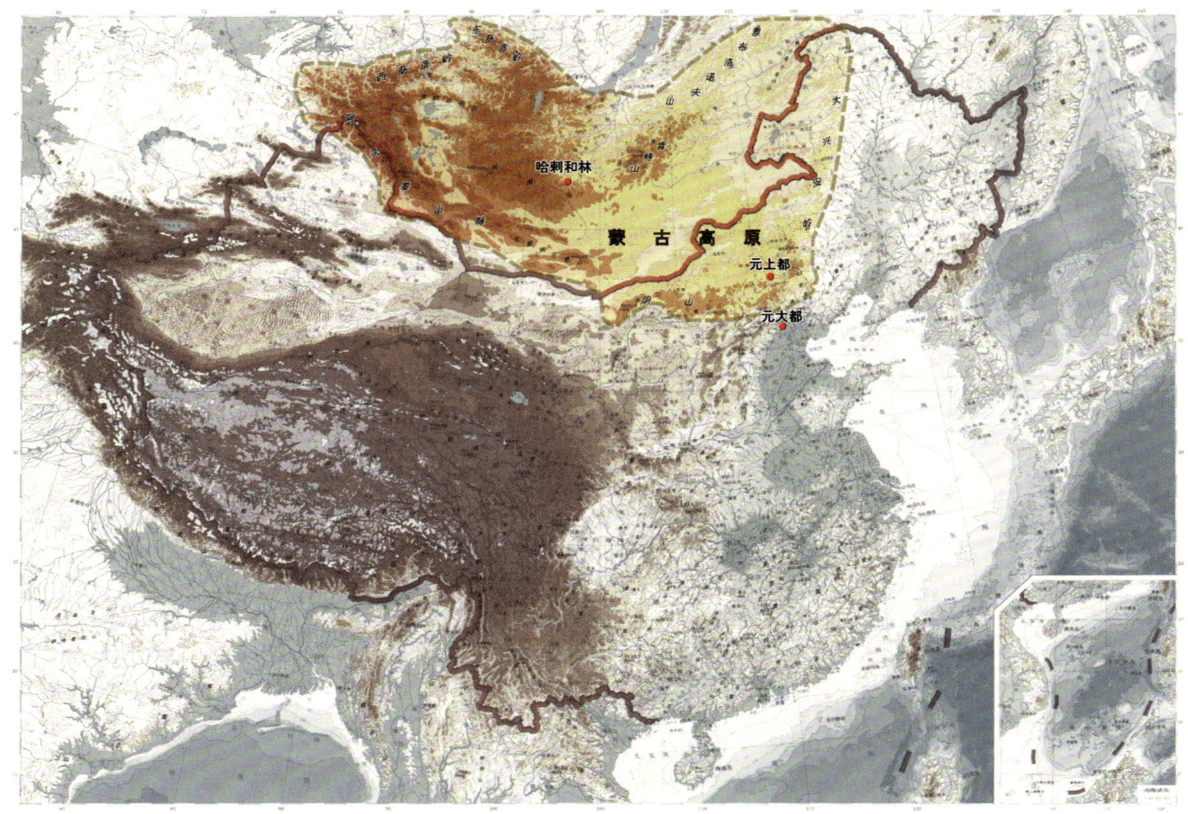

图 2.a-1 元上都遗址地理位置示意图

2.a-1 城址

2.a-1-1 总体布局

元上都城址的总体布局包括地理形势、城市选址和城市格局等三方面的内容，它在每个方面都体现出蒙、汉结合的特征。

（1）元上都的地理形势

元上都地处北方草原游牧区和中原农业定居区的临接地带，与建立在草原深处的哈剌和林和建立在定居农业地区的元大都[3]都不同。它一方面可以满足世代游牧的蒙古族皇帝和贵族们延续传统生活方式和保存传统信仰及风俗习惯的需求，另一方面又便于就近掌控农业地区，并从这些地区获取丰富的资源、人力和技术，使自己成为草原上最繁荣的城市。

在地理位置上，元上都又是沟通哈剌和林与元大都的中转站，因而有其不

3. 元大都为今北京城的前身，蒙古人将其称为“汗八里”，意为“大汗之城”。忽必烈见金中都经战乱破毁，遂于至元四年（1267 年）命刘秉忠规划设计而成。至元九年（1272 年）正式命名为大都。明代以后进行改建。今北京城仍存有元代城墙遗址。

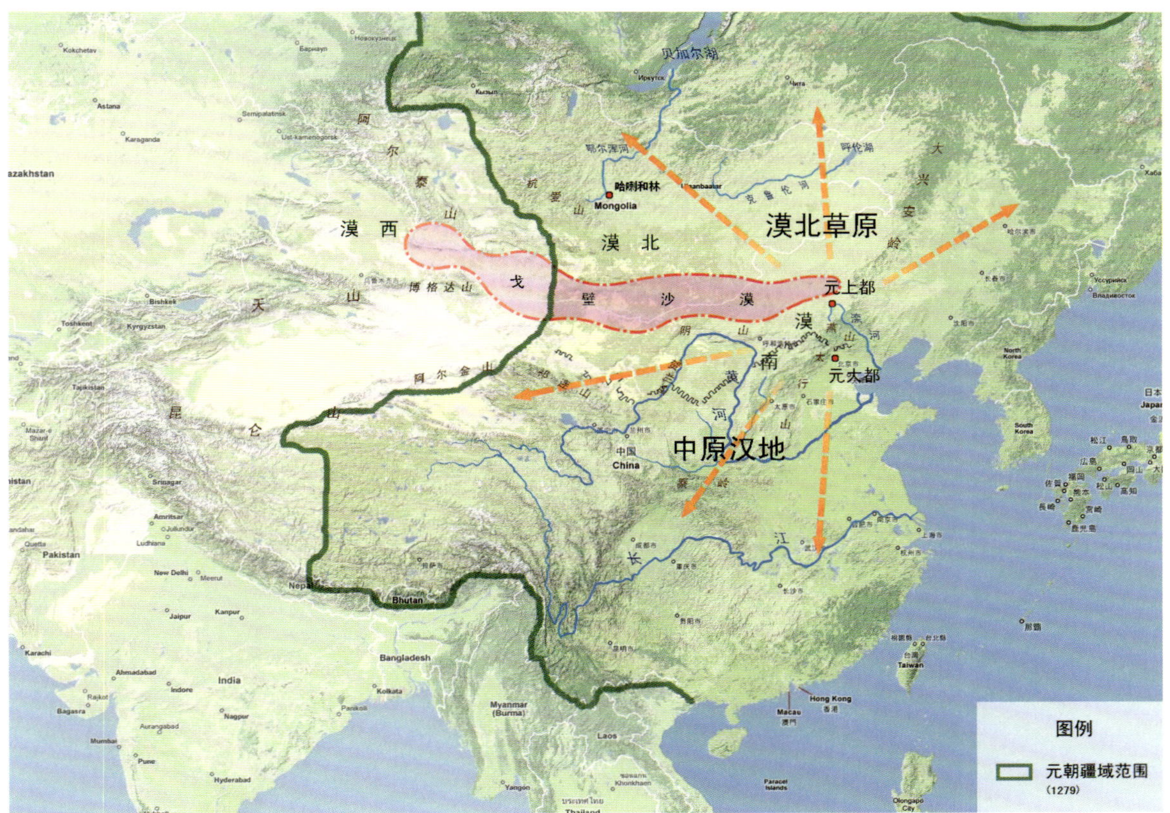

图 2.a-2 元上都地理优势分析图

可取代的特殊地位[4]（图 2.a–1）。史籍载其地“北控沙漠，南屏燕蓟，山川雄固，回环千里”[5]，“控引西北，东际辽海，南面而临制天下，形势尤重于大都”[6]，都说明了其地理位置对于有效控制漠北和辽东，并加强与中原地区联系的重要性（图 2.a–2）。

（2）元上都的城市选址

元上都在城市选址方面既满足了蒙古游牧民族生活方式的要求，又符合中国聚落选址的“风水理论”（图 2.a–3）。

元上都所在的金莲川草原水草丰美，自古以来就是优良的天然牧场[7]，许多北方游牧民族曾在此繁衍生息，非

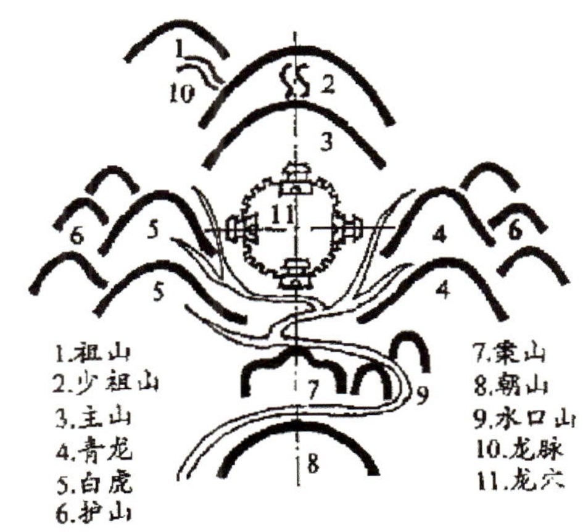

图 2.a-3 风水观念中宅、村、城的最佳选址示意图

4. 林沄：《序》，魏坚《元上都（上）》，北京：中国大百科全书出版社，2008 年。

5. [清] 顾祖禹（1631 ~ 1692 年）：《读史方舆纪要》，北京：中华书局，2005 年点校本。

6. [元] 虞集（1272 ~ 1348 年）：《贺丞相墓志铭》，《道园学古录》卷一八，四部丛刊本。

7. 上都留守贺惠愍公庙碑碑文记载：“……地高寒，鲜土著种艺之利，在野者畜牧散居，以便水草。”见 [元] 虞集（1272 ~ 1348 年）《上都留守贺惠愍公庙碑》，《道园学古录》卷一三，四部丛刊本。

图 2.a-4 元上都选址与中国传统聚落或城市选址关系平面分析图

图 2.a-5 元上都选址与中国传统聚落或城市选址关系鸟瞰示意图

常适合蒙古游牧民族在此生活。同时，元上都所在地独特的自然风光和夏天宜人的气候，都使得这里成为辽、金两代皇家的避暑胜地。元上都建城于此，既可以满足蒙古游牧民族“逐水草而居”的生活方式，又可以按照蒙古旧俗举行一系列蒙古宗王和贵族的宴会、狩猎、祭祀等活动。

元上都的选址展现出中国传统风水观念中聚落或城市选址的山环水抱、背

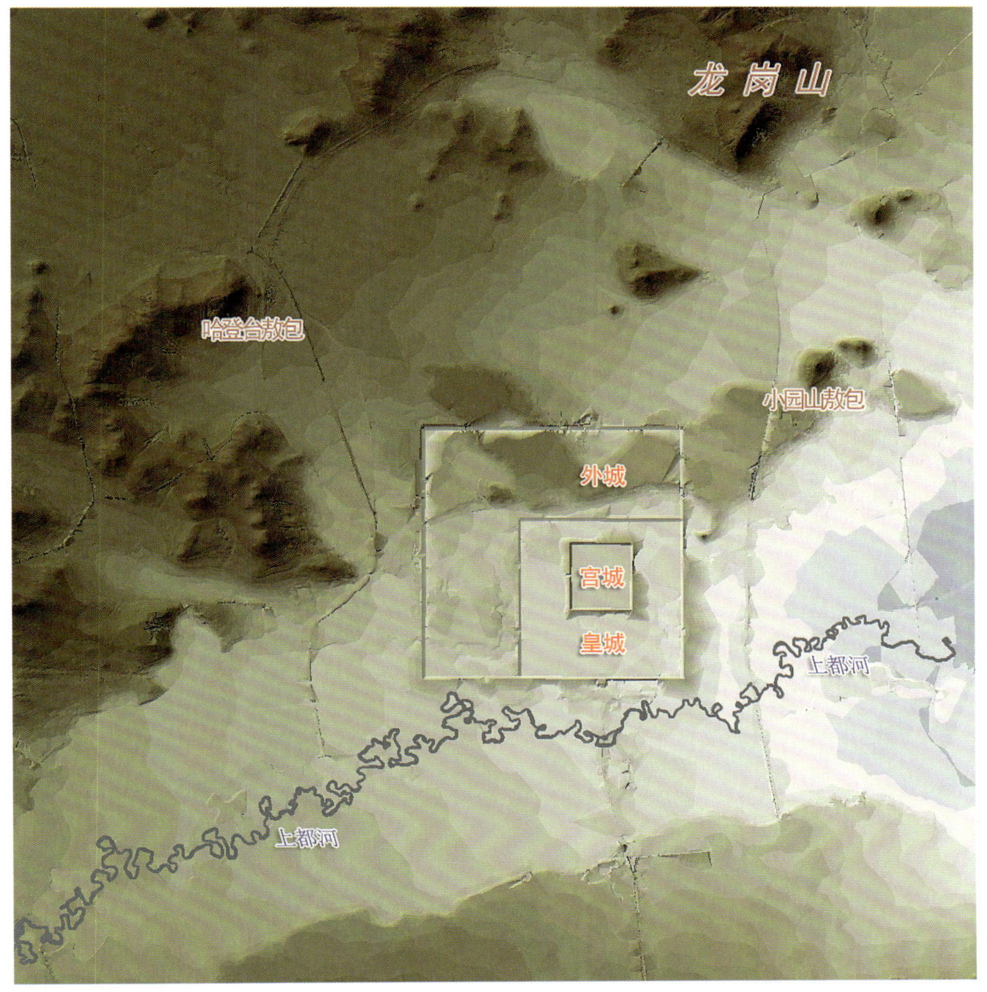

图 2.a-6 元上都城市选址分析图

山面水的理想模式[8]（图 2.a-4、图 2.a-5）。龙岗山作为主山位于元上都北侧，滦河水系的上都河从其南面流过，东面的大敖包山、南面的南屏山、西面的葫芦苏台敖包山，以及北面稍远的乌拉敖包山和乌和尔沁敖包山环绕在其四周，可与青龙、案山、白虎、少祖山、祖山等一一对应，即史籍中所描述的"龙岗蟠其阴，滦水经其阳，四山拱卫，佳气葱郁"[9]（图 2.a-6）。

（3）元上都城址的城市格局

元上都城址的城市格局可分为城区（包括宫城、皇城、外城）、关厢和铁幡竿渠，遗址遗迹分布面积近 1800 公顷（图 2.a-7）。其中：

城区，即城垣围合区域，平面呈方形，坐北朝南，边长 2200 米，面积约 484 公顷，分为宫城、皇城和外城三个部分，明显从形制上引入了中国古代中

8. 尚廓：《中国风水格局的构成、生态环境与景观》，王其亨主编《风水理论研究》，天津：天津大学出版社，1992 年，第 26 ~ 32 页。
9. [元] 王恽（1227~1304 年）：《中堂事记》，《秋涧集》卷八〇，四部丛刊本。

图 2.a-7 元上都城址遗存分布示意图 底图为中国历史博物馆航空摄影考古中心 1987 年拍摄航片

原地区都城规划的设计传统，与位于今蒙古人民共和国的哈剌和林草原古城址（仍以游牧文化为主）有根本的区别。宫城位于皇城中部偏北，外城附于皇城的西、北两面，宫、皇城的南北中轴线与真子午线方向平行，为0°。元上都的宫城作为都城核心区域，属于皇帝朝政和起居生活的空间；皇城围合于宫城外围，官署、寺庙建筑基址分布较多，属于国家行政管理机构的使用空间；外城位于皇城外围地带，使用功能在历史记载上为蒙古皇帝行宫斡耳朵和贵族扎帐召开部落会议及游赏狩猎所在。宫城、皇城和外城的三重城墙外均设有护城河以解决因元上都地处湿地引起的内涝。

关厢和铁幡竿渠位于城垣之外，总面积约1296公顷。关厢紧邻外城城垣的东、南、西、北四门，是城市的居民住居、商贸市场、手工业场所、军队驻防的主要分布地，其中的3处粮仓遗址是草原城市维持居民、包括驻军生活生存的重要保障，体现出农耕区域的生活资源对草原地区的支撑作用；城外西北面的铁幡竿渠是整座城市的防洪设施，体现出湿地建城的特殊需求，也是元上都城址的重要组成部分。

2.a–1–2 宫城

宫城是元上都城址的中心，东西宽542米，南北长605米，略呈长方形，面积约32公顷。

宫城为元上都的大内所在，主要宫殿楼阁均位于其内。总体布局上与皇城构成“回”字形结构。宫城之内的宫殿遗址星罗棋布，以宫城北墙的阙式建筑、正中的方形台基和南墙正中的御天门为南北中轴线，其余建筑群均随形就势错落分布于两侧，各自独立成组，之间多有道路连通。宫城共设三门，四角设角楼，城墙外有兼具排水和防卫功能的河沟（图2.a–8）。

（1）城墙、城门及相关遗迹

宫城东墙长605米，西墙长605.5米，北墙长542.5米，南墙长542米。墙体中间以黄土分层夯筑，内外均用34×19×7厘米的青砖横竖错缝包砌，以白灰坐浆，灰缝厚1.5厘米。砖墙底部垫有厚40厘米的石条或片岩做基础，部分墙体在砖面与夯土之间1～1.2米的空隙内，填充有残碎砖块、小的片石和泥土。现存城墙高5米，墙基宽10米，顶宽近5米，砖墙向上略有收分。宫城四角建有圆形台墩，外凸于墙体之外，为角楼遗址。

宫城设有三门，分别位于宫城东、西、南三墙之中部，除南门外，其他两门均不设瓮城。东城门、西城门分别名为“东华门”“西华门”，南城门名为“御天门”，为宫城的主城门，是百官聚集、奉旨听宣之处。南门外设有瓮城，东、西两侧环绕瓮城建有两排曲尺形的建筑，是百官上朝前的歇息之所（图2.a–9～图2.a–18）。

在环绕宫城四墙外侧，距南墙和西墙30米、东墙40米、北墙70米处，挖有一条宽约8米的闭合壕沟。通过对北侧壕沟的发掘可知，河沟距现地表2.1米以上的堆积分两层，上层厚60～90厘米，为近现代堆积；下层堆积厚一米多，为古城

图 2.a-8 宫城全景航片 2009 年 北京市测绘设计研究院

图 2.a-9 宫城东城墙历史照片[10]（南一北）

图 2.a-10 宫城东城墙现状照片（北一南）

图 2.a-11 宫城西城墙历史照片（东一西）

图 2.a-12 宫城西城墙现状照片（北一南）

图 2.a-13 宫城南城墙历史照片（西一东）

图 2.a-14 宫城南城墙现状照片（东一西）

图 2.a-15 宫城北城墙历史照片（南一北）

图 2.a-16 宫城北城墙现状照片（东一西）

10. 引自《东亚考古学刊乙种》（第二册），日本学者 20 世纪 30 年代拍摄。以下历史照片未注明年代者均同。

图 2.a-17 宫城南门御天门遗址

图 2.a-18 御天门遗址局部结构

废弃后两边倒塌的建筑残迹。该河沟具有城内排水和护城河的双重功能。

（2）道路遗迹

宫城内的主要道路以宫城正中的方形台基为中心，向东、西、南三个方向分别延伸出三条与城门相连的大街，构成“丁”字形道路格局；其余道路较“丁”字形主路窄，布局较为自由，基本上以建筑群为中心，街道环绕其外布置。此外，宫城城墙外侧还设有环城道路（图 2.a–19）。

（3）建筑基址

宫城内今地表所见大小建筑基址计有 40 余处，以丁字大街为界，宫城北部建筑基址最为密集，多见单体建筑与院落式建筑混合分布，形制有方形、长方形和圆形。南部建筑基址相对较少，多见院落式建筑布局，且分布较为分散（图 2.a– 19）。

宫城内见于史籍的殿阁有大安阁、穆清阁、水晶殿、洪禧殿、香殿、睿思殿、崇寿殿、仁寿殿、清宁殿、鹿顶殿、歇山殿、隆德殿、玉德殿、明仁殿、兴圣殿、东便殿、五花殿、楠木亭、宣文阁、万安阁、统天阁和宫学场所等[11]。这些建筑在上都城中的位置，一部分主要殿阁在元代文献和元人诗歌中有生动反映，并可根据考古与历史研究予以认定，还有一部分殿阁和官衙有待于通过进一步的考古发掘予以验证和区别，但出于保护的考虑，新的考古发掘受到严格的限制。从现今地表观察，凡建筑台基高大者，则四周院墙均较整齐、宽大而

11. 参见魏坚《元上都的考古学研究》，魏坚《元上都（上）》，北京：中国大百科全书出版社，2008 年，第 50 页。

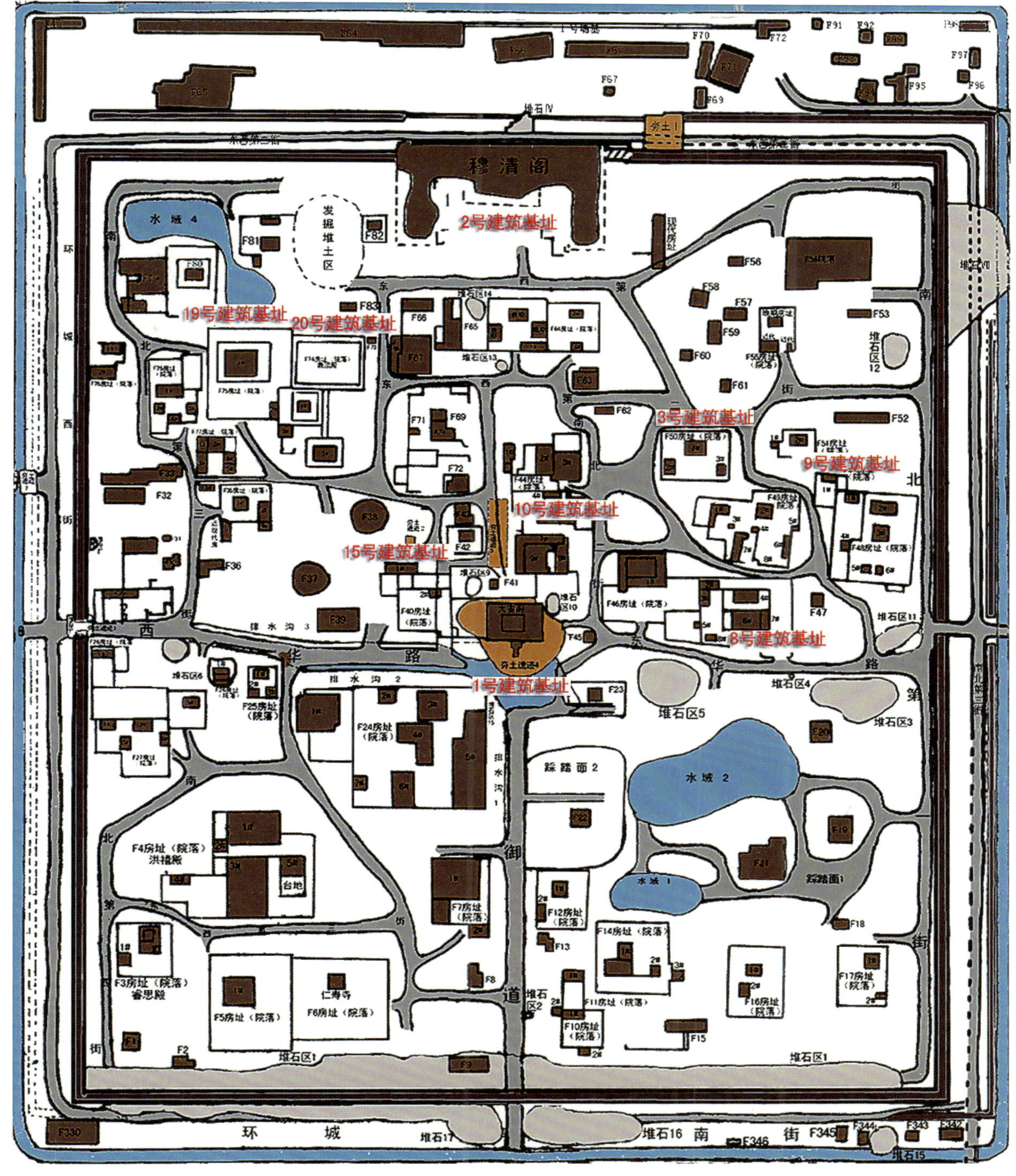

图 2.a-19 宫城内建筑基址平面图　来源：内蒙古自治区文物考古研究所

坚固；而建筑台基窄小低矮者，地表地基、房屋、院落亦较清晰可辨。目前已初步探明的建筑基址如表 2–1 所列：

表 2–1　宫城内已探明的建筑基址基本情况

遗存名称	位置	格局特征	尺寸	按文献推测的遗址名称
1 号建筑基址	宫城中心	基址呈方形，分上、下两层建筑基址。下层为元代建筑基址，出土有汉白玉龙纹角柱；上层为明清时期的喇嘛庙遗址，由石砌围基、建筑殿址和西北角房址三部分组成	南北 30 米，东西 36.5 米	大安阁遗址
2 号建筑基址	宫城北墙正中	基址为阙式，两侧有对称相连的东西配殿趋前，中殿呈凸字形	南北 67 米，东西 137 米	穆清阁遗址
3 号建筑基址	大安阁东北 100 米处	基址呈长方形，台基周围地势低洼，形成一环形壕沟	南北 28 米，东西 38 米	水晶殿遗址[12]
8 号建筑基址	东华门内道路北侧，西距大安阁约百米。	院落平面呈长方形，院内偏北为方形建筑台基	南北 50 米，东西 55 米	洪禧殿遗址
9 号建筑基址	洪禧殿东北 25 米	院落平面呈长方形，院内北侧有长方形建筑台基	南北 68 米，东西 50 米	崇寿殿遗址
10 号建筑基址	大安阁遗址之后东北侧	基址呈长方形，东侧有廊道与大安阁相连	南北 28 米，东西 35 米	香殿遗址[13]
15 号建筑基址	大安阁遗址西侧 20 米、西华门内道路以北	基址近方形，前后两排均有房址	边长约 33 米	宫学遗址[14]
19 号建筑基址	宫城北部、穆清阁以南西侧，东与仁寿殿并列	基址呈长方形，南侧正中有突出的踏道，四周建有围墙	南北 24 米，东西 25 米	睿思殿遗址
20 号建筑基址	宫城北部、穆清阁以南西侧，西与睿思殿并列	基址呈长方形，南侧正中为约 30 米的长廊，四周建有围墙	南北 40 米，东西 43 米	仁寿殿遗址

12. 水晶殿是举行重要宴会和处理政务的场所，史籍记载其为上都五座宫殿之首。元人王士点《禁扁》一书所记上都五殿为：水晶殿、洪禧殿、睿思殿、穆清殿和清宁殿，这五殿都是上都的重要宫殿。
13. 据史籍记载大安阁后的香殿，做工坚固精巧，四壁绘有龙凤图案，是专为天子敬香拜佛的地方，因而得名香殿。
14. 宫学是宫城内讲学授课的场所。

图 2.a-20 1 号建筑基址全景

其中：

1 号建筑基址：遗址位于宫城中心丁字街北侧，分为上、下两层，于 1996～1997 年进行了考古发掘和清理。据考古研究推测，下层应为元代大安阁的建筑基址，上层应为明清时期的喇嘛庙遗址（图 2.a–20、图 2.a–21）。

图 2.a–21 1 号建筑基址航拍图　2009 年

大安阁是元上都的主要宫殿，元朝皇帝经常在这里举行重大的典礼，如皇帝登基、接见外国使者等。此外，包括皇帝临朝、议政、修佛事、与大臣聚会等日常活动也在此举行，这里曾经发生了许多具有世界性或地区性影响的重大事件，包括元世祖忽必烈之后元成宗、武宗、天顺帝、文宗、顺帝等五位皇帝登基，以及南宋灭亡后忽必烈受南宋君主的朝降等。

大安阁建于忽必烈至元三年（1266 年），它所用的建筑材料均取自于北宋首都汴京（今河南开封）的“熙春阁”，其规模在原有熙春阁的基础上稍有减小，建筑造型仿照熙春阁而建[15]。这一从中原汉人都城整体搬迁而来的汉式建筑在元上都拥有最高的建筑地位，象征了皇家的宫廷正殿。

下层建筑基址现仅存基址部分，叠压在上层建筑基址的石砌围基之下，是直接在原生地面上夯筑而成，其东西宽 36.5 米，南北已知长度为 30 米。基址底部外缘用规整的条形砂岩围筑，所用石条规格不一，一般长 80～130 厘米，宽 50～60 厘米，厚 25 厘米，采用燕尾槽相互连接，在基础石条间和基础内侧，

15.“世祖皇帝在藩，以开平为分地，即为城郭宫室。取故宋熙春阁材于汴，稍损益之，以为此阁，名曰大安。既登大宝，以开平为上都，宫城之内，不作正衙，此阁岿然遂为正殿矣。规制尊稳秀杰，后世诚无以加也。”见［元］虞集（1272～1348 年）《跋大安阁图》，《道园学古录》卷一〇，四部丛刊本。

图 2.a–22 1 号建筑基址下层出土汉白玉龙柱

常见有加固基础的直径约为 15 ~ 20 厘米的木桩。基址西南角处出土有完整的汉白玉龙纹角柱（图 2.a–22），该角柱高 2.1 米，宽 0.53 米，厚 0.52 米，与墙体相接的两面只经过粗略加工，表面较为粗糙，外露的南、西两面制作十分规整精细，四周刻有边框，边框内各浮雕有精美的腾龙一条，并有花卉图案相衬，形象逼真，图案精美，雕刻技法纯熟精湛。

上层建筑基址修建于下层建筑基址的废墟上，由下至上依次是石砌围基、建筑殿址和西北角房址，建筑规格和技法上均远不及下层建筑基址。从建筑殿址后出土的大量用藏文和蒙文浮雕六字箴言的石板分析，上层建筑应为明清时期的一处藏传佛教寺庙建筑遗址。值得注意的是，上层建筑的大部分建筑材料均是拆用早期基址和其他元代建筑的材料（图 2.a–23），这些材料包括伊斯兰教的墓顶石、石刻、砖、瓦、瓦当等建筑构件。

2 号建筑基址：遗址位于宫城北墙居中部位，是宫城内最高大的主体建筑（图 2.a–24），于 2009 ~ 2010 年进行了考古发掘和清理。现存台基高约 8 米，东西宽 137 米，南北长 67 米，总面积 9180 平方米。台基平面呈“山”字形，其上的建筑应由中央大殿与东、西两翼伸出的配殿组成，中殿稍凸前，东、西配殿呈工字殿而趋前，形成阙式建筑，正视其建筑形式类似北京明清故宫的午门。据考古研究推测，该遗址应为穆清阁遗址。穆清阁是元上都中轴线上北端的高台建筑，作为宫城中的重要殿阁之一，有元一代，是皇帝宴乐、议事与居住[16]的大内宫殿，元人诗中称其为“北阙”[17]。

现存台基与宫城北墙连为一体，为同时兴建的早期建筑，墙上不设城门。经考古发掘可知，现存台基内筑夯土，外包青砖，包砖宽约 1 ~ 2 米，包砖内侧为错缝平砌，外侧采用经过加工特制的直角梯形面砖顺砌，外侧面成近 75° 的斜面，并经磨光，既保证了建筑向上收分的统一倾斜度，也保证了整个砖面外壁的平整光滑。基址角部均采

16.“至正年间，今上新盖穆清阁与大安相对，阁之（东）西陲俱有殿。特出层霄，冠于前古。下亦三面别有殿。北有山子殿。上位每于中秋于此阁燕赏乐，如环佩隐隐然在九霄之上，着意听之，杳不可得，是为天下第一胜景……”见［元］熊梦祥（生卒年不详）《析津志辑佚 · 岁纪》。

17.“北阙岧峣号穆清，北山迢递绕金城。四时物色图丹壁，翠辇时临号太平。”见［元］周伯琦（1298~1369 年）《扈从上京宫学纪事》，《近光集》卷一。

图 2.a-23 1号建筑基址出土汉白玉螭首

图 2.a-24 2号建筑基址全景

用规整并经加工的石条作为角柱石，角柱石上部刻槽缝卡砖，不但保证了砖不向外移，也使得建筑角部更加坚实与美观。基址底部采用长 45 ~ 60 厘米左右的石条平地，外侧留近 10 厘米的金边。在现存台基东、西两翼与主体相连处设置了上下通行的踏道（图 2.a–25），中央大殿正面不设道路通行。此外，台基东翼顶部经过发掘，可知顶部原有大型的楼阁式木结构建筑，南北长 12 米，东西宽 16 米，出土有南、北两排石柱础，地面铺砖，并见晚期砖砌的佛台（图 2.a–26）。

2 号建筑基址的发掘出土了较多的琉璃瓦和特殊的建筑砖构件，琉璃瓦有蓝色、黄色、绿色、青色等，其中以蓝色为最多。琉璃瓦当图案全为龙形，琉璃滴水有龙形与鸟形（图 2.a–27）。此外，还出土有汉白玉螭首（图 2.a–28），以及十余种雕刻不同花卉的精美建筑砖构件。

2.a–1–3 皇城

皇城是元上都的主体部分，东西宽约 1410 米，南北长约 1400 米，近方形，面积约 164 公顷。

皇城内官署、寺庙建筑基址分布较多，建筑结构比外城坚固。皇城城墙共设 6 门，南北墙正中各开 1 门，东西墙对称各开 2 门，各门外皆筑有瓮城。四

图 2.a–25 2 号建筑基址西殿底部发掘现场

图 2.a–26 2 号建筑基址东殿顶部发掘现场

图 2.a–27 2 号建筑基址出土蓝色琉璃滴水和龙纹瓦当

图 2.a–28 2 号建筑基址出土汉白玉龙纹螭首

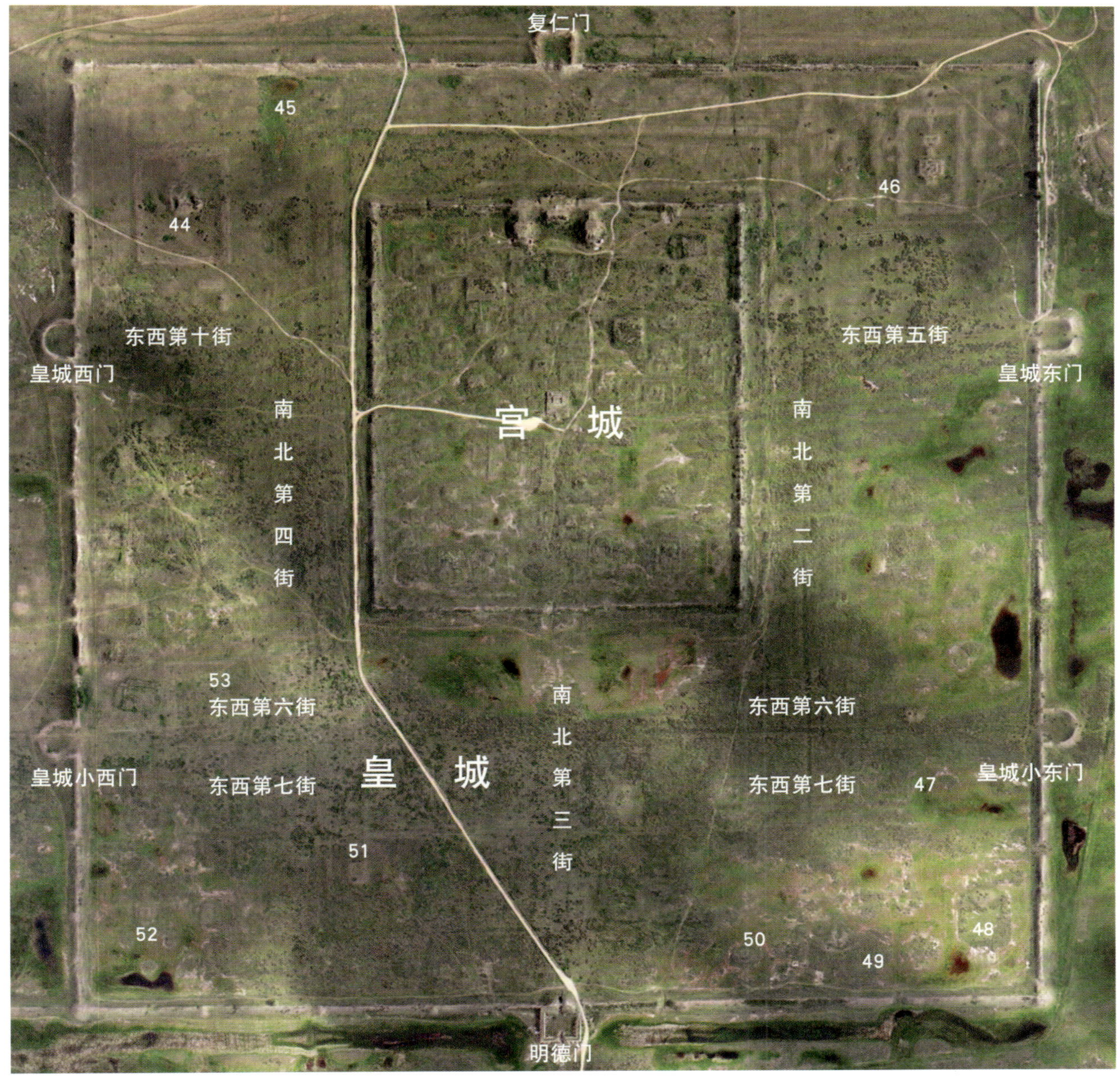

图 2.a-29 皇城全景 2009 年 北京市测绘设计研究院

墙外侧均设马面，四角建有高大角楼，军事防御功能较为完备。城墙外有兼具排水和防卫功能的沟渠（图 2.a-29）。

（1）城墙、城门及相关遗迹

皇城围绕于宫城四周，近方形，四墙长度不等。东墙长 1410 米，西墙长 1415 米，南墙长 1400 米，北墙长 1395 米。城墙中间为黄土分层夯筑，夯层厚 12 ~ 14 厘米，夯筑坚硬，内外两侧均用自然石块包砌，石墙厚 0.5 ~ 0.6 米。外侧石块略平整，用白灰坐浆，个别地段留有勾缝痕迹。城墙现存高度多在 6 ~ 7 米左右，墙基宽 12 米，顶宽约 5 米，向上渐斜收。一般底部 1 ~ 2 米处坡度较

图 2.a-30 皇城东城墙历史照片（西南一东北）

图 2.a-31 皇城东城墙现状照片（东北一西南）

图 2.a-32 皇城西城墙历史照片（北一南）

图 2.a-33 皇城西城墙现状照片（南一北）

图 2.a-34 皇城南城墙历史照片（南一北）

图 2.a-35 皇城南城墙现状照片（西一东）

图 2.a-36 皇城北城墙历史照片（南一北）

图 2.a-37 皇城北城墙现状照片（西一东）

缓，其上则较陡直。石砌墙体底部挖有基槽并建有斜坡状墙基，墙基较墙体向外伸出 15 ~ 20 厘米左右，其中东墙墙基深 30 ~ 40 厘米，南墙墙基深 70 厘米左右。

皇城城垣共设有六座城门，南、北墙正中各开一门，东、西墙对称各开二门。南北城门外筑长方形瓮城，瓮城门南北向开。其中北城门名为“复仁门”，此门为专供皇帝出入外城的通道，长期不曾开启，门外瓮城东西宽 50 米，南北长 60 米；南城门名为“明德门”，与宫城“御天门”同在一条南北中轴线，是皇城最重要的城门，门外瓮城东西宽 63 米，南北长 51 米。皇城东、西两墙所开的四门在元代史籍和诗歌中分别称作东门、小东门和西门、小西门[18]。城门外皆筑马蹄形瓮城，东西长 55 米，南北宽 60 米，瓮城门分别折向南开，门道均用石块作封堵（图 2.a–30 ~ 图 2.a–37）。

目前仅皇城的南门经过考古发掘清理，其门道总长 24 米，单门洞，青砖券顶，南端门道较为短窄，长 4.8 米，宽 4.7 米；北端门洞较长，长 19.2 米，宽 5.7 米，券门两侧留有高约 7 米的城门坍塌后的建筑残迹。城门内外的墙体均用青砖包砌，门洞内两侧的墙体砌在三层石条之上（图 2.a–38、图 2.a–39）。瓮城平面呈长方形，东西宽 63 米，南北长 51 米，墙体内为夯土，外用自然石块包砌。墙体底宽 12 米，现存高度 7 米，顶宽 5.2 米。瓮城门位于瓮城南墙中部略偏东处，长 12 米，宽 3.6 米，从现场发现遗迹来看瓮城门应当是木质的过梁式结构。皇城南门出土较多的模制花砖及雕刻花砖、石块和石质建筑构件等，南门及瓮城内出土较多瓷器，有龙泉窑、钧窑、磁州窑、耀州窑等名窑所产的各类瓷器，也有一些地方土窑生产的酱釉、白釉、黑釉、青瓷等瓷器，此外还有少量的陶器、石器和金属器物等。

图 2.a–38 皇城明德门及瓮城遗址（北一南） 2009 年

图 2.a–39 皇城明德门航拍照片 2009 年 北京市测绘设计研究院

18. 其中东墙北侧、西墙北侧的城门分别为东门、西门，南侧的城门分别为小东门、小西门。参见魏坚《元上都的考古学研究》，魏坚《元上都（上）》，北京：中国大百科全书出版社，2008 年，第 25 页。

图 2.a-40 皇城东城墙马面（北一南） 2005 年

皇城四墙外侧筑有马面，每面墙 6 个，共 24 个。马面中间以黄土夯筑，外侧三面包砌自然石块。马面整体正视呈正梯形，底宽上窄，三面向上斜向收分。马面底宽 12 米，凸出墙体 5.4 米，现存高度 5.8 米。马面的间距因位置不同而有差异，其中，东、西城墙两城门之间的两个马面相距最远，为 180 米；东、西城墙南北两端的马面相距最近，为 110 ~ 115 米不等（图 2.a-40）；南、北城墙的马面距离在 155 ~ 160 米之间不等。

皇城城墙四角筑有高大的台墩，其上建有角楼（图 2.a-41、图 2.a-42）。在角楼及城门内侧两端，还分别筑有登城之斜坡踏道。经解剖清理皇城东南角楼台墩，可知角楼台墩呈圆台形，由下至上渐做收分，底径 27.5 米，顶径 13.5 米。在角楼连接的东墙和南墙内侧，各有一条登城之斜坡通道，两条通道在城墙顶部的楼角汇合。南侧通道长 47.5 米，宽 3.5 米；东侧通道残长 37.5 米，宽 3.5 米，构筑方法同城墙一致。从现存遗迹看，皇城角楼远较宫城角楼高大。

皇城外侧有护城河，目前保存最为明显的遗迹主要位于东城墙和南城墙外侧（图 2.a–43），宽 20 ~ 150 米，西城墙与北城墙护城河相对较窄，宽 8 ~ 10 米。这种情况的出现，与元上都的水患有密切关系，西部和北部地势较高，排洪较为容易，而南部和东部较低，用于泄洪的河道也明显加宽。

图 2.a–41 皇城西北角墩现状 2009 年

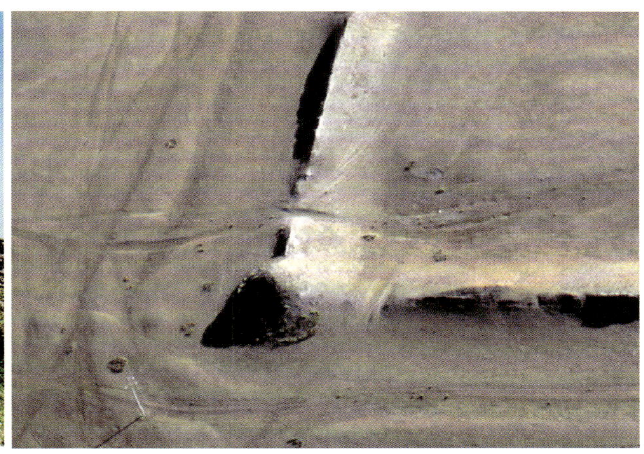
图 2.a–42 皇城西北角墩航拍（西一东） 1997 年
中国历史博物馆遥感与航空摄影考古中心

图 2.a–43 皇城南门前护城河遗址发掘现场（南一北） 2009 年

（2）道路遗迹

皇城的街道宽窄不等，主次分明，结合地形基本对称。城内南北向的主要道路有三条，一条是正对皇城南门宽约 25 米的道路，距其约 350 米的东、西两侧各有一条 15 米宽的大街，南北连通全城。东西向的主要道路有三条，最北侧的一条道路连接皇城的东门和西门，但中部被宫城打断；中间的一条道路是宫城南面直通皇城小东门和小西门的东西大街，这两条道路宽约 25 米；南侧的一条道路与中间的东西大街平行，距其约 120 米，宽约 15 米。

从考古勘探结果来看，除主要道路外，皇城南部和中部的小街道较少，北部的小街道相对较多，且多围绕建筑群分布，呈现自由式布局。

（3）建筑基址

从文献中可知，当时设在皇城内的寺观庙宇等建筑较多，主要有：华严寺、乾元寺、开元寺[19]、帝师寺、庆安寺、弘正寺、黄梅寺、崇真万寿宫、长春宫、寿宁宫、太一宫、回回寺[20]，以及儒学的孔子庙（文庙）及国子监等，主要位于皇城之内。今据地表观察，在东西两侧临街巷内可以看到 20 余处较大的高台夯土基址。大型的寺庙遗址，如乾元寺、华严寺、孔庙和道观等宗教性建筑基本分布在城内四隅（图 2.a–44）。目前已初步探明的建筑基址如表 2–2 所列：

表 2–2 皇城内已探明的建筑基址基本情况

遗存名称	位置	格局特征	尺寸	按文献推测的遗址名称
46 号建筑基址	皇城东北角	院落平面呈长方形，东、中、西三跨院相连，中院为主体	南北约 200 米，东西约 325 米	华严寺遗址
44 号建筑基址	皇城西北角	院落平面呈长方形，分为前、后两院，四周建有围墙	南北约 265 米，东西约 132.5 米	乾元寺遗址
48 号建筑基址	皇城东南角	院落平面呈长方形，前后有两殿的建筑基址	南北 67.5 米，东西 62.5 米	文庙遗址
52 号建筑基址	小西门内大街的南侧	院落为长方形，建筑台基位于院内北部	南北约 110 米，东西约 57 米	开元寺遗址
53 号建筑基址	小西门内靠近城门处	院落大致呈方形，院内中央偏北处为建筑台基	边长约 100 米	崇真宫遗址[21]

19. 开元寺是上都城内具有一定规模的著名藏传佛教寺院。

20. “回回”一词由“回鹘”转变而来，在宋、辽业已出现，专指民族、非指信仰；至元代出现“回回人”、“回回寺”等词，开始指称当时的伊斯兰教信徒与寺庙；至明代始出现“回回教”一词。参见陈垣《回回教入中国史略》，《陈垣史学论著选》，上海：上海人民出版社，1981 年，第 217～234 页。

21. 从该遗址所处位置和形制规模分析，其可能为上都城内重要的道教宫观崇真宫或长春宫遗址。

图 2.a-44 元上都皇城建筑基址分布图 来源：内蒙古自治区文物考古研究所

其中：

46号建筑基址：位于皇城的东北角，据考古研究推测，应为华严寺遗址(图2.a–45)。华严寺，又称大龙光华严寺，是一座禅宗寺院，建于宪宗八年（1258年），是元上都最早的佛教寺庙，也是元上都城内最重要的两座佛寺之一。据文献记载，因皇城东北部地势低洼，建寺时泉水涌沸，因此在地基之上打入成排的木桩，使基础稳固，其上再以夯土筑台基[22]。该遗址的总体布局以中院为主体，东、中、西三跨院相连，四周围以院墙，东西宽325米，南北长200米。其中，中院南北长165米，东西宽92.5米，四周墙体完整，基宽6米，四周为回廊，院内发现两座大型夯土台基，此外还有碑亭基址及小型院落；西院东西宽115米，后半部与中院各以墙相连，其间亦有横凸字形的台基，后部建有大片建筑，且绵延成片，是僧人居住的僧房和仓储之地；东院宽70米，南北长110米，南部遗迹不清，北部有3个建筑台基，建筑主体虽小，但布局规整，是华严寺的偏院。寺庙遗址范围内发现了大量琉璃砖、瓦和大型石柱础等建筑构件，重要的出土文物有《皇元敕赐大司徒筠轩长老寿公之碑》的碑额（图2.a–46）、汉白玉螭首、大理石龟趺（图2.a–47）等。

图2.a–45 46号建筑基址航拍照片（北一南） 1997年 中国历史博物馆遥感与航空摄影考古中心

22. "殿基水泉涌沸，以木钉万枚筑之，其费巨万"。见［元］袁桷（1266～1327年）《华严寺》诗注，《清容居士集》卷一六，四部丛刊本。

图 2.a-46 皇元敕赐大司徒筠轩长老寿公之碑

图 2.a-47 46 号建筑基址内出土大理石龟趺

44 号建筑基址：位于皇城的西北角，据考古研究推测，应为乾元寺遗址。乾元寺，又称大乾元寺，是一座藏传佛教寺院，建于至元十一年（1274 年），由尼波罗（今尼泊尔）建筑大师阿尼哥主持修建，是元上都城内最重要的两座佛寺之一（图 2.a–48）。寺院为前、后两院的长方形建筑，四周建有围墙，南北长 265 米，东西宽 132.5 米。前院为竖长方形，南北长 167.5 米，四周墙基宽 10 米，四周为回廊；院落中央偏北处有一长方形夯土台基，南北长 45 米，东西宽 40 米，高 4 米，台基前左右对称有两处碑亭基址。后院为横长方形，南北宽 97.5 米，院落中央后部是一个长 30 米，宽 10 米，高 3.5 米的十字形建筑台基；台基前对称有东西配殿，基址南北长 20 米，东西宽 14 米，高 3.5 米；东西配殿北侧还有两处基本对称的小型建筑。在乾元寺前院西墙外，有一排建筑基址，为一处东西长 55 米，南北宽 30 米的小型院落。院落北端有一东西长 12 米，南北宽 6 米的建筑台基，南端为一排 13 间的房址，此处院落为乾元寺僧人的居住僧房。乾元寺规模宏大，建筑布局整齐对称，保存亦较完好，是元代藏传佛教寺院遗址的珍贵资料（图 2.a–49）。寺庙遗址范围内发现有大量琉璃砖、瓦及大型石柱础（图 2.a–50）及部分石构件，汉白玉的螭首等。

图 2.a–48 44 号建筑基址航拍图 2009 年 北京市测绘设计研究院

图 2.a-49 44 号建筑基址现状

图 2.a-50 44 号建筑基址出土石柱础

图 2.a-51 外城全景 2009 年 北京市测绘设计研究院

2.a-1-4 外城

外城围绕于皇城之西、北两面扩建而成，西、北两面墙长 2220 米，东墙长 815 米，南墙长 820 米，面积约 288 公顷（图 2.a-51）。

元上都城的扩建和改造，经历了很多年[23]。其中，外城城墙应晚于宫城和皇城修建，依据有三点：一是皇城小西门外的东西大街与外城西墙外的大街在同一条直线上，这条东西大街明显被外城西墙隔断，通过考古发掘已证实外城城墙叠压在东西向道路之上，城墙晚于道路修建；二是外城的城墙夯层薄厚不均，亦不甚坚硬，构筑方式与皇城、宫城明显不同，也不见角楼和马面等军事防御设施；三是从全城的布局来看，外城是在皇城外向北、向西各扩展了 800 余米，但却没有同样向南、向东扩展，这是因为皇城东墙外的南侧有上都河流过，皇城南墙距上都河最近点不足 300 米这样的地形条件决定的[24]。

23.“夫上都宫阙，创自先帝，修于累朝……”见［明］宋濂（1310~1381 年）《陈祖仁传》，《元史》卷一八六。

24.据魏坚《元上都的考古学研究》整理，魏坚《元上都（上）》，北京：中国大百科全书出版社，2008 年。

外城整体呈曲尺形，其东墙和南墙分别与皇城东墙和南墙相接，使元上都城址整体呈现为一个完整的正方形。外城内有一道东西向呈外弧形的隔墙，将外城分隔为互不相通的南、北两个部分。其中，北部称为“北苑”，遗迹较少；南部称为“西内”，有较多的建筑遗迹分布。外城城墙共设4门，北墙设2门，南墙、西墙各设1门，皆筑有瓮城。外城的墙体无马面、角楼等军事设施。根据考古勘探成果，外城的护城河只在西部、南部和西北角部有护城河，东部和北部没有护城河。

（1）城垣、城门及相关遗迹

外城城墙均为黄土夯筑，夯层厚20厘米左右，薄厚不均，夯实程度不及皇城，外表未有砖石包砌。墙体无马面、角楼等军事性附属设施。现存城墙基底宽10米，顶宽2米，存高为3~6米。外城自西门北侧225米处，斜向建有一条东西向的隔墙至皇城北门瓮城西墙，将外城分为皇城以西和以北两部分。隔墙基宽3米，残高0.7~0.8米，顶宽2.05米，夯层厚15~20厘米。该墙中部弯曲，至皇城西北角外向南有一较大的折角（图2.a–52 ~图2.a–56）。

图2.a–52 外城西城墙历史照片（北一南）

图2.a–53 外城西城墙现状照片（南一北）

图2.a–54 外城北城墙历史照片（东一西）

图2.a–55 外城北城墙现状照片（西北一东南）

图 2.a-56 外城东西向隔墙（南一北） 2010 年

外城城墙共辟有四门，南墙一门，西墙一门（图 2.a-57），北墙两门。南、北城门均外筑长方形瓮城，形状与皇城的南、北瓮城相同，一般南北长 60 米，东西宽 50 米，瓮城门为南、北向直开；西城门外筑马蹄形瓮城，形状与皇城东西门瓮城相同，南北宽 60 米，东西长 55 米，瓮城门折向南开。经对外城北墙西侧城门的考古清理得知，门道宽 10.8 米，门道两端的夯土墙上贴一排桦木板，厚 3 ~ 4 厘米，此应为修筑墙体时的护板。瓮城的城门以石块封堵。

外城南部的护城河遗迹，位于南城墙外 23 米处，上口宽 26 ~ 32 米，构筑齐整，保存较好。城西北角护城河底部现存宽度为 13 米，保存最深处 2.5 ~ 3 米。现存河堤的坡度在 30° ~ 40° 之间[25]（图 2.a-58）。

（2）道路遗迹

外城的道路遗迹主要分布于西内，北苑没有发现道路遗迹。其中：

西内南部区域采用街巷式布局，道路密度较低，主要通过三条东西向大街

25. “在外城城门处，护城河均向外弧，和城门对应处的河沟两侧的地面略有隆起，可能是桥梁的位置所在”。见魏坚《元上都的考古学研究》，魏坚《元上都（上）》，北京：中国大百科全书出版社，2008 年，第 23 页。

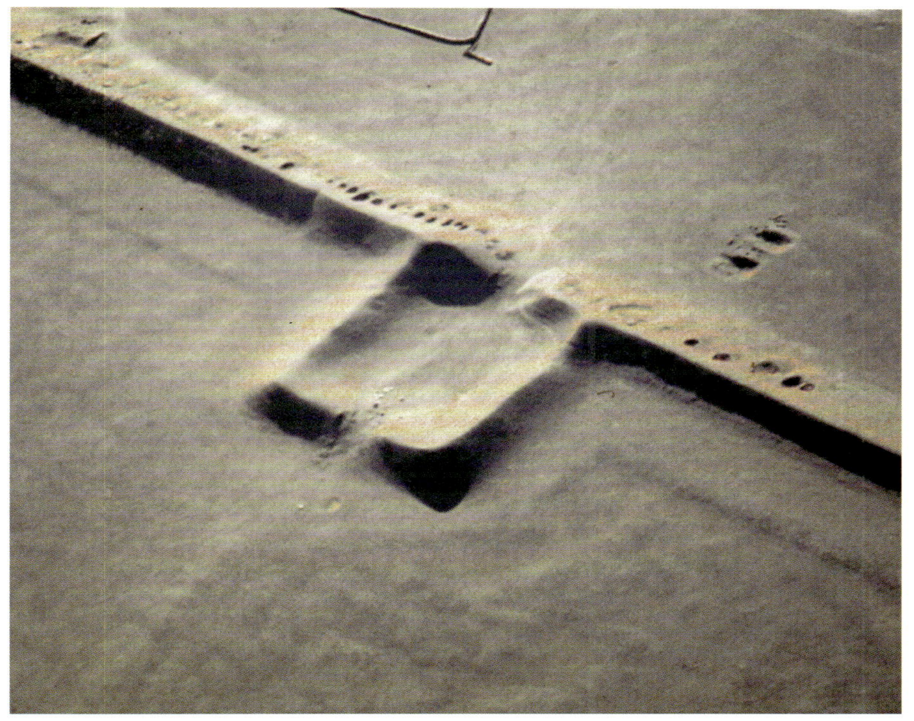

图 2.a-57 外城北城墙西侧城门（西北—东南） 1997 年 中国历史博物馆遥感与航空摄影考古中心

图 2.a-58 外城护城河考古现场

和两条南北向大街组织交通，各建筑与主要街道之间用小的街巷连接，并由于经常踩踏而形成路面。经对皇城小西门外的东西大道进行考古发掘后得知，道路由灰褐色夯土筑成，厚达 80 厘米，每层夯层厚 10 厘米，道路两侧设有排水沟，宽 50 厘米，沟两侧为片石砌筑，深达 80 厘米。

西内北部区域的道路布局较为自由和灵活，道路密度较高，两条东西向大街仅起到连接城门和辅助交通的作用。

图 2.a-59 外城北苑鸟瞰（北一南） 1997 年 中国历史博物馆遥感与航空摄影考古中心

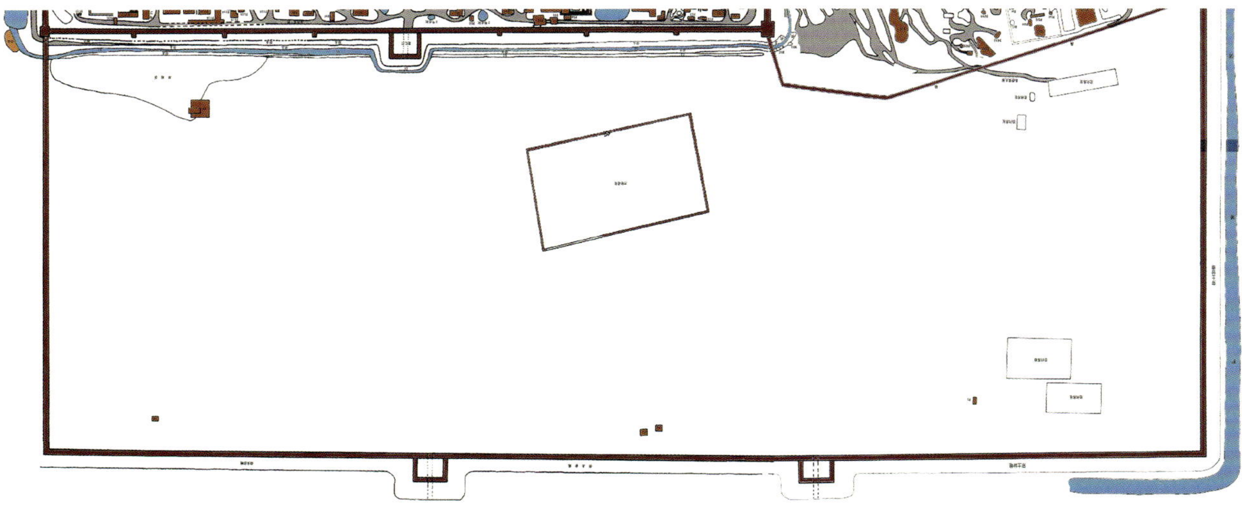

图 2.a-60 外城北苑考古勘探图 来源：内蒙古自治区文物考古研究所

（3）北苑与西内

元上都外城由一道东西向呈外弧形的隔墙分隔为互不相通的两个部分。其中皇城以北的外城部分是皇家苑囿“北苑”，是元朝皇家培植奇花异草，豢养珍禽异兽的皇家园林（图 2.a-59、图 2.a-60）；皇城以西的外城部分是“西内”，其南部的街道和院落遗址较为密集，与宫城内的汉式宫殿区相对应，其北部是蒙古族召开贵族会议的营帐驻扎之地。

依据元代文献可知，元上都外城北部就是元朝皇家培植奇花异草、豢养珍禽异兽的皇家园林，亦即北苑所在，园内有“高榆矮柳”自然生长，“金莲紫菊”竞相开放[26]。在元代其他史料中，又有“瑞林苑”[27]“御苑”[28]“御花园”[29]等名称。根据考古调查，从外城隔墙北侧到外城东墙，是一道东西向的高岗，岗上地势平坦，没有街道，也基本不见建筑遗迹。仅在皇城西北角外北侧、外城

26.“古木阴阴覆苑墙，雁程霜早碧云长……高榆矮柳远参差，一幕秋空碧四垂……金莲紫菊带烟铺，画出龙冈万世图”。见［元］许有壬（1286～1364 年）《和友人北苑马上四首》。

27.［元］王士点（生卒年不详）《禁扁》卷乙，扬州书局重刊楝亭藏本。

28.“丞相簪花御苑回”。见［元］杨允孚（生卒年不详）《滦京杂咏》卷上，《知不足斋丛书》本。

29.“御华（花）园路接柴场”，见［元］宋本（1281～1334 年）《上京杂诗》，《永乐大典》卷七七〇二。

北部正中偏南处，发现一处大型院落。院落为对称的菱形四边形，南、北两墙呈东北—西南向，东、西两墙方向为350°。院落东西长315米，南北宽195米，南墙正中留有缺口，宽5米。墙体为自然石块垒砌，墙宽1.2～1.5米。院内较为空旷，没有发现明显的建筑痕迹。结合考古调查及文献分析，北苑中央的此处石砌大院，即是文献中所载豢养禽兽的场所，四周围墙外有浓阴蔽日的古树，是只有蒙古贵族和王公大臣才可以赏玩光顾的地方。

“西内”是相对于宫城内宫殿区“大内”而言，在宫城“大内”以西，是蒙古族召开贵族会议的蒙古营帐所在（图2.a–61、图2.a–62）。元代史料和元人的诗歌之中，经常提到西内、失剌斡耳朵和棕殿。失剌斡耳朵即黄色的营帐，忽必烈建立元朝后，沿袭蒙古旧制，也在元上都设有失剌斡耳朵[30]，其位置在西内北部，以棕殿为主，包括一些附属帐幕在内的一组宫帐建筑。失剌斡耳朵是举行蒙古族部落大宴即“诈马宴”[31]的地方，蒙古的王公贵族在大聚会时都要举行诈马宴，重要的政务包括选举蒙古大汗，都要在诈马宴上决定。元代史料中，诈马宴常常是在“棕殿”内举行，棕殿就是大型的蒙古包式的营帐，马可·波

图2.a–61 外城西内鸟瞰（北—南） 1997年 中国历史博物馆遥感与航空摄影考古中心

30.“（失）剌斡耳朵者，即世祖皇帝之行在也”。见［元］熊梦祥（生卒年不详）《析津志》，《永乐大典》卷七七〇二。

31.诈马宴又称“质孙宴”，参加宴会者要穿皇帝赐予的一色质孙服。宴会一般要连开三天，与宴者每天要换一次衣服。参见魏坚《元上都的考古学研究》，魏坚《元上都（上）》，北京：中国大百科全书出版社，2008年，第69页。

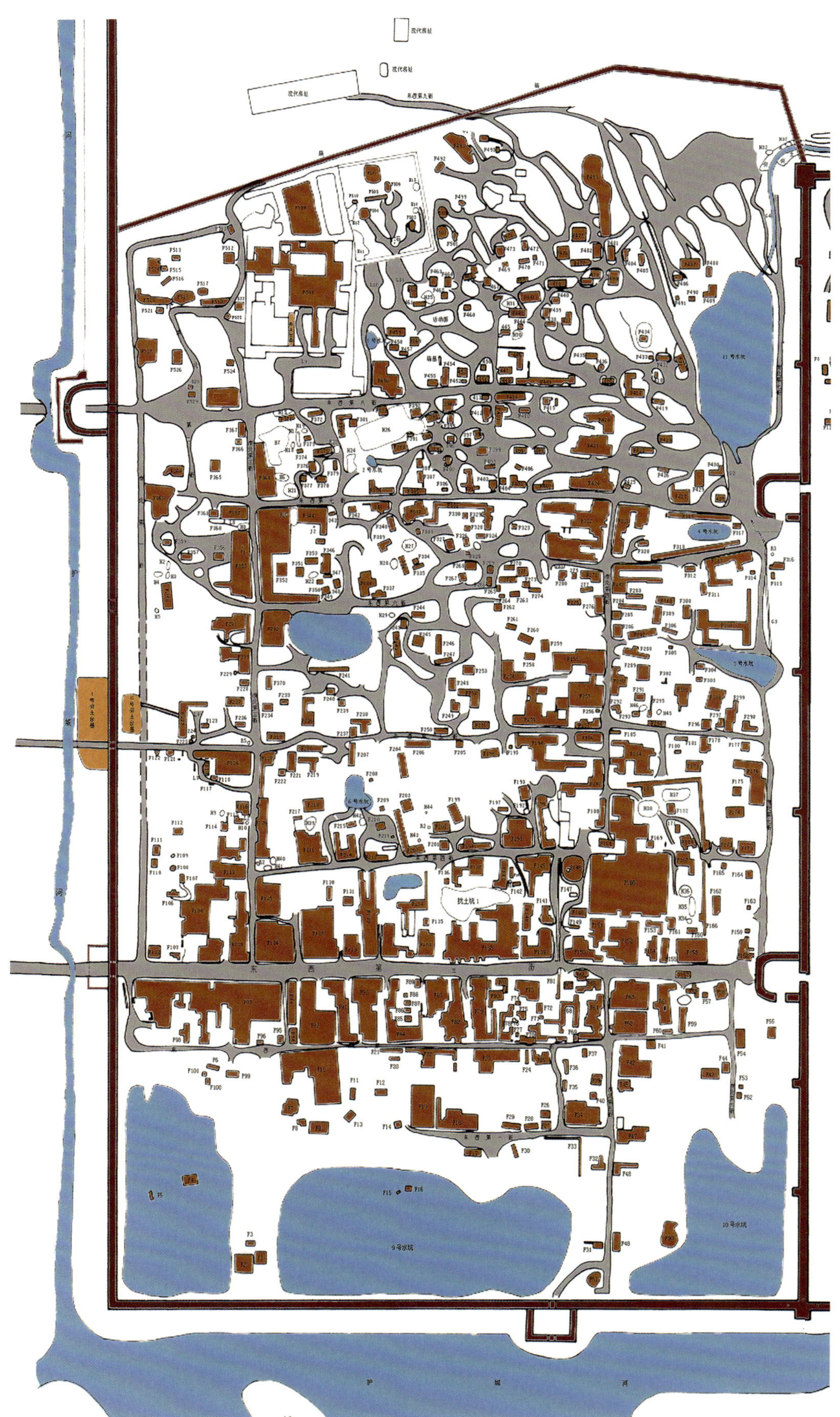

图 2.a-62 外城西内考古勘探图　来源：内蒙古自治区文物考古研究所

罗曾记述了棕殿的结构[32]。

考古调查证实，西内北部地势平坦，宫殿和房舍建筑遗迹较少，作为宫帐所在地甚为合适。调查中发现，在距皇城西北角楼向西南220米处，有一处略微凸起的高地，其四周围以低洼的环壕，尤以东、北两面环壕较为明显。环壕内的高地较为平整，直径约140米，高地四角方位各有一处较高大的土丘。北侧环壕宽20米，深0.6米，距北苑的隔墙26米。另外，外城南北的隔墙也在这里呈外弧形，当是在搭建了圆形宫帐之后，出于对西内的安全考虑，才随形就势加筑了一道围墙与北苑分开[33]。

图2.a-63 54号建筑基址航拍图 2009年 北京市测绘设计研究院

西内南部建筑遗址分布较多，以东西大道两侧最为密集。此外，在西内以南皇城小西门外发现一处大型院落基址（54号建筑基址，图2.a-63），横跨在东西大道之南北，规模宏大，构筑规整。院墙为石砌，南北长320米，东西宽168米。院中央略偏北是一处工字型建筑，前后两殿以廊道相连，两侧建有厢房。在这个建筑的南北两侧，散落建有较多的房屋，门道建在南墙偏西处的两栋较大型的房址之间[34]。

32.［意］马可·波罗："纯以竹茎结之，内涂以金，装饰颇为工巧。……此宫建筑之善，结成或折卸，为时甚短，可以完全折成散片，运之他所，惟汗所命。给成时则用丝绳二百余系之"。马可·波罗所说的"竹宫"，就是蒙古包式的大宫帐，也即是棕殿。见［意］马可·波罗《马可波罗行纪》第一卷，第七十四章，［法］沙海昂注，冯承钧译，北京：中华书局，2003年，第277页。

33. 参见魏坚《元上都的考古学研究》，魏坚《元上都（上）》，北京：中国大百科全书出版社，2008年，第69页。

34. 从这处宅院的建筑布局和特征来看具有元代风格，结合其建筑位置和规模，很可能就是元代晚期文宗为权臣燕铁木儿建筑在上都的宅第。参见魏坚《元上都的考古学研究》，魏坚《元上都（上）》，北京：中国大百科全书出版社，2008年，第70页。

2.a-1-5 关厢

关厢位于外城外围，向东、南、西、北四方展开约2000米，范围较大，地表可见遗迹的分布面积共计约1220公顷。元上都的城市生活功能被分布在东、南、西、北四面的关厢地带，四关均保存有大量建筑基址和纵横交错的街道。

依据调查材料，四关内的遗址大致可以分为官署、仓址、驿馆、大型院落、店铺、民居和兵营等几类。但各类遗存在每关的分布情况又各有侧重，从而形成了既相互关联，又各具特点的分布规律。其中：东门外的东关厢为王公贵族、元朝官员和朝觐者的聚居地，帐幕云集，自由的蒙古包选址没有沿街设置的定规，呈现出游牧民族住居的自由风格；南门外的道路通向大都，是皇帝和官员进出的主要交通方向，不仅道路笔直，而且沿街设置建筑，呈现出汉人的传统；西门的道路通往桓州驿站，进而通往大都与哈剌和林，是上都城最主要的交通城关和主要贸易区域，该区店铺林立、商贾云集；北关厢的建筑遗址由狭小密集的单体建筑组成800米长的条状遗址片，横卧于城北的山坡上，结合史料记载“发各卫军士兵五百人扈从，又发诸卫汉军万五千人驻山后”[35]，当属驻兵之地。

图2.a-64 东关厢全景 2009年 北京市测绘设计研究院

（1）东关厢

东关厢位于皇城东墙的东门和小东门外，南侧有上都河相隔，东北绵延至小园山以东，东西宽约1300米，南北长约2000余米，地表遗迹分布面积约400公顷（图2.a-64）。依其地形可分为北部丘陵区和南部平原区两部分，北部因处于北面龙岗山之下，地形略有起伏，建筑分布较为稀疏；南部则因靠近上都河而地形平坦潮湿，地表草木茂盛，建筑全部建在人工堆砌的高台地上，大致东西成排，彼此相距较近，布局较为零散。东关厢所发现的建筑遗迹多为小型民居，偏北处也有大型院落、官署和仓库等，这些建筑大多保存较好，布局清晰。目前东关厢共测绘13处建筑基址，包括官署、大型院落、仓库、民居等遗址（详见表2-3）。

其中：

LYD-4号建筑基址：位于东关厢之东北端，推测为广积仓仓房遗址，院落平面呈长方形，南北长232米，东西宽146米（图2.a-65）。仓址由正廒南、北2个仓址，东廒和西

表 2-3 东关厢已探明建筑基址基本情况

遗存名称	位置	格局特征	尺寸	考古研究推测的遗址性质
LYD-1号建筑基址	东关厢之东南部	平面呈长方形，院内房屋布局较为整齐、对称	南北138米，东西94.5米	官署遗址
LYD-2号建筑基址	东关厢之中部	平面形状不规则，由南部大院落和东北部小院落两部分组成	南北153米，东西152米	不明
LYD-3号建筑基址	东关厢之中部	平面呈长方形，房屋布局较为自由	南北53米，东西47米	不明
LYD-4号建筑基址	东关厢东北端，小园山南侧	平面呈长方形，由四周的正廒，东廒、西廒和南廒组成，中间为院落	南北232米，东西146米	粮仓广积仓遗址
LYD-5号建筑基址	东关厢东北部，YD-4西墙外	院落平面呈方形，建筑基址布局规整，轴线略向西偏	南北64米，东西54米	官署遗址
LYD-6号建筑基址	东关厢东北部，LYD-7东南300米	平面呈长方形，北面正殿紧依东墙，北部、南部各对称分布有厢房	南北57米，东西25.5米	民居遗址
LYD-7号建筑基址	东关厢中部略偏北处，西距东墙约400米	平面呈长方形，由四周的正廒、东廒、西廒和南廒组成，中间为院落	南北173米，东西123米	粮仓太仓遗址[36]
LYD-8号建筑基址	东关厢北侧西端，东墙东约100米	平面呈不规则四边形，正殿位于院内北段，东、西两侧共有厢房三座	南北96米，东西88米	不明
LYD-9号建筑基址	东关厢南部，LYD-7东约100米	平面形状略不规则，房址数量较多，共有近60间房屋，以排为组	南北宽53米，东西长69米	驿站遗址
LYD-10号建筑基址	东关厢中部，LYD-9南约300米	平面呈长方形，由南、北两院落组成，北部房址四间，南部房址两间	南北31.5米，东西16米	民居遗址
LYD-11号建筑基址	东关厢东端，LYD-7西南约100米	平面呈长方形，南为院落临街，北为房址两间	南北10米，东西9.1米	民居遗址
LYD-12号建筑基址	东关厢中部，LYD-11东约50米	平面呈长方形，前后均为院落，房址位于中部	南北23.2米，东西16.1米	民居遗址
LYD-13号建筑基址	东关厢大街西段南侧	平面呈长方形，北侧为两间较大房址，南部东西厢房各三间	南北21米，东西14.3米	民居遗址

35.《元史》中记载，至顺元年十月，枢密院臣言：“每岁大驾幸上都，发各卫军士千五百人扈从，又发诸卫汉军万五千人驻山后……”见［明］宋濂（1310~1381年）《元史》卷三四《文宗纪》三。

36.该仓址每个仓房的专用性强，加上距元上都城相对较近，可能为皇室和宫廷的专用仓库，有可能即为上都太仓。

图2.a-65 东关厢LYD-4号建筑基址鸟瞰（北一南） 1997年 中国历史博物馆遥感与航空摄影考古中心

廒各3个仓址，南廒东、西2个仓址组成，中间是空旷的院落。门道位于南墙正中，仓址均建在院内大型夯土台基之上，台基现存高度近2米。在门道内西侧有一独立的房址，应为仓库守卫的住所。该处仓址作为元代重要的粮仓，建于山前高阜之处，建筑规模宏大，建筑布局较为规整。

（2）南关厢

南关厢地处元上都南侧护城河以南的上都河两岸，南北宽约800米，东西长约1500米，地表遗迹分布面积约94公顷（图2.a-66）。经考古调查，南关厢的主要遗迹包括丁字大街以及少量的建筑遗址。丁字大街的南段与城门（明德门）正对，东西段东侧保存较差，街道遗迹不清；西侧街道清晰，长约500米，宽10米，街道平直，在街道两侧保存有整齐的房址。南关厢南侧靠近上都河诸建筑遗址，因地形低湿地表遗迹不清；北侧遗迹保存尚好，在东西两侧发掘多处建筑遗址。经对南关厢的房屋遗址发掘

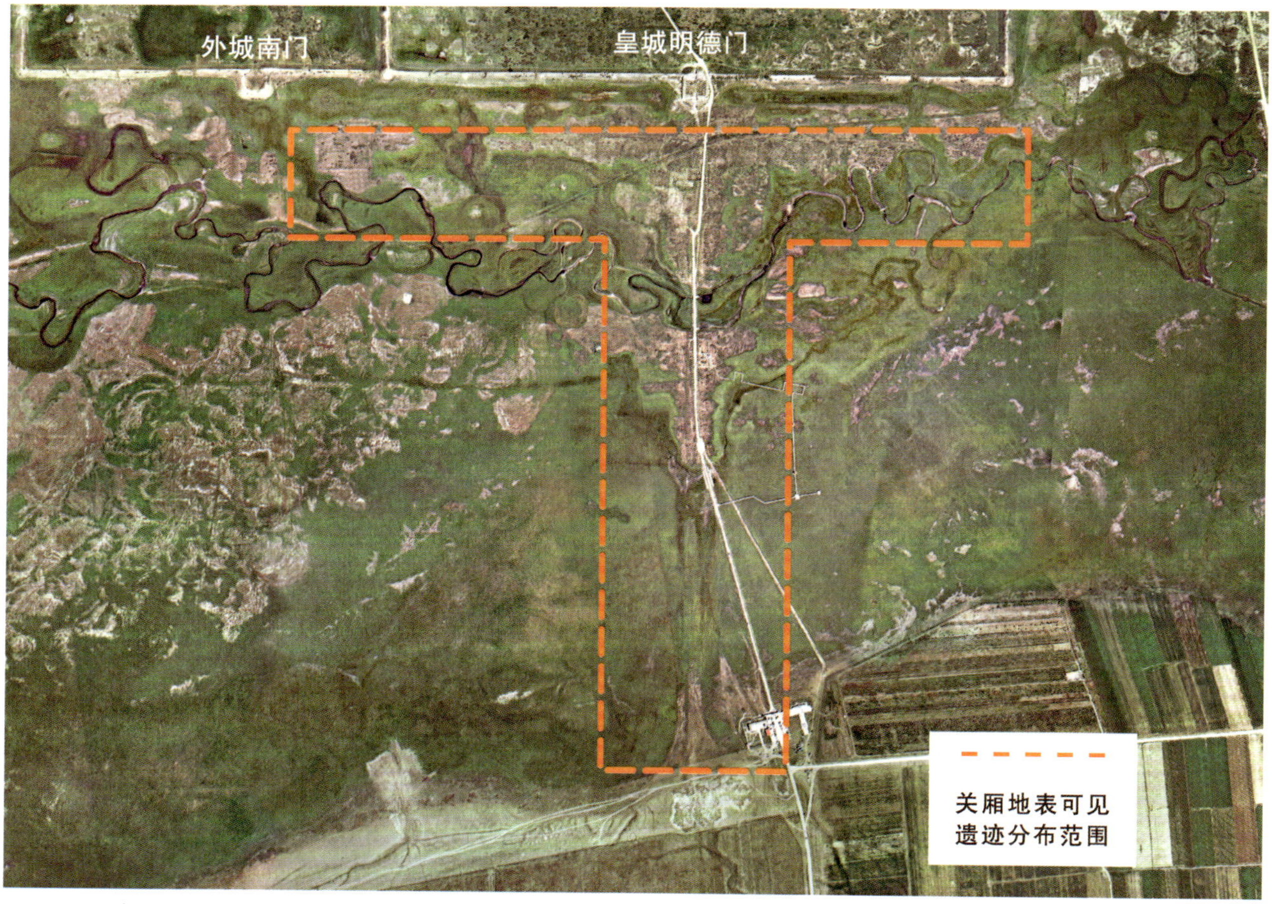

图2.a-66 南关厢全景 2009年 北京市测绘设计研究院

以及出土的器物分析可知，其房屋多为普通房屋的规模，结构简单，遗物中多为陶器、瓷器、少量铁器，也有酒缸、酒盅等，形制多为生活用具。因此，南关的遗迹主要是酒店、客栈、从事各类商业活动的店铺等（详见表 2–4）。

表 2–4　南关厢已探明建筑基址基本情况

编号	位置	格局特征	尺寸	考古研究推测的遗址性质
LYN–1	南关厢西北部，北距外城南墙约 100 米	平面呈长方形，院内房址分布疏朗，不甚对称	南北 110 米，东西 130 米	官署遗址
LYN–F1	皇城明德门外西侧	平面基本呈方形，南侧为小型院落，北侧由东西两间房址组成	南北 7.3 米，东西 8 米	客栈遗址
LYN–F2	皇城明德门外西侧	平面呈长方形，南侧为小型院落，北侧由东西两间房址组成	南北 7.3 米，东西 7.2 米	客栈遗址
LYN–F3	皇城明德门外西侧	平面呈长方形，由东西两间房址组成	南北 7.3 米，东西 12.2 米	客栈遗址
LYN–F4	皇城明德门外东侧	平面呈长方形，由三间并排房址组成	南北 5.7 米，东西 10.8 米	民居遗址

其中：

LYN–（F1 ~ F3）号建筑基址：位于南关厢北侧西区，三处房址形制基本相同，南北进深 7.5 米，东西宽 7.3 ~ 12.15 米不等，彼此东西相连成一排，反映了元上都普通房屋的规模及结构（图 2.a–67）。西区房屋为地面建筑，房屋墙壁皆用自然石块坐浆垒砌，较为规整，基宽 50 ~ 60 厘米，残高 16 ~ 30 厘米。每间房屋均为厅堂加火坑的建筑形式，客厅较大，火坑有一铺和二铺之分，前后连接灶台。房屋北墙后另筑一墙，将 3 间房屋连成一排，但又彼此分开，作为储藏室使用。屋内出土了大量的板瓦和筒瓦。门道位于南墙，门外有斜坡状台阶，台阶以瓦片立砌而成。酒店和客栈东西相邻，配套而建，反映了元上都居民的日常生活和社会习俗。遗址内出土各类完整器物近百件，以生活用品为主，建筑材料次之。生活用品多为陶器、瓷器，少量为铁器、石器，此外还有一定数量的钱币出土，建筑材料主要有砖、瓦、瓦当、滴水等。此处遗址为一组客栈建筑遗址。

图 2.a–67　南关厢西区房屋基址考古现场（南一北）

图 2.a-68 西关厢全景 2009 年 北京市测绘设计研究院

（3）西关厢

西关厢位于外城西门外，其西北方向为哈登台敖包，南北宽约 2200 米，东西长约 2000 米，地表遗迹分布面积约 266 公顷（图 2.a-68）。西关厢的北部地势略窄，遗迹分布相对较少，且多为官署建筑，而西关厢的南部则地势相对平坦，房屋院落遗址分布密集。西关厢现存主要遗迹包括东西向大街以及北面山丘、铁幡竿渠西侧的大量建筑基址。东西向大街位于西关厢偏南处，与皇城小西门外大街相对，直通至城西的铁幡竿渠旁，长约 1000 余米，宽 10 米。从史料记载和调查情况分析，大街的南北两侧有店铺和院落，大多临街而建，西关厢应为元上都重要的交易市场以及商业活动区。其院落规模明显小于东关大型院落，布局多不规整。目前在西关厢已测绘官署、粮仓、店铺、民居等遗址 14 处（详见表 2-5）。

表 2-5　西关厢已探明建筑基址基本情况

遗存名称	位置	格局特征	尺寸	考古研究推测的遗址性质
LYX-1 号建筑基址	西关厢敖包山东南的缓坡	平面呈长方形，由北面仓址和南面东、西两个院落组成，中为空旷的院落	南北 210 米，东西 150 米	粮仓万盈仓遗址
LYX-2 号建筑基址	西关厢大街南面	平面呈长方形，店铺由临街的 10 间房址组成，居住房址较少，位于院内西部	南北 65.5 米，东西 43.5 米	商铺遗址
LYX-3 号建筑基址	西关厢大街南面	平面呈长方形，店铺由临街的 3 间房址组成，居住房址位于院内西南角	南北 28.2 米，东西 14 米	商铺遗址
LYX-4 号建筑基址	西关厢北面的缓坡	平面呈长方形，院内房屋布局略偏西，主体建筑基本呈对称布局	南北 95 米，东西 75 米	官署遗址
LYX-5 号建筑基址	西关厢的北部	平面呈长方形，院内房址多集中于中部略偏西，北部主体建筑呈对称布局	南北 123 米，东西 92 米	官署遗址
LYX-6 号建筑基址	西关厢北端，铁幡竿渠东侧	平面呈不规则的四边形，院内主体建筑呈四合院布局，依墙均建有较多的房址	南北 105 米，东西 127 米	官署遗址
LYX-7 号建筑基址	西关厢的北部，LYX-6 北约 300 米	平面呈长方形，由内院和外院两部分组成，内院房址较少，外院房址较多	南北 170 米，东西 120 米	官署遗址
LYX-8 号建筑基址	西关厢西部，LYX-1 东 50 米	平面呈不规则四边形，院内房址主要集中于南部，基本呈四合院式布局	南北 96~108 米，东西 61 米	官署遗址
LYX-9 号建筑基址	西关厢的西部，LYX-1 粮仓遗址西南约 50 米	平面呈长方形，四合院形式的独立院落，整体布局略偏西北	南北 100 米，东西 56 米	官署遗址
LYX-10 号建筑基址	西关厢大街中段南面	平面呈不规则四边形，店铺由北端临街的十间房址组成，居住房址集中于西部	南北 65 米，东西 50 余米	商铺遗址
LYX-10 号建筑基址	西关厢大街中段北面，LYX-10 东北约 100 米	平面呈长方形，店铺位于南墙临街处共 9 间房址，院内居住房址较多，布局规整	南北 57.5 米，东西 52 米	商铺遗址
LYX-12 号建筑基址	西关厢大街中段北部	平面呈长方形，院内房屋基址基本沿四墙分组分布，基址建筑规整	南北 25 米，东西 38 米	民居遗址
LYX-13 号建筑基址	西关厢的西端	平面呈长方形，院内房址较少，主要集中在院落中部，呈四合院式布局	南北 128 米，东西 108 米	不明
LYX-14 号建筑基址	西关厢大街东段南面	平面呈长方形，店铺由临街的 4 间房址组成，居住房址贴院内东西墙而建	南北 55.8 米，东西 17 米	商铺遗址

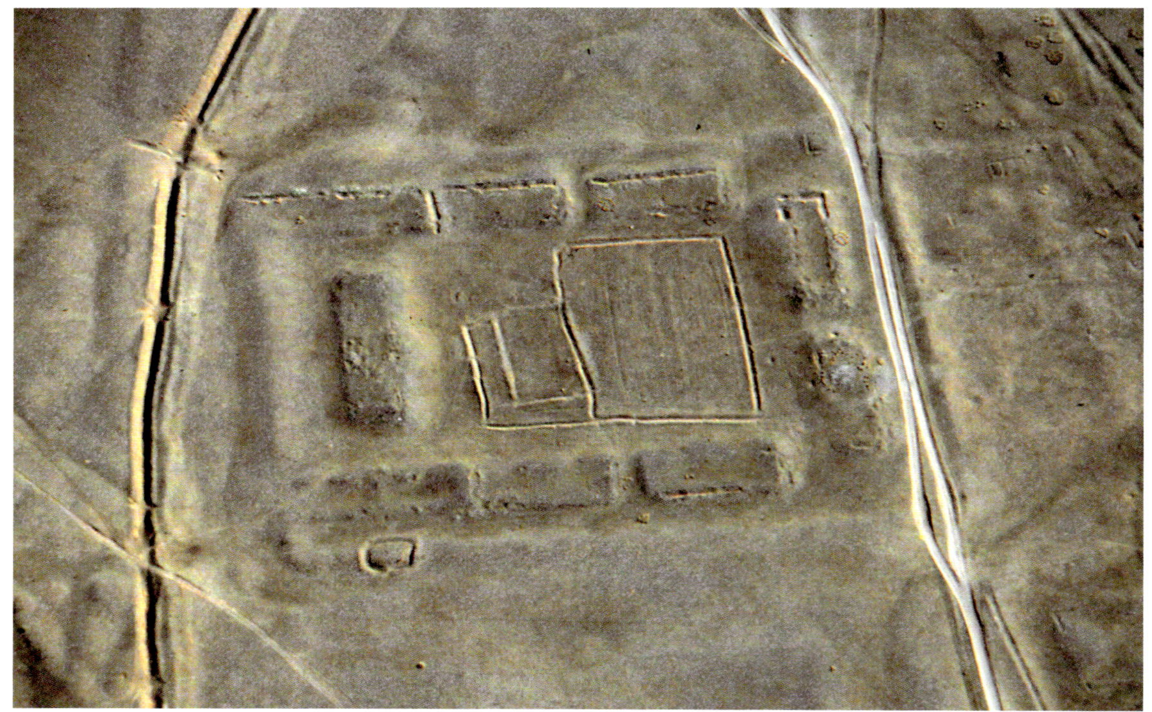

图 2.a-69 西关厢万盈仓遗址鸟瞰（西一东） 1997 年 中国历史博物馆遥感与航空摄影考古中心

图 2.a-70 北关厢全景 2009 年 北京市测绘设计研究院

其中：

LYX–1 号建筑基址：位于西关厢之西山敖包东南侧的缓坡之上，推测为万盈仓粮仓遗址，由北面仓址主体和南面东、西两个院落三部分组成（图 2.a–69）。仓址主体平面呈长方形，南北长 210 米，东西宽 150 米。仓址建在高 2 米的夯土基址之上，由正廒一仓、东廒和西廒各两仓，南廒东西两仓组成，院门位于南墙正中。其中，东西两廒的北侧仓房南北总长约 100 米，由两间各长 56 米和 44 米的仓房相连而成，建筑规格整齐划一。仓房中间是宽敞的院落。仓址南面两处院落东西隔墙而邻。东侧院落平面呈长方形，南北长 72 米，东西宽 58 米，院门在南墙中部。院落主要建筑位于院之西北部。西侧院落平面略呈长方形，东西长 62 米，南北宽 57 米，院门位于南墙中段略偏西。院内房屋建筑较少，由北侧的正殿基址和两侧的东、西厢房组成。仓址主体的南部东侧院落为仓址官署所在地；西侧院落房屋明显多于东侧院落，并且仓址院落门道开于此院，是储运粮食和守卫仓库的人员住所。

（4）北关厢

北关厢地处外城北墙外，向北延伸至山脚，东西宽约 2500 米，地表遗迹分布面积约 460 公顷（图 2.a–70）。其中，东半部因为早年被开垦为农田，地表遗迹不甚清晰；西部则地势开阔，与西关厢北部相连，留存有较多的建筑遗迹。北关厢的北部有一条东北一西南向，长约 800 米，宽约 60 米的建筑带，建筑布局和院落布局不清。目前调查并测绘北关厢的仓址、兵营和大型院落遗址 4 处（详见表 2–6）。

表 2–6　**北关厢已探明建筑基址基本情况**

遗存名称	位置	格局特征	尺寸	考古研究推测的遗址性质
LYB–1 号建筑基址	北关厢的西北部	平面呈长方形，院内房址较少，由正殿和东西厢房组成，格局较为对称	南北 46 米，东西 55 米	不明
LYB–2 号建筑基址	北关厢西北部略偏南，LYB–1 东南约 500 米	平面呈长方形，由北部的兵营区、南部西侧的官署区和东侧的仓储区三部分组成	南北 227 米，东西 130.5 米	兵营遗址
LYB–3 号建筑基址	北关厢的中部	平面略呈长方形，北部有两排并列的房址，南部东西两墙各有一排厢房	南北 44 米，东西 46 米	不明
LYB–4 号建筑基址	北关厢东北部山丘缓坡下	平面呈长方形，院内东、西、北三墙各有一排仓房，中部建有两个大型仓址	南北 72 米，东西 82 米	粮仓遗址

图 2.a-71 北关厢 LYB-4 建筑基址鸟瞰（北一南） 1997 年 中国历史博物馆遥感与航空摄影考古中心

其中：

LYB-4 建筑基址：位于北关厢东北部山丘的缓坡脚下，推测为粮仓遗址平面呈长方形，东西长 82 米，南北宽 72 米（图 2.a-71）。仓址院门位置不详，院内紧依东、西、北三墙各有仓房一排，进深均为 9 米，中间仓房东西长 31.5 米，东、西两侧仓房长 25 米，东、西两侧仓址各由两间仓房组成，作对称分布，规格相同。仓址北面仓房较大，长 33 米，南面仓房略小，长 25 米。在院内中部亦建有两个大型仓址，规格相同，仓址东西长 38 米，南北进深 11 米。在仓址地表暴露有较多的灰色素面砖和灰色素面板（筒）瓦残片。该仓址可能为北关外驻军和行殿供应粮米材物的专用仓库。

2.a-1-6 铁幡竿渠

（1）元上都水患威胁与水利设施

元上都位于上都河湿地北侧的金莲川草原上，其所在地势较为低洼（图 2.a-72），曾有搭石建房的做法[37]。由于其“背山面水”的选址，使得上都城面

37. 据波斯史学家拉施特（1247～1317 年）的记载，当时的人们把草地中间的湖水排干，并用石头、石灰、碎砖等材料填平，熔了很多锡加固。“在升起达一人之高后，再在上面铺上石板，……在那石板上面，建造了一座中国风格的宫殿”。参见拉施特《史集》第二卷，余大钧、周建奇译，北京：商务印书馆，1985 年，第 325 页。

临西北山地丘陵大面积汇水造成的洪水威胁，造成城北常有洪水灾害。元上都初建成时便因地多沼泽而在城西北的山上立铁幡竿以镇水，此铁幡竿所立之山称为铁幡竿山，元人记述“上京西山上树铁幡竿，高数十丈，以其下海中有龙，用梵家说作此镇之”[38]。上都地区在元代多次遭受洪涝灾害，元世祖至元三年（1266 年）、元世祖至元三十年三月（1293 年）、元成宗大德元年四月（1297 年）上都均发生过洪灾[39]。

为应对上都城的洪水威胁，元代著名科学家郭守敬[40]应诏设计、修建铁幡竿渠以防水患。郭守敬在大德二年（1298 年）设计排泄山洪的铁幡竿渠，提出

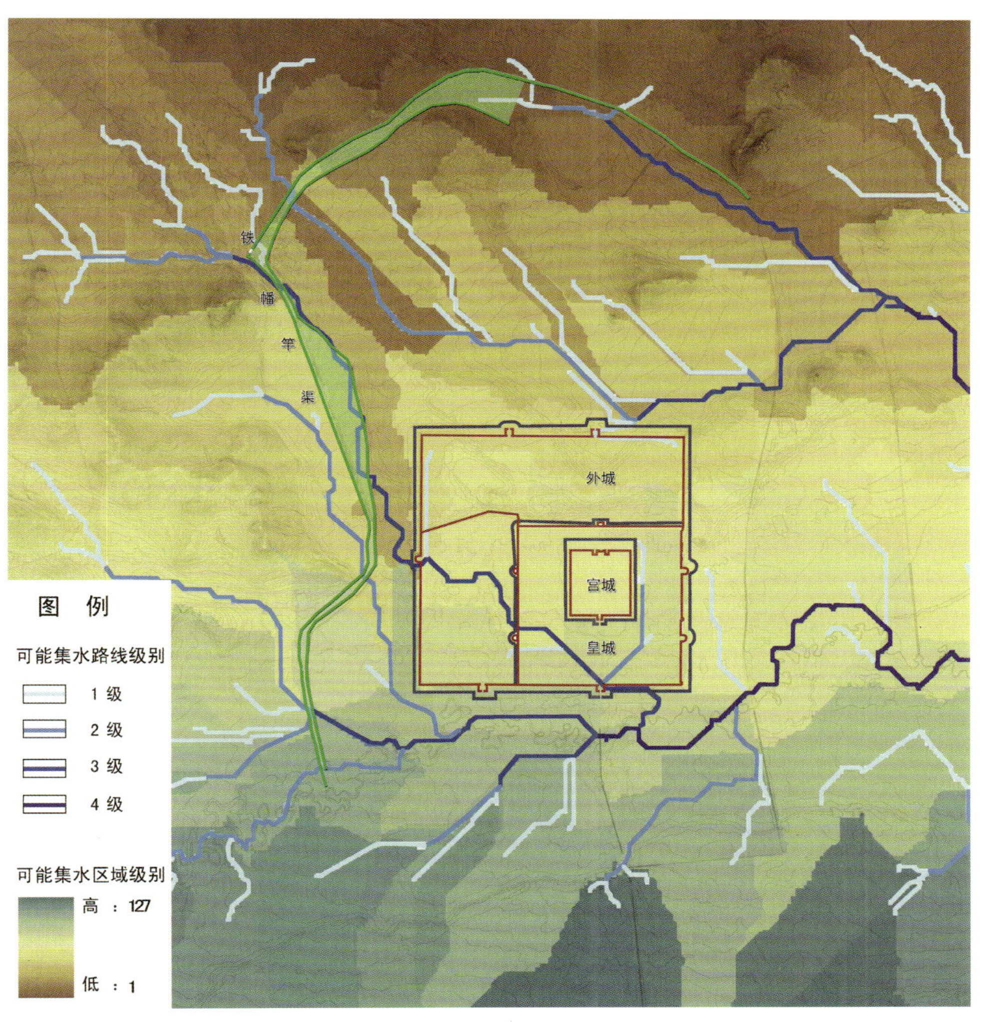

图 2.a-72 元上都遗址汇水分析图

38.［元］周伯琦（1298～1369 年）：《立秋日书事五首》，《近光集》卷二。
39. 据正蓝旗水利志总结。
40. 郭守敬（1231～1316 年），字若思，汉族，今河北邢台人，中国元朝的天文学家、数学家、水利专家和仪器制造专家。郭守敬曾担任都水监，负责修建治理元大都至通州的运河。1276 年郭守敬修订新历法，经 4 年时间制订出《授时历》，通行 360 多年，是当时世界上最先进的一种历法。1981 年，为纪念郭守敬诞辰 750 周年，国际天文学会以他的名字为月球上的一座环形山命名。

"山水频年暴下，非大为渠堰，广五七十步不可"，后由于施工者偷工减料，修改方案，"以公言为过，缩其广三分之一"[41]，导致上都城在第二年就遭了水患。大德五年（1301年），洪水由城西北的铁幡竿山口而来，为保障上都的安全又重新修筑泄洪渠和拦洪坝。铁幡竿渠修建于元上都城外北关西北方，作为上都城的重要水利设施，在元上都的历史上发挥了十分重要的作用。

（2）铁幡竿渠

据今地面调查，铁幡竿渠遗址起点在上都城的北部山脚，终点至上都河一带，由北向南延伸蜿蜒数十里（图2.a-73）。在上都城外西北约2公里处的哈登台敖包山与北面山体之间，有一道宽约1公里的山口，铁幡竿渠北段即修筑在两山之间。

经调查勘探，自哈登台敖包山脚至东北方山体山脚有一道笔直的拦洪大坝，长1064米，底宽5.2~5.8米，存高2~3.5米（图2.a-74）。大坝两侧以自然石块包砌，向上斜收，石墙厚0.6米，外侧石墙以白灰坐浆，内侧石墙以红胶泥坐浆。石墙内以黄褐色土夯筑，夯层厚8~10厘米。自该拦洪大坝向东北55

图2.a-73 铁幡竿渠全景（西北—东南） 1997年 中国历史博物馆遥感与航空摄影考古中心

41.［明］宋濂（1310~1381年）：《郭守敬传》，《元史》卷一六四，北京：中华书局，1976年点校本。

图 2.a-74 铁幡竿渠大坝（南一北） 2009 年

图 2.a-75 铁幡竿渠溢洪口（南一北） 2009 年

图 2.a-76 铁幡竿渠转折处（南一北） 2009 年

米处留有溢洪口（图 2.a–75）。溢洪口宽 68 米，两端均留有石墙包砌的痕迹。

在溢洪口向东北 28 米处内侧，有西北一东南向的泄洪渠与拦洪石坝相连。泄洪渠在此略呈内弧形折向东南，渠道在元上都外城西门外 450 米处又折向西南（图 2.a–76），在西关大街北侧折向正南入上都河。泄洪渠以土夯筑，十分高大，西侧大部分紧贴山脚。渠道宽约 50 米，土坝底宽约 23 米，顶宽 4 米，存高在 5 ~ 6 米之间，全长近 6 公里。在入上都河之前约 100 米的西关大街南侧，有一条向西南岔出的渠道，长约 200 余米，应为后来渠道远离城墙向西改道而重新修筑的。

在石砌拦洪大坝的东北端再向东北的山脚下还筑有一道同样的拦洪坝与此坝相接，坝体方向 60°，长约 1000 米左右，应是为拦截北面山体南侧缓坡的雨水而同时修筑的。上述两坝相接处形成 120° 夹角。此外，在该拦洪坝内侧

图 2.a-77 自哈登台敖包山望铁幡竿渠全景（南一北） 2009 年

亦有一条宽约 30 余米的外弧状渠道，两侧略高，存高约 1.5 ~ 2 米，土为堆筑。这道宽大的土垅西南呈弧形至泄洪渠与之相连，东北方延伸至两拦洪坝的夹角处。其与拦洪坝之间的地段较为低洼，深 3 ~ 4 米，两者间的距离，中间为 57 米，近泄洪渠处为 112 米（图 2.a-77）。

（3）铁幡竿山

铁幡竿所立之山称为铁幡竿山，元上都西北方的哈登台敖包山即为铁幡竿山。山体海拔高度为 1368 米，坡度较缓。在山顶敖包西侧有一长宽各约 15 米，深约 3 ~ 4 米的采石坑，坑内东南侧发现铁幡竿的石质基座[42]

图 2.a-78 铁幡竿山出土石质基座

42. 即《营造法式》中所载的幡竿颊，参见［宋］李诫（1035~1110 年）《营造法式》卷三，壕寨制度。

（图 2.a–78）。石质基座为长 212 厘米、宽 118 厘米、厚在 55 ~ 61 厘米的褐色长方形石条。石条表面及四侧面均经加工，其上有斜向刻纹。在石条的正面有两个未穿透之凿孔，东边一孔为圆角方形，横长 27 厘米，竖长 25.5 厘米，深 13 厘米；西边一孔为椭圆形，横径 30.5 厘米，竖径 27 厘米，深 18 厘米；两孔间距为 58 厘米。此外在哈登台敖包的采石坑中，曾发现一柄铁钎，“长约 20 厘米，截面为 1 ~ 1.5 厘米见方，头部呈尖状，尾部因多次敲打而卷曲”，在一定程度上反映了元代中国北方地区炼铁、炼钢和锻造热处理工艺的水平[43]。

2.a–2 墓葬群

自 1990 年以来，随着元上都遗址考古工作的不断深入，在元上都周边地区的元代墓葬群的调查和发掘工作也逐步展开，在较大范围内发现了一大批元代墓葬群（图 2.a–79），并对其中的部分墓葬进行了抢救性发掘，获得了较多的墓葬资料。近年来，内蒙古自治区文物考古研究所在元上都城址周围及较远的旗县，已经发现了多处埋葬较为集中的元代墓葬群。这些墓葬基本可分为汉族和蒙古族两类：一是地处城郊以砧子山墓葬群为代表的汉人家族墓葬群，一是远离城区以一棵树墓葬群为代表的普通蒙古人的墓葬群。以砧子山墓葬群和一棵树墓葬群为代表的这些墓葬群与元上都的历史变迁联系紧密，反映了元朝社会生活的不同侧面，是蒙、汉民族于上都生活的物证。

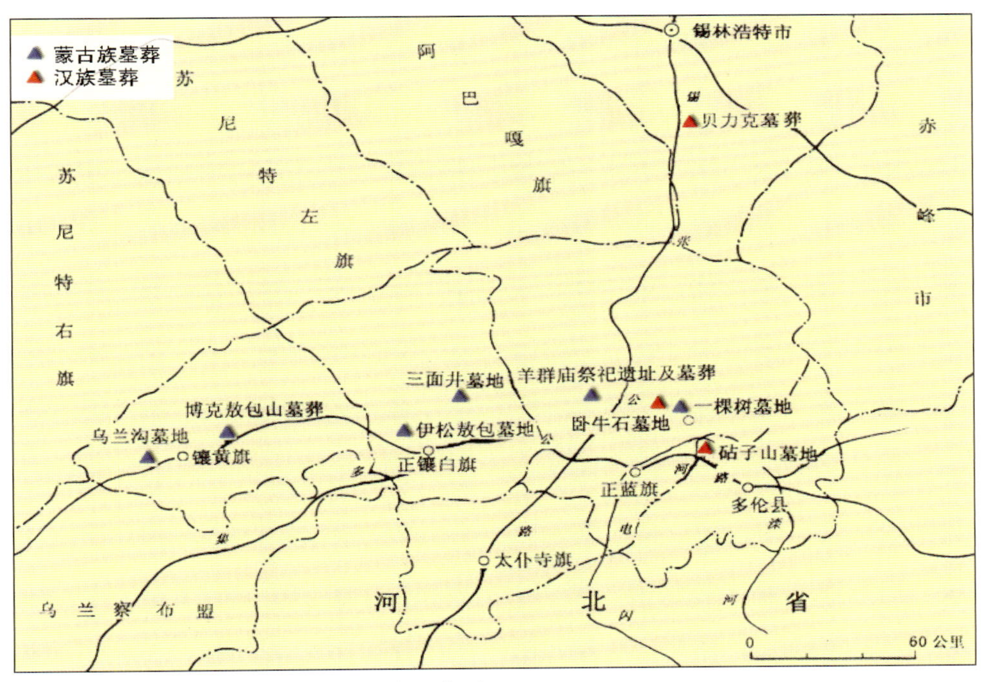

图 2.a–79 元上都遗址周边墓葬群分布示意图

43. 北京钢铁学院、冶金部有色金属研究院、中国社会科学院自然科学史研究所：《关于元代铁钎的检验》，《内蒙古大学学报》1977 年第 3 期。

图 2.a-80 砧子山墓葬群鸟瞰（北一南） 1997 年 中国历史博物馆遥感与航空摄影考古中心

2.a-2-1 砧子山墓葬群

砧子山墓葬群位于多伦县西北的蔡木山乡境内，西北距元上都城址 9 公里，是目前已发现的元上都遗址附近规模最大的元代墓葬群，属汉人家族墓葬群。墓葬群凭依砧子山主峰，在四面山麓缓坡地带成片分布，据统计有 1500 余座墓葬，墓葬分布面积约 292 公顷（图 2.a-80）。

1990 年，内蒙古自治区文物考古研究所对墓葬群南区墓葬进行了发掘，共清理墓茔 44 座，墓葬 96 座；1998～2000 年，又连续三年对砧子山墓葬群的西区被盗墓葬进行发掘清理工作，共清理墓茔 48 座，墓葬 102 座。

砧子山墓葬群的墓茔多为长方形或方形，面积较大。墓茔分为一道围墙的单墓茔，内外两道围墙的双重式墓茔，以及在南侧围墙内再加筑一道或两道东西向墙体的二进式和三进式墓茔。墓茔墙体均为自然石块垒砌，较为规整。墓葬多数为单墓茔，少量为三进或二进式墓茔和双重式墓茔，有的在南墙设有门道。墓茔内常建有墓上建筑，地表尚见有石碑、石狮、石拱桌、石凳和砖雕等，有的还建有砖塔。墓茔和墓茔内的墓葬方向大致相同，大部分为东北向，少量为正北或略偏西北，多在 345°～25° 之间。墓葬均位于墓茔北区或内区，以一茔一墓者多见，一茔多墓者较少。一茔多墓者一般为 2～3 座墓葬，最多的 2 个墓茔内有 7 座墓葬；少量墓葬地表无墓茔。墓葬以长方形土坑竖穴墓占绝大多数，有的墓葬地表用砖或石块垒砌边框。此外，还有少量砖室墓、砖石混砌墓和石砌墓，其中有墓道的大型墓葬有两座（图 2.a–81）。

砧子山墓葬群骨灰葬和尸骨葬均较流行，但不同墓区的比例却有所不同。南区墓葬群发掘的 96 座墓葬中，除去因人为干扰而情况不明者外，完整的尸骨墓只有 15 座，以骨灰葬为主；西区发掘的 102 座墓葬中，葬有尸骨者共 63 座，骨灰墓为 39 座，以尸骨葬为主。葬有尸骨的墓葬多以木棺做葬具。木棺形制多样，以平面呈长梯形，头大尾小者为多，长方形木棺次之。葬式以仰身直肢葬为主，极少为仰身屈肢葬和俯身屈肢葬。骨灰墓多将骨灰置于木制长方形或正方形骨灰盒内，有的也将骨灰置于尸床之上或石函之内。墓地内多为单人葬，少量为同穴和异穴合葬。

在砧子山墓葬群西区的 58 座墓中，共有 64 具尸骨个体可做人骨鉴定。其中，男性个体 32 例，女性个体 26 例，儿童个体 6 例。除儿童外，年龄最大者 45 ~ 50 岁，最小的 17 ~ 19 岁，平均年龄为 28 ~ 33 岁，其中有 5 例个体含有欧罗巴人种成分。

在清理的 198 座墓葬中，有随葬品的墓葬约占半数以上，且多寡不一。出土的随葬品有灰陶盆、茶釉长瓶、黑釉瓶、双耳瓶、绿釉盖罐、釉陶香炉、白瓷碗、铁锈花罐、影青瓷小碗、龙泉窑大碗、钧窑杯、铜盆、铜镜、银壶、金银装饰品及骨器、木器、石器、彩石、漆器、料器和建筑材料、毛类织物、皮制品等。出土的钱币以宋钱为主，余为唐和金代钱币，也有极少元代铸币，多散布于墓底和棺底部，少量的出于填土中。此外，铁器出土数量较多，多为车辖、

图 2.a–81 砧子山墓葬群考古现场

图 2.a-82 砧子山墓葬群墓内壁画

图 2.a-83 砧子山墓葬群出土石雕屋顶

图 2.a-84 砧子山墓葬群出土双鱼银饰

棺箍和饰片，余为大量的棺钉（图 2.a-82 ~ 图 2.a-84）。

2.a-2-2 一棵树墓葬群

一棵树墓葬群位于正蓝旗元上都城址西北约 12 公里的上都音高勒苏木北面的山湾缓坡之上。墓葬群的各墓葬基本分布在两个相邻的地势呈北高南低的缓坡地带，分为两个区，东西相距约 1500 米，墓葬分布面积约 215 公顷（图 2.a-85、图 2.a-86）。

1995 ~ 1998 年，内蒙古自治区文物考古研究所分三次共清理墓葬 26 座。墓向均为东北或西北向，在 325° ~ 20° 之间。其中 Ⅰ 区墓地墓葬分布较为分散，清理的 8 座墓葬中，有 6 座带有石砌墓茔墙，多为长方形；Ⅱ 区墓地内各墓分布呈东－西向排列，大致可以分为南北两排，其中只有一座墓有长方形墓茔。

图 2.a-85 一棵树墓葬群鸟瞰（东南—西北） 1997 年 中国历史博物馆遥感与航空摄影考古中心

其中 7 座墓茔均为围有一道围墙的单墓茔，墙体用自然石块垒砌，较为规整。墓茔规格较小，无门道痕迹。皆为一茔一墓。没有墓茔的 19 座墓葬，均为土坑竖穴墓，平面以长梯形墓为主，长方形墓次之。多数墓葬的墓口地表均用自然石块垒砌有地面标志，形状多不规则。有的墓内置有生土二层台，个别底部铺砖，应是木棺之替代物。墓葬早期盗扰十分严重，葬式多不清楚，仅从保存较好的几座墓人骨的盆骨以下判断为仰身直肢葬。有 15 座墓葬有木棺，大多保存较差。可以确定其形制的木棺，平面多呈长梯形，头部高阔，尾部低短，棺体外侧近头部、中部和近尾部均用铁棺箍加固。有殉牲的墓葬共 9 座，均用少量羊骨。

墓内随葬品位置因盗扰多不清楚。墓葬出土随葬品普遍较少，共出土各类随葬品 191 件，有 8 座墓无任何随葬品。有随葬品的墓亦多寡不一，一般在 5 ~ 8 件左右，最多的有 61 件，少的墓仅 1 件。随葬品中以钱币为主，多随葬于墓坑底部或木棺内底部。铁器次之，主要有铁棺箍、棺钉、剑、车辖、马蹬、镞、环等，马蹬多随葬于木棺近脚部。此外，还有少量的铜镜、桦树皮器、金耳饰、银器、骨器、铜饰件、珠饰和少量的毛毡、丝织品。

图 2.a-86 一棵树墓葬考古现场

图 2.a-87 龙岗山远景（南一北） 2010 年

2.a-3 自然环境

元上都遗址位于内蒙古锡林郭勒草原的东南部，总体地貌为燕山北麓察哈尔低山丘陵地带，平均海拔高度约 1300 米。气候为中温带半干旱大陆性季风气候，四季分明，寒暑变化剧烈，干湿周期明显。元人的“六月似秋时”[44]，“六月如初冬”[45] 等诗句，反映了元上都气候的特点。

元上都遗址的自然环境包括与城市选址紧密相关的自然环境要素和反映城市地理环境特征的特色草原景观。其中，自然环境要素包括龙岗山、上都河和金莲川草原等，这些山、水、草原是元上都选址于此的重要因素，反映了元上都在营建与使用过程中特定的人地关系；特色草原景观由典型草原、沙地、森林草原和湿地共同组成，它们构成了元上都这座草原都城的基底环境，开阔的草原之上绿草茵茵，牛羊成群，其间点缀着沙丘、湖泊、河流、泉眼、榆树林，以及连绵不绝的一座座低矮远山，似乎要告诉人们在漠北草原哈剌和林的另一边，在蒙古高原的东南边缘，还有这样一片风景如画的广袤草原。

2.a-3-1 自然环境要素

（1）龙岗山

龙岗山泛指元上都城址北侧由西北向东南延伸的低山丘陵地带，海拔高度在 1350～1500 米之间，面积约 1388 公顷，属燕山北缘与大兴安岭西南缘交汇的察哈尔低山丘陵地带。史籍中“龙岗蟠其阴，滦水经其阳，四山拱卫，佳气葱郁”[46] 中的“龙岗”即指此山（图 2.a-87）。

44.“昼漏浑争一刻迟，玉京六月似秋时。”见［清］顾嗣立（1669～1722 年）编选《元诗选》（二集）卷一一。

45.“上京六月如初冬，金支滴露冰华浓。”见［清］顾嗣立（1669～1722 年）编选《元诗选》（初集）卷五二。

46.［元］王恽（1227～1304 年）：《中堂事记》，《秋涧集》卷八〇，《四部丛刊》本。

47.蒙古语称作“上都音高勒”，“高勒”为蒙古语，“河”之意。

（2）上都河

上都河属滦河水系，自西向东流经上都城南，河两岸是水草肥美的冲积平原。自遥远的古代起，滦河流域就一直是古代北方各族繁衍生息的地方。滦河古称濡水，从河北省沽源县流入内蒙古自治区正蓝旗境内后被称为上都河，又称闪电河[47]（图 2.a–88）。上都河被当地蒙古族牧民尊为"圣水"，是元上都选址于此的重要因素，也是当地草原生长和牲畜饮水的重要水源，对当地牧民极为重要。上都河在正蓝旗境内流程 82 公里，流域面积 1325 平方公里，多年平均径流量 1302 万立方米。

图 2.a–88 上都河鸟瞰 1997 年 中国历史博物馆遥感与航空摄影考古中心

图 2.a-89 金莲川草原上的金莲花

上都河由南向北进入正蓝旗境后，先由西南向东北流，汇入诸多小河之后约 10 公里，流经元上都城南，再渐东流而后折向东南，进入多伦县境内，又汇入几条大河后南下入河北省围场县境。这一段流域形成一个较大的环形曲折，此流域以下称为滦河，东南流入渤海。

（3）金莲川草原

屡屡见于古代文献著名的金莲川草原[48]是元上都的摇篮，它绵延于滦河上源的上都河（闪电河）两岸，东西长 60 公里，南北宽约 20 公里，以元上都所在地为最宽，约 5 ~ 6 公里。金莲川草原曾经是中国辽、金、元三代帝王的避暑胜地。每年 7、8 月间，金黄色的金莲花盛开，远远望去，如同金色的海洋[49]（图 2.a-89、图 2.a-90）。

金莲川草原植物种类丰富，包括苔草、蒲公英、地榆、芍药、紫菊、马莲花和蘑菇、野韭花等，并常有灌柳分布其间。其中名贵药材有甘草、麻黄、黄芪、枸杞、黄芩、赤勺、苦参、泽泻等 200 余种。野生动物资源共有 120 余种，主要有狐狸、沙狐、貉子、狼、猞猁、狍子、野兔、野猪、马鹿、梅花鹿、蛇、刺猬、獾和百灵鸟、天鹅、大雁、丹顶鹤、地鹧、鸿雁、山雀、沙鸡、鹰、雕等。因此，风景如画的金莲川草原地区，既是水清草美的天然优良牧场，又是骑马射猎，避暑清凉的游乐场所。

图 2.a-90 金莲川草原上的金莲花

48. 金莲川原名曷里浒东川，每到夏季，川中长满金莲花，金世宗大定八年（1168年）五月，以“莲者连也，取其金枝玉叶相连之意”，将曷里浒东川命名为金莲川，金莲川草原因此而得名。
49. 蒙古语中称为“沙拉塔拉”，意为“黄色的平野”，汉语意译为“金莲川”，即开满金黄色莲花的平川。

图 2.a-91 草原上的牧群

2.a-3-2 特色草原景观

（1）典型草原

典型草原景观分布于城址区南部平坦的洼地和北向的坡地上，是遗产区和缓冲区内的主要生态景观类型，总面积约 420 平方公里。该区域典型草原建群种以大针茅群落和羊草群落为代表，草丛一般高 30 ~ 50 厘米，生态环境类型独特，具有草原生物群落的基本特征，能够反映锡林郭勒典型草原生态系统的结构和生态过程（图 2.a-91）。

（2）沙地

沙地景观分布于浑善达克沙地东南边缘，位于遗产区和缓冲区内的面积约 900 平方公里。浑善达克沙地东西长约 450 公里，南北宽 10 ~ 300 公里不等，总面积 5.3 万平方公里。浑善达克沙地地处干旱、半干旱地带，具有明显的大陆性气候特点，干旱少雨、风大、沙多，形成了流动沙丘、半固定沙丘、固定沙丘、丘间低地、湿地及淖尔（意为湖泊）交错存在，生态环境复杂多样的沙地独特景观（图 2.a-92）。

（3）森林草原

森林草原景观分布于乌和尔沁敖包山周围约 82 平方公里的区域内，温带落叶阔叶林与草原之间的过渡带，也就是这两个地带间的群落交错区（或称生态过渡带），是落叶林和草甸草原的大型镶嵌体。乌和尔沁敖包山以山顶仍在使用的“乌和尔沁敖包”命名，南距元上都城址约 18 公里，主峰海拔 1674 米，是小胡日胡东麓最高山峰，元朝时此山被称为“万寿山”。乌和尔沁敖包山比元上都高出 300 多米，是元上都遗址四周最高的山峰，这里视野开阔，向南可俯视整个金莲川草原，向北则可远望浩瀚的浑善达克沙地（图 2.a–93）。

图 2.a–92 扎格斯台淖尔（沙地）

图 2.a–93 乌和尔沁敖包山远眺　2009 年

（4）湿地

湿地景观主要指位于城址区南部的上都河湿地，呈东西向狭长形，遗产区和缓冲区内的总面积约 79 平方公里，地下水水量为 32670 万立方米。该湿地水系由上都河、草原湖等构成。每到夏季金莲花盛开之时，草甸上盛开着黄色、白色、紫色、粉色的鲜花，成为独有的湿地风光（图 2.a–94）。

2.a–4 人文环境

元上都遗址所在的正蓝旗是一个以蒙古族为主体的少数民族聚居区，该地区至今仍保留着浓郁纯正的蒙古族传统文化，古老的敖包及与敖包相关的祭祀、那达慕大会等活动延续至今。此外，草原地区的居民以牧民为主，畜牧业为其主要经济来源。大部分牧民仍保留了蒙古族传统的居住方式和饮食习惯。

图 2.a–94 湿地草原景观

图 2.a-95 哈登台敖包全景 2009 年

2.a-4-1 敖包

敖包，蒙古语 oboo 的音译，意为石堆，在汉文文献中也称作鄂博，是中国北方草原地区最普遍的、历史最悠久的人工堆筑物，或用于道路标识[50]、区分地界，或用于纪念、祭祀[51]等活动。敖包多用石堆成，也有用树枝或沙土垒成，常以所在地的高地、水源或山峰等命名（图 2.a-95）。

敖包，在蒙古牧人看来是神圣之所在，古时人们远行经过敖包时都要下马敬拜，并往敖包上添石增土，它被认为与亚洲北方草原民族的传统宗教——“萨满教”[52]的自然崇拜和祖先崇拜密切关联。元上都城址周边的敖包均建于群山顶部，山岳很早就被蒙古人视作祖先的起源或居住地，敖包建于山顶不仅为蒙古游牧民族提供了良好的祭祀场所，也为萨满教信仰中的“山岳崇拜”提供了特殊的见证。

50. 据“夷人每出必骑，骑必驰骋，垒小石于山巅为之鄂博，以志远近。”见[清]姚元之（1773～1852年）《竹叶亭杂记》卷六，清光绪十九年姚虞卿刻本；据“鄂博：以山为鄂博，以河为鄂博，以垒为鄂博，二十五部落如其境。”见[清]龚自珍（1792～1841年）《蒙古台卡志·序》。

51. 据“鄂博高堆大小，山神灵陟降有无闲。盛称六月真嘉会万仞峰头，福胙颁。六月六日，致祭鄂博，牛羊等祭品甚盛。”见[清]宝鋆《文靖公诗钞·塞上吟》卷二，清光绪三十四年羊城刻本。

52. 萨满教是在原始信仰基础上逐渐丰富与发达起来的一种民间信仰活动，在万物有灵信念支配下，以崇奉氏族或部落的祖灵为主，兼具自然崇拜和图腾崇拜的内容。该教出现时间非常早，很可能是世界上最早的宗教。通常泛指东起白令海峡、西迄斯堪的纳维亚拉普兰地区之间整个亚、欧两洲北部乌拉尔—阿尔泰语系各族人民共同信仰的宗教。教名来自通古斯族语的 sama 即巫师，是"知者"的意思。该教自史前时代起，广泛流传于中国东北到西北边疆地区阿尔泰语系的很多民族中，包括匈奴、鲜卑、突厥、女真、蒙古等民族；至今仍在鄂伦春、鄂温克、赫哲、达斡尔族、满、塔塔尔、裕固等民族中流传。祖神崇拜是萨满教的崇拜主体，山岳则因被视作祖先的起源或居住地加以崇拜，至今仍在一定地区流传。萨满教强调与自然力量和谐相处的理念在现代再度获得认可，对于人类的今天和未来有着重要的意义。

表 2–7　元上都遗址周边代表性敖包基本情况表

序号	名称	地理坐标	海拔高度	描述
1	小园山敖包	N:42° 22'29.7" E:116° 12'26.4"	1313 米	呈椭圆形，长径 24.5 米，短径 16.9 米，高 4 米 碎石堆积而成，顶部宽平，可见早期砌石
2	乌兰台敖包	N:42° 18'26.4" E:116° 09'57.1"	1358 米	呈圆形，直径 20.6 米，高 8 米 石块堆积而成，原敖包较小并废弃，现作为旅游点使用，并于原有敖包上堆积大量小石块，现地表分布有多处小石堆
3	额金敖包	N:42° 21'19.7" E:116° 07'27.4"	1341 米	呈圆形，直径 22.0 米，高 6 米 土石混堆而成，石块较小，并见早期堆积情况
4	哈登台敖包	N:42° 22'48.1" E:116° 08'45.2"	1368 米	呈圆形，直径 33.8 米，高 8 米 石块堆砌而成，石块较大，顶部平坦，并有凹坑
5	一棵树敖包	N:42° 24'27.3" E:116° 09'08.5"	1388 米	呈圆形，直径 30.1 米，高 10 米 石块堆砌而成，石块大小不一，顶部平坦宽平
6	乌拉敖包	N:42° 25'58.46" E:116° 8'4.84"	1492 米	呈长方形，长 26.53 米，宽 20.94 米，高 10.7 米 石块堆砌而成，石块较大，上部为平台
7	大敖包	N:42° 25'36.6" E:116° 15'45.6"	1462 米	呈圆角方形，直径 38.1 米，高 11 米 石块堆成，石块大小不等，西部呈凹形，顶部较为平坦
8	昌图敖包	N:42° 30'0.21" E:116° 12'44.09"	1504 米	呈圆形，直径 4.6 米，上部直径 2 米，高 4.2 米 石砌而成，分三阶，外抹白灰泥，东部有一向上的台阶
9	阿土台敖包	N:42° 33'27.62" E:116° 12'8.74"	1602 米	呈圆形，直径 10.3 米，高 2.4 米 石块堆积而成，砌石不明显，中心成凹形，有被挖掘的情况，现代在其边新垒砌两个小型敖包
10	乌和尔沁敖包	N:42° 30'58.52" E:116° 7'46.03"	1674 米	由五个敖包并列组成，中间敖包最大，分三阶，底部直径 8.6 米，上部直径 2.8 米，高 3.4 米，外抹水泥
11	查干敖包	N:42° 26'22.46" E:116° 08'22.16"	1498 米	呈圆形，直径 16.04 米，高 3.6 米 石块堆砌而成，中心呈凹形，石块较大。敖包三面有另三处由小石堆积而成的小包，均呈一条直线，其中东北与西南的小石堆基本连成一线。该敖包早期使用并延续较长时间，具有祭祀与瞭望防御的作用
12	葫芦苏台敖包	N:42° 24'30.03" E:116° 04'52.57"	1446 米	呈圆形，直径 11.6 米，高 2.5 米 石块堆砌而成，石块较大，中部呈凹形，较为平缓。在其西北部有呈一条直线的石堆，堆较大，内部呈凹形

在元上都城址周围 6 ~ 8 公里的范围内，分布着许多敖包，其中以遗产区和缓冲区内的 12 座敖包最具代表性，包括：小园山敖包、乌兰台敖包、额金敖包、哈登台敖包、一棵树敖包、乌拉敖包、大敖包、昌图敖包、阿土台敖包、乌和尔沁敖包、查干敖包、葫芦苏台敖包（表 2–7）。这些敖包一般呈底宽顶尖的锥体状，敖包堆筑的采石挖坑遗迹均位于背对城址的一面。

2.a-4-2 敖包祭祀

蒙古族的传统祭祀活动很多，如祭天、祭火、祭祖、祭敖包等。其中敖包祭祀是最重要的祭祀活动，在信奉萨满教的漫长岁月中，蒙古人一直按萨满教义祭祀敖包。自忽必烈汗时代起，藏传佛教受到推崇，并在蒙古草原游牧地区迅速传播，蒙古人便逐渐按藏传佛教教义规范祭祀敖包的习俗。从目前来看，蒙古族的敖包祭祀礼仪中既有萨满教又有藏传佛教的文化内容。

元上都遗址所在的锡林郭勒盟地区是敖包祭祀活动保存较好的地区，元上都城址北面的乌和尔沁敖包、阿土台敖包等敖包仍延续着敖包祭祀这一蒙古族的古老习俗。敖包祭祀已于 2006 年 5 月 20 日作为蒙古族传统民俗，经国务院批准列入第一批国家非物质文化遗产名录。

敖包祭祀活动多选择在夏秋水草丰美、牛羊肥壮之时，由于每个敖包的由来和性质不同，也由于各地气候等自然条件的不同，其祭祀的日期、规模、形式和组织内容都有所不同。一般一年进行一次，如果风调雨顺，也有一年举行两次，祭祀时间的长短也各异。

祭祀的礼仪一般有四种，即血祭、酒祭、火祭和玉祭，其中：血祭为宰杀牛羊以祭；酒祭是把鲜奶、奶油、奶酒洒于敖包前以祭；火祭是在敖包前烧一大堆干树枝或牛粪，牧民将羊肉投入火中；玉祭则是用玉石作供品，古时仅有王公贵胄使用，现今已不再以玉为祭品，多以宝珠、硬币或炒米代替。

祭敖包时，牧民都要身着盛装，骑上骏马或乘勒勒车[53]，从四面八方来到敖包前。按顺时针方向绕行敖包三圈，在敖包正前叩拜以后，在祭案上摆放贡奉礼物，如全羊、鲜乳、哈达、奶酪、黄油等物品。由喇嘛念经使这些食品变得更加圣洁以后，开始燃放柏叶香火，此时钹鼓、号管齐响，法铃齐鸣，牧民向着敖包三拜九叩，祈祷风调雨顺，人畜两旺，继而将马奶、醇酒、柏枝等泼散在敖包上。而后众人群起，围绕敖包顺时针转行三圈。祭祀仪式结束后，举行传统的赛马、射箭、摔跤、唱歌、跳舞等娱乐活动（图 2.a-96、图 2.a-97）。

图 2.a-96 敖包祭祀现场 2006 年

图 2.a-97 现代中外游客祭祀敖包 2006 年

53. 勒勒车又名大辘轳车、罗罗车、牛牛车，“勒勒”原是牧民吆喝牲口的声音。勒勒车因常以牛拉动，故也叫蒙古式牛车。勒勒车是为适应北方草原的自然环境和蒙古族生活习惯而制造的交通工具。

2.a-4-3 那达慕大会

那达慕，蒙古语为“娱乐”或“游戏”之意，是蒙古族传统的群众性集会。那达慕大会原是古时蒙古族敖包祭祀完成后所进行的体育竞技活动，是蒙古民族在长期的游牧生活中，创造和流传下来的具有独特民族色彩的竞技项目和文艺、体育项目。2006 年 5 月 20 日，那达慕大会经国务院批准列入第一批国家非物质文化遗产名录。

每年的那达慕大会是草原上的传统盛会，锡林郭勒盟的那达慕最具代表性。那达慕大会或以嘎查（村屯）、苏木（区乡）为单位，或以旗县为单位举行，分为大、中、小三种类型。大型那达慕，摔跤选手为 1024 名或 512 名，骏马 300 匹左右，会期 7 ~ 10 天；中型那达慕，摔跤手 256 名，马 100 ~ 150 匹，会期 5 ~ 7 天；小型那达慕，摔跤手 64 名或 128 名，马 30 或 50 匹左右，会期 3 ~ 5 天。无论何种民族与宗教信仰的人，均可报名参加。

蒙古人把摔跤、赛马、射箭称之为“男儿三技”，也是那达慕大会比赛的主要项目。摔跤是蒙古族特别喜爱的一种体育活动，也是那达慕上必不可少的比赛项目。蒙古语称摔跤为“博克”，称摔跤手为“博克庆”。蒙古族的摔跤有

图 2.a-98 那达慕大会摔跤手 2006 年

图 2.a-99 那达慕大会驯马手 2006 年

其独特的服装、规则和方法，因此也称为蒙古式摔跤（图 2.a-98）。赛马项目包括快马赛，主要比马的速度，一般为直线赛跑，赛程一般为 20、30、40 公里，先达终点为胜；走马赛，主要是比赛马步伐的稳健与轻快；颠马赛，是蒙古族特有的马上竞技表演项目（图 2.a-99）。射箭比赛分近射、骑射、远射三种，有 25 步、50 步、100 步之分。比赛不分男女老少，凡参加者都自备马匹和弓箭，弓箭的样式，弓的拉力以及箭的长度和重量均不限。比赛的规则是三轮九箭，即每人每轮只许射三支箭，以中靶箭数的多少定前三名。

那达慕大会拥有悠久的历史，一直在锡林郭勒草原上流传和发展，深受各族群众的喜爱，成为蒙古族文化传统的重要载体。那达慕上的各项活动是力与美的显现、体能和智慧的较量、速度和耐力的比拼，全面地展示了牧民的生活面貌。作为蒙古族传衍至今的生活传统，今日的那达慕大会除了进行男子三项竞技外，还增加了马球、马术、田径、球类比赛、乌兰牧骑演出等新的内容，同时举行物资交流会和表彰先进。举行那达慕时，牧区方圆数百里的牧民穿起节日的盛装，骑着骏马或乘坐汽车、勒勒车络绎不绝地前来参观。锡林郭勒盟地区举办的那达慕现已成为全民健身和群众娱乐的重要活动。

2.a-4-4 上都地区其他蒙古民族传统

生活在草原地区的蒙古族居民放牧时居住在蒙古包里，以食牛、羊肉为主，兼食小米、炒米，以及奶酪、黄油、奶豆腐等奶食。受元上都文化的影响，当地牧民多信奉藏传佛教，以成吉思汗为祖先，家家祭拜，并崇尚蓝色，祭祀象征胜利的蒙古族标志苏鲁锭[54]。至今正蓝旗地区每年在举行敖包祭祀、那达慕大会、骆驼大会[55]等独具蒙古族民族特色的大型活动的时候，能歌善舞的牧民还会在聚会上拉响蒙古传统乐器马头琴[56]，吟唱蒙古族音乐蒙古长调[57]、呼麦[58]，弘扬和传承上都地区的蒙古族民族文化（图 2.a-100 ~ 图 2.a-103）。

元上都作为元世祖忽必烈的龙兴之地，见证了蒙古游牧民族从草原上崛起入主中原并统一全国的雄图伟略，在中国历史乃至世界历史上具有重要地位。现今当地牧民仍对元上都遗址充满敬畏，认为它是祖先的圣地，不敢随便去惊动，更不会带走遗址上的一草一木。

54. 苏鲁锭的蒙语意思是“长矛”，象征胜利，是战神的标志。传说成吉思汗举着这个长矛，长矛指向之处就迎来胜利，它成为成吉思汗所向披靡的旗徽。蒙古族在每年阴历三月十七日，都要举行隆重的仪式，祭桌上摆满供品，参加祭祀的蒙古族牧民络绎不绝，各自带着祭品，虔诚地叩拜苏鲁锭，借以表达对成吉思汗的敬仰，缅怀成吉思汗的丰功伟绩。

55. 骆驼大会是蒙古族传统的体育运动项目之一，举行时间并不固定，有时会在蒙古族“那达慕大会”举行。逢喜庆节日常举行赛骆驼比赛，它同赛马一样为蒙古族传统体育项目。参赛骆驼是经过驯养和严格训练的，赛骆驼的赛程一般为 3 ~ 5 公里，以先到达终点为胜，也有的在赛途中置靶进行射箭比赛，以中靶的多少定胜负。骑手不分男女，比赛时身着艳丽的参赛服骑在驼背上，发令后，众骑手挥鞭驱驰骆驼疾跑。赛后按到达终点的顺序绕着象征时运的火堆小步跑三圈，使骆驼平喘。

56. 马头琴是中国蒙古族民间拉弦乐器，因琴杆上端雕有马头而得名。“马头琴”一词是蒙古语中莫林胡尔（morinhuur）的汉译名词，内蒙古自治区成立前后，“马头琴”一词已经广为使用了。琴身为木制，长约一米，有两根弦。共鸣箱呈梯形，马皮蒙面。声音圆润，低回婉转，音量较弱。2006 年 5 月 20 日，蒙古族马头琴音乐经国务院批准列入第一批国家非物质文化遗产名录。传统马头琴的主要流布地区，正是蒙古长调歌曲流传最为广泛、发展最为成熟的锡林郭勒盟地区，这使得传统马头琴与蒙古长调歌曲的关系紧密地联系在了一起。

57. 蒙古长调是一种具有鲜明的游牧文化和地域文化特征的独特演唱形式，它以草原人特有的语言述说着蒙古民族对历史文化、人文习俗、道德、哲学和美学的感悟。它集中体现了蒙古民族游牧文化的特点，并与蒙古语言和文学等息息相关。长调歌词的绝大多数内容都是描写草原、骏马、骆驼、牛羊、蓝天、白云、江河、湖泊等。而对这些草原特有的景色，只有悠远的长调才能绝妙地加以表现。2005 年 11 月 25 日，中国、蒙古国联合申报的“蒙古族长调民歌”列入联合国教科文组织公布的第三批“人类口头和非物质遗产代表作”；2006 年 5 月，蒙古族长调民歌入选中国第一批非物质文化遗产名录。以我国北方的锡林郭勒草原为中心，是我国长调民歌分布和流传的重要区域。

58. 呼麦是图瓦文 xoomei 的音译，又名浩林·潮尔，原义指“喉咙”，即为“喉音”。呼麦是蒙古民族古老的音乐文化之一，一种借由喉咙紧缩而唱出“双声”的泛音咏唱技法，具有非常鲜明的风格和特色。受语言及演唱技术的影响，其流传范围不是很广。2006 年 5 月 20 日，蒙古族呼麦经国务院批准列入第一批国家非物质文化遗产名录。2009 年 10 月 1 日，中国蒙古族呼麦成功入选世界非物质文化遗产名录。呼麦的产生与人们所处的自然环境很有关系，从现今呼麦的曲目来看，大多是反映大自然风光和描述动物等。

图 2.a-100 苏鲁锭和成吉思汗

图 2.a-101 骆驼大会现场　2006 年

图 2.a-102 蒙古马头琴

图 2.a-103 蒙古长调演唱　2009 年

2.b 历史与演变

2.b-1 元上都地区历史与演变

2.b-1-1 元上都建立之前该地区的历史

元上都所在的滦河上游地区自古以来就是中国北方民族的活动地区，东胡、匈奴、乌桓、鲜卑、柔然、库莫奚、契丹等部族都在这里留下了自己的足迹（图2.b-1）。

辽代（907～1125年），契丹皇帝和皇后曾在这里建立避暑纳凉的宫殿，称凉殿或凉陉。

金代（1115～1234年）在这一带设桓州为边防重镇，设立西北路招讨司。金世宗曾在桓州的金莲川草原建景明宫清暑消夏，金莲川草原即是元上都所在地。

12世纪中期，蒙古人南下，金莲川一带成为札剌儿部、兀鲁郡王营幕地。

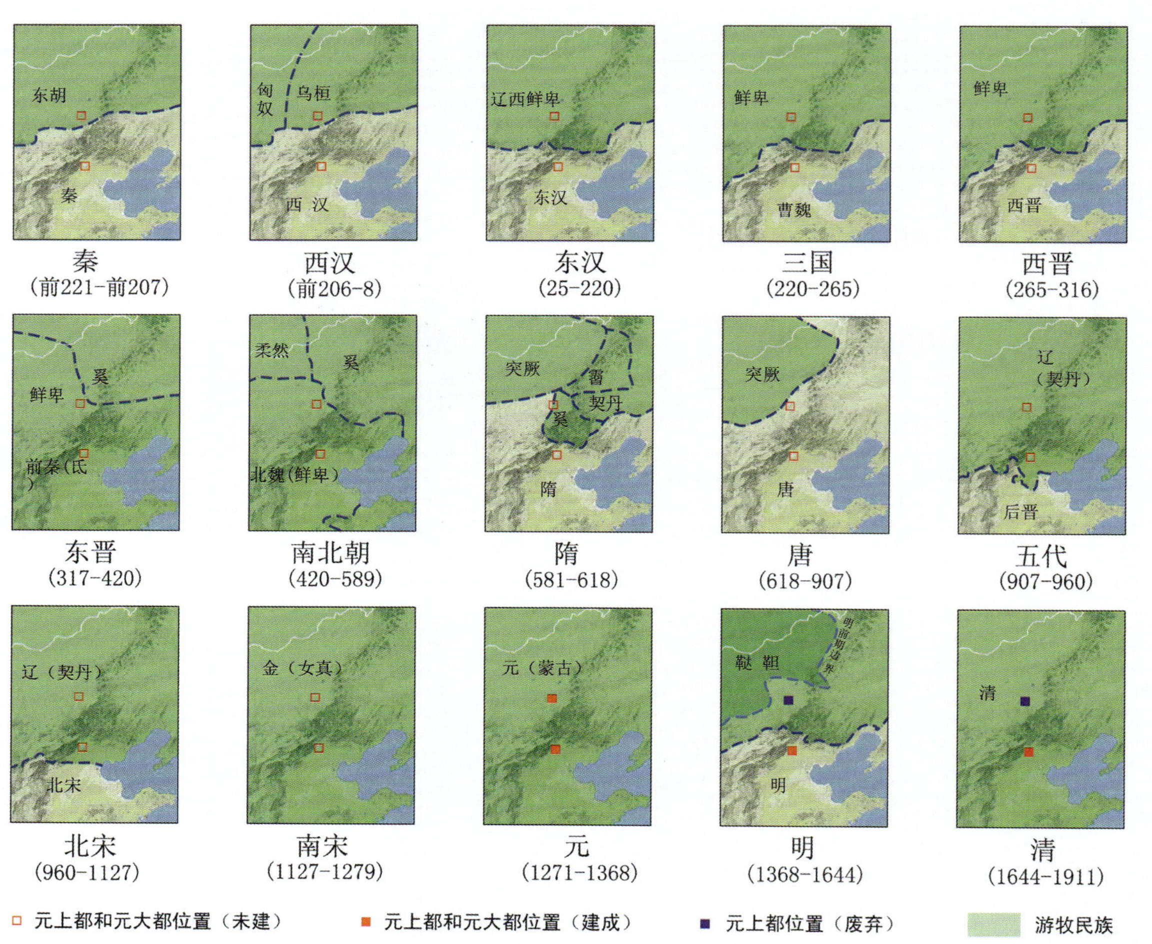

图2.b-1 元上都周围地区历史沿革图　参考谭其骧《中国历史地图集》，北京：中华地图学社，1975年

2.b-1-2 元上都使用时期该地区的历史

忽必烈汗之前，所向披靡的蒙古铁骑在征服了大片农耕区域后，在蒙古上层中曾爆发过如何对待农耕民族的争论。一些藐视懦弱农民及军队的传统游牧武士曾主张“汉人无用，不如尽屠之，以（使其所居之地）为牧地”。有熟知发达的农耕文化优越性和成就的新归附者力劝蒙古大汗理解和接受农耕文明的封建统治方式[59]。忽必烈的重大抉择是两大文明全面结合的里程碑，曾经是古代历史上游牧民族一时性的征伐与掠夺方式，转化为相对文明进步的稳定的封建剥削统治，直接造成了百余年间世界范围的民族融合和元朝历史的文化延续与发展。

1256年，中国古代农耕文化的精英人物——佛教僧人刘秉忠[60]受忽必烈的委托，在其分地内的农牧交界地带附近，选定了四面环山、水源丰富的金莲川草原，开始建造一座名为开平的新城。这是忽必烈这位蒙古族历史上的杰出领袖人物，既凭借蒙古铁骑，又怀柔汉地定居民众，以成就其大汗伟业的战略性步骤。

1260年，忽必烈在开平举行的忽里台大会上，被选举为大汗。以大蒙古国传统国都哈剌和林为基地的胞弟阿里不哥宣布要和他争位。但由于忽必烈控制了中原地区向哈剌和林供应粮食的咽喉，到1264年阿里不哥向忽必烈投降。

1260年，忽必烈开始使用“中统”年号，以中原正统王朝自居。1263年，忽必烈下令把开平定名为上都，次年才把燕京（今北京）改名为中都。到1267年派刘秉忠在中都大兴土木。1272年下令把中都改为大都，1274年农历元旦首次由皇帝在大都举行朝会[61]。

自忽必烈始，每年农历四月至九月，元朝皇帝都率文武百官、嫔妃侍从到元上都避暑游猎和处理政务。自此，元上都作为“两都巡幸制”的“夏都”[62]，与元大都共同承担起蒙元帝国的政治与文化中心的地位。

元上都在公元13～14世纪是草原丝绸之路的重要节点之一，众多外国使者、旅行家、商人、教士曾到达此地，成为当时的国际性大都会。这一时期，在元上都发生过元朝皇帝登基、马可·波罗到上都、拂郎国贡天马、佛道大辩论等影响世界历史的重大事件。

59. “……遣人来报，且言此城相抗日久，多杀伤，士卒意欲尽屠之。公驰入奏曰：将士暴露凡数十年所争者，地土人民耳。得地无民将焉用之？上疑而未决，复奏曰，凡弓矢、甲仗、金玉等匠，及官民富贵之家，皆聚此城中杀之，则一无所得，是徒劳也。上始然之。”见［元］宋子贞《中书令耶律公神道碑》，［元］苏天爵（1294～1352年）编《元文类》卷五七。

60. 刘秉忠（1216～1274年），元邢州（今河北邢台）人，博学多才，于书无所不读，尤邃于《易》及邵氏《经世书》，至于天文、地理、律历、三式六壬遁甲之术，无不精通，论天下事如指掌。1242年于哈剌和林获得忽必烈赏识、留作幕僚，辅佐忽必烈建立元朝，也是元朝两座都城即上都和大都的设计者。

61. 林沄：《序》，魏坚《元上都（上）》，北京：中国大百科全书出版社，2008年。

62. 叶新民：《两都巡幸制与上都的宫廷生活》，元史研究会编《元史论丛》第四辑，北京：中华书局，1992年。

1358年，元上都在元代末年的农民战争中受到严重破坏；1368年，又被明军攻占，基本焚毁。

2.b-1-3 元上都毁废之后该地区的历史

明朝初期，明军占领下的上都城是一个单纯的军事据点。1369年（明洪武二年）改为开平府，属北平（明朝改大都为北平）行省，不久废府置卫，属北平行都指挥使司。随着明朝与北元军事对峙局面的形成，开平成为明朝着重经营的一个军事据点。为阻止蒙古南下，明朝在开平地区派军驻防，储备军粮，修筑城堡。

1394年（洪武二十七年），明朝设立了北平到开平的驿路，中路七百六十五里置十四驿，西路六百三十里置十三驿。1396年（洪武二十九年）5月，明朝在开平地区设立屯田卫；次年正月，重新整修开平城，调派大批军队守卫开平地区。1403年（明永乐元年）开平卫治所徙京师，屯卫一度废弃。1406年（永乐四年）2月，明成祖朱棣诏令复设开平卫，仍旧以开平为军事重镇。1413年（永乐十一年）8月在桓州等地驻军防守。1415年（永乐十三年）5月，明朝守军在开平城西旧环州（即桓州）等处修筑了八个烟墩（即烽火台）[63]。明军在此驻防期间，对开平城垣的整修仅为加强军备，对荒废的元上都宫殿并未加以整修。

明代后期，元上都一带先后是蒙古黄金家族的后代山阳万户和喀喇沁万户的牧地。1430年（明宣德五年），明朝将开平卫内移到独石堡（今河北省赤城县独石口），不久开平就被彻底放弃。明正统年间（1436~1449年）开始，元上都一带便成了山阳万户牧地。

15世纪中叶，蒙古大汗直属部众开始游牧于大漠南北，夏天在克鲁伦河一带的漠北草原驻夏，十月在元上都一带驻牧，然后入河套过冬。因为元上都一带位于蒙古大汗直属部众大规模迁徙的必经之路，这一带便成为察哈尔万户等蒙古大汗直属部众的游牧地。原来游牧于此的山阳万户被迫继续南下，靠近明长城驻牧。

16世纪初，蒙古中兴之主达延汗在其直属六万户内分封子孙并指定牧地，于是右翼三万户之一永谢布—喀喇沁万户成为上都一带的新主人。喀喇沁万户最高首领达延汗孙老把都驻帐上都一带，控制着今内蒙古中部以及河北北部的广大地区，直到17世纪20年代末。

1627年，由于受到新兴的后金政权威胁，驻牧于西拉木伦河以北的蒙古大

63. 参见李逸友《明开平卫及其附近遗迹的考察》，《内蒙古文物考古》1999年第2期。《明太宗实录》卷八八及《明史·郭亮传》记载，永乐十一年（1413年）六月，开平守将成安侯向朝廷上奏："开平地临极边，无邻近卫所可以应援……又开平至长安岭各处大站旧有城堡，年久颓圮未修，及一路炮架，官军均无障蔽。设有警急，无所提备。宜筑烟墩瞭望。"明成祖同意施行。《明太宗实录》卷六记，永乐十三年（1415年）夏五月己酉"筑开平城西旧庄、环州东北山、柳林小站、沙堆西南小山、曲河小站、旧庄小站、回回墓西南、偏岭东山八烟墩。"

汗林丹汗举部西迁，攻破喀喇沁万户，占领了今内蒙古中西部广大地区。于是上都一带又成为林丹汗察哈尔万户的牧地。

清代（1644～1911年），上都一带是蒙古察哈尔部正蓝旗游牧的地方。1635年后金出兵征服察哈尔部，1675年（清康熙十四年），清朝将察哈尔部移牧至宣化、大同边外，其部被编为总管八旗，八旗之一的正蓝旗驻牧地就在上都一带。清代的察哈尔人称元上都遗址为“兆奈曼苏默”，“兆奈曼”意为一百零八，“苏默”原指房屋宫殿，后专指寺庙。

从1892年至1893年，俄国旅行家阿·马·波兹德涅耶夫（А·М·Позднеев）（1851～1920年）在蒙古地区实地旅行考察，在考察日记《蒙古及蒙古人》第二卷第八章中对元上都遗址作了详细的描述。阿·马·波兹德涅耶夫对元上都遗址的描述及其拍摄的照片成为19世纪末元上都遗址保存状况的重要见证。

19世纪末到20世纪初，开始有中外旅行家陆续来上都地区探险考察。英国驻华使节卜士礼（Stephen Wootton Bushell），美国地理学者易培恩（Lawrence Impey），日本旅行者桑原隲藏（くわばら じつぞう）先后到元上都遗址旅行，留下了关于上都的记载。

20世纪30年代，日本东京考古学会对元上都遗址进行调查。1937年7月，日本东京考古学会组成以原田淑人、驹井和爱等人为首的元上都遗址探险队，对元上都遗址首次作了比较详细的考古调查。1941年正式出版了这次考查成果报告《上都——蒙古多伦诺尔的元代遗址》（《上都——蒙古ドロンノヘルに於ける元代都址の调查》）。

1949年以来，元上都遗址受到重视和保护。1964年，中国内蒙古自治区人民政府将元上都遗址确定为第一批自治区级重点文物保护单位，并进行考古工作。主要的考古调查报告有张郁的《元上都故城》（载《内蒙古文物资料选集》，内蒙古人民出版社，1964年），贾洲杰的《元上都调查报告》（载《文物》，1977年第5期），魏坚的《元上都及周围地区考古发现与研究》（载《内蒙古文物考古》，1999年第2期）。

1988年元上都遗址被中国国务院公布为第三批全国重点文物保护单位。

1996年元上都遗址被中国政府列入申报世界文化遗产预备名单。

20世纪90年代以来，当地遗产管理机构对元上都遗址进行了考古调查总体规划。在此基础上，先后对元上都遗址及周围遗迹进行了考古发掘，并对元上都城重新开展科学测绘和航空摄影。同时对元上都遗址采取一系列保护措施，包括搬迁遗址区居民，恢复特色植被，修建保护围栏等。

2002年，正蓝旗元上都遗址文物事业管理局成立。

2005年，元上都遗址被中国国家文物局列入“十一五”期间重点保护的100处大遗址之中。

2006年，中国政府再次将元上都遗址列入申报世界文化遗产的重设预备名单。

2009年，当地文物保护管理部门组织专业机构对元上都遗址进行局部勘探发掘、航空拍摄。

2010 年，锡林郭勒盟成立元上都遗址保护管理委员会和锡林郭勒盟元上都文化遗产管理局，协调元上都遗址的保护管理工作。

2.b-2 蒙元帝国发展史

1206 年，成吉思汗统一了蒙古诸部，成立大蒙古国，随后的继承者们以军事征略的方式，建立了横跨欧亚大陆的、世界历史上疆域最大的帝国，对世界史产生了巨大的影响。

1260 年，忽必烈在蒙哥汗[64]去世后于自己的分地开平府称汗，开始了一个新的历史发展阶段。在这一年，他采用中国农耕文化的帝王传统，建立年号"中统"——意为"中朝正统"。这一举措意味着作为游牧民族统治者的忽必烈准备将统治重心放在汉地，并为此接受汉地农耕文化影响，改行"汉法"以治国。这一事件标志着从成吉思汗军事征略活动的时代转向忽必烈的王朝治理的时代。

1263 年忽必烈改"开平府"为"上都"，1267 年开始筹建"大都"。1271 年（元至元八年）忽必烈颁布《建国号诏》，宣布建立国号为"大元"（简称"元"）的国家。至此，由成吉思汗开创的"大蒙古国"（Yeke Mongghol Ulus），简称"大朝"，在第五代大汗忽必烈统治的辖区内改成了中国统治王朝的"元朝"。他在《建国号诏》中说："可建国号曰大元，盖取《易经》乾元之意。"在中国最古老而深邃的典籍《易经》中，"元"的本义为大，因此"元朝"就是"大朝"，这是用儒家经典语言对蒙古原有国号加以改造的结果。它既意味着元朝对成吉思汗大蒙古国的继承，又表达了对汉地农耕文化的推崇。鉴于此，中国明代编纂的《元史》，便是以成吉思汗为太祖开始编撰的[65]。

自此，大蒙古国分裂为忽必烈继承的原大汗汗国以及其余四大汗国：窝阔台汗国（1225～1309 年）、察合台汗国（1227～1369 年）、钦察汗国（1219～1502 年）、伊利汗国（1256～1388 年）。四大汗国相对独立，名义上仍为蒙古帝国的组成部分。

在此期间，窝阔台汗国被元朝和其他三个汗国所灭，后伊利汗国被异军突起的帖木儿帝国所灭，察合台汗国分裂成了东、西两个并存的察合台汗国，西察合台被帖木儿所灭，东察合台汗国境内发生"改朝换代"，和元朝类似。后钦察汗国也被帖木儿打败，随着铁穆耳汗于 1405 年的去世，蒙古人在欧亚大陆逐渐失去了影响力，标志着蒙古人统治的四大汗国的终结。

1368 年明军进入大都，1370 年元惠宗之子爱猷识里达腊退守哈剌和林，蒙古政权退回漠北草原，史称"北元"。1402 年，北元最后一位皇帝元愍宗坤

64. 蒙哥（Mongke，1209～1259 年），大蒙古国大汗，追封元宪宗。成吉思汗幼子拖雷的长子。
65. 见陈高华著、党宝海编《陈高华说元朝·引言》，上海：上海科学技术文献出版社，2009 年，第 1 页。

帖木儿去世，鬼力赤称汗，并去元国号。至此，标志着蒙元帝国时代的结束[66]。

有关蒙元帝国的历史时限，在中外历史学界存在多种观点。汉文“大元”国号在蒙古语中仍译作“称为大元的大蒙古国”或“大元大蒙古国”。而就特定意义上讲，蒙元帝国当指蒙古人入主中国汉地、建立中原王朝“元代”的时期。它与成吉思汗的大蒙古国既有不可分割的关联，又有着不同的文明发展方向。

本文根据文明与文化的发展历史，大体以1206年成吉思汗称汗至忽必烈称汗之前的1259年，为大蒙古国时期。以1260年忽必烈称汗建元上都为始，至1368年元朝灭亡，为蒙元帝国时期。以中国元朝灭亡的1368年至鬼力赤汗去元国号的1402年为北元时期。即：

大蒙古国时期（1206～1259年）

蒙元帝国时期（1260～1368年）

北元时期（1369～1402年）

2.b-3 元上都建城史

1256年（元宪宗六年），忽必烈命刘秉忠建开平城。

1258年（元宪宗八年），开平城建成，在皇城东北角建大龙光华严寺。

1260年（元中统元年），忽必烈在开平称汗。

1263年（元中统四年），开平府升为上都。

1266年（元至元三年），上都建大安阁。

1267年（元至元四年），上都重建孔子庙。

1268年（元至元五年），上都建城隍庙。

1271年（元至元八年），上都万安阁成。

1274年（元至元十一年），在上都建大乾元寺，建太一宫。

1288年（元至元二十五年），营建上都城内仓库。

1290年（元至元二十七年），发二千人修上都城墙。

1298年（元大德二年），建上都铁幡竿渠。

1307年（元大德十一年），枢密院发军二千五百人修缮上都鹰坊与官廨。

1313年（元皇庆二年），修缮上都孔庙。

1320年（元延祐七年），在上都为皇后作鹿顶殿。

1321年（元至治元年），修缮上都城及华严寺。

1322年（元至治二年），停建上都歇山殿和帝师寺。十二月，敕两都营缮仍旧。

1323年（元至治三年），修缮上都华严寺、八思巴帝师寺。

1324年（元泰定元年），作歇山顶楼于上都。

66. 关于北元蒙古的时代下限，中外历史学界主要存在两种观点：一种认为以1402年鬼力赤汗去元国号为标志；另一种认为以1634年蒙古最后一位大汗——林丹汗去世为标志。本文采用第一种观点。

1325 年（元泰定二年），修上都香殿，修缮乾元寺。

1326 年（元泰定三年），修上都复仁门。

1331 年（元至顺二年），修上都洪禧、崇寿等殿。四月，命上都建屋居鹰鹘。

1347 年（元至正七年），上都斡耳朵成，修缮上都华严寺、乾元寺。

1353 年（元至正十三年），重建上都穆清阁。

1358 年（元至正十八年），红巾军攻占上都，上都被毁。

1362 年（元至正二十二年），惠宗准备修复上都宫殿被大臣劝止。

1368 年(元至正二十八年)，明军大将军徐达率师取元，元主自大都遁出塞，居开平。

1370 年（明洪武三年），明在上都设开平卫。

1397 年（明洪武三十年），重新整修开平城完工。

1430 年（明宣德五年），开平卫内迁至河北赤城，元上都旧址再次废弃。

2.b-4 元上都重大历史事件

元上都在 1256 ~ 1368 年间作为蒙元帝国龙兴之地和政权中心之一，曾经发生过一系列具有世界或地区范围影响的重大军事、政治、经济、宗教、文化的事件。诸如：忽必烈称汗、建元、发布诏书、制定政策、推行“汉化”、接见各国使臣、举行忽里台大会[67]进行皇帝登基仪式、征伐南宋、发行纸币、推崇藏传佛教、设立天文研究观测机构等，其中尤为值得关注的有：

2.b-4-1 忽必烈称汗

忽必烈是成吉思汗第四子拖雷妃唆鲁禾帖尼第二子，元宪宗蒙哥之弟。蒙古语称薛禅皇帝（Se en qa γ an），庙号世祖。

1251 年元宪宗蒙哥即位后，命忽必烈总领汉地军国庶事[68]，忽必烈遂驻帐于金桓州与抚州之间的金莲川，并用汉人刘秉忠筹建开平城。忽必烈在金莲川幕府时代已经延揽汉族、色目人才，率军平云南，并参与攻宋。

1259 年蒙哥汗死后，其七弟阿里不哥在哈剌和林即大汗位。1260 年，忽必烈在开平府即大汗位，年号中统。1264 年，忽必烈战胜阿里不哥，终于成为蒙古政权的宗主。此后，忽必烈以上都为政权中心，发布了《兴师征南诏》等一系列重要诏书，号令天下，完成了建立元朝、统一中原的大业。

2.b-4-2 元朝皇帝在上都登基

继忽必烈之后，元朝的十三位皇帝中，先后有六位皇帝在上都登基（详见表 2-8，表 2-9）。

67. 详见壹·文本 2.b-6-3“忽里台制度”。

68.［明］宋濂（1310~1381 年）：《元史》卷四《世祖纪》一，北京：中华书局，1976 年点校本。

表 2-8　在元上都登基的元朝皇帝简表

皇帝名讳	庙号	年号	在位年代	登基时间
忽必烈	世祖	中统、至元	1260～1294 年	1260 年
铁木耳	成宗	元贞、大德	1295～1307 年	1294 年
海山	武宗	至大	1308～1311 年	1307 年
阿剌吉八	—	天顺	1328～1328 年	1328 年
图帖睦尔	文宗	天历、至顺	1328～1332 年	1329 年
妥欢帖睦尔	惠宗	元统、至元、至正	1333～1368 年	1333 年

表 2-9　元朝皇帝世系 [69]

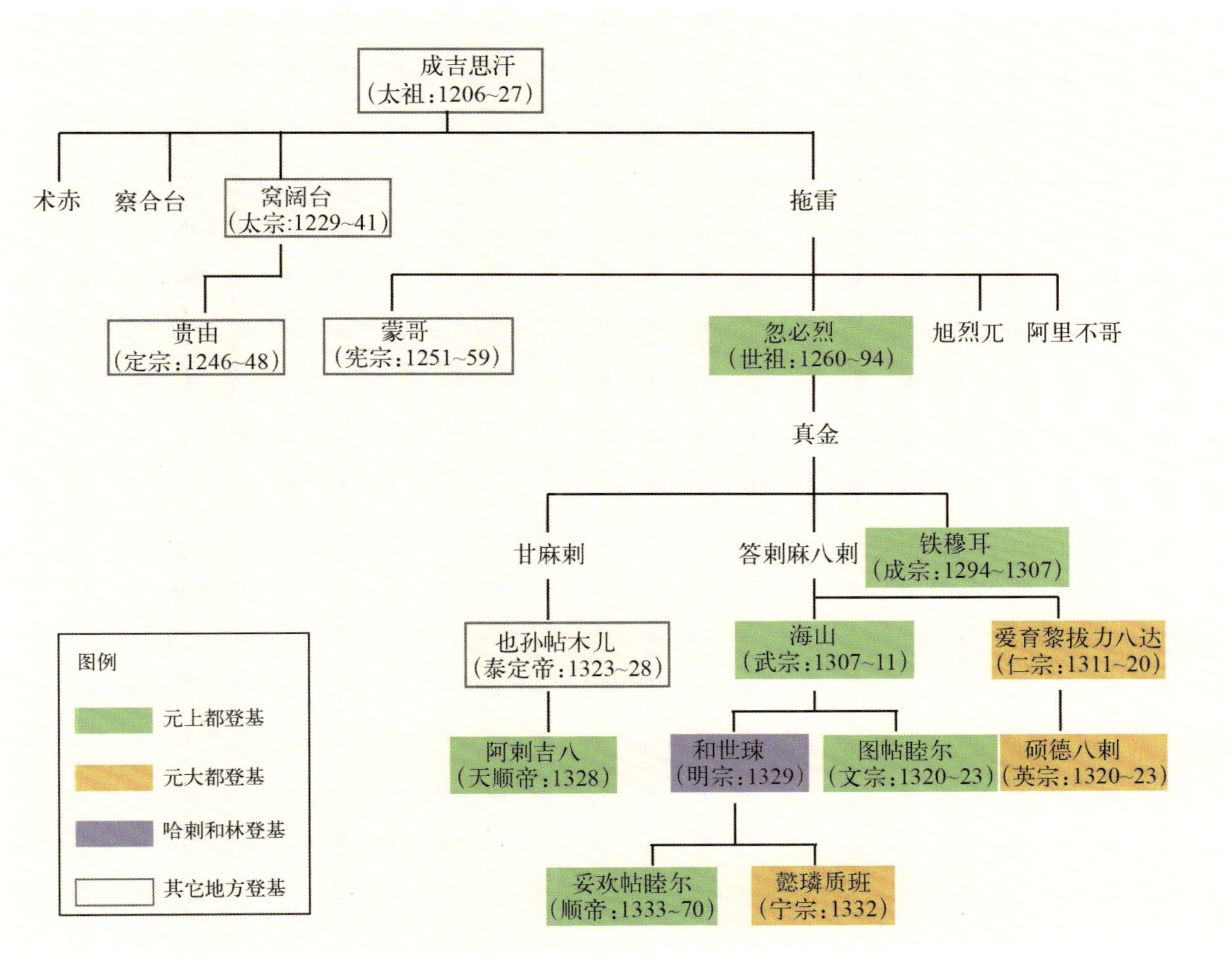

69. 此表参考白石典之《蒙古帝国史的考古学研究》（モンゴル帝国史の考古学研究），东京：同成社，2002 年，第 54 页。

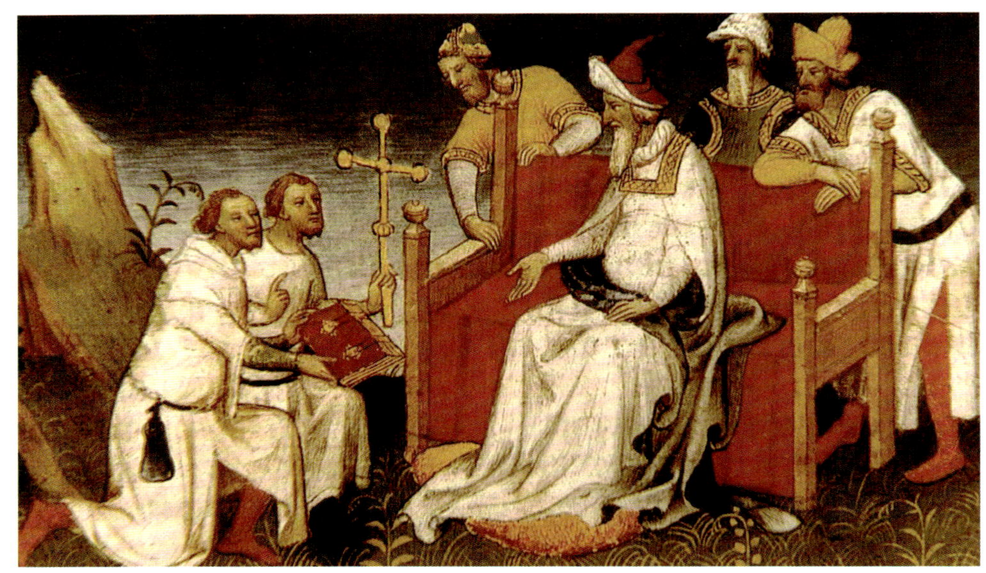

图 2.b-2 忽必烈接见马可·波罗 古法文版《马可·波罗游记》插图

2.b-4-3 马可·波罗来元上都

马可·波罗（Marco Polo，1254 ~ 1324 年）生于意大利威尼斯一个商人家庭，17 岁时随其父亲尼科洛和叔叔马泰奥都东行前往元帝国，经中东、波斯、帕米尔、喀什、和田，穿越河西走廊，于 1275 年夏抵上都，历时四年。其父、叔向元世祖忽必烈呈献教皇的信件和礼物（图 2.b-2）。忽必烈请他们讲述沿途的见闻，并携之归大都，后来还留在元朝当官任职。1292 年，元朝送公主阔阔真赴波斯赐婚波斯伊利汗，马可·波罗与其父、叔随行。他们经波斯于 1295 年末回到威尼斯。不久马可·波罗参加了威尼斯与热那亚的战争，被俘入狱。在狱中他口述其在元朝的经历，经狱友笔录后成为著名的著作《马可·波罗游记》（又名《东方见闻录》，又有译成《马可波罗行纪》），记述了他在东方最富有的国家——中国的见闻，激起了欧洲人对东方的热烈向往，对以后新航路的开辟产生了巨大的影响（详见表 2-10）。

表 2-10 马可·波罗及其叔父行踪表

年代	事件
1264 年	威尼斯商人马可·波罗的父亲尼科洛和叔叔马泰奥到达大都觐见忽必烈
1269 年	波罗兄弟回到罗马
1271 年	波罗兄弟带马可·波罗及一些传教士重新出发往中国
1275 年	马可·波罗等人夏抵上都
1292 年	马可·波罗与其父、叔护送元朝公主去波斯
1295 年	回到威尼斯

2.b-4-4 拂郎国贡天马

1342 年，罗马教皇专使马黎诺里（Marignolli）使团抵达上都，元顺帝接见。使团所献礼物中有一匹骏马获得元朝君臣的赞赏，即“拂郎国贡天马”事件，这成为 14 世纪中西交通史上的大事（图 2.b-3、图 2.b-4）。

2.b-4-5 佛道大辩论

蒙哥汗时期，大蒙古国内佛教与道教之间的竞争、矛盾日趋激烈，蒙古王室不得不出面调停佛、道二教的争端。1255 年，在哈剌和林举行了佛、道二教第一次辩论会，佛教占了上风。1258 年，蒙哥汗委托忽必烈在开平（上都）召集佛、道二教代表人物数百人，进行第二次辩论。藏传佛教在八思巴的激辩下战胜道教，获得蒙古统治者的推崇。自此，藏传佛教在整个中国，包括漠北的哈剌和林都获得广泛传播，产生了极为显著的信仰影响。现存于北京的元代白塔寺（始建于 1271 年）和浙江杭州西湖文化景观中具有极高历史价值和艺术

图 2.b-3 临李公麟《人马图》［元］赵雍 1347 年绘 纸本 31.5×73.5 厘米 美国华盛顿弗列尔东方艺术馆（Freer Gallery of Art）藏

图 2.b-4 拂郎国贡马图［元］周朗 1342 年绘 故宫博物院藏

水准的飞来峰元代石刻艺术造像是藏传佛教在中国中原地区最早的传播证据和珍贵文化遗产。北京的清代雍和宫（建于 1694 年，1744 年由宫殿改为寺庙）以及紫禁城中的雨花阁（建于 1749 年）等诸多藏传佛教寺庙建筑则见证了藏传佛教从元代开始的 600 年间成为中国统治阶层主要信仰。近年于哈剌和林城内“兴元阁”出土的大量藏传佛教遗存也充分说明了这次宗教大辩论广泛、深入的影响。

2.b-5 元上都的多元文化交融

2.b-5-1 民族

元上都城内的主要人员按民族种类分有：蒙古人、汉人、吐蕃人、回回人、畏兀儿人等，如果加上前来朝觐的外国使节，应当还有高丽人和欧罗巴人等。这些民族中，应以汉族与蒙古族占多数，其次是回回人，最少的应当是高丽人和欧罗巴人。这些民族在上都城中分别充当着不同的角色，有元上都留守司的官员、留守怯薛、侍卫亲军、宫廷服务人员、宗教领袖、名士硕儒、工匠、商人、市民、僧尼、道士等等。

2.b-5-2 宗教

元上都是全国性的宗教中心之一。对宗教的保护与尊崇，早在公元 13 世纪初，成吉思汗兴起于漠北草原并建立大蒙古国时，就有所表现。当时的蒙古人主要信奉萨满教，只有少数部落信奉景教。蒙古贵族进入中原之后，开始接受佛教和道教，西征后又和伊斯兰教发生了联系。成吉思汗对各种宗教都采取支持和保护的方针。忽必烈和前任几代蒙古大汗一样，也很注意对宗教的扶持，为蒙元王朝服务，包括佛教、道教、伊斯兰教和景教。其中最受重视的应该是佛教，特别是藏传佛教[70]，其次是道教、伊斯兰教和景教，并且元王朝大体上都奉行这一政策。自忽必烈始，元上都城内修建了很多不同宗教的寺庙，并常在元上都开展各种宗教活动。

2.b-5-3 语言

元上都语言主要有蒙古语、汉语、畏兀儿语、吐蕃语、党项语（西夏语或唐古惕语）、波斯语、阿拉伯语等共 7 种。元上都时期使用的主要为蒙、汉语。其次与民族对应，有畏兀儿语、阿拉伯语等。元朝是统一的多民族国家，各个民族都有自己的语言，有的民族还有自己的文字。比较流行的还有畏兀儿、党

70. 藏传佛教即喇嘛教，是佛教的一个支派，创建于吐蕃。蒙古统治者为了顺利经营西藏，应用笼络藏传佛教领袖的方法治藏。1244 年蒙古王子阔端写信邀请西藏佛教萨迦派教主萨班·衮噶坚赞，萨班带着自己的两个侄子八思巴和恰那多吉历经艰辛到达凉州，次年与阔端举行了具有历史意义的会谈，会谈后萨班写了一封致西藏僧俗首领的公开信，号召他们归附蒙古。从此，西藏归附蒙古，萨迦派在藏传佛教各派中取得了领导地位。

项、吐蕃等几种语言文字。回回人使用的主要是波斯文和阿拉伯文。多种语言文字并存和使用，是蒙元帝国文化的一大特色。

2.b–5–4 元上都的多元文化史迹

元上都遗留了丰富的多元文化史迹，反映了不同民族、宗教的人在元上都的生活、活动，体现了元上都发生的多元文化交流。

元上都遗留了多种民族生活的历史遗迹，其周边的墓葬中有一棵树墓葬群（详见表 2–11）为代表的蒙古族墓地和砧子山墓葬群（详见表 2–12）为代表的汉族墓地，其墓葬形制及出土文物反映了元上都居民以蒙、汉族为主的民族构成[71]。

元上都的建筑遗址，已经确定的有佛教、道教、伊斯兰教的寺庙[72]。包括以大龙光华严寺为代表的汉地佛教禅宗寺庙；以大乾元寺、开元寺为代表的藏传佛教寺庙；以长春宫为代表的道教寺庙；以孔庙为代表的儒家庙堂，反映了上都丰富繁荣的宗教文化。

元上都出土的可移动文物，除大量汉族风格的建筑构件与瓷器外，还有阿拉伯文字的墓顶石，绿松石首饰、银扁壶，以及具有东北狩猎民族特点的桦树皮箭[73]（图 2.b–5 ~ 图 2.b–21）。

表 2–11　一棵树墓葬群出土部分墓葬随葬品

墓葬编号	具有游牧民族特征的随葬品[74]			受汉族文化影响的随葬品[75]	
LYM1	木质用具			铜镜“家常富贵”铭文	
LYM2	刀 / 剑			铜镜	
LYM4	车辖 2			钱币 16	
LYM5				铜镜“海兽葡萄纹”	
LYM9	剪刀	木碗		瓷器	
LYM14	马镫 2	箭镞		瓷器	
LYM15	银壶			钱币 10	
LYM21	马镫 2	箭镞 6	桦树皮具	钱币 49	
LYM22	毛毡			铁熨斗	丝织品
LYM23	马镫 2			钱币 3	

71. 见壹·文本 2.a–2“墓葬群”。

72. 见壹·文本 2.a–1–3（3）“建筑基址”。

73. 参见殷焕良《中国古代北方民族桦树皮文化研究》，内蒙古大学硕士论文，2009 年；白丽民《论中国北方狩猎民族的桦树皮文化》，内蒙古博物馆，引自 http://www.chinaexpertsweb.net。

74. 具有游牧民族特征的随葬品有牲骨，铁制马具，箭镞，木质用具，刀 / 剑，车辖，剪刀、装饰品、银壶、毛毡等。

75. 受汉族文化影响的随葬品有铜镜、熨斗、（唐 ~ 金）钱币、瓷器、丝织品等。

表 2-12 砧子山墓葬群出土部分墓葬随葬品

	墓葬编号	汉族文化特征的随葬品[76]				受草原生活影响的随葬品[77]			
西区	DZXM10	瓷器 3	骨牙刷	钱币 51		绿松石金耳饰			
	DZXM17	瓷器 2	钱币 82			瘗钱			
	DZXM18	瓷器	漆器 1			车辖 2			
	DZXM19	瓷器 3	钱币 41			彩石 2			
	DZXM28	瓷器	墓志	钱币 74		动物骨骼 2	瘗钱 3		
	DZXM29	瓷器 3	钱币 40			彩石 4			
	DZXM35	瓷器 2	钱币 49			瘗钱			
	DZXM48	瓷器 3	钱币 80	铜饰品 3		瘗钱 9			
	DZXM51	瓷器	漆器	钱币 34		彩石 / 瘗钱			
	DZXM58	瓷器 3	钱币 63			瘗钱			
	DZXM60	瓷器 3	铜器 2	漆器	钱币 47	车辖 2			
	DZXM63	瓷器 2	石雕	钱币 77		瘗钱 2			
	DZXM64	瓷器 11	玉器	钱币 36		车辖 2	骨器 3	牲骨	桦树皮具
	DZXM65	瓷器 2				彩石 5			
	DZXM67	瓷器 2	香炉	钱币 82		瘗钱 2			
	DZXM70	瓷器 3	铜装饰品 3	钱币 43		铁辖	瘗钱		
	DZXM74	瓷器 2	香炉 1	钱币 46		瘗钱 8			
	DZXM76	瓷器 3	石构（饰）件 8	建筑材料 3	钱币 17	彩石	铁簇		
	DZXM81	瓷器	玛瑙饰	钱币 7		绿松石饰片	绿松石金器		
	DZXM83	瓷器 5	香炉	钱币 2		彩石	木碗		
	DZXM86	瓷器 5	金银簪 2	漆器	钱币 90	彩石			
	DZXM94	瓷器		钱币		绿松石饰品			
南区	M10	瓷器	石砚	银钱		绿松石饰品			
	M31	瓷器 3	铜饰品 3			彩钱 5	铜剪 2		
	M32	瓷器 2	铜饰品 2	玛瑙饰品 4	钱币 100	彩钱			
	M33	瓷器 7	铜饰品	香炉	钱币 106	彩钱			

76. 具有汉族特征的随葬品有玉器、漆器、（唐～金）钱币、瓷器、石刻、墓志、建筑构件等。

77. 受草原生活影响的随葬品有牲骨，铁制马具，箭镞，车辖，采石 / 瘗钱、装饰品、毛毡等。该墓葬群还在 DZXM26、 DZXM27、 DZXM42、DZXM43、DZXM45 等墓葬内有欧罗巴人种成分。

图 2.b-5 元上都宫城大安阁出土古阿拉伯文墓顶石

灰白色砂岩制，呈长条形，头大尾小状，三面呈圆柱体，顶部呈圆弧形，底面加工平整，长 116 厘米，宽 19 厘米，厚 20 厘米，弧面和两端均刻阿拉伯文，弧面横向刻 6 行字，两端各刻两行字。石刻弧面的前 4 行释文为“奉至仁至善的真主之名，不信道的人们几乎以他们的怒目使你跌倒。当他们听到宣读教诲的时候，他们说：‘他确实一个疯子’。这《古兰经》不是别的，它是对全世界的教诲。真主奉使人类有了他就不再崇拜其他神灵的真主之名，奉裁决一切的真主之名，奉崇高的真主之名，真主赐福于真主的使者、穆斯林的埃米尔、至仁至善的真主的挚友穆罕默德。一切赞颂归于坐在最高宝座上的真主”。石刻两端的释文为，粗端：“穆罕默德是真主的使者。”细端：“除真主外，别无神灵”。说明在元代上都城中居住有信仰伊斯兰教的人士。

图 2.b-6 上都宫城出土石刻经板

灰色砂岩制，残，平面作不规划五边形，其上用蒙、藏两种文字浮雕有六字箴言，长 33 厘米，宽 28 厘米，厚 4.5 厘米。

图 2.b-7 海东青图案建筑构件

出土于元上都穆清阁西殿，黄色砂岩制，呈长方形，头大尾小状，立面呈长方体，正面加工平整，凸雕方形框，框内凸雕出海东青动物头部，圆目双睁，尖喙前伸，羽毛蓬展。海东青被认为是最勇猛的鹰，是辽东女真族用于狩猎的猎鹰。元上都专门设有鹰坊饲养海东青。

图 2.b-8 一棵树墓葬群出土银扁壶

图 2.b-9 一棵树墓葬群出土桦树皮箭

图 2.b-10 元上都宫城 1 号基址出土石构件

图 2.b-11 砧子山墓葬群南区 M27 出土石刻

图 2.b-12 元上都宫城 1 号基址出土石刻经板

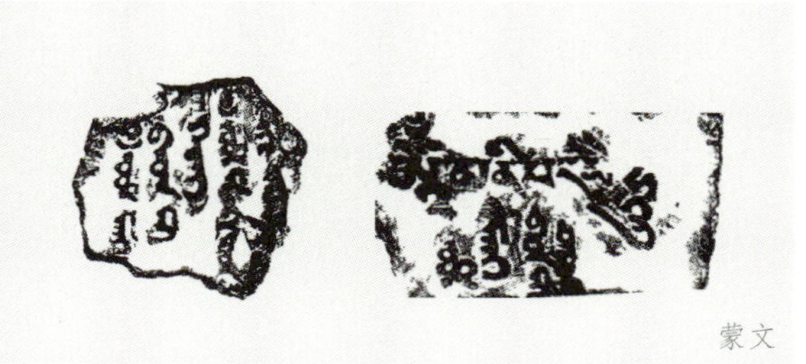

图 2.b-13 元上都宫城 1 号基址出土石刻经板

图 2.b-14 砧子山墓葬群西区出土历代钱币

八思巴文

图 2.b-15 砧子山墓葬群南区采集墓碑

汉文

图 2.b-16 元上都皇城东墙外出土石碑残片

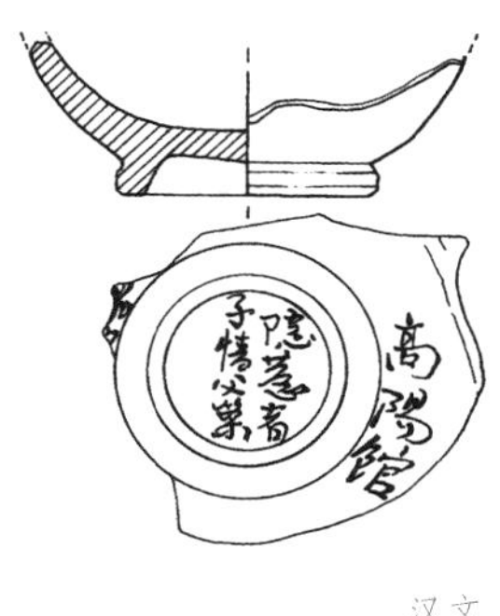
汉文

图 2.b-17 元上都宫城 1 号基址出土白釉盆残片

汉文

图 2.b-18 元上都皇城华严寺出土“皇元敕赐大司徒筠轩长老寿公之碑”碑额

汉文

图 2.b-19 砧子山墓葬群西区 DZXM28 出土石刻墓志

汉文

图 2.b-20 砧子山墓葬群南区 M10、M21 M30A、M35 出土砖铭

DZXM8·大元通宝钱币 汉文

汉文

图 2.b-21 砧子山墓葬群南区 M21 出土“清素传家永用宝鉴”铜镜

2.b-6 历史文化背景

2.b-6-1 两都制

元朝采取两都制度，两都为大都（燕京，今北京元上都遗址）和上都（开平，今内蒙古正蓝旗元上都遗址）。这种制度既来源于蒙古游牧民族冬营地、夏营地的传统习俗，与北方草原游牧民族政权的多都制类似，也体现出了中原自古以来扩大政治统辖能力的两京制的政治功能。

“两都制”来源于蒙古游牧民族冬营地、夏营地的传统习俗。亚洲北方草原游牧民族自古以来游牧于北纬40°以北的温带草原地带，不耐暑热，有冬季和夏季在不同地方游牧的习惯，形成了半定居的生活方式，有“冬营地”和“夏营地”。元代的两都制度就是这种“冬营地”和“夏营地”生活方式在都城制度上的体现[78]：以元朝开国皇帝忽必烈为藩王时的大本营开平府作为上都，每年四到九月，草原水草丰美，凉爽宜人，皇帝来这里避暑；在之前的金朝都城所在地燕京建立大都，每年十月到次年三月在长城以内的大都度过严寒的冬天。两都之间直线距离近400公里，交通便捷，但由于特殊的地理条件[79]，气候却相差很大，大都为温带季风性气候，上都为温带草原气候，年平均气温比大都低10°，一月平均气温大都比上都高14°，七月平均气温上都比大都低6°[80]，使上都成为理想的避暑胜地（图2.b-22）。

元代的“两都制”与北方草原游牧民族政权的多都制类似。游牧民族建立政权后往往建立多个都城，以顺应本民族的游牧习惯，并作为扩大政治统治力度的手段。辽代建有五京，并且有皇帝及官僚随季节不同而转移的“四时捺钵制度”[81]；金代也设有五京，并继承吸收辽代的“四时捺钵制度”，皇帝带领官僚机构进行“四时游猎”[82]。元代的“两都制”或者两都巡幸制，与其类似（图2.b-23）。

“两都制”体现出了中原自古以来扩大政治统辖能力的两京制的政治功能[83]。中原自西周以来就有两京制传统，主要用以在幅员辽阔的领土上扩大统治能力。

78. 据马可·波罗记载，上都城：“汗在此草原中，或居大理石宫，或居竹宫，每年三阅月，即六月七月八月是已。”见［意］马可·波罗《马可波罗行纪》第一卷，第七十四章，［法］沙海昂注，冯承钧译，北京：中华书局，2003年，第278页。
79. 两地分别位于华北平原和蒙古高原，纬度相差约2°，海拔相差约1250米，中间有燕山山脉和太行山余脉阻隔，气候差别巨大。
80. 依据现在的统计结果，参见《中华人民共和国国家自然地图集》，北京：中国地图出版社，1998年。
81. 契丹语词，亦作纳钵，意为辽帝的行营。辽代皇帝保持着先人在游牧生活中养成的习惯，居处无常，四时转徙。因此，皇帝四时各有行在之所，谓之捺钵，又称四时捺钵，相当于汉语“行在”。春、夏、秋、冬四季各有常处。辽代不同时期四时捺钵的地区也有所变化和不同。参见（台湾）劳延煊《金元诸帝游猎生活的行帐》《元朝诸帝季节性的游猎生活》两文。
82. “今后四时游猎，春水秋山，夏冬剌钵，皆循契丹故事。剌钵者，契丹语所在之意”。见《中兴小纪》卷二七。
83. “盖自世祖皇帝统一区夏，定都于燕，复采古者两京之制度，关而北即滦阳为上都。”见［元］王祎《上京大宴诗序》，《王文忠公集》卷三。

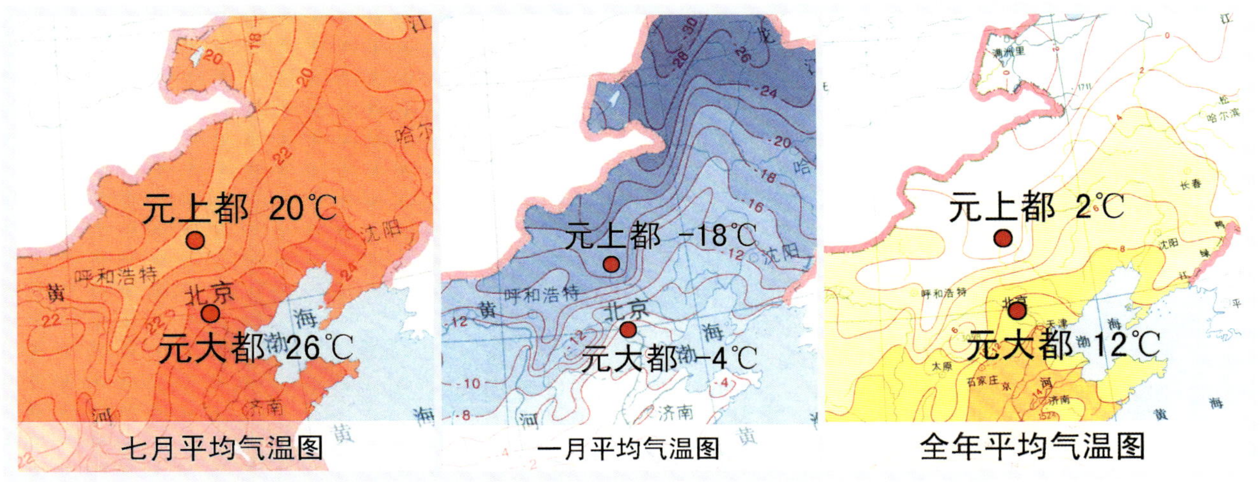

图 2.b-22 大都与上都年平均气温，一月、七月平均气温示意图　底图来自《中华人民共和国国家自然地图集》，中国地图出版社，1998 年

图 2.b-23 两都巡幸的路线图

元代从大都至上都有 4 条驿道：即辇路、驿路、西路、东路。辇路专供皇帝每年到上都巡幸。出大都第 1 捺钵为大口（北京海淀北），途径捺钵为：黄堠店（北京西北）、皂角、龙虎台（北京昌平区西北）、棒槌店（北京延庆县东口）、官山（北京延庆县独山）、沙岭（河北沽源县丰元店）、牛群头（河北沽源县南）、郑谷店、泥河儿、南坡店（内蒙古正蓝旗西），最后到上都。皇帝每年由上都返回大都多走西路。其路线是：南坡店、六十里店、双庙儿、泥河儿、郑谷店、盖里泊（内蒙古太仆寺旗南巴彦查干诺尔）、遮里哈剌（河北张北县西北安固里淖）、苦水河、回回柴、忽察秃（河北张北县西）、兴和路（河北张北县）、野狐岭（河北张家口市西北）、得胜口、沙岭（河北张家口沙岭子）、宣德府（河北宣化）、鸡鸣山（河北宣化下花园南）、丰乐（河北怀来新保安附近）、阻车、统墓、怀来县、妫头（即棒槌店），至此与驿路合，过龙虎台，皂角、黄堠店、大口，到达大都。元代一般人员赴上都多经由驿路。东路专供监察官员和军队使用。

两京制一般有都城和陪都之分，陪都作为都城的辅助，在政治制衡、军事防御、经济支持等方面发挥作用。元朝的两都制虽然也体现了这样的功能，但并不完全相同。上都所承担的功能远大于一般意义上的陪都。它与大都同作为元朝的首都，分担互相不可替代的功能。

元上都发挥了对漠北蒙古诸王的控制和怀柔作用。元上都除了作为忽必烈建立元朝、统一中原的策划地之外，在其后与元大都并用的历史中，它发挥了深居草原地带的地理优势，通过每年召开蒙古贵族大朝会等手段[84]，有效地起到了对漠北蒙古诸王的控制和怀柔的政治作用。此外，由于其特定的地理条件，上都还发挥了军事、社会、经济等方面的作用：上都的地理形势极佳，可控制漠北，向西、东可控制西北和辽东，南面可近距离控制中原、屏护燕京，而且有险可守，又有广阔的领地可回环，在战略位置上甚至比大都还重要[85]；由于元帝每年在上都巡幸理政达半年之久，而且是通常人们活动密集的夏半年。宫廷活动对其经济发展带来深刻影响，上都在元朝的国家社会、经济、科技、宗教、外交等各方面具有重要的地位[86]。

2.b-6-2 元上都的交通

元上都地处农牧交接地带，既是联络汉地元大都与漠北哈剌和林的重要交通枢纽，也是疆域辽阔的蒙元帝国对漠北广袤的蒙古传统驻居地区加强政治控制力的最佳据点，在忽必烈的蒙元帝国时期具有十分突出的战略地位。

忽必烈于 1251 年受蒙哥汗之命，以桓州（今锡林郭勒盟正蓝旗一带）、抚州（今河北省张北县一带）为中心，总管漠南汉地军国重事。当时蒙古国的都城在哈剌和林，忽必烈考虑到今后要往来述职，藩邸的选址以位居汉地和哈剌和林之间为妥[87]，因而把它确定在地处蒙古草地的南缘、地势冲要的开平，既便于与哈剌和林的大汗相联系，又有利于对华北汉人地区就近控制。

1260 年忽必烈即位后，由于政治中心的转移，各国国王、王子、使臣、教士来访者甚多，加上元上都经济文化发达，商业繁荣，城市繁华，人口达 118191，到 1263 年（中统四年）时，上都已取代哈剌和林的帝国中心地位[88]。总之，上都的建设规模之大、发展之快，在当时来说都是罕见的。至 1275 年

84. 参见壹·文本 2.b-6-3 中关于诈马宴与怀柔政策的内容。

85. “控引西北，东际辽海，南面而临制天下，形势尤重于大都。”见［元］虞集《贺丞相墓志铭》，《道园学古录》卷一八；“北控沙漠，南屏燕蓟，山川雄固，回环千里。”见顾祖禹《读史方舆纪要》，北京：中华书局，1957 年刊本。

86. 参见叶新民《两都巡幸制与上都的宫廷生活》，元史研究会编《元史论丛》第四辑，北京：中华书局，1992 年；肖瑞玲《元上都的历史地位》，《内蒙古师范大学学报（哲学社会科学版）》1998 年第 5 期。

87. 据上都大龙光华严寺碑碑文记载：世祖皇帝始在潜邸驻军和林，念国家龙兴朔漠奄有万邦，声教所覃，地大且远。会朝展亲，奉贡述职，道里宜均。见《金华黄先生文集》卷第八，《续稿五·碑文·上都大龙光华严寺碑》，张元济等辑《四部丛刊（初编）》，上海：上海商务印书馆，民国八年（1919 年），景印十八年重印本。

88. 德山、乌日娜、赵相璧：《蒙古族古代交通史》，辽宁：辽宁民族出版社，2006 年，第 40 页。

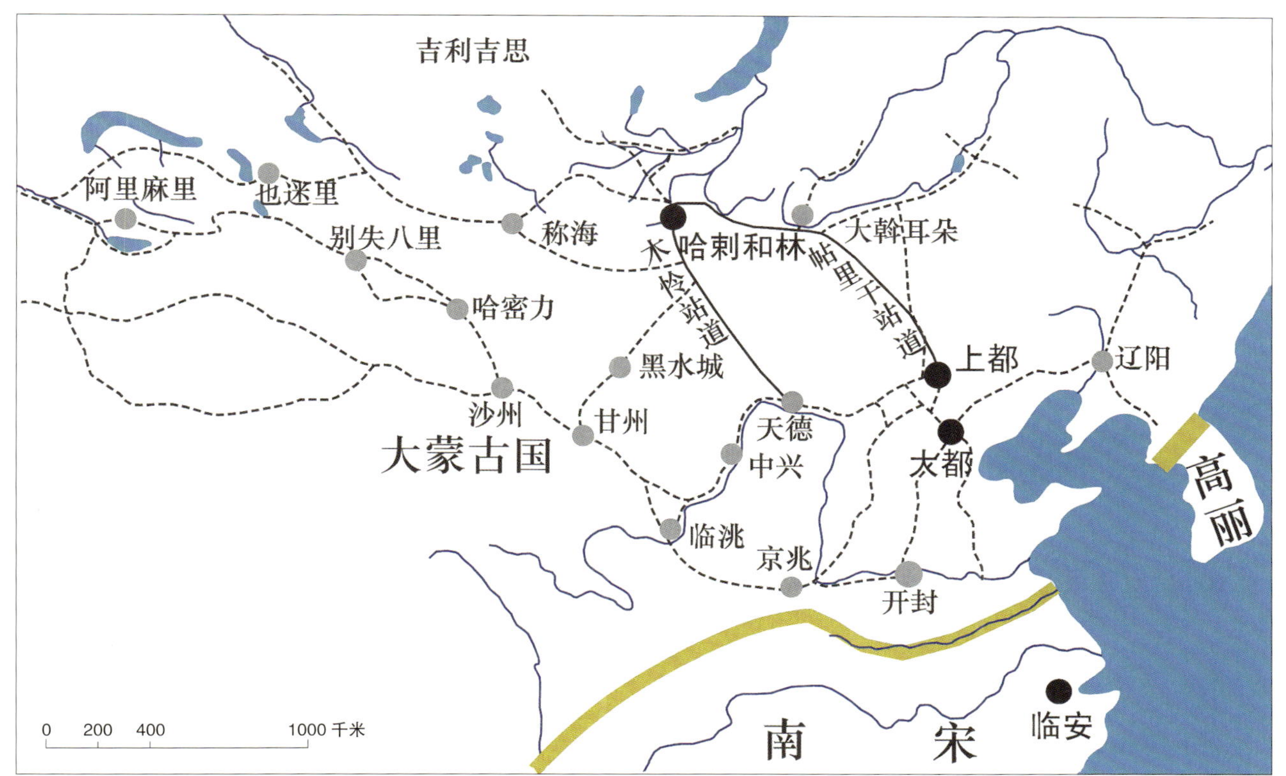

图2.b-24 蒙古帝国初期的驿传图 参见［日］白石典之：《蒙古帝国的考古研究》（モンゴル帝国史の考古学的研究），东京：同成社，2002年2月，图1-29

马可·波罗到上都时，它已经在中国成为除大都（今北京）、临安（今杭州）之外的重要城市之一。

元上都得以维系帝国中心的地位，实现“南控北引”的支撑手段，得益于蒙元帝国的“驿传制度”。这是成吉思汗扩张之初，仿中国制度建立的交通体系，在窝阔台汗时期获得完善。从哈剌和林经上都到大都的路线为：从哈剌和林出发北行百余里—吾误竭脑儿（今鄂尔浑河上游乌盖依诺尔）—哈达桑古城—青托罗古城（长春真人路过的两个古契丹城）—毕里纥都（工匠集居地）—向东南行三驿到乌兰巴尔哈思（契丹故城）—沿土拉河中游河曲处东行到克鲁伦河上游河曲处——再东行九驿至阔迭额阿剌伦站—哈儿哈纳秃站—益图站—阔斡秃站朱勒格特山达（又名察罕七老）—朱儿古鲁站—再东南行30里经鱼儿泊驿—上都—大都（图2.b-24）。

此时的上都交通四通八达，南有四条驿道通大都，北经帖里干站道通和林，东通辽阳行省，西经丰州、宁夏、河西走廊通中亚。上都不仅是蒙古地区最大的城市，同时也是仅次于大都的政治中心。

2.b-6-3 忽里台制度

忽里台大会是蒙古族从部落会议演变而来的特有的政治制度，至元朝时，忽必烈承继这一制度，遂演变为元朝皇帝怀柔笼络各地宗王的重要手段。

忽里台大会是蒙古原有一种聚会，译自蒙古语 qurilta，原是部落议事会，后演变成为宗王大臣会议，商议征伐、继位等军国大事。朝会之际，与会的人在一起宴饮。1206 年，成吉思汗在斡难河畔召开忽里台大会，即大汗位，建大蒙古国。在忽必烈以前，蒙古大汗即位都要举行忽里台大会。元代，这种聚会成为皇帝赐予的燕飨，凡新皇帝即位，群臣上尊号，册立皇后、太子，以及每年元旦，皇帝过生日，祭祀，春搜、秋猕，诸王朝会等等活动，都要举行宴会，由于规定与宴者穿同一颜色衣服，又称“质孙宴”[89]，另称为“诈马宴”[90]。宴会进行的时候，宣读成吉思汗祖训，有“喝盏”之礼，设专人高呼“月脱”（意为“请用”），大家敬酒。按照元朝的制度，上都每年六月都要举行诈马宴，蒙古宗王等都要从各地赶来参加，既共同娱乐、射猎、宴饮，又有森严的等级，成为元朝皇帝怀柔笼络各地宗王的重要手段[91]（图 2.b–25）。

89. 质孙，蒙古语 Jisun，意为颜色，又写作“只孙”“济逊”等。

90. 即波斯语 jāma，其语义为“外衣”“衣服”。

91. ［元］周伯琦《诈马行有序》：“国家之制，乘舆北幸上京，岁以六月吉日命宿卫大臣及近侍服所赐只孙珠翠金宝衣冠腰带，盛饰名马，清晨自城外各持彩仗，列队驰入禁中。于是上盛服御殿临观，乃大张宴为乐，唯宗王、戚里、宿卫、大臣前列行酒，余各以所职叙坐合饮，诸坊奏大乐，陈百戏，如是者凡三日而罢。其佩服日一易。大官用羊二千，马三匹，它费称是，名之曰只孙宴。只孙，华言一色衣也。俗呼曰诈马筵。至元六年岁庚辰，忝职翰林，扈从至上京。六月二十一日，与国子助教罗君叔亨得纵观焉，因赋诈马行以记所见。”参见［元］周伯琦《诈马行有序》，《近光集》卷一；又［元］王祎：“至正九年夏五月，天子时巡上京，乃六月二十有八日，大宴失剌斡耳朵，越三日而竣，事遵彝典也。盖自世祖皇帝统一区夏，定都于燕，复采古者两京之制度，关而北即滦阳为上都。每岁大驾巡幸，后宫诸闱、宗藩戚畹、宰执从僚、百司庶府，皆扈从以行。既驻跸则张大宴，所以昭等威、均福庆、合君臣之欢，通上下之情也。然而朝廷之礼主乎严肃，不严不肃则无以耸遐迩之瞻视，故凡预宴者同冠服、异鞍马，穷极华丽，振耀仪采而后就列，世因称曰诈马宴，又曰只孙宴。”参见［元］王祎《上京大宴诗序》，《王文忠公集》卷三；另参见袁冀《元代宫廷大宴考》、韩儒林《元代诈马宴新探》。

图 2.b-25 ［元］刘贯道《元世祖出猎图》 中国台湾台北故宫博物院藏

元上都遗址

SITE OF XANADU

3 列入理由

3.a 提议遗产列入所依据的标准

元上都遗址符合《实施保护世界文化与自然遗产公约的业务指南》列入世界遗产标准的（ii）、（iii）、（iv）和（vi）：

3.a–1 符合标准（ ii ）

(ii) 展现出某个时间跨度或世界某个文化区域内，有关建筑、技术、纪念性艺术、城市规划或景观设计发展之人类价值观念的重要变迁或影响；

(ii) exhibit an important interchange of human values, over a span of time or within a cultural area of the world, on developments in architecture or technology, monumental arts, town–planning or landscape design;

"元上都遗址"将北方草原游牧民族"逐水草而居"的传统非定居方式与中原汉地农耕社会"背山面水"的传统定居方式相结合，展现了不同文明与民族之间在征服与同化过程中生活方式与价值观的交互影响与融合；这种融合所产生的理念、制度、宗教、经济举措深刻地影响到北方草原和古代中国的中原与南方，以至其他一些地方。

3.a–1–1 元上都的选址展现了北方草原游牧民族"逐水草而居"的传统非定居方式与中原汉地农耕社会"背山面水"的传统定居方式的结合，以此展现出游牧民族在与农耕文明的碰撞中，既追求城市的权力象征意义，又坚持民族非定居的传统理念

在草原上建设城市本不属于游牧民族的传统。他们在草原地带建造城市，并非意味着他们接受了定居生活方式，而是出于对权力的象征需求。德国和蒙古的考古研究者在 2000 ~ 2009 年经过对哈剌巴拉嘎斯和哈剌和林的发掘与研究之后指出："随着在鄂尔浑河谷建成都城，成吉思汗也成功地证明了他应有的统治权，因为正确的都城选址给他对游牧民族世界的统治权力奠定了意识形态上的基础。"[1] 同样，忽必烈在金莲川建造一个模仿汉地国都规格的"上都"，是他雄心勃勃的统治战略的一个重要举措，其意图也是希望将元上都作为蒙元帝国的大汗或帝王的权力象征。在这一意图下，忽必烈表现出比成吉思汗时期

1.［德］汉斯乔治·哈图、乌兰拜耶·厄登尼巴："游牧民族建立统治和建立国家的过程中，城市的建立和建设一方面是游牧民族掠夺政策的一种工具，另一方面它还是一种统治标志。城市和城市建筑体现了统治权。欧亚游牧民族城市的建立象征着草原统治者的统治资格。想要与已建立的强权政体并驾齐驱的野心，促使向统治类型典范和它们的象征意义学习。向统治典范的学习，比如说向中国的统一集权学习，会体现在模仿某些城市模型或者建筑形式。"见《哈剌巴拉嘎斯与哈剌和林——鄂尔浑河谷的两个晚期游牧民族都城，德国考古研究院和蒙古科学院考古所在 2000–2009 年间的发掘与研究》，乌兰巴托，2009 年，第 5 页。

四位蒙古大汗更为明显的"汉化"倾向。

在蒙古人的统治中心从漠北草原转移到中原汉地的过程中，游牧民族的价值观和文化传统与农耕文明的文化传统一直存在碰撞与融合。还在窝阔台时期，就有蒙古贵族在攻占部分农耕区域后提出："汉人无补于国，可悉空其人以为牧地"（意即：汉人无用，不如尽屠之，以为牧地），后接受中原文明是因为契丹大贵族耶律楚材[2]等人士劝谏，推行封建农业统治。至忽必烈时期，又有儒士高智耀[3]于1268年赴上都力劝忽必烈采用汉地的都邑城郭制度，提出"本朝旧俗与汉法异，今留汉地建都邑城郭，仪文制度遵用汉法"，他的观点受到忽必烈的赞赏和认可。

如果说"1235年，在哈剌和林的城市建设过程中走出了关键的一步，即从神授统治向专制帝国国体的转变，从一个不稳定的强取豪夺国体转变为一个稳定的国家体制"[4]，那么1260年忽必烈在上都称汗及上都城的建成，也标志了一个具有世界性意义的转变，即：亚洲北方的游牧民族从军事征战走向了王朝治理。

在这一背景下，元上都的城市选址呈现出将北方草原游牧民族"逐水草而居"的传统非定居方式与中原汉地农耕社会"背山面水"的传统定居方式相结合的现象，展现了不同文明与民族之间在征服与同化过程中生活方式与价值观的交互影响与融合。

"逐水草而居"是见诸中国汉代《史记》（公元前91年）记载的北方游牧民族的非定居方式，并作为游牧文化的非定居传统一直在漠北草原传衍至今。根据《元史》和《史集》的记载，元上都的建城地点是由忽必烈开会决定的，它位于滦河北侧的上都河湿地边缘，与蒙古族游牧生活的传统理念相符。

城址所在地原是草地中的一片浅湖，为了建城，人们把草地中间的湖水排干，垫上砖石，铺上石板，最后"在那石板上面，建造了一座中国风格的宫殿"。由于水被压在建筑之下，所以就从另一个地方涌出来、流淌在草地上，那块草地用墙围了起来，放进了各式各样的野兽，让它们在那儿生息繁衍[5]。

在忽必烈选址的过程中，智慧的汉族学者刘秉忠在城址的定位上，运用了中原汉地农耕文化传统聚落选址的"风水理论"[6]，即史料所记载的"龙岗蟠其阴，滦水经其阳，四山拱卫，佳气葱郁"（图2.a–4 ~ 图2.a–6），展现出完备的风水环境要素，成为游牧与农耕文化的有机融合。

2. 耶律楚材（1190~1244年），元代著名的政治家、文学家。出身于契丹贵族家庭，是成吉思汗与窝阔台时期蒙古帝国的重要大臣，对游牧民族入主中原、接受农耕文明的礼教制度做出很大贡献，使新兴的蒙古贵族逐渐放弃了游牧生活方式，采用汉族以儒教为中心的传统思想和制度来治理中原农耕地区，也为后来忽必烈建立元朝奠定了基础。

3. 高智耀，元初官吏，河西人，西夏进士。蒙哥继位后，他被召见，力主请用儒士，但未予采纳。忽必烈继位后，他又力陈儒术有利于治国，受到忽必烈赞赏。1268年转赴上都做官，到达上都就病死了。详见《元史》卷一二五·列传第十二·高智耀。

4. 同注1。

根据考古探查进一步发现，元上都城内曾分布有诸多洼地，并有垫石建房的做法，可知该城的选址偏于低洼，属于河流冲积平原的一级阶地。而汉地都城选址为避免水患大多位于河流的二级台地。元上都虽然承袭了汉地“背山面水”的聚落选址传统，但却同时坚持了“逐水草而居”的游牧民族非定居传统，致使上都城直接座落到了滦河上游冲积平原的湿地浅湖中——城居水中（图3.a-1），使得都城在建造和使用过程中均面临严重的水患问题：其一，来自西北山地丘陵大面积汇水造成的外部洪水威胁；其二，受到金莲川湿地水系的不规则漫溢。这两类水患严重威胁着城市的正常使用，成为中国古代城市规划史上的特例。

汉地城市出于农耕社会的漕运、引水、蓄水、排水等需要，自古就重视对水患的治理，营建了大量水利工程和水利设施，积累了丰富的治理水患的经验。经考古探查和史料互证，为了应对水患威胁，由元代著名的汉族水利专家郭守敬在元上都城西北向规划设置了专门的大型防洪沟渠——铁幡竿渠（详见壹·文本 2.a-1-6“铁幡竿渠”），以消解外部洪水威胁[7]。同时，在都城三重城垣外分别围合了三重护城河，用于辅助排涝解决湿地水患问题。这一规划手法在中国与周边地区的城市规划中尚属孤例，展现了元上都为坚持游牧民族“逐水草而居”的非定居传统，引入中国汉地传统水利工程的成熟技术，成功解决了水患问题。

由此可见，元上都的选址特征既坚持了“逐水草而居”的游牧生活非定居

5. 波斯史学家拉施特（1247～1317年）记载：“合罕想在距大都五十程远的夏季驻所开平府城中，修建同样一座宫殿和建造房屋。……早先忽必烈常都是在上述的涿州之境，而后，合罕以开平府城之境作了夏营地，他在其东面为自己的一座名为凉亭的宫殿打下了基础。合罕在一天夜里作了一个梦，便停止修建了，并与学者和营造师们商量他应在何处另盖一座宫殿。全体一致认为，最好的地点是开平府城旁草地中间的一个湖。人们便起意把它排干。在该国中有一种用来代替木柴的石头。这种石头被大量地收集起来，还收集了许多煤；人们用石灰和碎砖把那个湖和它的源头填满；熔了很多锡进行加固。在升起达一人之高后，再在上面铺上石板。因为水被封锁在地心中了，它就从另一方面冲到另外的小草地上，流出了泉水，在那石板上面，建造了一座中国风格的宫殿，那块草地用墙围了起来，从该墙到宫殿，立了一道木墙，使任何人不能进入草地。草地上放进了各式各样的野兽，让它们在那儿生息繁衍。在城的中央修建了一座宫殿和另外一座较小的宫殿。从外宫到内宫，修有一条路〔街〕，近臣们就从这条通道进入宫中，但为了合罕的宫院，在那宫殿的周围筑了一道长达一箭的墙。”见《史集》第二卷，余大钧、周建奇译，北京：商务印书馆，1985年，第325页。

6. 风水理论是中国古代为聚落（含村落与城镇）和重要建造物（如宫殿、宅院、墓地等）进行选址的一种传统理论，又称“堪舆”。该理论约始于汉代，与中国最古老而深邃的一部经典《易经》关联密切。理论奉行三大原则：天地人合一原则；阴阳平衡原则；五行相生相克原则。在历史上主要分为“形法”与“理法”两大宗派：前者注重在空间形象上达到天地人合一，讲求山丘峰峦的方位布局与形势高下，又称“形势宗”；后者注重在时间序列上达到天地人合一，讲求阴阳五行、干支生肖等时运生克的辩证平衡，又称“理气宗”。“形法”主要用于选择地点，“理法”则偏重于确定方位格局。

7. “大德二年，召守敬至上都，议开铁幡竿渠，守敬奏：‘山水频年暴下，非大为渠堰，广五七十步不可。’执政吝于工费，以其言为过，缩其广三之一。明年大雨，山水注下，渠不能容，漂没人畜庐帐，几犯行殿。成宗谓宰臣曰：‘郭太史神人也，惜其言不用耳。’”详见［明］宋濂等《元史》卷一六四《郭守敬传》，北京：中华书局，1976年，第3852页。

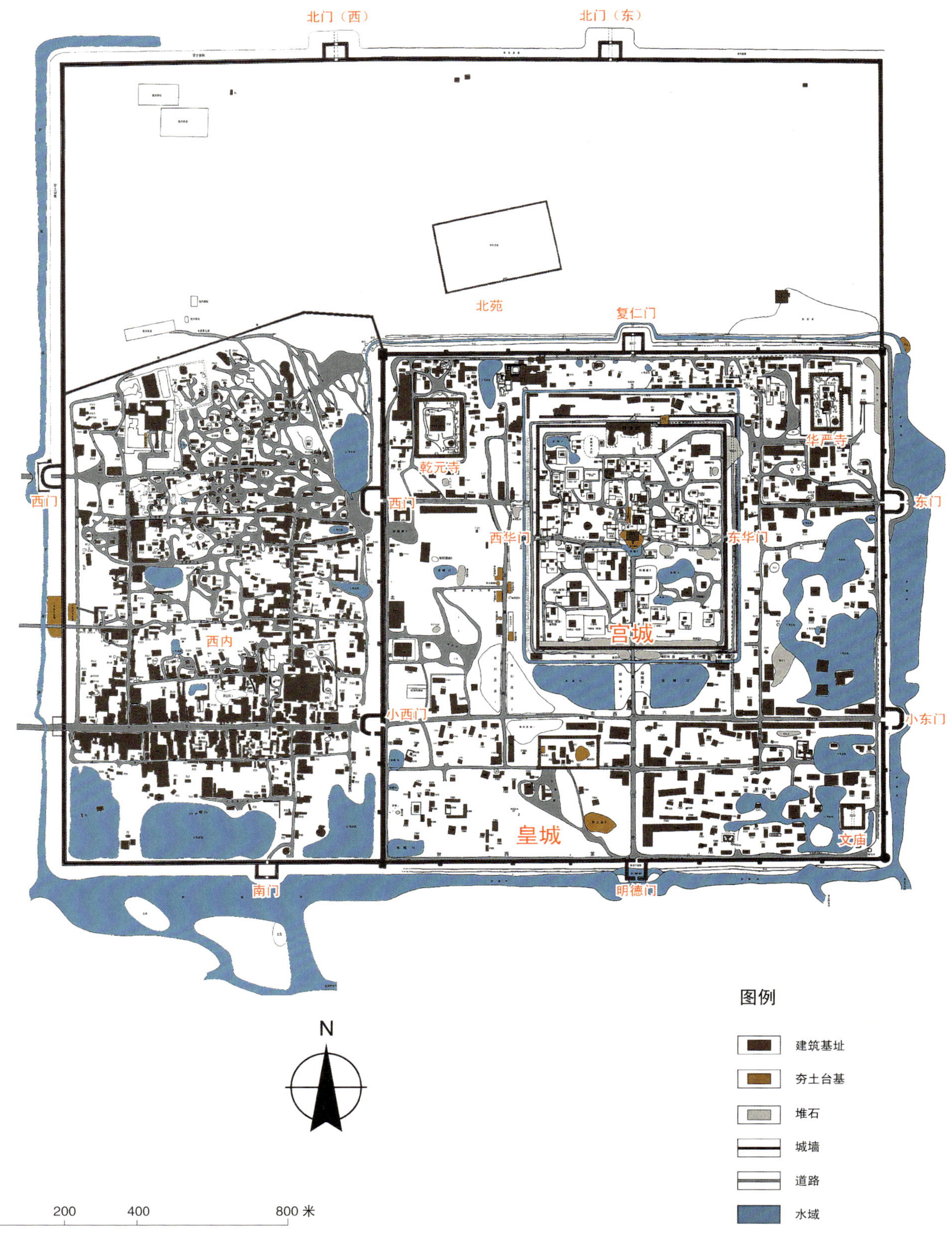

图 3.a-1 2010 年元上都城址宫城、皇城、外城考古勘探图　来源：内蒙古自治区文物考古研究所

文化传统，又充分运用了中国传统城市定居生活方式及其选址的“风水理论”和水利工程经验，展现出草原游牧文化与农耕文化在都城理念和住居文化传统上相互影响的融汇特色。

3.a–1–2 元上都遗址所展现的游牧民族崇尚“水”的价值观，对其后建于汉地的元大都和明清北京城都产生了明显的影响

元上都在都城规划上的蒙、汉文化结合特征，对紧随其后的元大都和1416年建于汉地的明清北京城产生了一定的影响。特别是蒙古族游牧文化崇尚“水”的价值观不仅被汉族的大明王朝所接受，还在17世纪的清王朝[8]获得传承。

在中国权威的学术专著《中国古代建筑史》中，元大都（今北京城）被认为是“以水面为中心的城市格局”之典范。研究者提出：“元大都规划最具特色之处就是以太液池水面为中心来确定城市布置的格局，这是一个大胆的创新，也使元大都在中国历代都城建设史上独具一格而富有魅力。”[9]因为“中国历代都城选址都取爽垲而又有河流相通的地方，爽垲则利于排水、通风良好、宜于居住；有河流相通或有河流穿越城市则利于引水和通航漕运。但像元大都这样以广大水面为依据，环水建立宫阙和城市中心区的例子则未出现过。”在对元大都之前的金中都遗址进行分析之后，研究者认为元大都之所以形成以水面为中心的城市格局，其“根本原因在于忽必烈等人对这片水面有与众不同的看法，认定它的重要性高于其他选择。这里虽不能肯定这就是蒙古人‘逐水草而居’深层意识的反映，但至少可以看出和汉族传统观念有明显差别。如再参照元大都宫殿不用传统的前朝后寝而采用环水布置大内正朝、东宫太子府（在大内之西而不是传统的在东）、太后宫及皇妃宫等特有的格局来看，就更显示出蒙古人喜好所产生的影响。”

再从8～9世纪的图瓦国回鹘古城的城市格局来看，同样作为游牧民族所建立的城市，多坐落在河流沿岸和有沼泽的地方，离水面较近[10]（图3.a–2），显现出游牧民族对水的偏爱。

元上都与元大都均由忽必烈信任的汉族僧人刘秉忠规划设计，其中元上都建造于1256～1258年，元大都建造于1267～1274年。由先后顺序推论，元上

8. 满族，是中国北方的少数民族。属于中国最古老的民族之一，其历史最早可以追溯到6000～7000年前的肃慎，唐朝时称为“靺鞨”，宋朝、元朝及明时期称为“女真”。1616年，爱新觉罗·努尔哈赤起兵统一女真各部落，建立后金；1635年，废除“女真”的族号，改称“满洲”，将居住在中国东北地区的建州女真、海西女真、野人女真、蒙古、朝鲜、汉、呼尔哈、索伦等多个民族纳入同一族名之下，满族自此形成。

9. 潘谷西：《中国古代建筑史》第四卷《元明建筑》，北京：中国建筑工业出版社，2001年，第18页。

10. [苏] Г·伊斯卡阔夫：“学者们已在图瓦发掘并证实了由回鹘人建造的15座古城址和一个比较惹人注目的居民点遗址。这些城市全都是四方形的，其四周围有城墙。城墙外围设有很深的积水壕沟。城市面积各有所不同，一般为0.5公顷至1.5公顷。……这15座城市遗址均坐落在河流沿岸和有沼泽的地方，换言之，全都处于自然条件比较优越的地段。”见《回鹘人在图瓦》，热夏提·努拉赫迈德译，《世界民族》1985年第5期，第77页。

图 3.a-2 图瓦国的回鹘古城（8 ~ 9 世纪）

都较之元大都早 16 年建成。元上都的选址坚持游牧民族“逐水草而居”的非定居传统，直接坐落在滦河上游冲积平原的湿地浅湖中，具有“城居水中”的规划特征[11]（图 3.a-3），而元大都则具有“以水面为中心的城市格局”，这种“水居城中”的规划特征正是元上都建城选址于湿地浅湖的实践延续，在规划思想上具有明显的传承关联（图 3.a-4）。

尤为值得注意的是，元大都的“以水面为中心的城市格局”所体现的游牧民族崇尚“水”的价值观，在 15 世纪之后的明清北京城获得了认可与传承。虽然明、清北京城的整体轮廓有所变化，但作为城市中心的宫皇城与太液池水系（今之北海）的格局仍获得完整保留（图 3.a-5）。

3.a-2 符合标准（iii）

（iii）能为已消逝的文明或文化传统提供独特的或至少是特殊的见证；

bear a unique or at least exceptional testimony to a cultural tradition or to a civilization which is living or which has disappeared;

元上都体现着骄傲的征服者高高在上的统治、对被征服者文化与政治体制的吸收与皈依、及对征服者传统的坚守与维系三种有所矛盾却又交互作用的历史动力下所生成的一种延续百余年的庞大政体与文化现象的兴起与消失。同时，它也作为中国元代都城系列中创建最早、历史最久、格局独特、保存最完整的

11.2009 ~ 2010 年，内蒙古自治区文物考古研究所的元上都遗址探查图已经探明，上都城的宫皇城区全部坐落在浅湖中，与《史集》记述的情况一样。

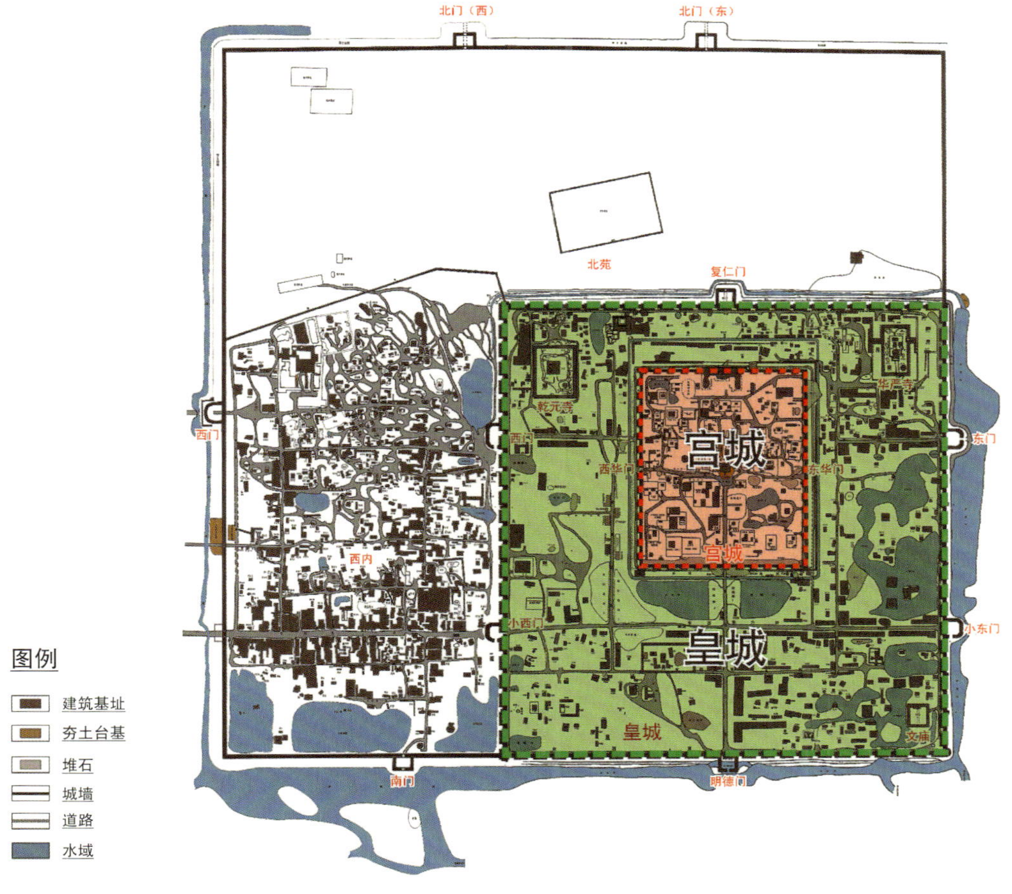

图 3.a-3 元上都宫皇城示意图

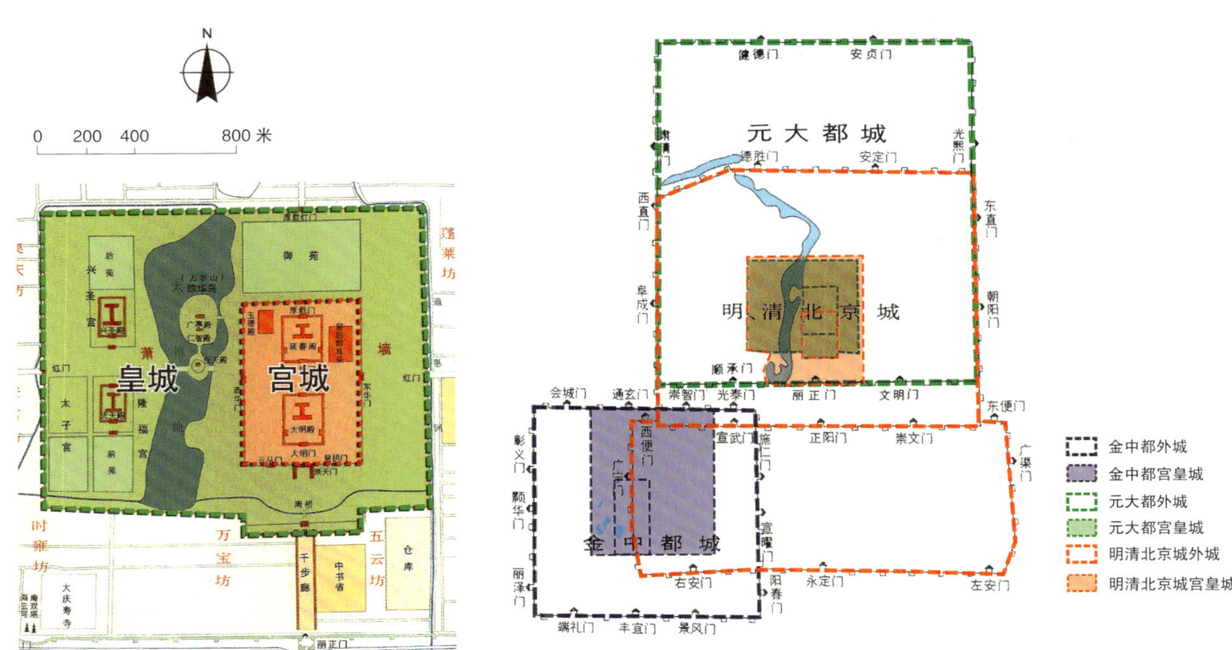

图 3.a-4 元大都宫皇城示意图

图 3.a-5 金中都、元大都、明清北京城位置示意图

遗址，以其地处中原农区与亚洲北方牧区交接地带的地理特性，在 13 ~ 14 世纪游牧民族从军事征战转向王朝治理的过程中，见证了游牧与农耕两种文明与文化在冲突与融合过程中的一种独特产物——二元文化，这一文化传统随着游牧民族的回归而消亡。

3.a–2–1 元上都遗址见证了强悍而富有活力的游牧民族在对文化底蕴深厚绵长的农耕民族进行统治时，在国家的政治、经济、文化等方面的一系列制度创新以及所取得的策略与成就，展现出一种游牧文明与农耕文明高度融合的“二元文化”模式

蒙古帝国的统治中心从忽必烈 1260 年称汗，就开始从哈剌和林逐步南移，先到了元上都，14 年后正式移到了元大都。在这个权力中心转移的过程中，亚洲大陆发生了一场真正的文化变革——强悍而富有活力的游牧民族在对文化底蕴深厚绵长的农耕民族进行统治时，在国家的政治、经济、文化等方面创新了一系列的制度、策略与成就，展现出一种游牧文明与农耕文明高度融合的“二元文化”模式。

这一模式是特定历史条件下强悍的马背民族对定居文明军事上的征服与文化上的皈依的产物，是入主中原的草原游牧民族统治者与祖庭和本民族文化、政治、情感关联的产物，在广袤的蒙元帝国疆域上流行了近 1 个世纪，最后随着其军事征服的衰败和对游牧传统的回归而最终消失。

这种文明融合与碰撞的过程贯穿了整个中国元朝的百年历史，并表现为三个不同的历史时期[12]：

（1）1260 ~ 1294 年为推行“汉法”并维持蒙古旧制的忽必烈时期；

（2）1295 ~ 1332 年为“汉法”与蒙古制度的冲突期[13]；

（3）1333 ~ 1368 年为元朝土崩瓦解的末期[14]。

这一过程也充分体现在元上都的城市文化中，体现在都城建设过程中：

忽必烈时期（1260 ~ 1294 年）是新旧制度的碰撞融合期。在此期间，元上都在推行“汉法”方面兴建了大量的汉地建筑，包括汉传佛教寺庙大龙光华严寺（1258 年）、从北宋汴京城熙春阁拆移而来的中国汉式宫殿大安阁（1266 年）、中国汉地儒家代表人物孔子的庙（1266 年）、道教的城隍庙（1267 年）和太一宫（1274 年）。而在维持蒙古旧制方面，在城内建有大型宫帐即“蒙古族斡耳朵”[15]。

元代中期（1295 ~ 1332 年）是“汉法”与蒙古制度的冲突期。在此期间，“汉法”的推进受到蒙古贵族阶层的抵制，统治集团出现激烈的权力争夺。在上都的城建史上，出现了两种现象：一是汉式建筑停建又复建的现象，如：1322 年

12. 陈高华 ：《陈高华说元朝》，上海：科学技术文献出版社，2009 年，第 2 ~ 3 页。

13. 即元代中期，包括成宗、武宗、仁宗、英宗、泰定帝、文宗、宁宗诸朝。

14. 即顺帝朝。

15. 根据马可 · 波罗的记载整理。

停建上都歇山殿；二是蒙古族建筑的修建在史料记载中增多，如：1326年徙上都清宁殿于伯亦儿行宫；1327年伯亦斡耳朵作钦明殿成；1332年诏上都留守为燕铁木儿建居第。

元朝末期（1333～1368年），统治集团的地位已经受到冲击，元朝在“汉法”与蒙古制度冲突与融合的过程中走到了尽头。1368年之后最终退居草原，回归游牧民族的传统。在元上都，这一时期的建设活动保持了一种平衡：1347年建成蒙式斡耳朵；1353年重建汉式穆清阁，同时仍保持了蒙、汉两种建筑的维修，但建设活动已大大减少（详见壹·文本2.b-3“元上都建城史”）。

如果说，哈剌和林的城市文化代表了游牧民族的文明，元大都的城市文化代表了农耕民族的文明，那么元上都所代表的城市文化属于典型的游牧与农耕高度融合的“二元模式”，它展现出中国汉地的统一集权和礼制文化对游牧民族显著的影响程度，反映出游牧民族的开放性与实用性、很强的适应能力及融合能力；同时也揭示出游牧民族在这一过程中对本民族文化与传统的坚持与维护。当元上都在改朝换代的战火中焚毁，在辽阔的草原上静静的卧躺了600年之后，它所遗留的完整的城市格局、丰富的遗址遗迹和独具景观特色的草原风光，仍能为人类文明史上游牧文明与农耕文明大规模的融合过程中产生的“二元模式”提供特殊的见证。

3.a-2-2 元上都因其位处中原农区与亚洲北方牧区交接地带的地理特性，在都城制度上不仅具备中国汉地传统“两京制”的政治控制能力伸展功能，同时将游牧民族特有的“冬营地、夏营地”非定居传统、皇家的“四季离宫”或“捺钵”制度融入其中，创造出蒙元帝国特有的“两都巡幸制”。元上都作为“两都制”的产物，见证了游牧与农耕两种文明在政治统治策略方面的交互影响与融合

“两京制”始于公元前西周[16]，它是统治者面对幅员辽阔的国土疆域以及被征服的异族的控制需求而设立的都城制度，具有突出的政治控制能力伸展功能，属于中华文明史上在政治制度方面颇为独特的重要创举[17]。在中国2600余年的王

16. 自东周周平王于公元前770年继位、迁都洛阳起算，至1911年清代王朝政权结束，“两京制”在2681年的中国历史上不断受到沿用。

17. 李恩军：“西周都城在关中的镐京，周武王为了加强对东方诸地的控制和防止商朝残余的复辟，因而在“天下之中，四方入贡道里均”的洛阳营建陪都。此后，许多大小王朝，如汉、唐、明、清等，无不模仿周期的两京制度。”“综观历代陪都的设置，大体分为四种情况。一是由于都城偏居边地，不利统治者管辖全境，有必要在位置适中的地方建置陪都，加强对全国的控制。如西周的洛阳。二是由于该政权兴起于边疆地区，建都在边区，后来该政权强大，入主中原，为了便于控制全国，迁都内地。为表示不忘根本，便将原都城作为陪都，如元的上都开平府，清的盛京等。三是都城虽为全国政治、军事的中心，但是，随着经济、文化中心的转移，京师附近物资供应不足的矛盾日益暴露。因而，统治者便在接近经济、文化中心，交通便利的地区营建陪都。如隋、唐的东都洛阳等。四是皇帝因巡幸或躲避战乱临时住过的地方。后来，皇帝返京后将此地定为陪都。如清的承德，唐的南京、成都等。另外，许多王朝或政权不止两京，如渤海、辽、金、明等。”见《中国历史地理学》，北京：人民交通出版社，1995年，第93页。

朝发展史中，汉、唐、明、清等诸多王朝的“两都制”或“多都制”均是“两京制度”的衍生。这一都城制度亦在唐代之后于中国文化影响的地区和国家获得传播。

中国北方游牧民族，受其逐水草而迁徙、随季节而游牧、行国随畜的生活方式影响，形成了一些特殊的制度，如辽代契丹族、金代女真族皇帝的“捺钵”[18]制度、蒙古族皇帝的“四季行宫”和蒙古族的“冬营地、夏营地”传统。

“两都巡幸制”，即“两都制”是蒙元帝国创造的都城制度（参见壹·文本2.b-6-1“两都制”）。它以蒙古民族特有的“冬营地”“夏营地”的传统为基础，设上都为“夏都[19]”，建立了随冬、夏两季变更而在大都与上都之间迁移皇家朝政地点的“巡幸”制度。这一制度不仅兼顾了入主中原的蒙古族帝王与贵族难以适应的汉地暑热气候，保留了蒙古民族特有的驻居传统，更重要的是加强了对漠北蒙古民族生活区域的政治控制能力，与中国汉地传统的“两京制”具有同样的政治权力伸展功能。

元上都自1263年由开平府升为上都后，在近10年的时间中发生了忽必烈称汗、颁布诏令、筹建新首都（大都）等一系列重大历史事件，发挥了一个帝国都城的典型作用。1274年元大都正式成为蒙元帝国首都启用之后，元上都由原来的首都变为具有季节性的陪都，即“夏都”。不仅皇帝每年夏天的朝政活动，包括接见外国使臣等一系列国家级政治活动都在此举行，还继续保持了蒙古族特有的“忽里台”大会、“诈马宴”等重要传统制度，全国的、特别是漠北的蒙古贵族都汇聚到上都参政议政，元朝皇帝的登基仪式也大多在元上都举行。可以说，元上都是蒙元帝国发挥民族凝聚力的重要场所。

元上都作为“两都制”的产物，在不同的历史阶段分别承担了都城及陪都的功能，体现了忽必烈的蒙、汉二元政治统治策略，是人类历史上兼顾游牧文化与农耕文化的一种明智、有效的政治制度，见证了游牧与农耕两种文明在政治统治策略方面的交互影响与融合。

18. 契丹语，意为行营。《辽史》卷三二：“大漠之间，多寒多风，畜牧畋渔以食，皮毛以衣，转徙随时，车马为家。辽国尽有大漠，浸包长城之境，因宜为治。秋冬违寒，春夏避暑，随水草就畋渔，岁以为常。四时各有行在之所，谓之“捺钵”。春捺钵，在鸭子河泺捕鹅雁或钓鱼，地在长春州（今吉林大安）东北三十五里。夏捺钵，无常所，多在吐儿山（一作凫儿山，今大兴安岭南段）纳凉。秋捺钵，在伏虎林射鹿及虎，地在庆州（今内蒙古巴林左旗索布力嘎）西北五十里。冬捺钵，在广平淀校猎讲武，地在永州东南三十里（今老哈河下游）。每岁四时，周而复始。皇帝巡狩，契丹大小内外臣僚并应役次人，及汉人宣徽院所管百司皆从。”金代女真族继续沿用“捺钵”制度，只是没有明显的“四时”之分。

19. “夏都”一词最早出现于美国地理学者易恩培（Lawrence Impey）在1925年对上都遗址进行了调查后写成的《忽必烈的夏都—上都》（Shangtu, Summer Capital of Kublai Khan）一书，其后（日）石田干之助、叶新民、魏坚等学者都赞同并采用了其说法。

3.a–2–3 元上都遗址出土了丰富的建筑遗址遗迹与出土文物，拥有丰富的宗教、民族与语言等文化交流史料，见证了人类历史上罕见的国际多元文化兼容并蓄的奇迹般的盛况

元上都作为13～14世纪的国际性大都市，众多外国使者、旅行家、商人、教士曾到达此地，使中国出现了历史上罕见的、由欧亚大陆的各种民族、语言和宗教共存的多元文化现象，并把中国传统文化的发展推到一个更为广阔的内外交流层次。元上都遗址出土的丰富的建筑遗址遗迹与出土文物以及大量的宗教、民族与语言等文化交流史料，是这一国际多元文化兼容并蓄的奇迹般盛况的有力见证。

1. 元上都遗址的出土文物所见文字表现出来的多元文化交融特色

根据遗址考古和相关史料记载，元上都曾经生活或活动过的主要民族有蒙古人、汉人、吐蕃人、回回人、畏兀儿人等5种，此外加上前来朝觐的外国使节，应当还有阿拉伯人、高丽人和欧罗巴人等。他们使用的语言有蒙古语、汉语、畏兀尔语、吐蕃语、党项语（西夏语或唐古惕语）、波斯语、阿拉伯语等7种，同时还存在欧亚地区一些其他民族的语言和文字，但以蒙古语和汉语为主。

他们信仰的宗教主要有萨满教[20]、佛教、道教、伊斯兰教（回回教[21]）、基督教（景教等）等5种。这些丰富的多元文化交流传播活动的遗迹与记载，反映了13～14世纪欧亚诸多民族在蒙元帝国时期曾经在宗教、语言和文化习俗等方面存在“兼容并蓄”的现象，为游牧民族善于融合与交流的多元文化策略提供了特殊的见证（详见壹·文本2.b–5“元上都的多元文化交融”）。

2. 元上都遗址的建筑基址所表现出来的多元文化交融特色

在史料记载中，元上都还建有众多的寺院道观，以佛教寺院居多，其次是道观，最后是伊斯兰教的寺院。其中有文献可考的有：汉传佛教（禅宗）的大龙光华严寺、弥陀院和庆安寺、藏传佛教（喇嘛教）的乾元寺、开元寺、黄梅寺、八思巴帝师寺等（其中许多寺观的佛像由元朝著名建筑师、雕塑家阿尼哥塑造）、

20. 见壹·文本2.a–4–1“敖包”注释52“萨满教”。

21. “回回”一词由“回鹘”转变而来，在宋、辽时期业已出现，专指民族，非指信仰；至元代出现“回回人”“回回寺”等词，开始指称当时的伊斯兰教信徒与寺庙；至明代始出现“回回教”一词。参见陈垣《回回教入中国史略》，《陈垣史学论著选》，上海人民出版社，1981年，第217～234页。“回回教”在明、清著述中专指回回人的信仰，元代之前包括了景教（大秦教）、一赐乐业教（犹太教）、火祆教（拜火教）、摩尼教（明教）等来自中亚或经由中亚东传的宗教，元代以后以伊斯兰教为主。信徒包括来自西域或经由西域进入中国的中亚、波斯与阿拉伯地区的各个民族。“回回教”与中国现在回族信奉的伊斯兰教、又称“回教”不同。中国境内明、清以来信奉伊斯兰教的还有维吾尔、哈萨克、乌兹别克、塔吉克、塔塔尔、柯尔克孜、东乡、撒拉、保安等，共10个民族（见1956年《国务院关于“伊斯兰教”名称问题的通知》）。

道教的崇真宫、长春宫、寿宁宫、太一宫和伊斯兰教的回回寺，还有儒学的孔子庙（文庙），等等。

在元上都现存的考古遗址遗迹上，可依据史料记载位置推断的寺庙遗址有：属于汉传佛教（禅宗）的华严寺遗址（46 号建筑基址）；属于藏传佛教（喇嘛教）的乾元寺遗址（44 号建筑基址）和开元寺遗址（52 号建筑基址）；属于道教的崇真宫遗址（53 号建筑基址）；属于儒学的孔子庙遗址（48 号建筑基址）。这些建筑基址可为疆域辽阔的蒙元帝国所造就的国际多元文化兼容并蓄的奇迹般的盛况提供特殊的见证（图 3.a–6）（详见壹 · 文本 2.a–1–3 “皇城”）。

3. 元上都遗址出土的随葬品所表现出来的多元文化交融特色

元上都除了城址范围内出土的各种建筑构件和器物遗存反映了蒙元帝国的多元文化特色之外，在遗址的砧子山墓葬群、一棵树墓葬群的出土随葬品中，均发现多座墓葬同时出土游牧民族特征的随葬品和受汉族文化影响的随葬品。

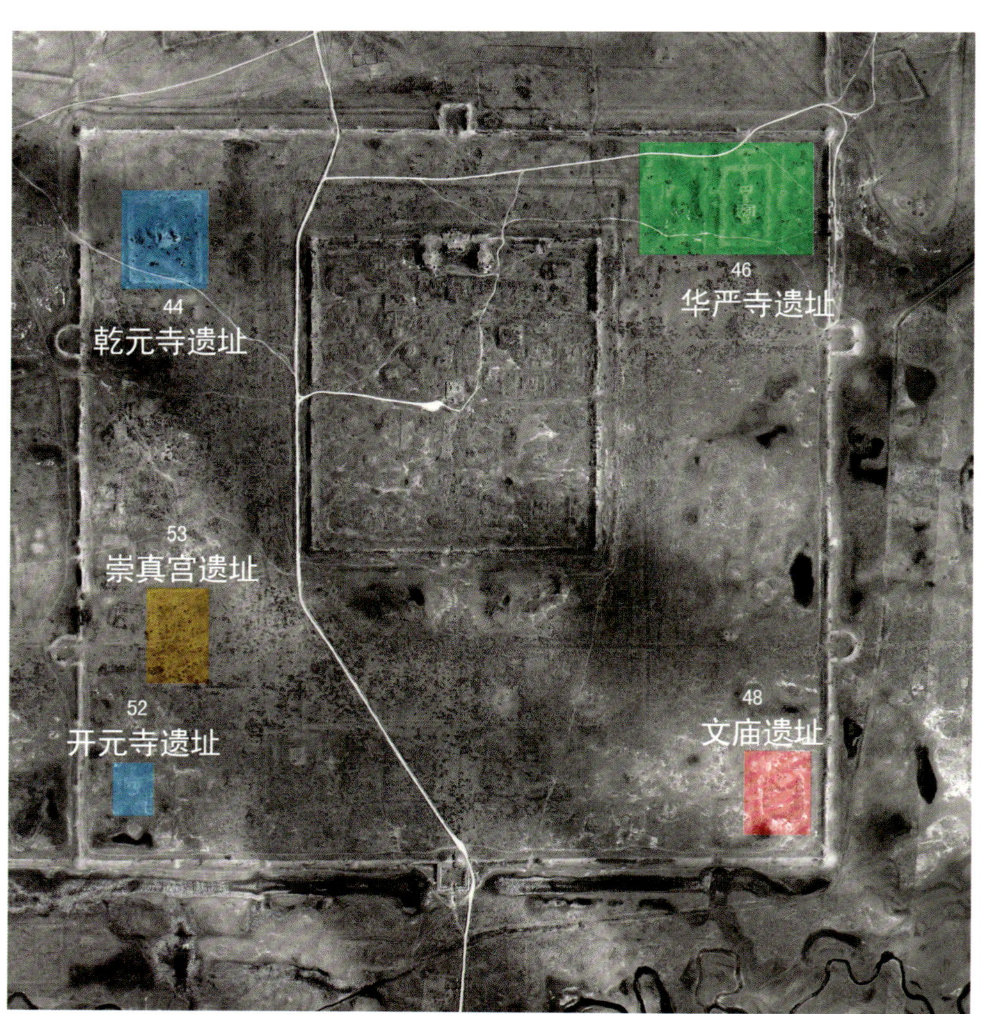

图 3.a–6 据史料记载和考古研究推测的寺庙遗址

作为汉人家族墓葬群的代表，砧子山墓葬群除出土钱币、玉器、香炉、漆器等具有汉族文化特征的随葬品外，还有瘗钱、桦树皮具、彩石、骨器等具有游牧民族特征的随葬品。而作为蒙古族墓葬群的代表，一棵树墓葬群除出土马镫、箭镞、银壶、桦树皮具等具有游牧民族特征的随葬品外，还有铜镜、钱币、瓷器、纺织品等受汉族文化影响的随葬品，展现了游牧民族与汉地农耕居民在生产用具、生活习惯等方面的影响与融合（详见壹·文本 2.b–5–4“元上都的多元文化史迹”）。

3.a–2–4 元上都作为中国元代都城系列中创建最早、历史最久、格局独特、保存最完整的都城，其创建、使用、废弃过程与元帝国的兴衰保持同步，与元帝国这一开放、融合的时代紧密相连，见证了游牧与农耕两种文明与文化在 13～14 世纪高度融合的历史进程

元帝国不仅取得了统一全国的成就——将中国版图扩展到一个前所未有的规模，还作为横跨欧亚大陆的蒙古帝国的宗主汗国，与中亚和东欧的察合台、钦察、伊利等汗国建立起统一联盟关系，对这一时期的欧亚地区各民族的历史走向产生了重大影响。这一重大影响与元帝国建立之初就采取开放、融合的策略密不可分，成为元帝国显著的时代特点。

元上都作为中国元代都城系列中创建最早、历史最久、格局独特、保存最完整的都城，在元朝创立之初作为首都、在元朝强盛之际作为“两都巡幸”的夏都、在元朝衰亡之时又曾作为退往草原前的临时驻地、并随着元朝的覆灭而废弃。目前在元上都城址东关厢发现广积仓[22]遗址、太仓[23]遗址，西关厢发现万盈仓[24]遗址（图 3.a–7）等重要粮仓，这些粮仓遗址证明了位于草原地带的都城必须依赖来自农耕地区的生活资源，需要畅通的物资流通支撑其生存与运转。

元上都的创建、使用、废弃过程与元帝国的兴衰保持同步，并在此过程中采用了积极的经济政策、交通策略[25]，为这一开放融合的时代提供了物资流通基础与技术保障，成为游牧与农耕两种文明与文化在 13～14 世纪高度融合的历史进程的有力见证。

22.“中统初置永盈仓，大德间改为广积仓”。见［明］宋濂（1310～1381 年）《元史》卷九〇·志第四十。

23.“（至元元年），宏范请入见进，曰臣以为朝廷储小仓，不若储之太仓。帝曰何说也。对曰，今岁水潦不收，而必责民输。仓库虽实，……”见［明］宋濂（1310～1381 年）《元史》卷一五六《张宏范传》。

24.“上都广积万盈二仓系正六品”。见［明］宋濂（1310～1381 年）《元史》卷八三《选举志》第三十三。

25.参见壹·文本 2.b–6–2“元上都的交通”。

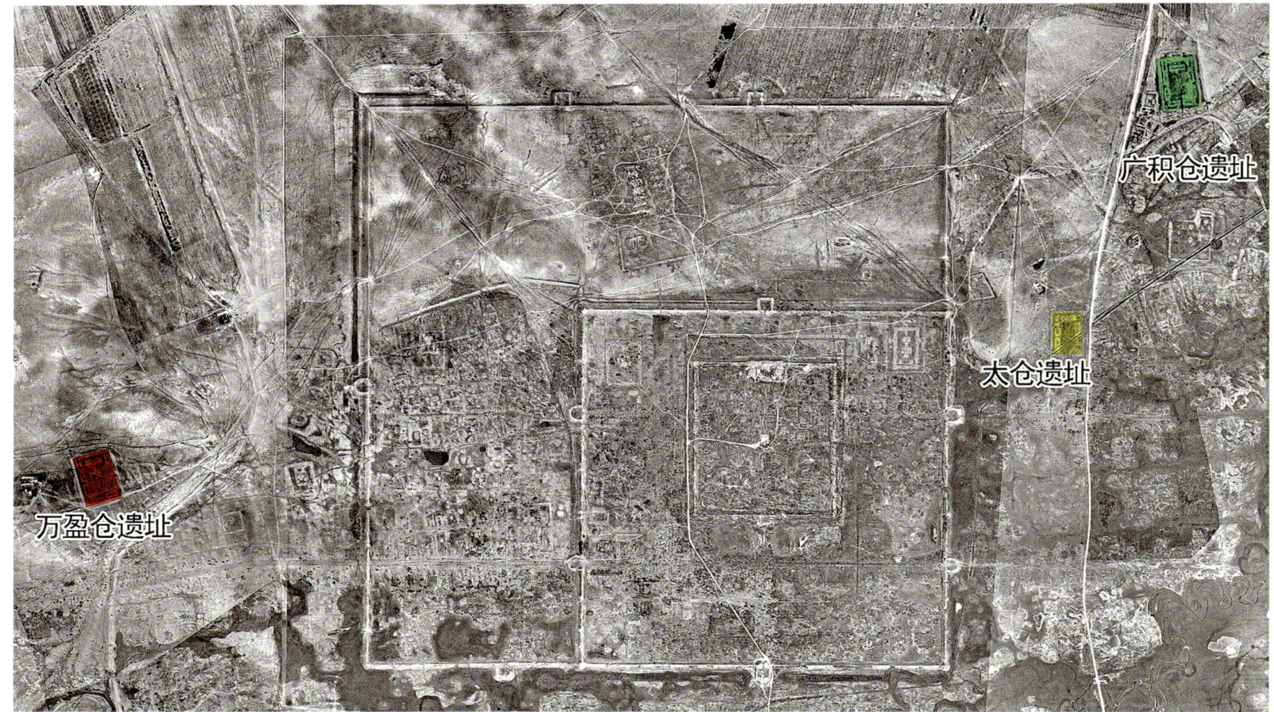

图 3.a-7 据史料记载和考古研究推测的粮仓遗址

3.a-2-5 元上都体现的以蒙古贵族为主导，以农耕文明为内涵的政治体制，奉行将社会人群划分为“蒙古人，色目人（中亚和西方人），汉人（南宋政权灭亡前归附蒙元帝国的古代中国中原地区的人）和南人（随着南宋被元朝军队灭亡归附蒙元帝国的江南人民）”的四等人政策，奉行民族歧视和分化。这种政策和国体埋下了深深的社会矛盾，在矛盾激化中，元上都被毁于中原和南方地区农民起义军的烈火中。蒙元贵族由此回归游牧民族的传统草原状态

3.a-3 符合标准（iv）

(iv) 是一种建筑、建筑整体、技术整体及景观的杰出范例，展现历史上一个（或几个）重要阶段；

Be an outstanding example of a type of building, architectural or technological ensemble or landscape which illustrates (a) significant stage(s) in human history;

元上都是农耕文明与游牧文化的精髓结合于一座城市的杰出范例，展现了忽必烈以游牧民族统治农耕民族、创建王朝治理这一重要历史时期，以及由此统治策略产生的一种游牧与农耕文化兼容并蓄的城市模式，在世界文明史和城市规划设计史上拥有独特的地位。

3.a–3–1 元上都作为蒙元帝国“两都巡幸制”的产物，通过一种新的城市模式将蒙古游牧民族的生活方式成功融入汉地经典的城市空间组织形式，这种模式集中原汉地的“环套型”城市和游牧民族的“并列型”城市的优点于一身，充分满足了蒙元帝国不同历史阶段的政治需求，同时具备都城的地位、陪都的功能和离宫的使用方式

中国早在公元1世纪前就已形成了“筑城以卫君，造郭以守民”[26]的“城郭制”理念，即：宫皇城属于皇家使用，又称“内城”；郭城属于城市居民使用，又称“外城”。在中原农耕地区，从春秋一直到明清的2000多年都城规划史上，除秦始皇的咸阳城和汉长安城之外，其他各朝的都城都采用了城郭之制，包括元大都。因此在汉地，凡作为都城，必设“内城”供皇家使用，设“外城”供城市居民使用。至13世纪，逐渐形成一种由三个城垣环套的都城形制，简称“环套型”，如隋唐长安、北宋东京（图3.a–8、图3.a–9）。

而在中国北方乃至亚洲北方的草原地带，游牧民族“逐水草而居”的生活方式很少产生建造城市的需求[27]。公元1世纪前后，位于中国农耕地带边缘的北方游牧民族开始不同程度地受到汉地影响而设置都城，但这些都城大部分是在汉地原有的都城、州郡城基础上改建或拓建的，只有极少数是新建的[28]。之后的漫长岁月中，北方草原民族与中原汉地逐渐形成了一种战争和贸易频繁交替的关系。至13世纪，游牧民族在占领部分汉地后的政权建立初期，往往在临近汉地的草原地带设置都城，且多采用两个城郭并列的城市形制，简称“并列型”，如辽上京、金上京，以及位于草原腹地的哈剌和林（图3.a–10～图3.a–12）；在这些政权基本稳定后，大多按照中原汉地的“环套型”建城模式来建设都城，如辽南京、辽中京、金中都等（图3.a–13～图3.a–15）。

“并列型”的草原都城是按民族“分而治之”的策略所致；“环套型”的草原都城是“按地位分而治之”的策略所致。两者比较，“并列型”这一较为简易的城市形制意味着较简单的社会结构，保留了强烈的民族意识，携带着游牧民族非定居的特征；“环套型”这一较为复杂而有秩序的城市形制意味着较高级的社会结构，反映出对帝国权力象征意义的追求，来自农耕民族历史悠久的定居文化影响。

元上都本应属于典型的“环套型”城市形制，它的“三重城”已经象征了农耕文明最高等级的都城形制。但忽必烈在强烈推崇汉化的同时，又以一种民族文化融合的战略姿态，最大限度地保留了本民族的游牧文化传统，这一特点造成了外城使用功能的转变和关厢的出现。

中原王朝的外城，即郭城，是以城市居民的住居、贸易、手工业作坊以及

26.［东汉］赵晔撰《吴越春秋》：“鲧筑城以卫君，造郭以守民，此城郭之始也。”这是一部记述春秋时期吴、越两国史事为主的史学著作。作者赵晔大致生活于东汉明帝、章帝时。

27.中国及亚洲北方草原地带也发现一些早期城市遗址，壹·文本3.C–3–2“与中国历史上北方其他游牧民族建立的都城比较”。

28.傅熹年：《中国古代建筑史》（五卷集），第二卷，北京：中国建筑工业出版社，2001年，第43页。

图3.a-8 隋唐长安平面图　来源：傅熹年主编《中国古代建筑史》(五卷集)，第二卷，北京：中国建筑工业出版社，2003年，第318页

图 3.a-9 北宋东京平面图

来源：郭黛姮主编《中国古代建筑史》（五卷集），第三卷，北京：中国建筑工业出版社，2003 年，第 22 页

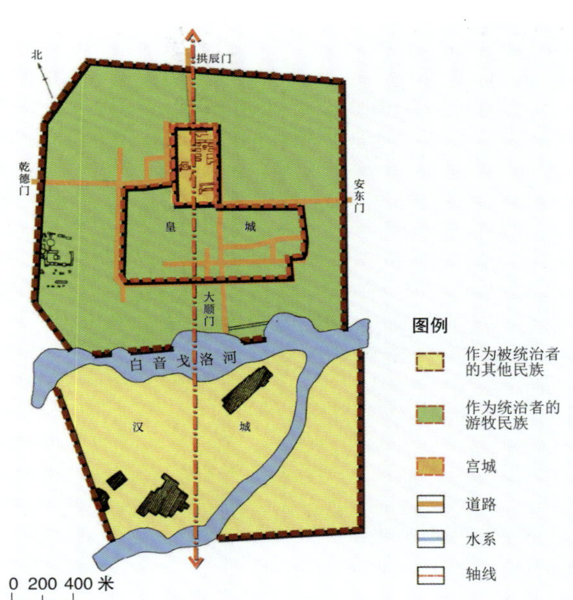

图 3.a-10 辽上京城总体布局图　来源：郭黛姮主编《中国古代建筑史》（五卷集），第三卷，北京：中国建筑工业出版社，2003 年，第 60 页

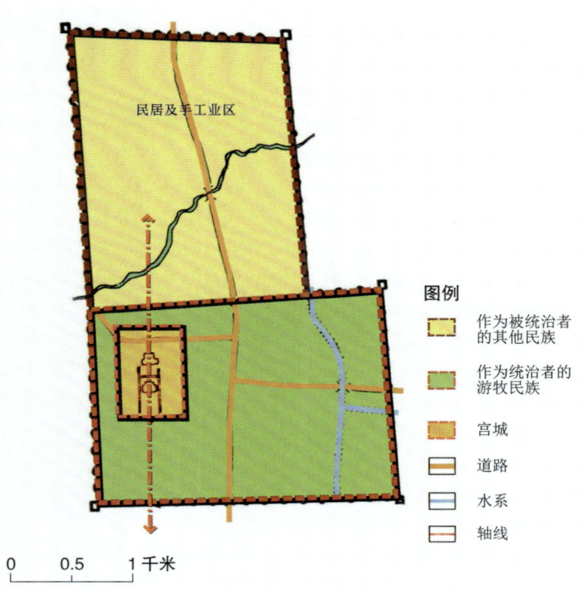

图 3.a-11 金上京平面复原图　来源：贺业钜《中国古代城市规划史》，北京：中国建筑工业出版社，1996 年，第 512 页

图 3.a-12 哈剌和林考古图　来源：白石典之《日蒙合作调查蒙古国哈剌和林都城遗址的收获》

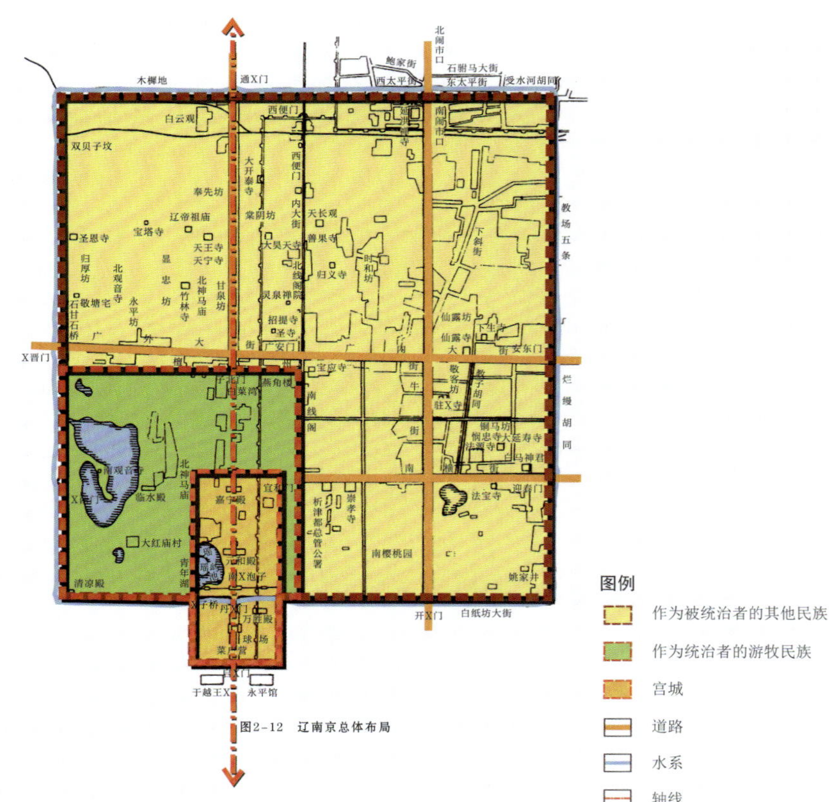

图 3.a-13 辽南京城总体布局图　来源：郭黛姮主编《中国古代建筑史》（五卷集），第三卷，北京：中国建筑工业出版社，2003 年，第 64 页

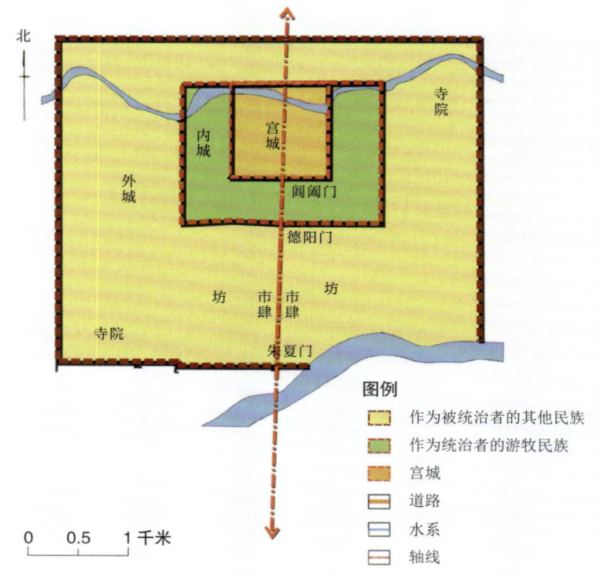

图 3.a-14 辽中京城总体布局图　来源：郭黛姮主编《中国古代建筑史》（五卷集），第三卷，北京：中国建筑工业出版社，2003 年，第 62 页

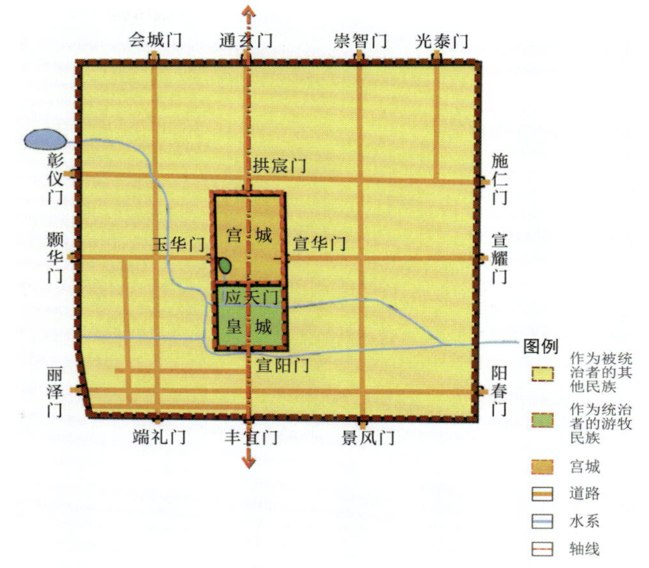

图 3.a-15 金中都平面复原图　来源：贺业钜《中国古代城市规划史》，北京：中国建筑工业出版社，1996 年，第 620 页

宗教活动等为主的城市功能区。但蒙古统治者将本应住居城市居民的外城改为蒙古皇帝行宫“失剌斡耳朵”的区域，并以同时使用汉式宫殿和蒙式宫殿的方式，将蒙、汉文化的融合推到相当的高度。元上都的城市居民则因此而分布在外城之外，形成规模 2.5 倍于城区的“关厢”区域，成为中国古代城市史上的孤例。

目前的考古研究成果也证实了这一点，元上都的皇城外西侧空间虽然保留了一定规模的“外城”，但外城城垣直接叠压在皇城小西门外的东西大街，并封闭入口，使得外城在使用和管理上较为封闭，不利于开放活跃的贸易活动，与中原的外城在使用功能上存在显著的差异。

这一特征意味着元上都虽然承袭了中原都城的“三重城”形制，但基于元上都的“夏都”性质，使得它在使用功能上具备了明显的“离宫”特点。即：三重城以内基本属于皇家使用；由众多随驾官员和城市常住人口组成的城市居民则全部居住在外城之外，居民人口也存在着明显的季节性波动，使得城外关厢的分布面积远大于城垣围合的城区。这一现象仅为元朝“两都巡幸制”的“夏都”所拥有，具有突出的蒙、汉文化融合特征。

3.a-3-2 元上都新的城市模式在空间秩序、城市景观、宫殿建筑和道路系统等方面表现出 4 个特征：“汉式中轴对称与蒙式自由布局并存”“汉式三重城与蒙式草原风光并存”“汉式大理石宫与蒙式的失剌斡耳朵并存”“汉式棋盘式路网与蒙式无定规道路并存”，展现了游牧文明与农耕文明在城市规划和设计上的高度融合

元上都作为博学多才的汉族僧人刘秉忠的城市规划作品，展现出突出的中

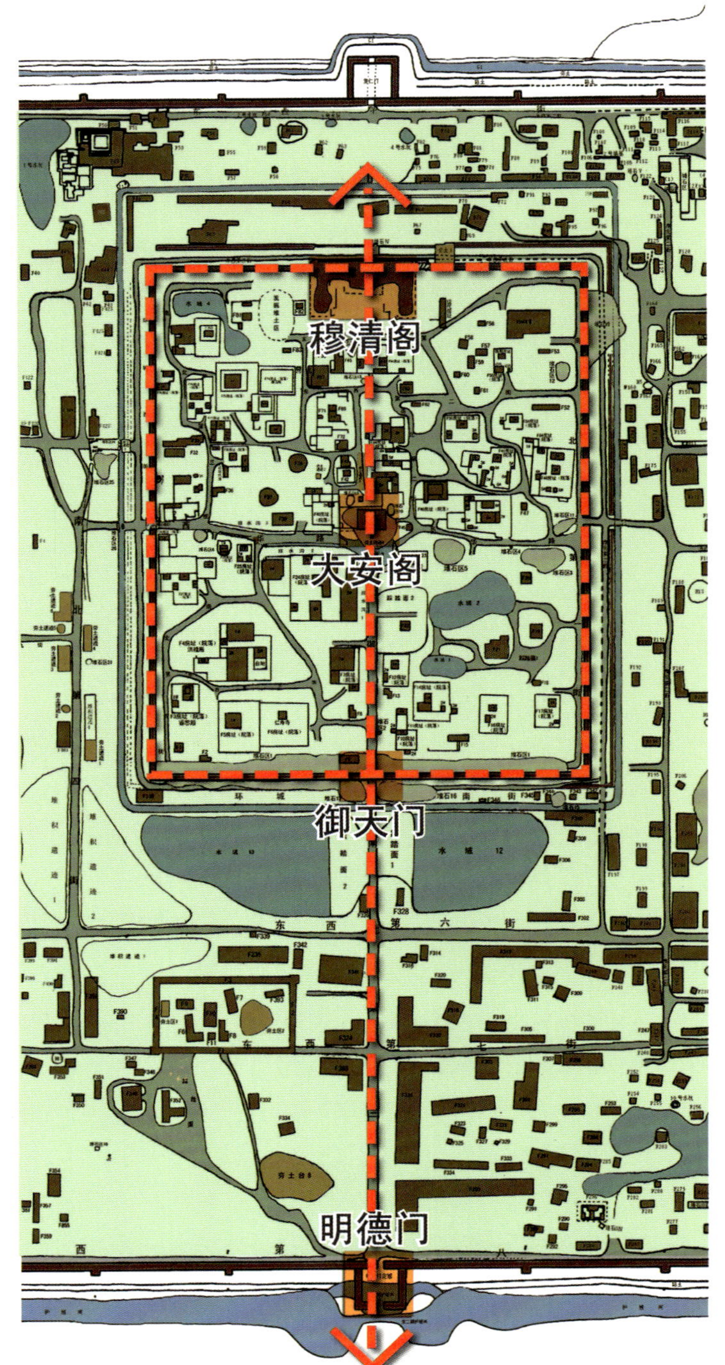

图 3.a–16 元上都遗址宫皇城中轴线示意图

原文化“礼制”传统[29]，不仅在现存遗址中明显呈现出中原王朝都城规划的城市空间格局的典型特征[30]，还在诸多方面表现出游牧民族独特的生活方式对城市规划的直接影响，展现出显著的蒙、汉文化融合特征，突出体现在下列四个方面：

（1）元上都的城市模式在空间秩序方面，反映为汉式的中轴对称与蒙式的自由布局并存，既吸收了中国传统“礼制”文化“以中为尊”的理念，又保持了北方民族生活风格中鲜明的自由性格

汉地都城多以宫城为中心布置一系列重要建筑，形成南北向延伸的视线空间序列，作为城市空间格局的主轴线。这是中国传统“礼制”文化“以中为尊”的理念在城市规划上的体现。不仅宫城内、外的主要建筑沿此线确定的空间序列呈顺序排列，整个都城的空间亦以此线为中轴呈基本对称布局。因此，宫城内的建筑群布局在汉地都城规划中是最为讲求“礼制”，并呈现为严整方正、对称均齐的规律。在上都，这条中心轴线由明德门、御天门、大安阁和穆清阁组成，与三重城垣共同构成威严庄重的空间效果（图 3.a–16）。

29. 即“礼仪教化制度”(the Confucian or feudal ethical code)，是中国古代统治者从宗法关系衍生的、为建立和维护社会等级秩序而制定的礼法条规和道德标准。

30. 中国农耕文明自公元前 11 世纪始产生了“礼制”文化，强调按照宗法制建立社会的等级秩序，这一文化的影响几乎贯穿了中国逾 3000 年的历史。礼制文化对中国的城市发展史具有显著的影响，在经历不同历史阶段的各种因素影响之后，逐渐于都城规划方面形成一系列传统设计模式——“三重城”“中轴线”“模数制”与“棋盘街”等，展现了中国古代都城规划设计的典型特征。

与此同时，通过史料描述和考古探查图可以发现：在元上都宫城内部，除了皇帝用于朝政和礼仪场所的“大安阁”[31]位于宫城中心位置之外，其余数十座建筑则完全打破中原传统的中轴对称布局，呈现为不拘一格的自由布局方式，其间还分布有不规则的水渠、道路，展现出草原游牧民族生活风格中鲜明的自由性格。

此外，宫城内体量最大的建筑“穆清阁”，虽因位于宫城的中轴线上，强化了中轴对称的视觉效果，但对照于汉地传统，阙式建筑因具有威严的效果多位于宫城或皇城南端的入口处[32]，而在元上都则被置于宫城北垣，不仅封堵了宫城北向交通，还成为可俯视全宫的体量最大的主体建筑；在功能上，也与汉地阙式建筑的朝政仪式传统特性不同，穆清阁主要用于皇家庆典性的宴赏活动。元上都的这种大型阙式建筑在布局方位和功能上的特性，成为中国北方草原和中原王朝在宫城布局中的唯一孤例，亦属元上都蒙、汉两种文化高度融合的产物。

（2）元上都的城市模式在城市景观方面，反映为汉式“三重城”的威严感与蒙式的草原风光并存，既体现了宫城所代表的皇权的至高无上，又不失广袤草原的生机盎然

“三重城”是汉地经典的都城形制，是由矩形城垣围合而成的都城功能空间序列形式，由宫城、皇城和外城（或称郭城）环套组成。约在6世纪初，中国北魏洛阳城（北魏宣武帝景明三年建成，公元502年）出现了最早的“三重城”都城形制（图3.a–17），此后经隋唐兴盛、宋元明清一脉相承，成为中国古代都城格局的经典模式。同时中国古代城市规划因受分封制[33]影响，设有“三级城邑建设体制”[34]，遂自唐宋之后形成了帝王使用“三重城”、诸侯使用“两重城”的建城规矩。这是“礼制”作为中国传统文化的精髓在城市规划上的体现，自唐宋以降对中国诸朝及周边地区的都城规划均产生显著影响。根据史料和考古发掘发现，元上都的城市建设经历了忽必烈从分封到称帝的过程，因此在城市形制上呈现出由“两重城”转变为“三重城”的现象[35]。元上都的外城与宫皇城在建造上虽然存在先后时序，但它最终呈现的仍然是符合汉地帝王身份的“三重城”形制，并较之中原汉地的许多都城在布局上显得更为典型。

与此同时，马可·波罗在《马可·波罗游记》中描述道：“此宫有墙垣环之，广袤十六哩，内有泉渠川流草原甚多。亦见有种种野兽，惟无猛兽，是

31. 大安阁是上都的主要宫殿，元朝皇帝在这里登基、临朝、议政、修佛事、与诸王、大臣聚会、接见外国使者，它是上都的大内，相当于大都皇宫的大明殿。

32. 如隋唐洛阳城的应天门、唐大明宫的含元殿、元大都的崇天门、明紫禁城的午门。

33. 分封制是按受封者的爵位尊卑来厘定其封疆及城的规模的。按照这一传统的城市规划等级制度，帝王的都城比诸侯或藩王的都城规模要大得多。

34. 参见贺业钜：《中国古代城市规划史》，北京：中国建筑工业出版社，1996年。

35. 参见壹·文本2.a-1-1（3）“元上都城址的城市格局”。

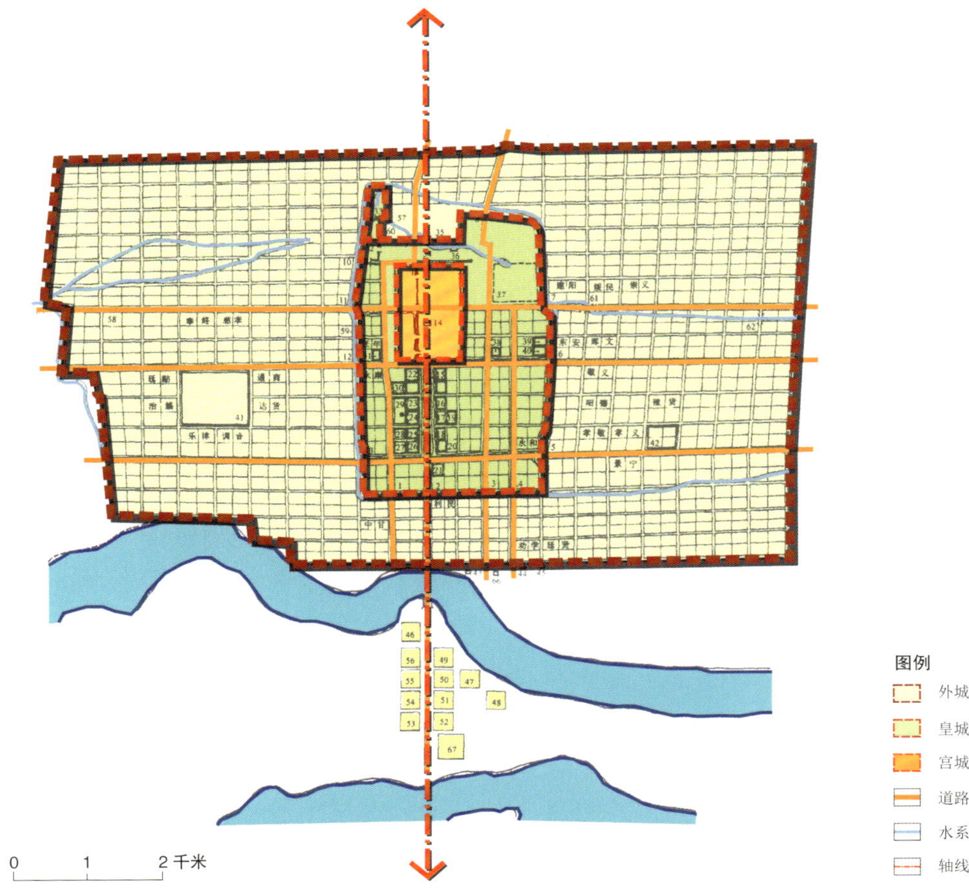

图3.a-17 北魏洛阳平面图 来源：傅熹年主编《中国古代建筑史》（五卷集），第二卷，北京：中国建筑出版社，2003年，第85页

盖君主用以供给笼中海青鹰隼之食者也。”[36] 现测得元上都城垣遗址尺寸为 2200×2200米，折合宋尺4×4里[37]，整合宋代的16里，与马可·波罗描述一致。可见整个三重城之内，不仅宫殿建筑群明显打破了汉地传统的中轴对称布局，呈现为不拘一格的自由布局方式，其间还分布有不规则的泉流、草原、动物，与农耕地带汉人“秩序规整”的城市景观完全不同。在元上都规整而威严的重重城墙之内，呈现的却是一派生机勃勃的草原风光。

（3）元上都的城市模式在宫殿建筑方面，反映为汉式“大理石宫”与蒙式的“失刺斡耳朵”并存，为蒙古族皇帝提供了蒙、汉两种不同的生活方式所需的场所，展现了两种不同文明的宫廷文化在城市规划上的高度融合

与忽必烈之前的蒙古皇帝比较，窝阔台在哈剌和林时，一年四季主要驻居在城外约400平方公里范围内的“四季行宫”中（参见表3-1）。

36.［意］马可·波罗：《马可波罗行纪》第一卷，第七十四章，［法］沙海昂注，冯承钧译，北京：中华书局，2003年，第277页。

37.宋代1里为360步、每步5尺、每尺合今尺30.5厘米，2200米÷（360步x5尺x0.305米）＝4里。

表 3–1 窝阔台汗、贵由汗、蒙哥汗四季行宫表 [38]

Westem Calendar	Spring (Jan-mar)	Summer (Apr-June)	Autumn (July-Sep)	Winter (Oct-Dec)
ウゲデイ				
1229 年			曲雕阿蘭	
1230	斡兒寒河	塔密兒		
1231				
1232				納蘭赤剌温 太祖行宮
1233	鉄列都		兀必思	阿鲁兀忽可吾
1234	斡兒寒河	達蘭達葩	八里里答闌答八思	脱卜寒
1235				
1236				
1237	揭揭察哈			野馬川
1238		揭揭察哈		
1239	揭揭察哈			
1240				
1241	揭揭察哈			詑鐵鋒胡蘭山
グユク				
1246	和林		汪吉宿滅禿里	野馬川
1247		曲律淮黑哈速		
1248				
モンケ				
1251		闊帖兀阿蘭 斡難河		
1252	失灭	和林 曲先恼兒		月帖古忽闌
1253	怯蹇叉罕 斡離河北	火兒忽納要不	軍腦兒	汪吉
1254	怯蹇叉罕	月兒滅怯（土）	顆顆腦兒	也滅干哈里叉海
1255		月兒滅怯土		
1256	欲兒陌哥都 塔密兒	昔剌兀魯朵	斛亦兒阿塔	阿塔哈帖乞兒蛮
1257	忽闌也兒吉 太祖行宫	怯鲁連	月兒滅怯土 軍腦兒	

虽有哈剌和林城，但窝阔台等蒙古族皇帝追求的生活乐趣仍是游牧传统的骑射游猎，城市主要供大量的匠人、商人、各种宗教人士甚至奴隶等居民使用。在元大都，历代元朝皇帝必须住居在位于城市中心宫廷大内的汉式宫殿内，别无选择。

根据考古研究成果 [39] 和文献史料，在元上都城内则同时建有汉式宫殿“大

38. 此表引自白石典之《蒙古帝国史的考古学研究》（モンゴル帝国史の考古学研究），东京：同成社，2002 年，第 54 页。

39. 根据考古研究成果，西内北部呈现为完全没有规则的道路遗迹，与西外城南半部呈现出的街巷商铺格局完全不同，并存在足够的安扎大型营帐的场地规模，考古学家推测，史料中一再提及的位于上都“西内”的“棕毛帐”或“失剌斡耳朵”即位于西内的北半部。

理石宫[40]" 和蒙式宫殿"失剌斡耳朵"，蒙古族皇帝可以随意使用。这一现象说明在元上都的"三重城"内，存在着蒙式宫殿区（失剌斡耳朵）与汉式宫殿区（大内）并存的格局，为蒙古族皇帝提供了蒙、汉两种不同的生活方式所需的场所，展现了两种不同文明的宫廷文化在城市规划上的高度融合，成为元上都蒙、汉文化结合的又一特征。

（4）元上都的城市模式在道路系统方面，反映为汉式的棋盘式路网与蒙式的无定规道路并存，既体现出汉式建筑在纵横道路网形成的棋盘格内沿街布局的紧凑和秩序，又不失蒙式建筑——蒙古包随意布置于广阔草原的自由与灵活

中国古代最早提出城市规划理论的著述是成书于公元前5世纪的《周礼·考工记》，书中提出："匠人营国，方九里，旁三门，国中九经九纬，经涂九轨"。这一规划思想受井田制和儒家礼制影响，导致了中国古代城市道路规划的"经纬涂制"[41]。因此，中国古代城市的路网系统以东西、南北方向的道路交错成棋盘式，并在中轴位置上出现十字街、丁字街等主干道模式。这一路网特征至少在西周时期已出现，并在其后的2500年都城道路规划上一脉相传，在东亚的城市规划史上亦产生深远影响。其间，曾因11世纪宋代城市商业的兴起而打破了汉唐以来封闭式管理的"里坊制"，出现了沿街设店的"街巷制"，导致路网形态由原来的方形转变为长条形。在元上都城内，皇城内的三条南北主干道以及三条东西向道路已经明显呈现为"街巷制"的长条形路网（图3.a–18）。

同时，从最新的考古探查图上可以看到，除了几条主干道属于横平竖直的街巷式路网之外，元上都城内其余地段很难呈现出平行或有规则的路径，加之水系密布，道路显得凌乱而无定规。这一现象可以进一步说明城内的建筑大多呈自由式布局，包括建有许多的蒙古包或营帐，这也是元上都城内所特有的现象。

40. 在元代诗人的描述中，上都宫城内有一座美轮美奂的、用雪白的大理石建造的宫殿，即"大理石宫"，属于中国建筑风格。皇帝在此驻居和举行朝政礼仪，包括接见马可·波罗等。此外，马可·波罗在《马可·波罗游记》中还曾经描绘过忽必烈的营帐宫殿："此草原中尚有别一宫殿，纯以竹茎结之，内涂以金，装饰颇为工巧。宫顶之茎，上涂以漆，涂之甚密，雨水不能腐之。茎粗三掌，长十或十五掌，逐节断之。此宫盖用此种竹茎结成。竹之为用不仅此也，尚可作屋顶及其他不少功用。此宫建筑之善，结成或折卸，为时甚短，可以完全折成散片，运之他所，惟汗所命。结成时则用丝绳二百余系之。汗在此草原中，或居大理石宫，或居竹宫，每年三阅月，即六月七月八月是已。"，即后人称为"棕毛帐"的"失剌斡耳朵"。

41. "经纬涂制"是中国古代城市规划中有关道路形制、分级、数量以及具体布署的制度，见贺业钜《中国古代城市规划史》，北京：中国建筑工业出版社，1996年，第346、548页。

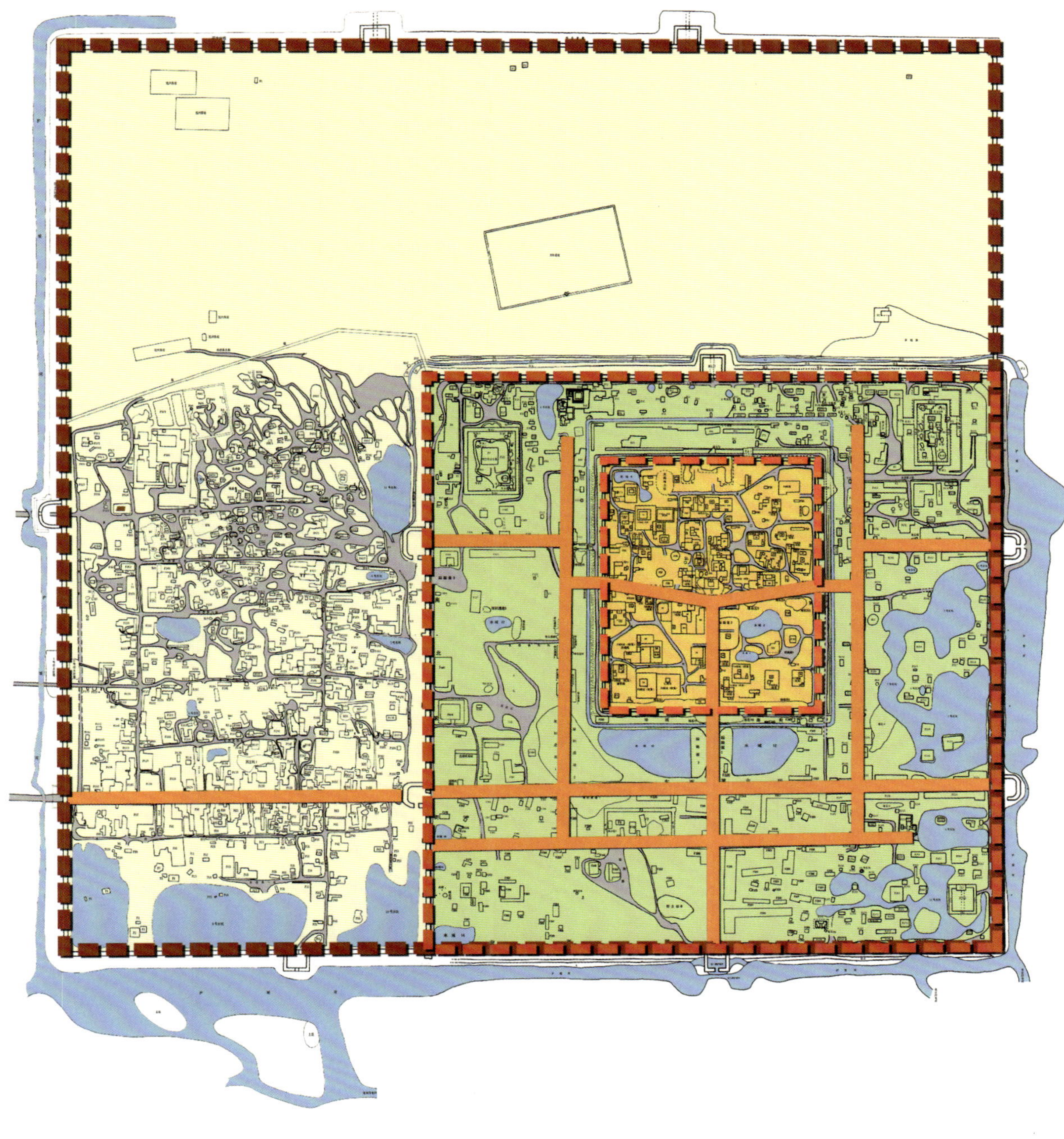

图例

外城
皇城
宫城
道路
水系

0 100 200 米

图 3.a-18 元上都道路系统示意图

3.a–4 符合标准（vi）

（vi）与具有突出的普遍意义的事件、活传统、观点、信仰、艺术作品或文学作品有直接或实质的联系。（委员会认为本标准最好与其他标准一起使用）；

Be directly or tangibly associated with events or living traditions, with ideas, or with beliefs, with artistic and literary works of outstanding universal significances. (The Committee considers that this criterion should preferably be used in conjunction with other criteria);

元上都是标志了13世纪欧亚文明分水岭的忽必烈建立蒙元帝国这一历史事件发生的场所；与引发欧洲“大航海时代”的《马可·波罗游记》直接关联；是导致13世纪亚洲宗教格局发生重要变化的宗教事件“佛道大辩论”的发生场所；遗址所在地至今仍传承着游牧文化的活传统“敖包祭祀”；它还作为梦幻花园Xanadu这一文化符号的原型闻名于世，在当今世界的文学、音乐、建筑等艺术领域产生广泛影响。

3.a–4–1 忽必烈在元上都称汗建元这一历史事件，具有改变欧亚文明发展史的重大意义

1259年蒙哥汗死于钓鱼城之战，但未留遗诏指定汗位继承人。蒙古朝廷中一部分势力欲立留守漠北的阿里不哥为汗，另一部分则拥护忽必烈。

1260年，忽必烈在开平府召开了忽里台大会，与会诸王一致推举忽必烈为“合罕”，忽必烈颁布即位诏书称汗，建元中统，并于1263年将开平府定名为上都，由此开创了蒙元帝国的忽必烈时期。

这一事件导致了13世纪欧亚文明发展史上的一大转折——横跨欧亚大陆的蒙古帝国从游牧式的军事扩张征略活动转向了农业文明的王朝治理，在欧亚文明发展史上具有突出的进步意义。

3.a–4–2 13世纪罗马教廷的使者马可·波罗（Marco Polo，1254～1324年）以元上都为终点的东行，促成了《马可·波罗游记》这一影响了整个欧洲历史发展的著作——它打开了中古时代欧洲人的地理视野，激起了欧洲人对东方的热烈向往，引发了欧洲的“大航海时代”

马可·波罗（Marco Polo，1254～1324年）和他的《马可·波罗游记》给欧洲开辟了一个新的大航海时代[42]，在东西文化交流史上具有里程碑的意义：它是人类历史上西方人感知东方的第一部著作，它记述了他在东方最富有的国家——中国的见闻，向整个欧洲打开了神秘的东方之门，激起了欧洲人对东方的热烈向往，显著促进了中西文化的交流；同时，西方地理学家还根据书中的描述，绘制了早期的“世界地图”，打开了中古时代欧洲人的地理视野，对15世纪欧洲的航海事业起到了巨大的推动作用。这是一部影响了整个欧洲历史发

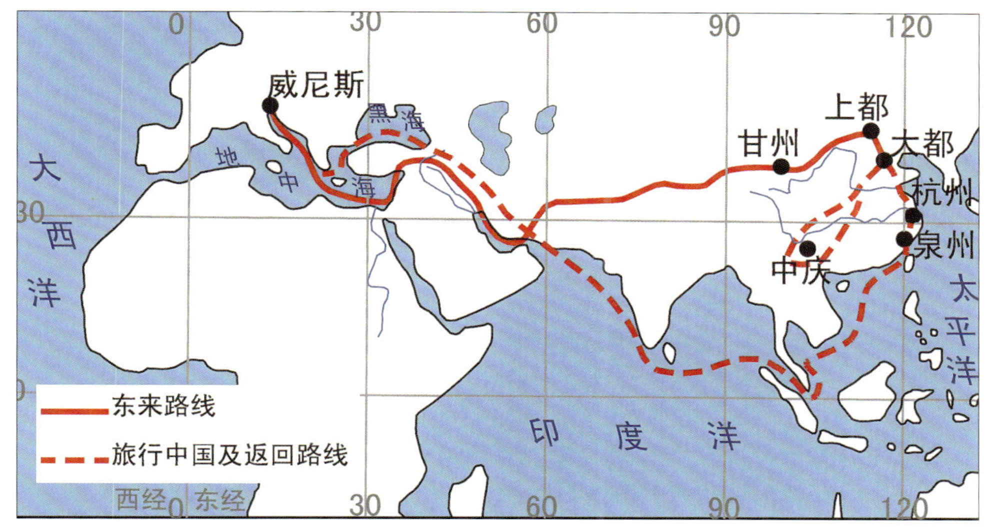

图 3.a-19 马可·波罗行程示意图　此图转绘自中国地图出版社《世界历史地图集》第 73 页

展的著作（图 3.a-19）。

元上都作为意大利旅行家马可·波罗东行的终点目标，他不仅在此向蒙元帝国皇帝忽必烈递交了罗马教皇的书信（1275 年夏），成功地建立起东西方的高层次交流；还获得了忽必烈的高度欣赏，得以在元朝当官任职、并获准于中国各地游览达 17 年之久，促成了马可·波罗对中国的广泛了解，成为《马可·波罗游记》得以产生的不可或缺的重要因素。

3.a-4-3 13 世纪开平府的佛、道宗教大辩论，奠定了藏传佛教在元朝的优势地位，并将藏传佛教的传播推向整个东北亚，形成了亚洲新的宗教发展局面

金朝末年，全真教在中国北方兴起，形成了影响较大的道教派别。成吉思汗建立蒙古帝国之后，道教的全真教领袖丘处机与禅宗的临济宗领袖海云都通过与蒙古王室建立亲密联系，企图争得宗教正统地位。至蒙哥汗时期，蒙古帝国内的佛教与道教之间的竞争与矛盾日趋激烈。蒙古王室不得不出面调停佛、道二教的争端，为此曾组织过两次佛道大辩论。1258 年，蒙哥汗委托忽必烈在开平（上都）召集佛、道二教代表人物 500 人和达官显贵 200 多人，进行第二次大辩论。在激烈的辩论中，藏传佛教代表八思巴用佛教理论驳倒道家的观点，忽必烈判定佛胜道败。

42. 马可·波罗的中国之行与他的故事《马可·波罗游记》，是欧洲人撰写的第一部详尽描绘中国历史、文化和艺术的游记。16 世纪意大利收藏家、地理学家赖麦锡（Ramusio）说，马可·波罗在 1299 年写完《游记》，“几个月后，这部书已在意大利境内随处可见”。在 1324 年马可·波罗逝世前，《马可·波罗游记》已被翻译成多种欧洲文字，广为流传。现存的《马可·波罗游记》有各种文字的 119 种版本。《马可·波罗游记》在把中国文化艺术传播到欧洲这一方面，具有重要意义。西方研究马可·波罗的学者莫里斯·科利思（MauriceCollis）认为马可·波罗的《游记》“不是一部单纯的游记，而是启蒙式作品，对于闭塞的欧洲人来说，无异是振聋发聩，为欧洲人展示了全新的知识领域和视野，这本书的意义在于它导致了欧洲人文科学的广泛复兴”。

这是中国历史上规模最大，规格最高，影响最为深远的一场宗教辩论会，该事件在亚洲的宗教发展史上具有里程碑的意义。自此，蒙古统治者更多地推崇藏传佛教，使之在蒙元帝国获得大力发展，包括在漠北游牧地区和中国东北地区均获得显著影响。

在中国现有的世界文化遗产中，明清故宫、承德避暑山庄及周围寺庙和颐和园等都曾受到元代之后藏传佛教传播的一定影响。

3.a-4-4 元上都遗址的所在地正蓝旗至今仍保留了浓郁而纯正的蒙古族传统信仰与仪式——敖包祭祀及其庆典活动传统，保护了民族文化的多样性

敖包与亚洲北方少数民族，包括游牧民族古老的信仰“萨满教”密切关联。根据调查材料，已知元上都遗址所在地区锡林郭勒盟是敖包分布数量最为密集的地区，敖包祭祀的传统在这一地区仍极为盛行。

元上都城址周边的山头分布着由12座以祭祀功能为主的敖包，它们是小园山敖包、乌兰台敖包、额金敖包、哈登台敖包、一棵树敖包、乌拉敖包、大敖包、昌图敖包、阿土台敖包、乌和尔沁敖包、查干敖包和葫芦苏台敖包。当地居民至今仍保持着敖包祭祀的传统，把敖包作为祈求风调雨顺、五畜兴旺等祈福保佑的场所。

祭祀仪式完成后，都要举行传统的“那达慕大会”，进行摔跤、赛马、射箭及歌舞、贸易等活动。这是佐证亚洲北方草原民族所共有的、历史悠久并传衍至今的早期萨满教宗教信仰及藏传佛教影响，保持民族文化多样性的活传统。

3.a-4-5 元上都作为19世纪柯勒律治的梦幻诗作《忽必烈汗》的原型，成为“东方梦幻花园”（华丽宫殿和神秘仙境）的象征，在世界范围的文学、音乐、建筑等艺术领域成为一种文化符号，获得流传，对不同文化背景下的人类精神与情感产生着美妙的影响

元上都与1816年英国浪漫派诗人柯勒律治（Samuel Taylor Coleridge，1772～1834年）的残诗《忽必烈汗》[43]直接相关，该诗以奔放不羁的想象力和幽婉浓郁的异国情调，为后人留下了一部神秘、魔幻的诗作，被《大不列颠百科全书》誉为“英国文学中最伟大的诗作”。

通观全诗，意象突兀诡异，情景苍莽幽邃，主题若隐若现，节奏韵律变换无定，充分体现出梦境中奇幻的性质。柯勒律治的这首诗之所以选择元上都，有一定的偶然性（他睡前正在阅读忽必烈汗在元上都建造行宫的内容），也有其必然性。中国从马可·波罗时代起就成了激发西方人新的灵感、新的审美情趣

43. 据说柯勒律治自注，他于1797年的一个夏日睡前读了英国地理学家撒缪尔·帕切斯的东方游记，梦中得诗500行，醒来立刻记下，可被一位访客打扰，只记下了50行，就是现在的《忽必烈汗》，发表于1816年。见胡家峦《英国名诗详注》，北京：外语教学与研究出版社，2003年，第261页。

和异国情调的地方，在艺术创作上，这个遥远的异域之邦对文人的诱惑力仍不可低估，她曾经有过的繁荣和传奇色彩，不断地激发着西方人强劲的想象力，而忽必烈汗那无上的荣耀与威严，皇家宫殿的恢宏与奢华，更投合了浪漫主义诗人追求宏大气势的心理，给他们带来一个想象的释放地和审美的安置所。因而，忽必烈汗和他的御苑，经过柯勒律治想象力的雕琢和异国情调的涂染，悬挂在文学园林里的长青藤上，被古往今来的文人墨客一次又一次地抚摸[44]。

自此，元上都进一步成为“梦幻花园”的美妙形象，在诗歌、小说、戏剧领域以及天文、建筑、音乐、色彩、植物等的命名上，获得广泛运用和传播，并在近200年中表现出持续的文化和艺术影响力。（参看专题：元上都（Xanadu）的文化传播影响及贰·附件1.e“元上都文化影响图片”）

44. 姜智芹：《〈忽必烈汗〉残篇里的奇幻中国》，《山东科技大学学报（社会科学版）》2005年02期。

专题：元上都（Xanadu）的文化传播影响

《忽必烈汗》是柯勒律治吸食鸦片后的一个离奇梦境，一个超自然的图景。柯勒律治曾备受风湿之苦，后来找到一种神奇的止痛药，这就是鸦片。虽然鸦片带给他的痛苦往往多于欢乐，却能暂时解除他的病痛，有时还能使他进入如痴如醉的梦境。关于这首诗的产生他有一个题解，说是一七九七年夏天，他因病幽居在英国乡间农舍。一天因感到不适服用了鸦片，坐在椅中阅读英国地理学家撒缪尔·帕切斯的《东方游记》，读罢关于“忽必烈汗敕命在此处营造豪华宫殿，并开辟御苑，将方圆三十里沃土俱囊括在四周墙垣之内”一段后，药力攻心，酣然入睡。梦中赋诗二三百行，醒来时还隐约记得全诗，于是急忙奋笔追忆。可不幸的是一个生意人忽然造访，当客人离去后他再提笔追忆时，梦中所赋的其余诗句却飘然已逝，柯勒律治几次试图补续，无奈总不满意，只好就此戛然而止。

《忽必烈汗》全诗共五十四行，分三节，虽是残篇，却美妙无比。

忽必烈汗在上都曾经
下令造一座堂皇的安乐殿堂：
这地方有圣河亚佛流奔，
穿过深不可测的洞门，
直流入不见阳光的海洋。
有方圆五英里肥沃的土壤，
四周给围上楼塔和城墙：
那里有花园，蜿蜒的溪河在其间闪耀，
园里树枝上鲜花盛开，一片芬芳；
这里有森林，跟山峦同样古老，
围住了洒满阳光的一块块青草草场。

但是，啊！那深沉而奇异的巨壑
沿青山斜裂，横过伞盖的柏树！
野蛮的地方，既神圣而又着了魔——
好像有女人在衰落的月色里出没，
为她的魔鬼情郎而凄声嚎哭！
巨壑下，不绝的喧嚣在沸腾汹涌，
似乎这土地正喘息在快速而猛烈的悸动中，
从这巨壑里，
不断迸出股猛烈的地泉；
在它那断时续的涌迸之间，

巨大的石块飞跃着象反跳的冰雹，
或者象打稻人连枷下一撮撮新稻；
从这些舞蹈的岩石中，时时刻刻
迸发出那条神圣的溪河。
迷乱地移动着，蜿蜒了五英里地方，
那神圣的溪河流过了峡谷和森林，
于是到达了深不可测的洞门，
在喧嚣中沉入了没有生命的海洋；
从那喧嚣中忽必烈远远听到
祖先的喊声预言着战争的凶兆！
安乐的宫殿有倒影
宛在水波的中央漂动；
这儿能听见和谐的音韵
来自那地泉和那岩洞。
这是个奇迹呀，算得是稀有的技巧，
阳光灿烂的安乐宫，连同那雪窟冰窖！

有一回我在幻象中见到
一个手拿德西马琴的姑娘：
那是个阿比西尼亚少女，
在她的琴上她奏出乐曲，
歌唱着阿伯若山。
如果我心中能再度产生
她的音乐和歌唱，
我将被引入如此深切的欢欣，
以至于我要用音乐高朗而又长久
在空中建造那安乐宫廷，
那阳光照临的宫廷，那雪窟冰窖！
谁都能见到这宫殿，只要听见了乐音。
他们全都会喊叫：当心！当心！
他飘动的头发，他闪光的眼睛！
织一个圆圈，把他三道围住，
闭下你两眼，带着神圣的恐惧，
因为他一直吃着蜜样甘露，
一直饮着天堂的琼浆仙乳。

下面我们结合具体诗句，看看柯勒律治是如何驰骋想象力和渲染异国情调的。

（1）一座堂皇的安乐殿堂（A stately pleasure dome）：对应宫城的大安阁遗址等宏伟建筑。大安阁建于1266年，是元上都的主要宫殿，壮丽宏伟，元朝皇帝在这里登基、临朝、议政、修佛事、与诸王、大臣聚会、接见外国使者，它是元上都的大内，在这里经常举行重大的典礼（图3.a-20、图3.a-21）。

图3.a-20 宫城1号建筑基址（大安阁）

图3.a-21 宫城2号建筑基址（穆清阁）

（2）有方圆五英里肥沃的土壤，四周给围上楼塔和城墙（So twice five miles of fertile ground With walls and towers were girdled round）：对应元上都的三重城墙，并有角楼、城门楼，巍峨高大，至今遗迹仍可见其往日辉煌（图3.a-22、图3.a-23）。

图 3.a-22 皇城北城墙及瓮城

图 3.a-23 皇城东南角楼

（3）蜿蜒的溪河在其间闪耀（bright with sinuous rills）：对应上都河湿地，河流湿地风光迷人，阳光下河水蜿蜒闪耀，正如诗中所写（图 3.a-24、图 3.a-25）。

图 3.a-24 上都河河湾

图 3.a-25 上都河

（4）园里树枝上鲜花盛开，一片芬芳（Where blossomed many an incense-bearing tree）：对应北苑，苑中古木阴阴，鲜花灿烂。今北苑已成遗址，但自古就有的金莲紫菊依旧灿烂（图 3.a-26、图 3.a-27）。

图 3.a-26 金莲川草原植物

图 3.a-27 金莲川草原植物

（5）这里有森林，跟山峦同样古老（And here were forests ancient as the hills）：对应元上都北侧的森林草原景观，那里有巍峨的群山环抱，山中森林覆盖，草木葱茏（图 3.a-28、图 3.a-29）。

图 3.a-28 森林草原景观

图 3.a-29 乌和尔沁敖包山

（6）围住了洒满阳光的一块块青草草场（Enfolding sunny spots of greenery）：对应元上都所在的典型草原景观，草场肥美，处处牛羊成群（图 3.a-30、图 3.a-31）。

图 3.a-30 典型草原景观

图 3.a-31 草原与放牧

（7）安乐的宫殿有倒影，宛在水波的中央漂动（The shadow of the dome of pleasure Floated midway on the waves）：对应上都河湿地，城址内有多处水面、湖泊，作者因此想象出宫殿倒影水中的平静浪漫的场景。此外，遗产区和缓冲区内还分布着多处湖泊，称为淖尔（图 3.a-32、图 3.a-33）。

图 3.a-32 小扎格斯台淖尔北侧落日

图 3.a-33 沙地景观中的湖泊

（8）阳光灿烂的安乐宫，连同那雪窟冰窖（A sunny pleasure-dome with caves of ice）：对应元上都地区的气候特征，内蒙古草原季风气候下夏季温和凉爽，冬季严寒酷冷，极端的气候让地处温和的海洋性气候中的诗人产生关于“阳光”与“冰窟”鲜明对比，无限浪漫狂热的幻想（图 3.a-34、图 3.a-35）。

图 3.a-34 雪景

图 3.a-35 冬季蒙古包

总之，元上都遗址是梦幻花园Xanadu的原型，在诗中所描绘的宫殿、溪流、森林、冰雪、鲜花、湖泊等种种美景，都在元上都遗址中得以保留和体现。

注：《美国传统字典》《韦伯英语字典》《英汉大词典》等“Xanadu”条：华厦，行宫，诗情画意的地方〔源出Samuel Taylor Coleridge诗作Kubla Khan（《忽必烈汗》）（1798年）中的一个地名，指忽必烈在热河上都的离宫〕

表3–2 上都（Xanadu）海外传播相关作品选表

序号	名称	描述	领域
1	忽必烈汗	萨缪·泰勒·柯勒律治的一首诗，以元上都为场景	诗歌
2	Xanadu	1980年由Olivia Newton–John和Gene Kelly主演的电影	电影
3	“Xanadu”	该电影插曲，Olivia Newton–John演唱	歌曲
4	Xanadu	以该电影为基础的百老汇音乐剧	音乐剧
5	Xanadu	一首歌曲，以柯勒律治的诗歌为基础，收录在加拿大摇滚三重唱“奔跑”（Rush）的专集〈王之告别〉（A Farewell to Kings）里	音乐
6	Xanadu：马可·波罗音乐剧	1953年德国第七军乐团的一个原创音乐剧，以柯勒律治的诗歌为基础	音乐
7	Xanadu	爵士乐唱片名	音乐
8	Xanadu传说	由Dave Dee，Dozy，Beaky，Mick & Tich演唱的一首歌曲	音乐
9	注视Xanadu	苏格兰歌手Colin MacIntyre的一首歌曲	音乐
10	Xanadu	日本音乐组合Moi Dix Mois的一首歌曲	音乐
11	Xanadu	美国电影〈公民凯恩〉（获得1942年奥斯卡奖）中的主人公查尔斯·福斯特·凯恩的豪宅，由柯勒律治的诗歌中描写的“一座堂皇的安乐宫”获得灵感而虚构	建筑，电影
12	Xanadu2.0	比尔·盖茨的未来主义风格住宅的谑称，即称其为传说中的元上都的升级版	建筑
13	Xanadu海滨度假村	位于巴哈马群岛的大巴哈马岛自由港	建筑
14	Xanadu牧场	美国新泽西州一个即将完工的购物中心，预期建成美国最大的购物中心	建筑
15	Xanadu	美国漫画《魔术师Mandrake》（1934年）中虚构的主人公的住宅	建筑，漫画
16	从Xanadu流放	英国作家Lan Wright的一本科幻小说，1964年出版	小说
17	Xanadu	土星卫星六泰坦（Titan）表面一块神秘的明亮区	天文
18	Xanadu	美国阿拉斯加Arrigetch山脉一座山的名字	地理

续表 3-2

序号	名称	描述	领域
19	Xanadu	生长在澳大利亚的一种植物的名称	生物
20	Xanadu	以澳大利亚一种植物 Xanadu 叶子色彩命名的颜色，灰绿色，2001 年登入 Xona.com Color List，色彩参数为 RGB（115，134，120）	色彩学
21	Xanadu 计划	计算机领域一项早期超文本计划	计算机
22	Xanadu	亚洲航空联盟的一项飞行计划	航空
23	Xanadu	Richard Laymon 的小说《兽屋》中的名字	小说，建筑
24	猛龙 II：Xanadu	1987 年的一个视频游戏	电子游戏
25	Xanadu 夫人	美国 DC 漫画公司创造的人物形象	漫画
26	Xanadu 之血号	电子游戏《星际：克隆战争》中的一艘飞船	电子游戏
27	Xanadu Next	日本开发的一个电脑游戏	电子游戏

3.b 突出的普遍价值声明

简要综述

“元上都遗址”是13～14世纪亚洲北方游牧与农耕两大文明在百年碰撞与融合中形成的具有文化融合典范价值的草原都城遗址，位于蒙古高原的东南边缘，曾是蒙元帝国的第一座都城（1263～1273年）与陪都“夏都”（1274～1368年）。它由遗存占地2287公顷的城市遗址遗迹和墓葬群组成，并拥有175853公顷的辽阔而富蒙古高原特色的地理景观与纯正的蒙古族敖包祭祀传统。

元上都遗址是中国元代都城系列中创建最早、历史最久、格局独特、保存最完好的遗址。它作为一座拥抱着巨大文明的废墟，印证、记载和见证了13～14世纪这一特定的历史时期和条件下，强悍、骁勇、快速的马背（游牧）民族对文化高度发达的农耕文明地区进行军事征服与文化吸纳和皈依的过程；以及在这一大背景下，马背民族出于传统、情感、习俗和上层统治集团政治的需要，对自身文明的信念坚持和对故乡的维系。由此产生的游牧与农耕两种文化高度兼容并蓄的“二元”城市模式，成为人类文明进程中一种独特的民族文化融合典范，在世界文明发展史和城市规划设计史上拥有独特的地位，也是一种特殊政体与社会架构兴起与覆灭全过程的唯一完整见证。作为忽必烈的龙兴之地、蒙元帝国百年风云的权力中心之一，在此发生的一系列重大的政治、宗教、文化、军事等历史事件，都在中国历史乃至世界范围产生过显著的影响。多种语言的、丰富的文献史料与遗址保存的完整性，使其具有久远和广博的考古研究潜力与魅力，对当代乃至今后的人类文明与文化进程仍具有启示与发现的意义。

完整性

元上都城自公元1430年废弃之后，甚少受到人类活动的干扰，以遗址的方式完整保存至今。规模达到25131.27公顷的“元上都遗址”申报范围，完整保存了13～14世纪元上都城的整体格局和城址（含宫城、皇城、外城）、关厢、铁幡竿渠与墓葬群等4大人工遗存要素，以及所有游牧与农耕两大文明结合的规划特征；在150721.96公顷的缓冲区范围内完整保存了城址的历史环境——都城选址的山水环境要素及其空间关系和自然形态，完整保存了遗址独特的草原景观特色，特别是美丽非凡的金莲川草原等自然景观特色；完整保存了城址周边的人文环境——位于城址周边群山顶部的大量敖包，以及与之相关的祭祀与庆典等活传统，包括当地居民对该遗址一贯的敬畏与恭敬，完整地传承并延续了遗产在精神层面的影响力；具有很高程度的完整性。

真实性

“元上都遗址”的真实性已经得到考古发掘和文献史料等“二重证据法”的印证。现有的历史遗存真实的保存了13～14世纪的元上都在外形、材料、传统建造技术和位置等方面的基本特征，真实保存了具有蒙汉民族文化结合特征的都城形制、历史格局与建筑材料等；墓葬群真实保存了蒙汉民族于上都生活的历史信息与物证；除明德门遗址和皇城东城墙进行过少量修缮活动，城址和墓葬群基本没有出现人工干预。同时，保存至今的蒙古高原东南缘地理环境与草原特色景观，真实的延续了草原都城的环境特征和空间感受；保存并传衍了代表蒙古族萨满教信仰的敖包实体及其祭祀传统，真实体现了“元上都遗址”至今仍是蒙古民族的情感寄托所在，具有极高的真实性。

OUV的保护与管理

“元上都遗址”作为全国重点文物保护单位，所有权为国家所有，受国家法律保护。提名地制定的专项保护法规《内蒙古自治区元上都遗址保护管理办法》和一系列针对保护、管理和景观保护的专项规划的公布实施，控制了农业开垦规模的扩展，维护了草原生态与环境景观，有效地保护了遗址本体及其环境。遗产所属的锡林郭勒盟及两个旗县——正蓝旗和多伦县通过设置专门的管理机构，已具备了对遗产进行有效保护和管理的行政能力。所有这些措施已为保护元上都遗址的真实与完整提供了法律、制度和管理上的保障。

“元上都遗址”保护的长期保障为：通过严格执行遗产专项《内蒙古自治区元上都遗址保护管理办法》和定期修编遗产专项《元上都遗址保护管理规划》，不断加强和完善遗产管理的有效性；关注遗产区的草原生态平衡需求和逐渐兴起的旅游需求，加强载畜量控制和游客管理措施，治理土地沙化，统筹协调相关利益方的需求，有效地保持提名地保护与遗产地社会经济的可持续发展关系，为真实、完整的保护草原都城的遗址及其环境所承载的独特价值，提供长期、有效的保障。

3.c 对比分析

元上都遗址的遗产类型属于在某种程度上拥有一定“文化景观”价值的“考古遗址”；在时空范围上涉及13～14世纪蒙古高原东南缘的亚洲北方草原地带；在“价值主题”上属于游牧与农耕两大文明体系在草原都城规划上的融合典范，并因此涉及亚洲东部地区历史悠久、分布广泛的汉地农耕文明及其北方游牧文明[45]。据此，本章拟从国外（世界、亚洲）游牧文化、世界各地蒙古民族、国

45. 这是基于《填补空白——未来行动计划》提供的理论框架，ICOMOS，2005年。

内游牧文化等三个方面的遗产进行比较，比较重点包括：（1）与世界遗产鄂尔浑河谷文化景观比较；（2）与蒙古帝国首都哈剌和林城遗址比较；（3）蒙元帝国的三个都城系列比较。对比分析将结合元上都遗址的交流价值、见证价值、典范价值和关联价值标准进行。

3.c-1 与鄂尔浑河谷文化景观比较

3.c-1-1 遗产的整体比较

在《世界遗产名录》现有的911处世界遗产中，与元上都遗址最具可比性的文化遗产是"鄂尔浑河谷文化景观"[46]：它们在地理空间上都位于亚洲北部的蒙古高原，在遗产价值上都涉及蒙古民族。但两者在遗址遗迹、历史时段、价值特征、甚至自然与人文环境方面都存在明显差异。比较分析如下：

（1）遗址遗迹

"鄂尔浑河谷文化景观"在2004年列入《世界遗产名录》：

在蒙古高原腹部、杭爱山脉的南端，在蒙古国境内最长的河流鄂尔浑河两侧1800余平方公里的河谷地带分布着由5个重要遗产点、24个一般遗产点组成的一系列遗址遗迹（图3.c-1）。遗存类型涉及城址、宗教寺庙建筑群、墓葬、石刻与岩画、纪念地以及圣山、史前遗址等，几乎囊括了几千年来在鄂尔浑河流域生息和过往的突厥、匈奴、回鹘、蒙古等不同游牧民族留下的各类重要历史文化遗迹。与此同时，鄂尔浑河及两岸广袤的草原展现了优美的草原河流景观和典型草原的自然环境，以及在这片土地上世代传承、保留至今的蒙古族传统习俗与游牧生活方式，为人类文明发展史上亚洲北方的游牧文化提供了特殊的见证。

"元上都遗址"在1996年列入《中国世界遗产预备名单》：

在蒙古高原的东南边缘地带、浑善达克沙地的南端，在中国华北地区主要河流滦河上游的上都河流域，在1800多平方公里的河谷与丘陵地带内分布着元代"夏都"——元上都的一系列遗址遗迹。遗存类型属于纯考古遗址（含墓葬），内容包括"元上都宫城、皇城和外城遗址""城外关厢遗址"、城市专用防洪设

46. 该文化景观除突厥人的和硕柴达木纪念碑、回鹘牙帐城遗址、哈剌和林城遗址、额尔德尼召和吐乌克浑寺等5处主要申报点外，遗产区内还包括以下24处遗址：多尔特山上的宫殿遗址、忽泰格山上的匈奴人墓地、泰恩·多伏尔金古城遗址、哈尔博得格古城遗址、巴颜古阿姆的古城遗址、莫尔特因阿姆地区的旧石器时代遗址、梅尔西托尔古的宫殿遗址、旧石器时代的鄂尔浑7号（乌尼·格察萨）、扎因布拉格城墙遗址、鹿状石集体纪念碑和甘穆宾·登吉的古墓、方形墓地集体遗址和纳里尼阿姆的墓地、蛙状石地基遗址（梅尔西楚鲁）、匈奴人的古墓和麦汗·托尔戈尔的方形墓地的集体遗址、百克因·布蓝古墓的集体遗址、阿布拉格古墓的集体遗址、忽杰特阿姆宫殿遗址、鄂尔浑河流的古墓、鄂尔浑河源头的岩画、提门楚鲁的鹿形石和方形墓、希尔特山的鹿形石、善克西寺、顺赖山的集体古墓、杭爱敖包的圣山、温都尔·善特圣山。

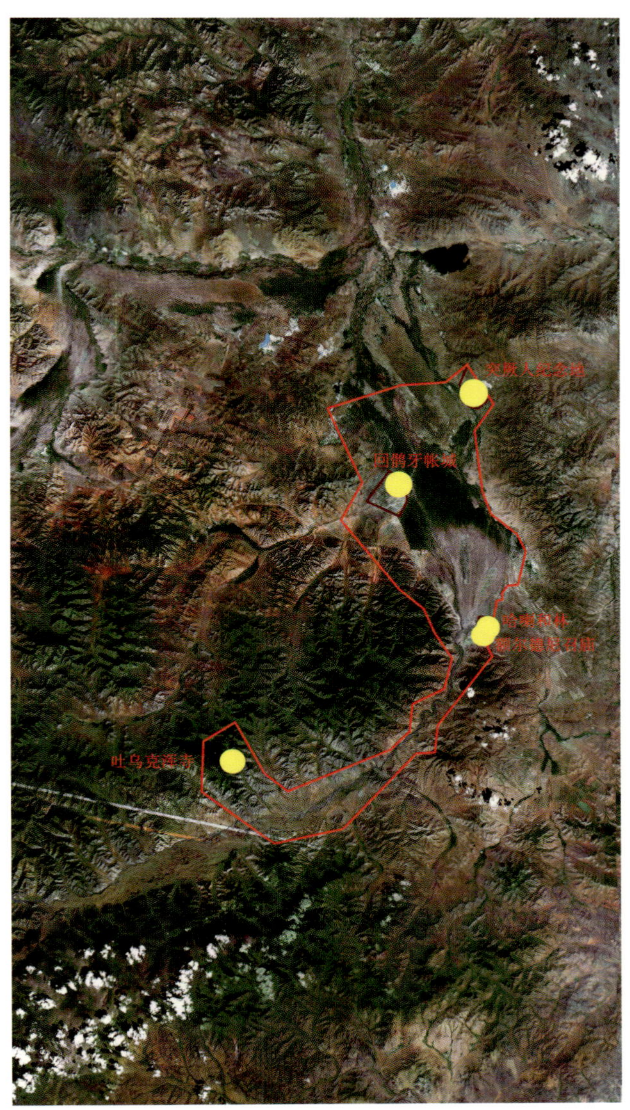

图 3.c-1 鄂尔浑河谷文化景观遗产区及主要遗产点图

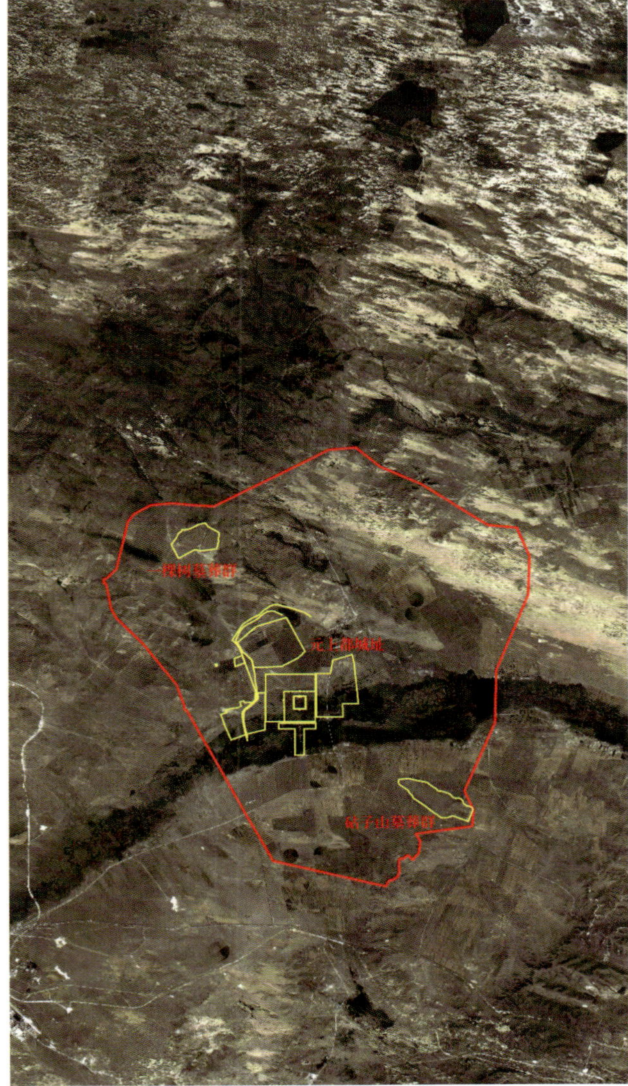

图 3.c-2 元上都遗址申报范围及主要遗存图

施“铁幡竿渠遗址”以及蒙、汉两族城市居民的墓葬“一棵树墓葬群”和“砧子山墓葬群”，是中国元代汉族的城市规划传统与蒙古族的生活习俗高度融汇结合的杰出范例（图 3.c–2）。与此同时，作为这一遗址特定的地理区位——农牧交接地带，拥有丰富与独特的自然与人文背景环境，包括稀有的自然环境特色——沙地、湿地、典型草原和森林草原 4 种不同的自然景观并存，包括遗址所在地历史悠久的萨满教敖包祭祀及其庆典传统“那达慕大会”，以及因此而留存至今的一系列“山岳崇拜”敖包遗存（详见壹·文本 2.a“遗产描述”）。

经比较分析，两者在遗产类型方面存在明显差异：

“鄂尔浑河谷文化景观”属于“人与自然联合的作品[47]”，体现了人类与其

47. 引自《实施世界遗产公约的操作指南》（2008 版）。

所处的自然环境之间所产生的相互作用，以游牧生产与生活方式为主题。游牧民族利用传统技术在适宜放牧的草场上从事畜牧活动，从而在人与自然之间建立起一种独特的精神联系；同时，它还向人们全面展示了鄂尔浑河流域曾经出现的不同游牧民族为适应自然环境和物质条件的限制而产生的各种生活方式，以及由此形成的游牧文化[48]。

“元上都遗址”属于“特定自然条件下，更主要是人文历史背景下两种文明人群的共同的作品”，体现的是不同民族在生活方式和价值观方面是如何进行融汇交流与结合，并由此创造出一种亚洲北方具有农耕文明与游牧文化相结合的城市典范，对于研究蒙元帝国的社会结构、生活方式、文化特征等具有重大意义；同时，它的遗产背景环境对此典范的形成过程提供了清晰的、有机的物证，与遗址本体共同构成了完整的遗产价值。

（2）时空范围

在地理区域方面，两者于空间位置和地理特性的差异在于：“鄂尔浑河谷文化景观”位于蒙古高原的中心地带，是亚洲北方游牧民族主要活动区域的腹地所在。“元上都遗址”则位于蒙古高原的东南边缘地带，是亚洲历史上游牧文化与农耕文化的临接地带。这一地理区位的差异导致了两处遗产在文化价值上的差异。

在历史时段方面，两者的差异在于：“鄂尔浑河谷文化景观”的遗存年代从旧石器时代一直延续到17世纪，绵延约3000余年，5个重要遗产点的历史年代为6～17世纪；这一时段跨越了中国历史上的唐、宋、元、明、清共5个朝代。“元上都遗址”的遗存年代仅限于中国蒙元帝国的100余年时间，即13～14世纪。

（3）价值特征

经世界遗产委员会评定，“鄂尔浑河谷文化景观”符合世界文化遗产列入标准的ii、iii、iv共3条。

经中国的世界文化遗产专家同行评审和讨论，认为“元上都遗址”符合世界文化遗产列入标准的ii、iii、iv、vi共4条。

两者在列入理由中使用了相似的标准条款，但在遗产主题上表现出不同的价值特征：

鄂尔浑河谷文化景观在价值特征上主要展现了千百年来游牧民族的各种生活方式。鄂尔浑河流域是游牧文明的摇篮，是中亚地区游牧文化的典型代表，它的发展演进清晰地向人们展示了游牧文化的强健与持久。几千年来，这种游牧文化一直是亚洲绝大部分地区的主要文化形态。游牧民族通过贸易往来、军事征伐和思想交流等方式，对其毗邻地区根深蒂固的农耕文化产生了重大影响，

48. 详见《鄂尔浑河谷文化景观申报世界遗产文本》。

图 3.c-3 鄂尔浑河

并对整个世界的民族融合与文明进程产生过重要的影响。

元上都遗址在价值特征上则主要体现了亚洲北方农耕文明与游牧文明的结合典范，展示了两大文明体系在生活方式和价值观上的交流与融合。它不仅见证了游牧民族从游牧式的军事征略活动转向农业文明的王朝治理的重要转折，还见证了蒙元帝国所造就的国际多元文化兼容并蓄的奇迹般的盛况；并作为横跨欧亚大陆的重要交通线路——丝绸之路东方世界的重要端点之一，对东西方文明的交流与发展影响深远，至今仍以象征“梦幻花园”的文化符号流传于当代人们的文化与艺术生活中。

（4）自然环境

在自然环境方面，除了两者存在着蒙古高原腹地与边缘的地理景观差异，更重要的是两者的自然环境表现出各自对遗产价值主题支撑时的特征和差异：

鄂尔浑河谷文化景观的自然环境向人们展示了游牧民族千百年来所赖以生存的草原环境，对人们更加深刻地理解游牧文化的形成具有重要的支撑作用（图 3.c-3）。鄂尔浑河流域位于中亚蒙古高原的半干旱草原上，其周围是西伯利亚南部的针叶林带、贝加尔湖和中国东北部的广袤森林。由于这里的土地不适宜农耕，游牧部落在草原上豢养了马、绵羊、山羊、奶牛和骆驼等牲畜，游牧民终其一生将他们所饲养的牲畜从一处牧场赶到另一处牧场放牧、生息。

元上都遗址的自然环境向人们展示的是临近农耕地带的北方草原景观，对人们理解帝国版图极为庞大的中国元朝的统治需求——同时兼顾对南方农耕地区汉族和北方游牧地区蒙古族的统治，具有重要的支撑作用。它表现出以下特征：①以浑善达克沙地作为北部天然屏障；②保持了游牧民族“逐水草而居”的传统驻居方式；③在城址周围的山形水系上采用了中国传统风水聚落选址理念，形成一套完整的风水命名体系。该遗址因此而拥有了沙地、湿地、典型草原和森林草原 4 种特色自然景观共存的环境特色，拥有了以风水理论命名的山峦体系。这些自然景观特征展现了与蒙古高原中心腹地不同的遗产价值所导致的不同特色。

（5）非物质文化遗产

在非物质文化遗产方面，两者在山岳崇拜、敖包祭祀、宗教信仰、生活习俗、饮食习惯、传统服装和民族艺术等方面表现出高度的一致，展现了蒙古民族对自身文化传统的高度自豪与自信，揭示了游牧文化形态[49]所拥有的坚强活力。

与此同时，农耕民族的定居生活方式持续影响游牧民族。虽然元上都遗址所在地的大多数牧民生活方式已开始转变为半定居或定居状态。值得声明的是，元上都城址的周围山头分布着众多的敖包，相对蒙古高原的其他地区更为密集，民间的敖包祭祀活动至今依然传承着人们的古老信仰和特殊的文艺与体育技能。

综上所述，“元上都遗址”与“鄂尔浑河谷文化景观”除了在非物质文化遗产方面有相似之处和历史渊源之处，在遗址遗迹、时空范畴、价值主题与特征、自然环境等方面均存在显著差异。

3.c-1-2 与哈剌和林遗址比较

在现有《世界遗产名录》中，与元上都遗址最具可比性的考古遗址为“哈剌和林”城址。两者突出的共同点表现为同属蒙古人统治时期创建的历史都城，在 13 ~ 14 世纪期间均属在世界历史上曾享有盛誉的国际化城市。但两者在突出普遍价值上的比较存在明显的差异，主要表现在五个方面：

49. 参见《鄂尔浑河谷文化景观申报世界遗产文本》：鄂尔浑河谷的非物质文化遗产属于游牧文化形态，它从游牧民族的生活方式发展演化而来，并与草场、宗教文化，特别是寺院传统及相关的艺术和思想之间存在着有机联系，至今仍保存完好。

（1）历史地位

从城市的地位比较，两者分别代表了蒙古人的帝国在1206～1368年间两大发展时期的权力中心。

自成吉思汗1206年创立大蒙古国之后，历史学界一般将1206～1259年定为成吉思汗时期（共53年），即以军事征略活动获取生活物质资源的帝国扩张时期；将1260～1368年的中国元朝定为忽必烈时期（共108年），为蒙元帝国，即从军事征略转向王朝治理的帝国统治时期，并在文化上表现出强烈的民族文化融合倾向——游牧文化向农耕文化学习。

哈剌和林在1235～1259年间代表了成吉思汗时期蒙古帝国的权力中心，元上都则在1260年之后接替了哈剌和林的地位，进入蒙古帝国的忽必烈时期，并于1274年之后的94年间作为陪都，与元大都共同承担了蒙元帝国的权力中心地位。因此，从城市的地位比较，两者分别代表了蒙古人的帝国在两大发展时期的权力中心，具有突出的历史地位（表3–3）。

表3–3 **元上都与哈剌和林的历史地位对比表**

对比项	元上都	哈剌和林
始建时间	1256年	1220年定都，1235年始建
历史地位	忽必烈时期蒙元帝国的权力中心	成吉思汗时期大蒙古国的权力中心
	1260～1273年作为都城使用 1274～1368年作为陪都使用	1235～1259年作为都城使用

（2）文化交流方向

从文化交流的方向比较，两者分别代表了亚洲北方草原民族在文化与物质交流上的两个主流方向及其所反映的文化性质。

从中国浩瀚的史书记载和欧亚草原的考古材料可以发现，自公元前3世纪的中国汉代以降，亚洲北方的游牧民族在历史上一直存在着两个主要的物质和文化交流方向：一是以游牧方式沿欧亚草原进行东西向的迁徙和贸易，在游牧文化与绿洲灌溉农业之间产生文化与物质的交流；一是以军事方式沿中国长城一线进行南北向的冲突和贸易，在游牧文化与农耕文化之间产生物质与文化的交流。

亚洲北方的游牧民族在这两种交流方向中，呈现出不同的城市物质形态。根据现有资料分析，草原都城除了都具备帝国政务的控制中心功能，以及帝国的宗教祭礼中心之外，还表现出两种不同功能。受东西向交流影响为主的草原都城表现为两种游牧文化的功能倾向：①是掠夺财物的贮藏地以及贡品的保管场所，包括掠夺来的工匠与艺人等；②是远程贸易场所和地方市场中心。受南北向交流影响为主的草原都城则表现为明显的农耕文化的功能倾向：①是帝国皇朝的驻居与朝政中心；②是粮食等物资的屯垦和聚敛中心。

从史料记载和现有的考古发掘材料分析：①在民族构成方面，哈剌和林汇聚了东西方不同的多种民族，元上都则主要是蒙古人与汉人；②在宗教建筑特征上，哈剌和林除藏传佛教寺庙外，不仅有西方传来的清真寺和基督教堂，也有东方中原汉地的禅宗寺庙和道教寺庙；元上都除藏传佛教寺庙外，还包括代表汉地的禅宗寺庙、道教城隍庙、孔庙等；③在出土文物方面，哈剌和林明显受东西方向的交流影响多，元上都明显受南北方向的交流影响较多。因此，可以说这两个都城分别代表了蒙古人在文化交流上的两个主流方向（表 3–4）。

表 3–4　元上都与哈剌和林的文化交流方向及对城市的影响对比表

对比项	元上都	哈剌和林
文化交流方向	南北向	东西向
地理环境	蒙古高原东南缘的草原与农耕地区交接地带	蒙古高原腹地的草原地带
都城的功能	1. 帝国政务的控制中心功能； 2. 帝国的宗教祭礼中心； 3. 是帝国皇朝的驻居与朝政中心； 4. 是粮食等物资的屯垦和聚敛中心	1. 帝国政务的控制中心功能； 2. 帝国的宗教祭礼中心； 3. 是掠夺财物的贮藏地以及贡品的保管场所，包括掠夺来的工匠与艺人等； 4. 是远程贸易场所和地方市场中心
民族构成	推测人口数量约 5 ～ 8 万，以蒙古人和汉人为主，其余有吐蕃人、回回人、畏兀尔人等，另有少量作为朝觐使节的高丽人和欧罗巴人	推测人口数量约 1 ～ 1.5 万，除蒙古人外，还包括契丹人、汉人、吐蕃人、畏兀尔人、波斯人、印度人，以及战争中俘虏的欧罗巴囚犯：法国人、德国人、匈牙利人、俄罗斯人等
宗教建筑特征	主要位于皇城之内，见于史料记载的有：7 处佛教寺庙（其中 2 ～ 3 座应为汉传佛教寺庙），4 座道教寺庙，以及 1 处清真寺。此外，还有代表汉地文化的孔庙	多位于居民居住的北城，其中，兴元阁是蒙古帝国最大的佛寺。 根据卢布鲁克描述，有 12 处佛教和道教寺庙，2 处清真寺和 1 处基督教教堂。
出土文物	建筑构件、铜镜、钱币、瓷器、马镫、银扁壶等	中国瓷器、巨大的花岗岩柱基、壁画残片等

（3）使用方式

在城市的使用方式上，哈剌和林与元上都表现出完全不同的模式：

哈剌和林作为蒙古帝国的都城使用。城市居民长期驻居在城垣以内，皇帝则在城外几百平方公里范围内随季节迁移驻居地点；

元上都同时具备都城的形制、陪都的功能和离宫的使用方式。城市居民基本住在城垣以外的关厢，皇帝则在夏季率家族到城内驻居，或住宫城的汉式宫殿或住西外城的蒙式斡耳朵大营帐。

这两种截然不同的城市使用方式，前者呈现的是典型游牧文化形态的草原都城使用方式，后者呈现的是以游牧与农耕文化形态结合的草原都城使用方式（表 3–5）。

表 3–5　元上都与哈剌和林的使用方式对比表

对比项	元上都	哈剌和林
城市功能	都城的形制、陪都的地位、离宫的用法	都城
城市使用方式	每年夏季元朝皇帝率文武百官、嫔妃侍从来上都避暑游猎和处理政务。宫城为皇帝驻居、朝政以及接待使节的空间，皇城为皇家使用的官府机构和寺庙建筑所在，外城为皇家和蒙古贵族扎帐游赏狩猎所在。城外四关厢分布商业、手工业以及除皇家之外的所有城市居民	大蒙古国大汗每年春季和夏季两次在万安宫举行大宴，召集诸王，进行赏赐，一年住在万安宫里的时间并不长，大部分时间是在城市外围游牧驻扎。宫城使用率很小。外城用于安置工匠、俘虏和商人[50]
宫殿使用方式	失剌斡耳朵与大理石宫并用	四季行宫与万安宫并用

（4）城市规划特征

哈剌和林城与上都城虽然同属亚洲北方的草原都城，并在规划与建造过程中都有汉人参与，但从现存遗址遗迹所反映出的城市选址和规划布局特点来看，二者表现为完全不同的文化特征（表 3–6）。

50.［日］白石典之：《蒙元四都记之一：窝阔台的哈剌和林》，魏坚译，《文物天地》，2003 年，第 10 期。

表 3-6 元上都与哈剌和林的城市规划特征对照表

对比项	元上都	哈剌和林
平面图	图 3.c-4	图 3.a-12
城市规模	17.8 平方公里	约 1.77 平方公里
	宫城、皇城、外城：4.84 平方公里 关厢（含铁幡竿渠）：12.96 平方公里	宫城（推测）：0.42 平方公里 北城：1.35 平方公里
城市形制	环套型结合四向关厢	并列型
功能分区	宫城、皇城、外城的三重城均属皇帝使用，关厢区域属城市居民的生活功能区	南部的宫城属皇帝使用，北城属城市居民的生活功能区
街巷布局	网状街巷式结合无规则自由式	十字街，建筑沿街设置
宫城建筑	宫城既有南北向中轴线，也有自由错落布局的宫殿建筑； 大安阁是由北宋东京的熙春阁迁建而来，但坐落于湿地中； 穆清阁采用中国古代阙式建筑形式，却主要用于游牧民族的宴饮活动	不详

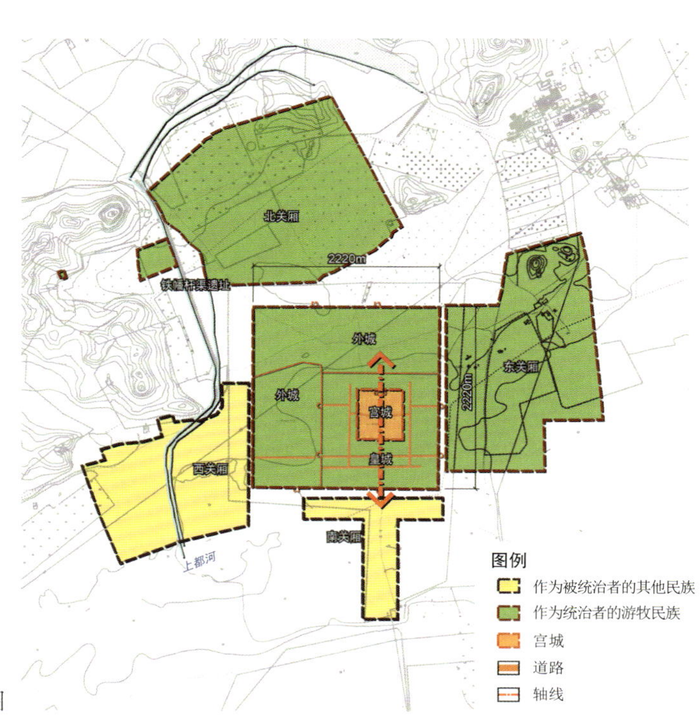

图 3.c-4 元上都遗址平面图

哈剌和林城是游牧文化的都城形态典范，其规模较小，采用较为简易的城市形制“并列型”城市布局，展现了游牧民族作为统治者的都城生活习俗。

哈剌和林所在地原是克烈部可汗的驻地[51]，成吉思汗曾在这里设置斡耳朵[52]，并于1220年选定这里作为蒙古帝国的首都，但直到1235年，才开始由窝阔台汗建城。哈剌和林城位于鄂尔浑河冲积平原边缘的丘陵坡脚，平均海拔1450米，南高北低，城市的南北主轴线方向与鄂尔浑河的流向以及城市随地形自然排水的方向大致平行，为北偏东27°（图3.c–5）。

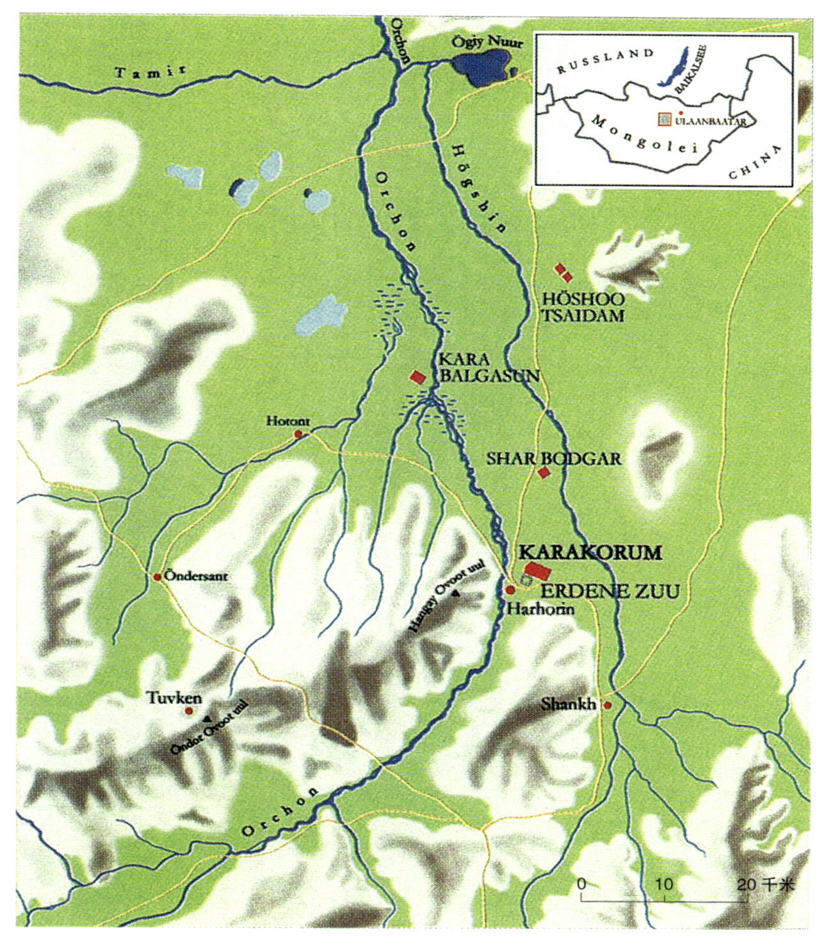

图3.c–5 哈剌和林地理形势图

通过2000～2009年的德国与蒙古联合考古发掘，已经证实额尔德尼召的北墙叠压于哈剌和林宫城的北墙之上，也即是说在之前已发现的由土墙围合，呈不规则矩形的城市南侧，额尔德尼召之下还有一座由砖墙围合，四向设门颇具规模的宫城。而位于城市西南角，之前曾经推测为“万安宫”的建筑基址更有可能是一座佛寺“兴元阁”的遗址[53]（图3.c–6～图3.c–9）。

由此可知，哈剌和林城的整体格局由南、北两座城市并列而成。其中，南城是统治者居住的宫城，地势较高，具体布局不明；北城是其他各民族聚居、商业贸易活动集中的居民区，面积约165公顷，地势较低，城市布局较为自由，仅通过十字街划分不同功能的城市空间，从而形成各种特定的区域，如汉人区、回回区。城市现有的遗迹类型包括：宫殿、各种信仰的寺庙、官署和使馆、商铺、仓库、作坊、市场，以及大量居民、商人和工匠的住宅，它们反映了哈剌和林当时作为亚欧大陆上重要的政治、经济和宗教中心的盛况（图3.c–10）。

51. 陈得芝：《十三世纪以前的克烈王国》，《元史论丛》第3辑，中华书局，1986年。

52. 陈得芝：《元岭北行省建置考（上）》，南京大学历史系元史研究室编《元史及北方民族史研究集刊》第9期，1985年。

53. 德国考古报告。参看《哈剌巴拉嘎斯与哈剌和林——鄂尔浑河谷的两个晚期游牧民族都城，德国考古研究院和蒙古科学院考古所在2000－2009年间的发掘与研究》，乌兰巴托，2009年。图3.c–5～图3.c–8均引自此报告。

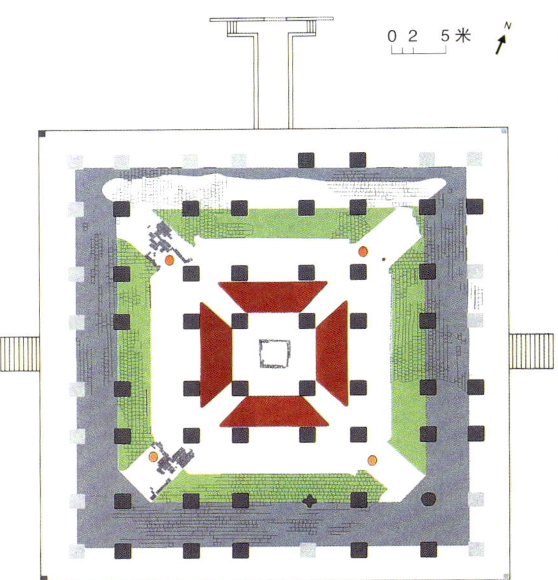

图 3.c-6 兴元阁平面复原图

图 3.c-7 兴元阁考古发掘现场出土佛像

图 3.c-8 兴元阁考古发掘现场

图 3.c-9 额尔德尼召叠压宫城城墙考古现场

元上都是游牧文化与农耕文化相结合的都城形态典范，其规模较大，采用较为复杂而有秩序的城市形制，其“环绕型”结合四向关厢的城市布局展现出蒙、汉两个民族在价值观与生活方式上的交互影响。

元上都位于滦河冲积平原上，平均海拔近 1300 米，其选址更接近游牧民族“逐水草而居”的生活传统，同时又明显受到中原农耕社会“背山面水”的传统聚落选址风水理论影响，与周边群山峰峦存在着一套象征性的关系，表现出汉族的风水理念与蒙古族的游牧生活习惯的结合。

元上都在总体的城市规划上，采用了中原传统营建都城的方法，即《元史·高智耀传》中所记载的“本朝旧俗与汉异，今留汉地，建都邑城郭，仪文制度，遵用汉法”。元上都在规划设计中表现出以宫城为中心的典型汉地传统都城形制，包括“三重城”“中轴线”以及“棋盘街”的规划手法，完整贯穿了汉族传统价值观中的“以中为尊”“面南而王”等礼制文化理念。

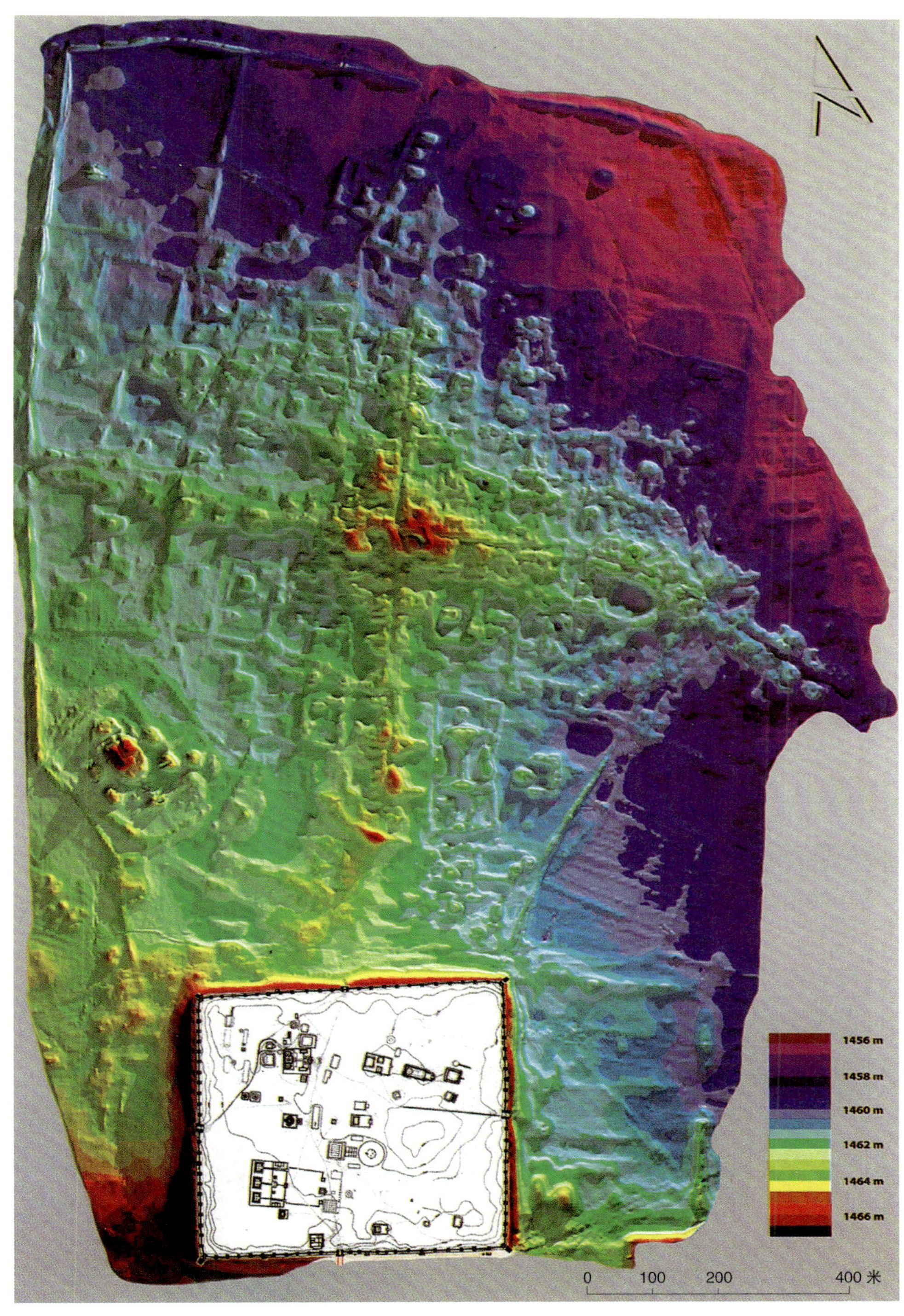

图 3.c-10 哈剌和林城地形分析图

但在城市的建筑布局上，元上都更多地融入了对游牧民族生活习惯的考虑。在由网状街巷式和无规则自由式道路结合的道路系统划分出的城市空间内，除重要建筑的方位和位置需符合礼制要求外，其余建筑均呈现出游牧民族灵活、自由的布局特点。

元上都的城市功能空间也可以按照使用者的不同划分为两类，一类是由统治者使用的宫城、皇城和外城，即由城垣围合的区域，面积约 484 公顷；一类是被统治者聚居的城市功能区，散布于城垣以外的东、南、西、北四个关厢内，四厢总面积约 1200 公顷，各关厢的主要功能有不同的侧重，如：东关厢是王公贵族、官员和朝觐者的聚居区；西、南关厢是城市对外交通的主要方向，是商业贸易活动集中的主要区域；北关厢是皇家驻兵之地。

元上都的城市发展得益于其“夏都”的政治地位，以及草原丝绸之路商业贸易活动的空前发展，并由此逐渐发展成为国际性的大都市。其城市规模、结构、组成内容、功能、完善程度与持久能力、历史作用都与哈剌和林有根本的不同。

（5）保存状况

元上都城于 1358 年在元末战争中被焚毁，哈剌和林城于 1370 年间被明军焚毁，两处遗址在地上建筑被毁后的保存状况不同。其中，占地规模约为元上都十分之一的相对简约的哈剌和林遗址主要受到 1586 年的额尔德尼召（Erdene Zuu monastery）建造影响，宫城被 16 世纪修建的额尔德尼召叠压，延续至今，地上可见的遗迹不清晰；元上都只是在部分城垣和宫殿的外层遗址主要受到明代边防驻所“开平卫”（1370 ~ 1430 年）的短期建设影响，部分元代遗迹上叠压有明代遗迹，但经考古验证，清晰可辨。完备的古城遗址中绝大部分元代遗存完整地保存至今，蕴含着丰富的历史信息。

元上都遗址是世界历史上保存最为完好的古代都城遗址，其地表遗迹的保存状况明显好于哈剌和林城，城墙、城门、护城河、宫殿寺庙等建筑基址、道路遗迹、关厢建筑及道路遗迹、防洪设施等城市格局要素均可在航空影像图上清晰显现，上都城内出土的建筑材料、器物数量众多，真实、完整地体现了元上都当年的繁荣与辉煌（表 3–7）。

表 3–7　元上都与哈剌和林的保存状况对比表

对比项	元上都	哈剌和林
损毁状况	1358 年在元末农民战争中被焚毁； 明代曾作为边防驻所开平卫使用，现存部分元代遗迹上叠压有明代初期遗迹	1370 年间遭到明军焚毁； 宫城被 16 世纪修建的额尔德尼召叠压
保存状况	反映城市格局的各要素丰富多样，均保存完好	地表遗迹不清晰，不多，不齐全

（6）文献记载与历史研究成果的翔实程度

对考古遗址价值与特征的认证，常常需要考虑和参照其与人类重要历史进程的关联度。这就需要尽可能翔实丰富、珍贵的历史文献记载，以及证据确凿的考古研究及相关文物的佐证。在中国历代编年史和古文献传统中，一直备受关注的元上都及其经过有据可查的历史演变之后遗存，其价值在历史的呼应和印证方面，较之哈刺和林具有实实在在的优势，被誉为“拥抱着巨大文明的废墟”。

3.c–2 与世界其他相关文化遗产比较

3.c–2–1 与世界各游牧民族遗产比较

欧亚草原是世界游牧民族分布最多、历史最悠久的地区。在世界的其他地区，也存在着一些以畜牧业为主的民族及其文化遗产，分布在阿尔卑斯山、阿根廷、匈牙利等地区。它们与位于亚洲北方草原的蒙古游牧民族在历史年代、地理位置、草原类型、牧业方式、宗教信仰等方面存在很大的差别（表 3–8）。

表 3–8　**世界主要游（畜）牧文化对比表**

国家	地区	历史年代	地理位置	草原类型	牧业方式	宗教信仰
中国、蒙古等	亚洲北方	公元前 2000 年至今	欧亚大草原	温带草原	逐水草而居的原始游牧	萨满教、藏传佛教等
匈牙利	中欧	公元 1 世纪至今	多瑙河流域	温带草原和湿地	传统的家畜牧养	天主教
阿根廷	南美	16 世纪至今	潘帕斯大草原	亚热带草原	私人牧场	天主教
斯洛文尼亚	南欧	6 世纪至今	阿尔卑斯山区	高山牧场	家畜牧养与游牧	天主教

位于匈牙利的霍尔托巴吉国家公园（Hortobgy National Park），1999 年因标准 (iv)、(v) 被列入《世界遗产名录》。霍尔托巴吉普斯陶文化景区是匈牙利东部一片面积辽阔的草原和湿地。传统的利用土地方式，例如家畜牧养，在这里的游牧民族保持了 2000 多年[54]（图 3.c–11）。

图 3.c–11　霍尔托巴吉国家公园

阿根廷的牧场和草原占全国土地面积的 55%，畜牧业占农牧业总产值的 40%。全国牲畜的 80% 集中在亚热带草原——潘帕斯大草原。这里的牧业主要是 16 世纪欧洲人移民之后发展起来的资本主义私人农场式的牧场，与亚洲大陆上传统的游牧经济方式有着本质的区别[55]。

54. 引自 UNESCO WHC 网站提供信息。
55. 聂严等：《阿根廷的农牧业概况》，《中国兽药杂志》，2003 年，37（6），第 53～54 页。

阿尔卑斯山区的游牧民族主要分布在斯洛文尼亚等国，主要是以 Velika Planina（意思是“大山”）为代表的高山牧场。斯拉夫人自公元 6 世纪迁徙到这里，成为天主教信仰的游牧民族。

根据以上分析，比较对象分别代表不同的草原文化，与亚洲北方草原游牧文化在历史年代、地理位置、草原类型、牧业方式、宗教信仰等方面存在很大的差别。

3.c–2–2 与亚洲北方地区文化遗产比较

目前的世界文化遗产名录上，亚洲北方地区的文化遗产可大致分为两个组团：第一组是分布在中亚五国的“灌溉农业文明遗产”；第二组是分布在东亚地区的中国北方、朝鲜半岛和日本的“农业文明遗产”[56]。在它们中间的广阔草原上，与游牧文明相关的仅有“鄂尔浑河流域文化景观”这样一处文化遗产（图 3.c–12）。

3.c–2–3 与蒙古帝国其他潜在的遗产比较

世界遗产中与蒙古民族和蒙古帝国相关的遗产有 1 处，即鄂尔浑河谷文化景观（含哈剌和林城址）。世界遗产预备名单中的蒙古圣山是蒙古民族自 13 世纪沿用至今的、具有明确的神圣意义的崇拜地点。与元上都遗址的都城遗址性质不同（表 3–9）。

表 3–9　蒙古圣山遗产概况表

提名地中文译名	国家	类型	提名地规模	时间范围	申报标准	简介	照片
蒙古圣山	蒙古	混合遗产	不详	13 世纪至今	不详	自成吉思汗时代起被赋予明确的神圣意义	

3.c–3 与中国相关文化遗产比较

3.c–3–1 与蒙元三都比较

元代都城包括元上都、元中都和元大都。它们的沿用时期分别为 1260 ~ 1368 年（共 108 年）、1307 ~ 1311 年（共 4 年）、1272 ~ 1368 年（共 96 年），

56. 贰 · 附件 2.C“元上都对比分析参考资料”，表 3 亚洲北方两大文化遗产类型概况表。

B. 明清皇家陵寝

B. 华松古堡

B. 宗庙

B. 法隆寺地区的佛教古迹

B. 姬路城

图 3.c-12 亚洲北方地区遗产分布分析图

底图来自 2009 年版世界遗产地图。比较区域亚洲北方的划分依据：东为亚洲大陆海岸线，西为亚欧分界线（乌拉尔山），北为亚洲大陆北海岸线，南为黑海－伊朗高原北缘－青藏高原北缘－秦岭－淮河一线。

其中元上都是沿用时间最长的（图 3.c-13）。

与中都相比，元上都格局完整，具备三重城、苑囿、关厢等格局体系，而元中都形制、功能都很简单，仅为临时驻跸之用。元武宗于大德十一年（1307 年）修建的元中都（旺兀察都），遗址在今河北省张北县西北 15 公里白城子古城。至大四年（1311 年）正月武宗病逝，继位的仁宗诏令“罢城中都”，并下令撤销了元中都留守司等机构，改为隆兴路（后改为兴和路）。元中都作为都城的功能只有 4 年多的时间，此后只是皇帝“两都巡幸”途中的驻跸之所。

与大都相比，两者都为忽必烈所建，共同构成元代“两都制”的两都，都具有完整的都城规划格局，

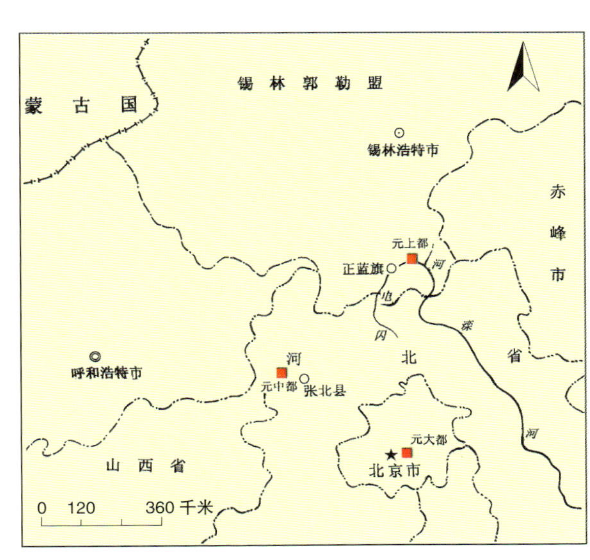

图 3.c-13 元三都位置示意图

分别承担不同的城市功能[57]。同时，两者在保存状况和城市规划特征方面具有明显差异：

（1）保存状况

元大都规模更宏大，在中国的城市规划史上有着重要的地位。但是，从保存状况来看，大都遗址被明、清北京城及现代北京城市叠压，保存状况和直观可视性很差。其城址跨今北京核心城区东城区、朝阳区、海淀区与西城区，周长 28.6 公里，今城墙遗址尚存约 12 公里，地上 2.7 ~ 7 米不等，基宽 20 余米。此外，北京城区有妙应寺白塔、万宁桥、后英房遗址等少数元代遗迹[58]，已经难以看出元代城市格局。而元上都则在废弃后一直位于草原深处，保存良好，可视性强。元上都遗址现在完整地保存着宫城、皇城、外城、关厢、道路系统、水利系统、防御系统、关厢等遗址遗迹；建筑遗址类型有宫殿、宗教建筑、兵营、粮仓、民居等遗址，格局十分清晰完整，具有很强的直观可视性（表 3–10）。

（2）城市规划特征

元上都与元大都在城市规划方面比较，前者属于游牧文明与农耕文明融合的典范，后者属于农耕文明在城市规划上的典型代表。两者拥有性质不同的城市文化。

此外，元代还在漠南地区建立了一些地方性城市，规模较小，结构简单（见贰・附件 2.C“元上都对比分析参考资料”，表 2 内蒙古元代城址统计表）。

表 3–10 元代都城概况表

序号	遗址名称	位置	始建年代	沿用时间	规模	平面图	保存状况
1	元上都遗址	内蒙古正蓝旗东	1256 年	1263 ~ 1368 年（共 106 年）	南北 2200 米，东西 2200 米	图 3.c–14	完好
2	元大都遗址	北京市区北部	1267 年	1272 ~ 1368 年（共 97 年）	南北 7600 米，东西 6730 米	图 3.c–15	很差
3	元中都遗址	河北省张北县北 15 公里	1307 年	1307 ~ 1368 年（共 62 年）	南北 3100 米，东西 2900 米	图 3.c–16	一般

57. 见壹・文本 2.b–6–1“两都制”专题论述。

58. 根据《北京市文物地图集》（国家文物局主编，北京：科学出版社，2008 年），北京市城区的元大都遗迹现有：学院路水涵洞遗址、转角楼涵洞遗址、庆丰闸、万宁桥、旧鼓楼大街豁口遗址、后英房遗址、和义门瓮城遗址、护国寺金刚殿、妙应寺白塔、西四排水渠遗址、雍和宫北遗址、王德常去思碑、后桃园遗址、福寿兴元观遗址、国子监、北京孔庙、进士题名碑、万松老人塔、海云可庵塔墓；墓葬类有斡脱赤墓、铁可家族墓、幸福大街元墓、榄杆市元墓、琉璃井元墓等；另有元代文物出土点：旧鼓楼瓷器出土点、定阜街文物出土点、东冠英文物出土点、月坛瓷器出土点、西单文物出土点、南礼士路瓷器窖藏、石碑胡同陶瓷窖藏、东琉璃厂窑址、下斜街文物出土点、黄寺文物出土点、宝钞胡同瓷器出土点、豁口瓷器窖藏、陶然亭文物出土点、西直门钱币出土点等。

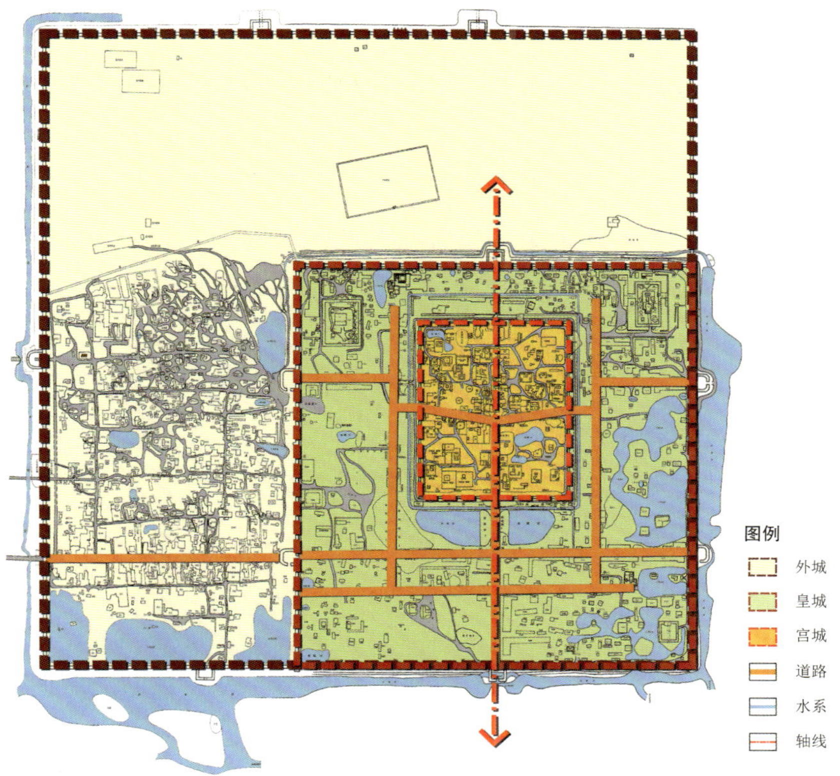

图 3.c-14 元上都遗址平面图

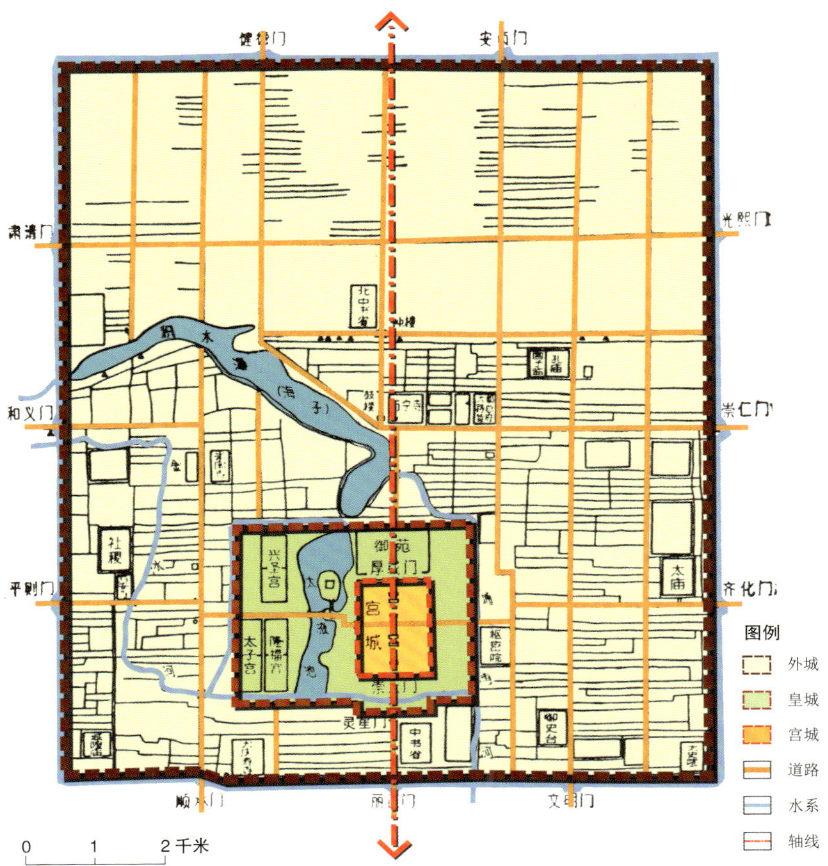

图 3.c-15 元大都遗址平面图

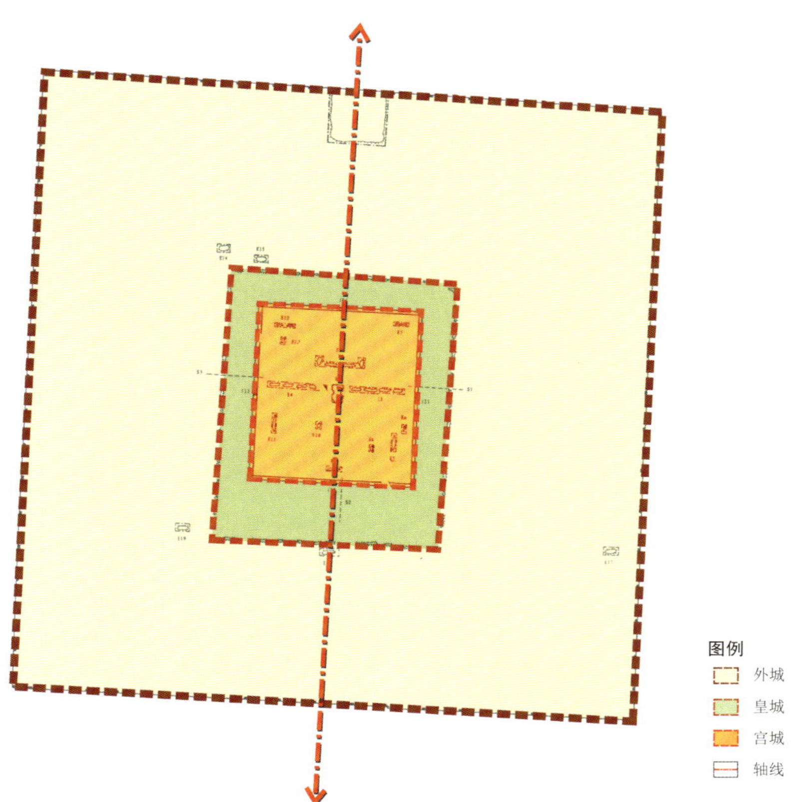

图 3.c-16 元中都遗址平面图

3.c-3-2 与中国历史上北方其他游牧民族建立的都城比较

在中国北方及其以北的草原地带，几千年来存在过很多的游牧民族。在历史上他们时时与周边农耕民族或冲突，或融合。当两个文明相遇时，创造出灿烂的文化，原本逐水草而居的游牧民族，也会建立自己的都城。最早可考的包括公元前 1 世纪匈奴人的姑臧城等。游牧民族采取非定居的生活方式，有夏营地、冬营地传统，中国北方草原民族每每南下时“不耐暑热”，因而会建立几个都城，以供冬夏迁徙。例如鲜卑族建立的北魏政权，在平城（今山西大同）和洛阳之间迁徙；而辽、金政权则分别建立了五京。

这些游牧民族所建立的城市大致可分为三类：

（1）游牧民族在汉地所建城市：早期城市如匈奴姑臧城（公元 1 世纪左右，今甘肃武威附近）、十六国的平阳（今山西临汾附近）、统万城等。后有金中都、元大都、清北京等（表 3-11）。

（2）游牧民族在草原地区继承改造汉人屯戍边城城市：如北魏盛乐及平城、高昌回鹘的北庭故城等。

表 3–11 中国历代游牧民族都城概况表

序号	遗址名称	建立民族	位置	年代	规模	布局特点	保存状况	图片
1	元上都遗址	蒙古	内蒙古自治区正蓝旗东	1256 年	南北 2200 米，东西 2200 米	三重城相套，城外四向设关厢	较好	图 3.c–17
2	辽上京遗址	契丹	内蒙古自治区巴林左旗林东镇南	918 年	南北约 1600 米、东西约 1720 米，周长 6399 米	南北城，民族分治	一般	图 3.a–10
3	辽中京遗址	契丹	内蒙古自治区赤峰市宁城县天义镇以西	1007 年	南北 3500 米，东西 4200 米	三重城相套	一般	图 3.a–14
4	辽南京遗址	契丹	北京市西南部	938 年	南北约 3000 米，东西约 2200 米	三重城相套，皇城位于外城西南隅	较差	图 3.a–13
5	金上京遗址	女真	黑龙江阿城市区南	12 世纪	南城南北 1528 米，东西 2148 米；北城南北 1828 米，东西 1553 米	南北城，民族分治	一般	图 3.a–11
6	金中都遗址	女真	北京市西南部	1151 年	南北 4530 米，东西 4750 米	棋盘式布局，两城相套	较差	图 3.a–15
7	西夏黑水城	党项	内蒙古自治区阿拉善盟额济纳旗达来呼布镇以南	11 世纪	边长 238 米	方形平面，一重城	一般	图 3.c–18
8	大夏统万城	匈奴	陕西省靖边县境内	413 年	南北 774 米，东西1051 米	不规则近矩形，东西两城相连	一般	图 3.c–19
9	北庭遗址	回鹘	新疆维吾尔自治区吉木萨尔县城北	702 年	东墙长 1686 米，南墙长 850 米，西墙长 1575 米，北墙长 485 米	不规则近矩形，两重城	较好	图 3.c–20

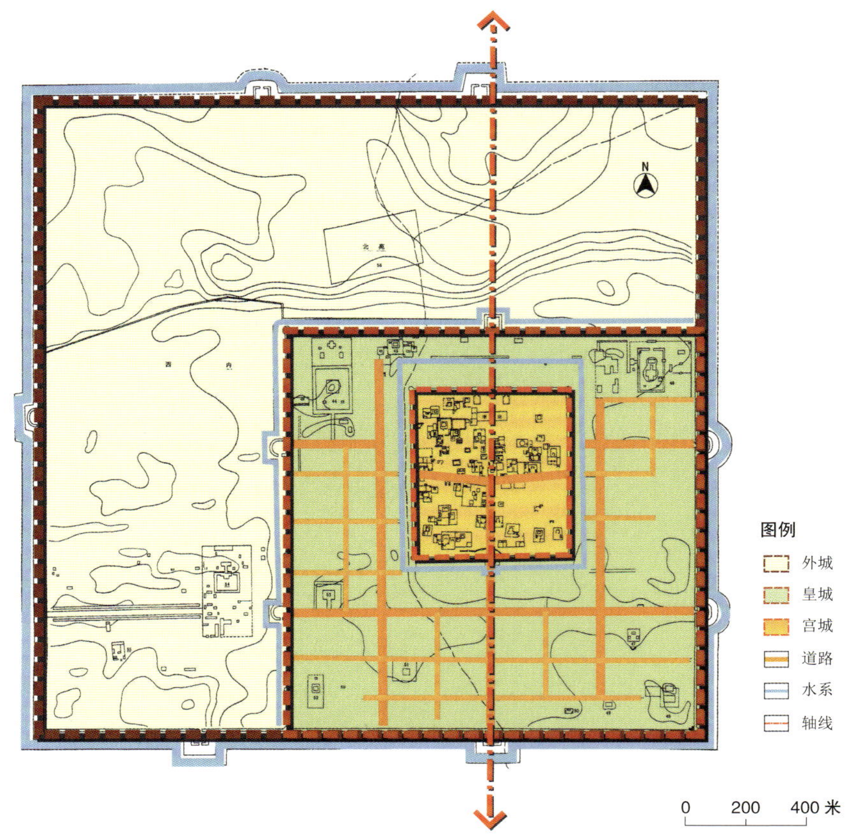

图3.c-17 元上都遗址总体布局图 来源：魏坚《元上都的考古学研究》，《元上都（上）》，中国：中国大百科全书出版社，2008 年

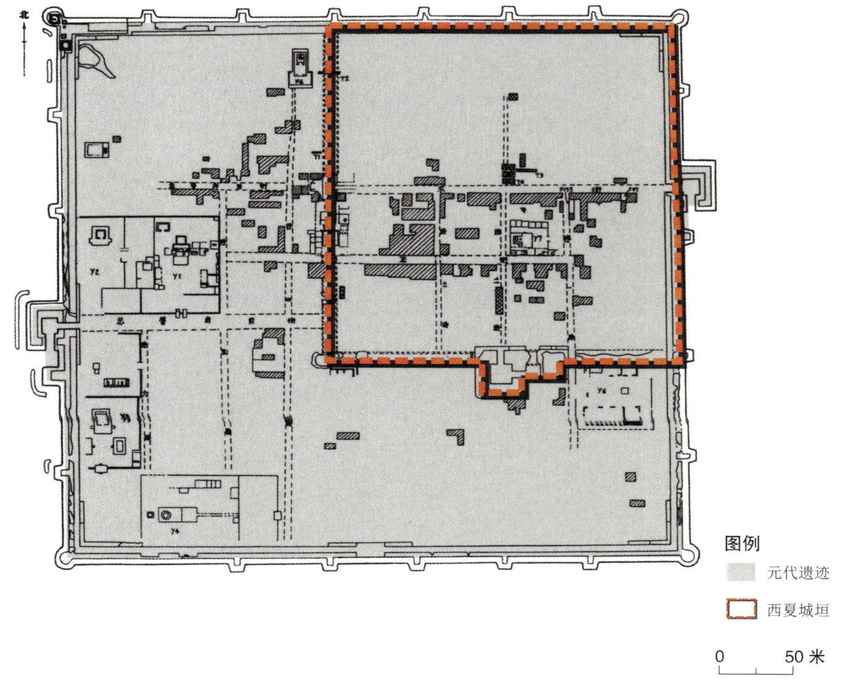

图3.c-18 黑城遗迹平面图 来源：内蒙古自治区文物考古研究所、阿拉善盟文物工作站：《内蒙古黑城考古发掘纪要》，《文物》总三七四期，1987 年第 7 期，第 2 页

图 3.c-19 大夏统万城总体布局图 来源：《统万城遗址保护总体规划》

图 3.c-20 北庭古城平面图 来源：《新疆吉木萨尔北庭古城调查》，《文物》1982 年第 2 期，第 165~175 页

（3）游牧民族在草原所建城市

现存最早的可能为位于今蒙古国鄂尔浑河谷回鹘牙帐城，为回鹘政权（744～840年）所建，城市规划风格不明。蒙古国境内其他城址均规模较小，结构简单（见贰·附件2.c“元上都对比分析参考资料”，表1蒙古国古城址统计表）。

在中国境内现存最早为辽上京（918年）。它与上都相比，在规划布局上南北城胡汉分居，呈现出游牧民族接触到汉族文化早期的色彩，与此类似的还有金上京等。另一类民族城市则彻底汉化，如金中都、辽中京等。元上都与之相比，具有兼容特性的城市布局体现了游牧民族文化和农耕文化更为有机的融合和更具合理性的应用。同时，元上都遗址是这些都城遗址中保存状况最完好、都城形制最完备的遗址，也最显著地体现出了文化交流和融合的特征，其历史地位与作用，更与其他看似类似的城市不同。

其中，辽中京（1007年）也为北方游牧民族契丹族所建，仿照汉人城市，规模宏大，形制完备，具有宫城、皇城、外城三重城的都城格局。与上都相比，两者的功能地位不同，前者为辽五京[59]之一，性质仅属陪都，而上都为季节性使用的都城“夏都”，属元朝“两都巡幸制”之一都。

3.d 真实性和完整性

元上都作为中国元朝的“夏都”，在使用了108年的时间后，于1368年毁于战火，明初曾作为军事据点开平卫使用，至1430年被彻底废弃。

元上都在废弃之后一直以遗址的方式真实、完整地保存至今。“元上都遗址”的真实性已经得到考古发掘和文献史料的印证，完整性因其废弃后较少受到人类活动的干扰也显得极为突出。

“元上都遗址”的遗产价值主要体现在城址、墓葬群、自然环境和人文环境等组成要素上。长期以来，遗产管理机构制定的各项法律法规和管理规定，以及所采取的各项严格而有成效的保护措施，很好地维护了遗产的真实性和完整性，为遗产突出普遍价值的延续提供了重要保障。

考虑到“元上都遗址”组成要素的多样性，依据《实施保护世界文化与自然遗产公约的操作指南》（2008版）的评估标准，分别评估“元上都遗址”各组成要素真实性和完整性的不同特征。

3.d-1 真实性

元上都城址真实保存了具有蒙、汉民族文化结合特征的都城形制、格局与材料等，墓葬群真实保存了蒙、汉民族于上都生活的历史信息与物证；除明德门遗址和皇城东城墙进行过少量修缮活动，城址和墓葬群基本没有出现人工干预。

59. 辽上京、中京、东京、南京、西京的总称。

元上都遗址的自然环境虽然经历了600多年风雨侵蚀，但真实保存了元上都选址的所有要素，保持了上都特有的湿地、沙地、森林草原和典型草原并存的景观特征；保持了特有的山、水、草原相结合的地理环境，延续了天然牧场保持生态平衡的重要功能。

元上都遗址的人文环境仍保持为以蒙古族为主体的多民族聚居区，保留着浓郁的蒙古族传统文化。其中，以敖包及敖包祭祀为特色的活传统仍然传衍至今；现存敖包除有个别存在现代建筑材料包砌外，大多数敖包保持了传统形式、传统材料和传统位置。

因此，遗产整体的真实性保存很好。

3.d–1–1 城址的真实性

元上都城址是“元上都遗址”中最具突出普遍价值的组成要素，其保存的真实性完好。可从外形和设计、材料和实体、建造技术、方位和位置以及草原都城的精神感受等5个方面进行评估：

通过对城墙、城门、建筑基址、道路、护城河、铁幡竿渠等遗存的考古勘探和局部的考古发掘，并结合文献史料中的描述和出土文物的类型，已确认元上都城址在外形和设计、材料与实体、建造技术、方位和位置等方面均很好地保持了元代（13～14世纪）的历史状态。此外，从精神和感觉上，元上都城址真实的保存了13～14世纪蒙元帝国时期草原都城的文化气息，体现了游牧民族生活方式与中原农耕文明的结合，其现有遗迹能向公众传递真实的精神感受。

2002年，由内蒙古文物考古研究所和锡林郭勒盟文物站联合开展的皇城南门及皇城东墙外侧的维修工程基本符合《奈良真实性文件》对于保护遗产真实性的要求。工程中使用城墙外倒塌在积土中的包砌石片按照城墙原来的工艺进行砌筑，并用墙体原来坍塌下的夯土重新逐层夯筑，与包砌的石墙连为一体，墙体上部构筑方式不清楚的部分则未作修复[60]（图3.d–1、图3.d–2）。

3.d–1–2 墓葬群的真实性

自元上都建城开始，就有大量居民、工匠和商人由内地陆续迁来，他们中的大多数人死后葬在上都城的周围，从而形成许多公共墓地。其中，最具代表性并列入“元上都遗址”申报范围的墓葬群包括砧子山墓葬群和一棵树墓葬群。

经考古发掘和清理确认，砧子山墓葬群和一棵树墓葬群保存的真实性完好。

砧子山墓葬群和一棵树墓葬群在墓葬形制（外形和设计、方位和位置）、葬具使用、随葬品类型（材料和实体）、丧葬习俗（传统）等方面均呈现出鲜明的元代墓葬的文化特征。其中，墓葬碑刻、砖铭上关于年代、人物和官职的记载等证据更直接的证实了两处墓地均为居住在元上都及周围地区各民族的集

60. 魏坚、王晓琨、李兴盛：《元上都皇城南门及东墙清理修复报告》，魏坚《元上都（上）》，北京：中国大百科全书出版社，2008年，第265～294页。

图 3.d-1 皇城东城墙历史照片（西南一东北）

图 3.d-2 皇城东城墙包砌石块修复后（南一北）

中墓地。此外，两个墓葬群在这些方面体现出的差异也反映出不同的民族特征。如砧子山墓葬群为汉人家族墓地，而一棵树墓葬群因游牧和武备特征明显，反映了墓主人在生前从事游牧生活，属蒙古族墓地[61]（图 3.d-3）。

61. 魏坚、李兴盛：《多伦县砧子山西区墓地》，魏坚《元上都（上）》，北京：中国大百科全书出版社，2008 年，第 328～585 页；内蒙古自治区文物考古研究所、锡林郭勒盟文物管理站、多伦县文物管理所：《元上都城南砧子山南区墓葬发掘报告》，《内蒙古文物考古文集》第一辑，中国大百科全书出版社，1994 年；魏坚、李兴盛、曹建恩：《正蓝旗一棵树墓地》，魏坚《元上都（上）》，北京：中国大百科全书出版社，2008 年，第 601～645 页。

图 3.d-3 砧子山西区墓地出土石刻墓志

碑文为“上都小东关住人□□黄得禄之位小黄大多□□女合舍”。全长 79 厘米；碑身长 54 厘米，碑身宽 45～52.5 厘米；碑座长 25 厘米，碑座宽 34～38 厘米，厚 9～11 厘米。从墓志中，可以判断出死者系居住于元上都城外东关厢地带的居民。

3.d-1-3 自然环境的真实性

“元上都遗址”自然环境保存的真实性完好。

元上都城址南侧的上都河基本保持了历史岸线和水域规模；周边群山如龙岗山、额金敖包山等也保持了原有的山体形态；其所在的金莲川草原也保持了以十余种典型草原植物为主的植被特征。此外，遗产区和缓冲区内还包含了湿地、沙地、典型草原和森林草原等四种草原生态环境，保持了天然牧场的使用功能，同时也保持了元上都遗址自然环境独特的山、水、草原相结合的景观特征。

3.d-1-4 人文环境的真实性

元上都城址周边的敖包，特别是具有代表性的 12 处敖包保存的真实性完好。蒙古族祭敖包的习俗源远流长，敖包的功能最早原为牧人辨别方向的标志物，后来受到萨满教信仰中的“山岳崇拜”的影响，逐渐成为祭祀山神、路神、财神、雨神的地方。元上都城周边的敖包至今仍保留了这两种使用功能。在敖包的建造方式、方位和位置上，上都城周边的敖包均沿袭了原有的传统，符合真实性要求。除乌和尔沁敖包在 20 世纪 90 年代被当地蒙古族用水泥包砌，在建筑材料方面损失部分真实性外，其余敖包的建筑材料均为传统的土、石垒砌。

由敖包衍生出来的“敖包祭祀”和“那达慕大会”等非物质遗产在遗产地保持了很好的真实性，在活动举行的时间、场所、活动的内容、功能，以及相关的器具、制品、参与者和整体精神感觉等方面都保持了很好的真实性。

此外，元上都遗址所在的正蓝旗地区还真实保存了纯正浓郁的蒙古族风情，包括饮食习惯、生活习俗、生产方式、宗教信仰、文化艺术、祭祀庆典等方面的文化多样性。

3.d-2 完整性

元上都遗址的申报范围包含了所有承载遗产价值的城址、关厢、铁幡竿渠、大型粮仓、与墓葬群等诸多要素，完整保存了体现城市选址和地理环境特征的山、水、草原要素；区划范围达到 25131.27 公顷。

遗址的缓冲区包含了所有的遗址环境要素，完整保存了各种特色自然景观以及自然环境要素的空间关系，包括自然的与人文的，区划范围达到 150721.96 公顷。此外，分布于申报范围和缓冲区的敖包群及其所在山峰均获得完整保存。

在申报范围和缓冲区内的农田开垦规模和超载放牧已经得到完全有效的控制。

因此，遗产整体的完整性保存良好。

3.d-2-1 元上都城址的完整性

元上都城址的完整性好。它完整地保存了表现遗产突出普遍价值所必要的空间格局和总体布局，遗存规模足够体现遗产价值的特色，受到近现代发展的负面影响很小。

元上都城址完整保存了元代初期（13 世纪中叶）始建时四面环山、南临滦水，“背山面水”的空间格局，可与文献史料中“龙岗蟠其阴，滦水经其阳，四山拱卫，佳气葱郁”的描述相印证。同时，它还完整保存了上都城在元代（13 ~ 14 世纪）使用时的总体布局，宫城、皇城、外城三重城的方整布局清晰可见，地面遗迹和地下遗存如城墙、城门、护城河、建筑基址、道路系统等均保存完整，很好的支撑了元上都遗址列入世界遗产价值标准的第（ii）、（iii）、（iv）条。

元上都城址的地面遗迹虽然经过 600 年的风雨侵蚀，但仍保存了足够体现遗产价值特色和过程的规模。如：现有城墙遗迹的残存高度和宽度以及基本连续的长度可以准确勾勒出上都城的历史规模和格局；护城河、铁幡竿渠等水利设施保存的长度和走向则可以体现当时人们在城市如何防治水患方面的杰出技术。元上都城址的地下遗存受后世人为扰动较小，道路系统、建筑基址等保存完整，近年来的考古工作也已经证明了这一点。

近三十年来，元上都城址受到发展的负面影响已被消除。影响包括：牧民放牧时畜群对城墙两侧的侵蚀破坏、五一种蓄场职工曾经对部分城墙墙体的扰动、农业耕作对邻近的关厢遗存和铁幡竿渠的威胁以及游客对遗址本体的登踏磨损等。自 1992 年以来，正蓝旗政府已经采取设置围栏、退耕还草、限制游客活动区域、加强维护管理等措施消除了这些不利于遗产存续的因素。

3.d-2-2 墓葬群的完整性

砧子山墓葬群的完整性良好。大部分墓葬地面有石砌的茔墙，保存较好，个别茔墙被当地人近年取石挖掉，但地表仍留有一道明显取石后的凹槽。按照墓茔的形式分类，墓葬保存有单墓茔、多进式墓茔、双重式墓茔、无墓茔等多种形制；按照墓室材料分类，墓葬保存有土坑竖穴墓、砖室墓、砖石混砌墓、石砌墓和石板木椁墓等多种形式。据目前的初步统计，砧子山墓葬群约有1500余座墓葬，规模庞大，足以体现其作为元上都城附近规模最大的元代居民集中墓地的价值。

一棵树墓葬群的完整性较好。墓葬群的规模和墓葬的形制清晰，出土随葬品中有铁马镫、银壶和具有武备特征的铁剑、铁镞等具有游牧和武备特征的文物。

砧子山墓葬群和一棵树墓葬群自元代荒废后，早期盗扰和现代盗掘较为严重，近年来在当地政府采取围封保护、专人看护和巡视等措施，以及公安部门严厉打击盗掘行为后，此类现象已经得到控制。

3.d-2-3 自然环境的完整性

自然环境作为“元上都遗址”的重要组成要素和基础环境背景，在组成要素、分布规模、空间关系和外形轮廓等方面均保持了很好的完整性。其中，金莲川草原的草甸草原和局部湿地的特征及其分布的规模均完整保存；上都河等历史水系的分布关系和水体规模完整保存；城址四周环绕的低山丘陵保存了龙岗山、乌和尔沁敖包山、南屏山、大敖包山、西山、小园山、乌兰台山等小山峰，这些峰峦完整地保存了城市与山、水、草原的布局关系，以及层叠柔和的外形轮廓。

3.d-2-4 人文环境的完整性

元上都城周边的敖包，特别是城址周边位于申报范围内的12处代表性敖包的完整性很好。各敖包的主体及作为敖包载体的各个山峰均完整保存，由敖包衍生出的敖包祭祀、那达慕大会等民俗活动在各个环节上均保持完整，活动盛行的区域——锡林郭勒盟地区足够大，足以支撑其所承载的突出普遍价值。目前，经济发展速度过快对非物质遗产的传承造成一定负面影响，近年来，政府已通过将那达慕大会等列入国家级非物质文化遗产名录、对民族传统艺术的传承人进行奖励和补贴等形式对蒙古族传统风俗进行保护。

4 遗产保护情况和影响因素

4.a 保护现状

元上都自明代初期（15 世纪 30 年代）废弃成为遗址后，长期处于自然保存状态，基本无人为活动影响。19 世纪末至 20 世纪 40 年代，许多外国人到这里考察，元上都遗址逐渐引起世人关注。

1964 年，“元上都遗址”被列为内蒙古自治区第一批文物保护单位，其保护工作受到提名地政府的重视。1979 年，“元上都遗址”的文物保护工作开始由专门的文物管理机构负责。1988 年，“元上都遗址”被列为全国重点文物保护单位，逐步形成国家、自治区、盟级和旗县级四级政府关联的保护管理体系，并遵从最小干预等原则实施保护，有效地保护了遗址及其环境的真实性和完整性。目前采取的主要保护管理措施包括：日常巡视与监测、本体保护维修及加固、环境整治、生态环境保护、灾害防治、风险防范、组织考古调查发掘与保护、制定和执行专项保护法规、编制和执行保护管理规划、社会协调等方面。

4.a-1 城址的保护现状

城址的遗存可分为地下遗存和地上遗迹两类：

地下遗存均被草原覆盖，未受到自然因素和人为干扰的影响，保存状态稳定。少量植被覆盖较少的地上遗迹受到冻融、风化、暴雨冲刷等自然破坏因素的一定影响，但总体保存状况良好。

正蓝旗政府长期以来一直十分重视对城址的科学保护，采取的保护措施可分为遗存勘察和遗址保护两类。

4.a-1-1 遗存勘察

城址的遗存勘察工作始于 20 世纪 30 ~ 80 年代中日学者零星开展的考古调查和测绘，这些调查成果为元上都遗址的早期遗产保护工作提供了一批翔实的历史数据。

为了确定城址区遗存分布范围的边界，明确重点遗存的年代、形制和规模等关键问题，并为城址真实性和完整性的保护提供科学依据。进入 20 世纪 90 年代以后，内蒙古自治区文物考古研究所开始在城址区有计划地、系统地开展了大量的遗存勘察工作。

通过 1990 ~ 2009 年的现场调查、航空摄影、测绘和数据分析等长期工作，至 2010 年，已经基本摸清城址及其周边面积达 54.8 平方公里区域内的地上遗迹分布状况。

2008 ~ 2009 年，在外城、铁幡竿渠及部分皇城面积达 432 万平方米的区域内采用普探加局部密探的方式进行了考古钻探，勘探出遗迹数约 1300 个；2010 年，全面完成宫城和皇城普探工作。基本确定了城址区地下遗存的分布范围，

图 4.a-1 外城东西大道南侧测绘现场　2009 年

图 4.a-2 铁幡竿渠西侧考古勘探现场　2009 年

区分出道路、建筑基址、水面等遗存类型，完善了对元上都城总体布局的现有认识（图 4.a-1、图 4.a-2）。

1996 ~ 2009 年，对大安阁遗址、明德门遗址和穆清阁遗址等 3 处重点遗迹先后进行了考古清理，确认了遗存的年代、分期和形制等关键问题，为城址遗存的真实性提供了重要证据。未来三年内，为深化对"元上都遗址"遗产价值的认识，还将按照《中华人民共和国文物保护法实施条例》和《田野考古工作规程》的要求，对宫城、皇城内的几处重点遗迹采用开探沟的方法，进行小面积、局部性的考古发掘（图 4.a-3）。

图 4.a-3 大安阁遗址考古清理现场 1997 年

所有遗存勘察工作进行中的现场采取了架设临时围栏和专人守护的措施进行保护，出土文物临时保存于专人值班、并设有 24 小时监控报警设备的文物库房内。发掘工作完成后，对遗存均进行了科学回填，出土文物交由国家相关文物研究和保护机构妥善保存。

4.a-1-2 遗址保护

针对城址遗存本体面临的各类威胁因素，近年来遵照文物保护的有关要求采取了多项本体保护措施，可分为本体维修加固和防止人为破坏两类：

（1）本体维修加固

针对少部分出露地表的城墙遗迹存在的风化和塌落的病害现象，2002 年，按照《中华人民共和国文物保护法》和有关法律法规、部门规章的规定，遵守《中国文物古迹保护准则》以及《威尼斯宪章》《奈良文件》等有关国际文物保护公约、宪章的保护原则和要求，对明德门门址、长约 450 米的瓮城城墙，以及皇城东墙外侧 351 米的城墙进行了维修加固（图 4.a–4），并对明德门门址进行了地质勘探。

根据近年的监测情况，为彻底解决城址的本体稳定性问题，未来 3 年内，还将继续开展本体保护工程。现已开始编制的保护工程方案有《元上都遗址明德门文物本体保护工程设计》《元上都遗址穆清阁文物本体保护工程设计》等。

此外，2002 年还采取保护措施修复了近几十年来人为造成的破坏痕迹，如封填遗址内机井及水井、填平 1957 年修建于上都城遗址前长约 2300 米的人工引水渠并恢复植被等。

（2）防止人为破坏

为防止畜群进入城址区对遗址本体造成破坏，已按照《元上都遗址保护总体规划》划定的边界修建了 16.3 公里的禁牧封闭式铁丝网围栏，面积达 11.6 平方公里。

同时，为防止过度放牧对周边草原造成的生态破坏，采取了对元上都遗址周边 24 平方公里内的牧场实行限牧和轮牧的措施，并对其中影响较大的计约 18 平方公里的区域采取了退耕还草和退林还草的措施。

图 4.a–4 皇城东墙及马面清理和维修　2002 年

4.a-2 墓葬群的保护现状

砧子山墓葬群和一棵树墓葬群的保存现状较好，大部分墓葬的地面遗迹仍较为清晰。

墓葬群总体保存状况良好。个别的破坏因素和威胁因素主要来自于盗墓。1990～1998 年，内蒙古自治区文物考古研究所对砧子山墓葬群的被盗墓葬进行了四次考古清理和科学回填工作，对一棵树墓葬群的被盗墓葬进行了三次考古清理和科学回填工作，出土文物已由相关文物研究和保护机构妥善保存。通过这些工作，明确了墓葬的形制、年代等关键属性。此外，由中国国家博物馆遥感与航空摄影考古中心和内蒙古自治区文物考古研究所在 1997 年联合对砧子山墓葬群和一棵树墓葬群进行的航空摄影考古勘测，获得了许多直观的图像资料，墓葬群的分布范围得以探明。

针对盗墓现象，正蓝旗人民政府和多伦县人民政府已分别对一棵树墓葬群和砧子山墓葬群进行围封保护，并由两地政府联合，加强了对两处墓葬群的监控和巡视，委派专人监管；同时，加大文物执法力度，组织公安机关严厉打击盗墓行为，监控文物流通市场，防止文物犯罪。

4.a-3 自然环境的保护现状

4.a-3-1 自然环境要素的保护

元上都遗址的自然环境要素包括山、水、金莲川草原。

关于山：遗址周边的山体基本保存完好，正蓝旗政府近年来加大了山体水土保持的力度。

关于水：城址南侧的上都河基本保持了历史岸线，近年来，在滦河水源保护工程方面，通过大面积的植树造林和水源保护，使滦河水源地内的湖泊、河流的水质进一步提高。

关于金莲川草原：受气候变化、土地沙化和超载放牧的影响，草原局部出现退化。近年来通过各种草原保护措施的实施，金莲川草原的牧草覆盖度大幅提高，现各类植物达 50 多种，金莲花几乎布满河川地带，野生动物种类繁多，成为正蓝旗的生态示范区。

4.a-3-2 特色景观的保护

元上都遗址的缓冲区内分布有沙地、森林草原、典型草原和湿地四种特色景观，它们共同构成了遗产的自然背景环境，目前保存完好。

2000 年以来，通过中国政府开展的“京津风沙源治理工程”“三北防护林建设工程”和“浑善达克沙地综合治理”，元上都遗址周边沙漠化土地得到有效治理，水土流失得到基本控制，特色景观也得以保持。

4.a-4 人文环境的保护现状

上都城周边群山顶部的敖包群曾在1997年由中国国家博物馆遥感与航空摄影考古中心和内蒙古自治区文物考古研究所联合进行过航空摄影考古勘测，敖包群的分布及规模已经得以大体探明。但针对单个敖包的遗存勘察工作相对滞后，目前对敖包群的遗存勘察工作已列入相应的考古工作计划，正在逐步有序地展开。

敖包群因处于山体顶部，受人为干扰较少，总体保存现状较好。针对因山体水土流失而导致的少量敖包局部垮塌现象，当地牧民和相关保护管理部门采取重新垒石并加固的方法进行修复，同时恢复山体植被，防止进一步的水土流失。

此外，由敖包衍生出来的草原上特有的敖包祭祀及“那达慕”大会等生活传统，也是元上都遗址遗产价值的重要组成部分。目前这些生活传统在元上都遗址所在的锡林郭勒盟草原地区仍得以延续，并已经国务院批准列入第一批国家非物质文化遗产名录。

4.b 影响因素

4.b-1 开发压力

元上都遗址地处地广人稀的草原腹地，远离现代化城镇居民区，遗产区和缓冲区基本不存在城镇发展建设、经济和人口增长方面的开发压力。

由于元上都遗址所在地拥有草原资源及矿产资源优势，对资源的开发和利用曾经对元上都遗址的整体保护造成一些压力。正蓝旗人民政府和正蓝旗元上都遗址文物事业管理局已经充分意识到这些压力对元上都遗址的景观环境保护所产生的负面作用，并采取了一系列的控制和整治措施，特别是通过编制和执行相关的专项保护规划和系列控制性详细规划以及其他各种规划，对相应的压力进行缓解和控制。

目前的潜在压力主要来自草原资源开发：元上都遗址的申报范围内有“五一种蓄场”，其生产经营以种蓄为主，种蓄场对草原资源的开发利用行为对元上都遗址的自然环境、特别是草原特色景观存在潜在威胁，目前正蓝旗人民政府已经将“五一种蓄场”影响遗址安全的三分场、四分场等地块内的居民、牲畜、重大基础设施等整体搬迁，并清理生活垃圾，进行植被修复，实现元上都遗址及其环境的整体保护。

4.b-2 环境压力

元上都遗址属于草原都城遗址，申报范围内植被覆盖率高，无工业污染，空气质量一直处于良好水平，大气中二氧化硫（SO_2）、氮氧化物（NOx）含量低，含有丰富的负氧离子，达到国家大气环境质量一级标准（GB3095–1996）；地表水环境质量大部分地区符合《地表水环境质量标准》（GB3838–2002）中规定的 III、IV 类水，部分地区综合指标评价为 I 类水。

遗产的环境压力主要来自遗址特色景观环境的保护方面，主要表现在两个方面：一是地下水资源利用强度对湿地景观的影响；一是土地沙化对典型草原景观的影响。

关于地下水资源利用强度对湿地景观的影响：工业生产超采地下水的现象，对湿地景观造成一定影响，正蓝旗人民政府依据相关法律法规和《元上都遗址保护管理规划》的要求，采取措施严禁工业生产采掘地下水，严格控制生活用水的抽采，完整保护了湿地特色景观。

关于土地沙化：近年来，气候变化和畜牧超载导致的土地沙化是目前元上都遗址环境保护的主要压力。针对这一威胁，正蓝旗人民政府依据相关法律法规和《元上都遗址保护管理规划》，对草原的人为破坏活动进行限制，并建立草原工作站，委托中国科学院植物研究所对元上都遗址自然生态环境展开科学考察，编制了《元上都遗址生态及特色景观保护规划》，开展一系列的草场、草地、草群指标测定和草情监测。总体上保持了元上都遗址周边环境的生态平衡。

与此同时，政府经常进行环境治理，生态环境和环境质量长期按照国家标准进行保护，遗产区和缓冲区内总体环境状况良好。

4.b–3 自然灾害和防灾情况

元上都遗址属于考古遗址，地理环境极为稳定，自 1430 年废弃以来始终保持着自然状态，地震、洪水、火灾等自然灾害基本对遗址本体不造成威胁。自然灾害和防灾情况主要针对遗址特色景观环境的保护进行评估。

对遗址特色景观环境构成潜在威胁的自然灾害主要来自森林火灾对森林草原景观的威胁。针对这一灾害威胁，正蓝旗防火指挥部规定自每年 3 月起正蓝旗全境进入春季草原、森林防火戒严期，严密部署，加强组织领导和监督检查，严格火源管理，落实各项制度，避免火灾的发生。并采取加强火险监测、制定应急预案、研究抢救保护措施，加强员工防灾抗灾技术培训等措施，有效的预防和降低灾害的破坏程度。

4.b–4 旅游压力

元上都遗址因其属于考古遗址，占地辽阔，目前在游客容量上基本不存在旅游压力。

基于元上都遗址丰富的历史文化内涵和独特的草原景观，近年来逐渐受到关注，在国内外的旅游影响力持续扩大。根据近年的监测统计，近五年游客数量逐年递增，2008 年游客量为 25 万人次。游客流量季节分明，主要集中在 6

月至 8 月三个月，占全年游客的 70%。

目前遗产地在旅游方面正在加强遗产展示与诠释的系统建设。随着这些工作的逐步展开和完善，必将形成更为丰富和广阔的开放空间，游客容量仍有很大的提升空间。

随着元上都旅游业的发展，其相关的旅游服务项目预期会有较大的增长，对元上都遗址的保护将造成一定程度的潜在压力。针对这一压力，正蓝旗人民政府通过一系列的控制性规划对申报范围内的产业布局进行调整，控制旅游经营活动，使申报范围内旅游开发项目的经营建设实现有序发展。

4.b-5 遗产区及缓冲区内的居民数量

以下区域内的估计人口

遗产申报范围：5300 人

缓冲区：2.7 万人

总计：3.2 万人

统计年份：2010 年 5 月

5 遗产的保护与管理

5.a 所有权

元上都遗址申报范围的土地分为国家所有和集体所有两部分。

根据 2009 年统计结果，申报范围内正蓝旗境内五一种蓄场 16556.30 公顷的土地属中华人民共和国国家所有，其他土地包括正蓝旗境内土地约 3736.11 公顷及多伦县境内 4838.86 公顷均属集体所有（图 5.a–1）。申报范围内的土地管理机构为正蓝旗国土资源局及多伦县国土资源局，土地管理法律法规主要有《中华人民共和国土地管理法》《中华人民共和国土地管理法实施条例》《内蒙古自治区实施〈中华人民共和国土地管理法〉办法》《内蒙古自治区国有土地储备管理办法》《正蓝旗国有土地收购储备制度实施方案》《多伦县土地储备交易办法》等。

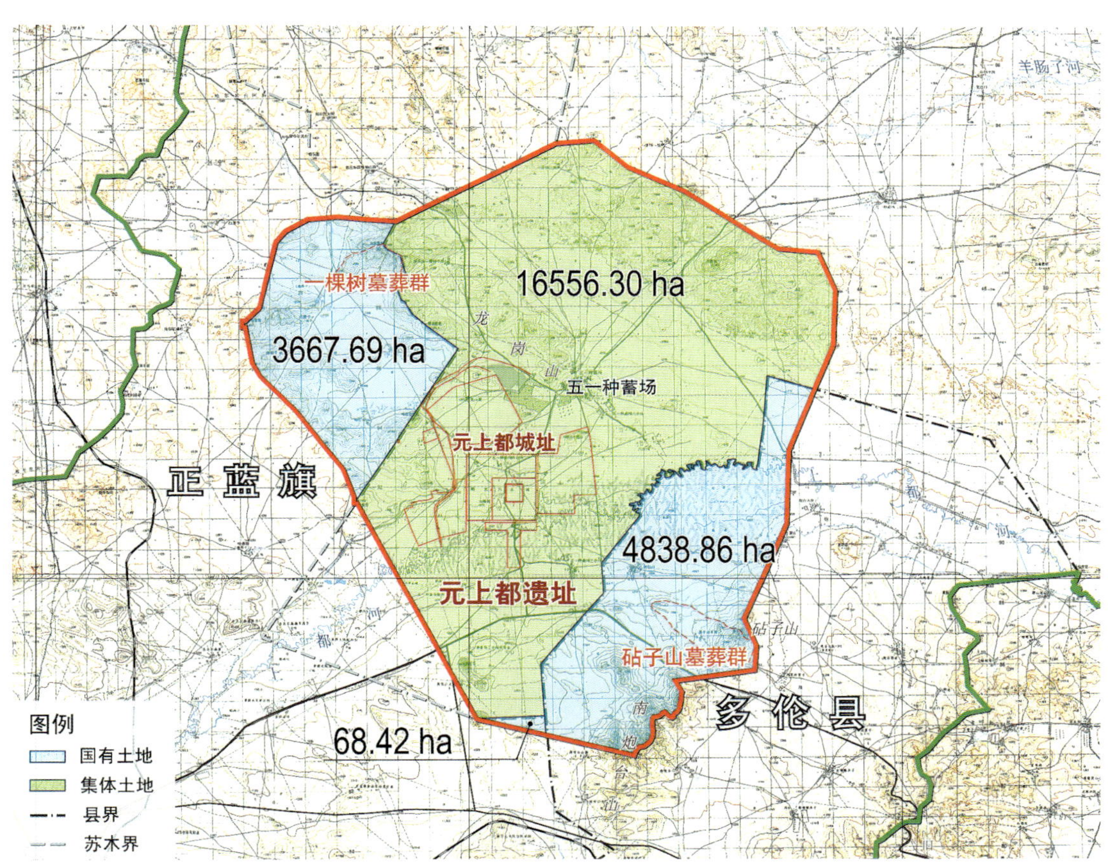

图 5.a–1 元上都遗址申报范围内土地所有权示意图

5.b 保护地位

5.b-1 保护称号

元上都遗址具有以下保护称号：

（1）中国世界文化遗产预备名单

元上都遗址于1996年被列入世界文化遗产预备名单。联合国教育、科学及文化组织大会通过并公布的《保护世界文化和自然遗产公约》（1972年），以及《实施保护世界文化与自然遗产公约的操作指南》（2008年）规定了世界文化遗产预备名单的设立条件；2006年中华人民共和国文化部颁布的部门规章《世界文化遗产保护管理办法》，2006年国家文物局颁布的《中国世界文化遗产监测巡视管理办法》规定了列入预备名单的文化遗产的保护管理要求（表5-1）。

表5-1　元上都遗址涉及保护称号登记表

序号	名称	保护级别	批次	公布文号	公布机构	公布时间
1	中国世界文化遗产预备名单	国家级	–	–	国家文物局	1996年
文物保护单位						
2	元上都遗址	国家级	第三批	国发〔1988〕5号	国务院	1988年1月
3	砧子山墓葬群	自治区级	第四批	内政发〔2006〕65号	内蒙古自治区人民政府	2006年9月
4	一棵树墓葬群	旗级	第二批	蓝政发〔2010〕113号	正蓝旗人民政府	2010年12月
5	一棵树敖包	旗级	第二批	蓝政发〔2010〕113号	正蓝旗人民政府	2010年12月
6	哈登台敖包	旗级	第二批	蓝政发〔2010〕113号	正蓝旗人民政府	2010年12月
7	乌和尔沁敖包	旗级	第二批	蓝政发〔2010〕113号	正蓝旗人民政府	2010年12月
8	额金敖包	旗级	第二批	蓝政发〔2010〕113号	正蓝旗人民政府	2010年12月
9	昌图敖包	旗级	第二批	蓝政发〔2010〕113号	正蓝旗人民政府	2010年12月
10	小圆山敖包	旗级	第二批	蓝政发〔2010〕113号	正蓝旗人民政府	2010年12月
11	乌拉敖包	旗级	第二批	蓝政发〔2010〕113号	正蓝旗人民政府	2010年12月
12	阿土台敖包	旗级	第二批	蓝政发〔2010〕113号	正蓝旗人民政府	2010年12月
13	大敖包	旗级	第二批	蓝政发〔2010〕113号	正蓝旗人民政府	2010年12月
14	葫芦苏台敖包	旗级	第二批	蓝政发〔2010〕113号	正蓝旗人民政府	2010年12月
15	乌兰台敖包	旗级	第二批	蓝政发〔2010〕113号	正蓝旗人民政府	2010年12月
16	查干敖包	旗级	第二批	蓝政发〔2010〕113号	正蓝旗人民政府	2010年12月

（2）文物保护单位

元上都遗址申报对象中包括15处文物保护单位，其中：1处为全国重点文物保护单位，1处为自治区级文物保护单位，其余13处为旗级文物保护单位（表5-1）。

国务院颁布的法律《中华人民共和国文物保护法》（1982年公布、1991年、2002年、2007年修订）、国务院颁布的行政法规《中华人民共和国文物保护法实施条例》（2003年公布）以及内蒙古自治区人大常委会颁布的《内蒙古自治区文物保护条例》（1990年公布，1993年、2005年修订）规定了文物保护单位的保护管理要求，此外正蓝旗人民政府还制订了一系列针对文物保护单位元上都遗址的保护管理文件（表5-2）。

表5-2　元上都遗址的相关法律法规

法律类型	法律法规名称	颁布机构	颁布时间
法律	中华人民共和国宪法	中华人民共和国全国人民代表大会	1982年12月4日
法律	中华人民共和国文物保护法	中华人民共和国全国人民代表大会常务委员会	1982年11月19日颁布 1991年6月29日修订 2002年10月28日修订 2007年12月29日修订
法律	中华人民共和国草原法	中华人民共和国全国人民代表大会常务委员会	1985年6月18日颁布 2002年12月28日修订
行政法规	中华人民共和国文物保护法实施条例	中华人民共和国国务院	2003年5月18日
部门规章	世界文化遗产保护管理办法	中华人民共和国文化部	2006年11月14日
规范性文件	中国世界文化遗产监测巡视管理办法	国家文物局	2006年12月8日
地方性法规	内蒙古自治区文物保护条例	内蒙古自治区人民代表大会常务委员会	1990年4月14日颁布 1993年3月4日修订 2005年12月1日修订
地方性法规	内蒙古自治区草原管理条例	内蒙古自治区人民代表大会常务委员会	1984年12月26日颁布 2004年11月26日修订
地方性法规	内蒙古自治区基本草牧场保护条例	内蒙古自治区人民代表大会常务委员会	1998年11月27日
地方性法规	内蒙古自治区元上都遗址保护管理办法	内蒙古自治区人民政府	2010年11月18日
政府规章	内蒙古自治区草原管理实施细则	内蒙古自治区人民政府	1998年8月4日
政府规章	锡林郭勒盟加强野外文物保护工作实施意见	锡林郭勒盟行政公署	2003年9月15日
地方性法规	正蓝旗文物保护管理办法	正蓝旗人民代表大会常务委员会	1990年12月20日

上述保护称号的公布文件摘要列后：

1. 中国世界遗产预备名单

《中国世界文化遗产预备名单》重设目录

9. 元上都、中都遗址[1]（内蒙古自治区正蓝旗、河北省张北县）

2. 全国重点文物保护单位

《国务院关于公布第三批全国重点文物保护单位的通知》
（国发〔1988〕5号）

各省、自治区、直辖市人民政府，国务院各部委、直属机构：

国务院同意文化部提出的第三批全国重点文物保护单位（共计二百五十八处），现予公布。望各地根据《中华人民共和国文物保护法》的规定，组织有关部门，对本地区内的全国重点文物保护单位划出保护范围，作出标志说明，并逐步建立科学记录档案。同时，要督促有关市、县人民政府，做好所辖境内的全国重点文物保护单位的保护管理工作。

国务院

一九八八年一月十三日

第三批全国重点文物保护单位名单（共计258处）

……

（五）古遗址（共49处）

编 号	分类号	名称	时代	地 址
……				
220	40	元上都遗址	元	内蒙古自治区正蓝旗
……				

3. 自治区级文物保护单位

《内蒙古自治区人民政府关于公布自治区第四批重点文物保护单位的通知》（内政发〔2006〕65号）

各盟行政公署、市人民政府，自治区各委、办、厅、局，各大企业、事业单位：

内蒙古自治区第四批重点文物保护单位（共计236处），已经自治区人民政府2006年第9次常务会议审议通过，现予以公布。

1. 元中都没有与元上都的从属和组合关系。

……

各地区、各部门要依据《中华人民共和国文物保护法》等法律法规和《国务院关于加强文化遗产保护的通知》（国发[2005]42号）精神，进一步贯彻“保护为主、抢救第一、合理利用、加强管理”的工作方针，针对不同文物保护单位的特点，采取切实可行的保护方式，科学规划，妥善处理文物遗产保护与经济发展、人民群众生产生活条件改善的关系，认真做好自治区第四批重点文物保护单位的保护、管理和合理利用工作。

附件：内蒙古自治区第四批重点文物保护单位名录

二〇〇六年九月四日

内蒙古自治区第四批重点文物保护单位名录

（共计236处）

序号	分类号	名称	时代	地址
……				
（二）古墓葬（共32处）				
……				
119	30	砧子山墓群	元	锡林郭勒盟多伦县
……				

4. 旗级文物保护单位

《关于公布第二批旗级文物保护单位的通知》

（蓝政发〔2010〕113号）

各苏木镇（场）人民政府、管委会，旗直各部门、各企事业单位：

为认真贯彻落实《中华人民共和国文物保护法》等相关法律、法规和《国务院关于加强文化遗产保护的通知》精神，切实加强全旗文物保护管理工作，继承和弘扬优秀民族文化传统，经2010年12月27日旗人民政府常务会议研究，决定将一棵树墓葬群等13处不可移动文物列为正蓝旗第二批旗级文物保护单位，其中古墓葬群1处、古遗址12处，现将名单予以公布。

附：正蓝旗第二批文物保护单位名单：

古遗址：一棵树敖包、哈登台敖包、乌和尔沁敖包、额金敖包、昌图敖包、小圆山敖包、乌拉敖包、阿土台敖包、大敖包、葫芦苏台敖包、乌兰台敖包、查干敖包。

古墓葬群：一棵树墓葬群。

二〇一〇年十二月二十七日

5.b-2 与保护称号相关的法律法规

提名地主要依据表 5-2 所列的法律、法规和规章确定其法律地位，并进行保护和管理，具体涉及中华人民共和国、内蒙古自治区、锡林郭勒盟和正蓝旗、多伦县四个层面的有关文件。

以上与遗产保护直接相关的法律、法规、行政规章制度是元上都遗址得以有效保护的基础，兹将其相关重要条款列后：

1. 中华人民共和国宪法，1982 年 12 月 4 日颁布，2004 年 3 月 14 日修订

第二十二条 ……国家保护名胜古迹、珍贵文物和其他重要历史文化遗产。

……

2. 中华人民共和国文物保护法，1982 年 11 月 19 日颁布，1991 年 6 月 29 日修订，2002 年 10 月 28 日修订，2007 年 12 月 29 日修订

第二条 在中华人民共和国境内，下列文物受国家保护：

（一）具有历史、艺术、科学价值的古文化遗址、古墓葬、古建筑、石窟寺和石刻、壁画；

……

第三条 古文化遗址、古墓葬、古建筑、石窟寺、石刻、壁画、近代现代重要史迹和代表性建筑等不可移动文物，根据它们的历史、艺术、科学价值，可以分别确定为全国重点文物保护单位，省级文物保护单位，市、县级文物保护单位。

第五条 中华人民共和国境内地下、内水和领海中遗存的一切文物，属于国家所有。

古文化遗址、古墓葬、石窟寺属于国家所有。国家指定保护的纪念建筑物、古建筑、石刻、壁画、近代现代代表性建筑等不可移动文物，除国家另有规定的以外，属于国家所有。

……

第八条 国务院文物行政部门主管全国文物保护工作。

地方各级人民政府负责本行政区域内的文物保护工作。县级以上地方人民政府承担文物保护工作的部门对本行政区域内的文物保护实施监督管理。

县级以上人民政府有关行政部门在各自的职责范围内，负责有关的文物保护工作。

……

第十三条 国务院文物行政部门在省级、市、县级文物保护单位中，选择具有重大历史、艺术、科学价值的确定为全国重点文物保护单位，或者直接确定为全国重点文物保护单位，报国务院核定公布。

省级文物保护单位，由省、自治区、直辖市人民政府核定公布，并报国务院备案。

市级和县级文物保护单位，分别由设区的市、自治州和县级人民政府核定公布，并报省、自治区、直辖市人民政府备案。

尚未核定公布为文物保护单位的不可移动文物，由县级人民政府文物行政部门予以登记并公布。

第十五条 各级文物保护单位，分别由省、自治区、直辖市人民政府和市、县级人民政府划定必要的保护范围，作出标志说明，建立记录档案，并区别情况分别设置专门机构或者专人负责管理。全国重点文物保护单位的保护范围和记录档案，由省、自治区、直辖市人民政府文物行政部门报国务院文物行政部门备案。

县级以上地方人民政府文物行政部门应当根据不同文物的保护需要，制定文物保护单位和未核定为文物保护单位的不可移动文物的具体保护措施，并公告施行。

……

3. 中华人民共和国草原法，1985 年 6 月 18 日颁布，2002 年 12 月 28 日修订

第四十四条 县级以上人民政府应当依法加强对草原珍稀濒危野生植物和种质资源的保护、管理。

第四十五条 国家对草原实行以草定畜、草畜平衡制度。县级以上地方人民政府草原行政主管部门应当按照国务院草原行政主管部门制定的草原载畜量标准，结合当地实际情况，定期核定草原载畜量。各级人民政府应当采取有效措施，防止超载过牧。

第四十六条 禁止开垦草原。对水土流失严重、有沙化趋势、需要改善生态环境的已垦草原，应当有计划、有步骤地退耕还草；已造成沙化、盐碱化、石漠化的，应当限期治理。

第四十七条 对严重退化、沙化、盐碱化、石漠化的草原和生态脆弱区的草原，实行禁牧、休牧制度。

第四十八条 国家支持依法实行退耕还草和禁牧、休牧。具体办法由国务院或者省、自治区、直辖市人民政府制定。

……

第四十九条 禁止在荒漠、半荒漠和严重退化、沙化、盐碱化、

石漠化、水土流失的草原以及生态脆弱区的草原上采挖植物和从事破坏草原植被的其他活动。

第五十条 在草原上从事采土、采砂、采石等作业活动，应当报县级人民政府草原行政主管部门批准；开采矿产资源的，并应当依法办理有关手续。

……

第五十一条 在草原上种植牧草或者饲料作物，应当符合草原保护、建设、利用规划；县级以上地方人民政府草原行政主管部门应当加强监督管理，防止草原沙化和水土流失。

第五十二条 在草原上开展经营性旅游活动，应当符合有关草原保护、建设、利用规划，并事先征得县级以上地方人民政府草原行政主管部门的同意，方可办理有关手续。

在草原上开展经营性旅游活动，不得侵犯草原所有者、使用者和承包经营者的合法权益，不得破坏草原植被。

第五十三条 草原防火工作贯彻预防为主、防消结合的方针。

各级人民政府应当建立草原防火责任制，规定草原防火期，制定草原防火扑火预案，切实做好草原火灾的预防和扑救工作。

第五十四条 县级以上地方人民政府应当做好草原鼠害、病虫害和毒害草防治的组织管理工作。县级以上地方人民政府草原行政主管部门应当采取措施，加强草原鼠害、病虫害和毒害草监测预警、调查以及防治工作，组织研究和推广综合防治的办法。

禁止在草原上使用剧毒、高残留以及可能导致二次中毒的农药。

第五十五条 除抢险救灾和牧民搬迁的机动车辆外，禁止机动车辆离开道路在草原上行驶，破坏草原植被；因从事地质勘探、科学考察等活动确需离开道路在草原上行驶的，应当向县级人民政府草原行政主管部门提交行驶区域和行驶路线方案，经确认后执行。

……

4. 中华人民共和国文物保护法实施条例，2003 年 5 月 13 日颁布

第八条 全国重点文物保护单位和省级文物保护单位自核定公布之日起 1 年内，由省、自治区、直辖市人民政府划定必要的保护范围，作出标志说明，建立记录档案，设置专门机构或者指定专人负责管理。

第九条 文物保护单位的保护范围，是指对文物保护单位本体及周围一定范围实施重点保护的区域。

文物保护单位的保护范围，应当根据文物保护单位的类别、规模、

内容以及周围环境的历史和现实情况合理划定，并在文物保护单位本体之外保持一定的安全距离，确保文物保护单位的真实性和完整性。

第十条 文物保护单位的标志说明，应当包括文物保护单位的级别、名称、公布机关、公布日期、立标机关、立标日期等内容。民族自治地区的文物保护单位的标志说明，应当同时用规范汉字和当地通用的少数民族文字书写。

第十一条 文物保护单位的记录档案，应当包括文物保护单位本体记录等科学技术资料和有关文献记载、行政管理等内容。

文物保护单位的记录档案，应当充分利用文字、音像制品、图画、拓片、摹本、电子文本等形式，有效表现其所载内容。

第十二条 古文化遗址、古墓葬、石窟寺和属于国家所有的纪念建筑物、古建筑，被核定公布为文物保护单位的，由县级以上地方人民政府设置专门机构或者指定机构负责管理。其他文物保护单位，由县级以上地方人民政府设置专门机构或者指定机构、专人负责管理；指定专人负责管理的，可以采取聘请文物保护员的形式。

……

负责管理文物保护单位的机构，应当建立健全规章制度，采取安全防范措施；其安全保卫人员，可以依法配备防卫器械。

第十三条 文物保护单位的建设控制地带，是指在文物保护单位的保护范围外，为保护文物保护单位的安全、环境、历史风貌对建设项目加以限制的区域。

文物保护单位的建设控制地带，应当根据文物保护单位的类别、规模、内容以及周围环境的历史和现实情况合理划定。

第十四条 全国重点文物保护单位的建设控制地带，经省、自治区、直辖市人民政府批准，由省、自治区、直辖市人民政府的文物行政主管部门会同城乡规划行政主管部门划定并公布。

省级、设区的市、自治州级和县级文物保护单位的建设控制地带，经省、自治区、直辖市人民政府批准，由核定公布该文物保护单位的人民政府的文物行政主管部门会同城乡规划行政主管部门划定并公布。

第十五条 承担文物保护单位的修缮、迁移、重建工程的单位，应当同时取得文物行政主管部门发给的相应等级的文物保护工程资质证书和建设行政主管部门发给的相应等级的资质证书。其中，不涉及建筑活动的文物保护单位的修缮、迁移、重建，应当由取得文物行政主管部门发给的相应等级的文物保护工程资质证书的单位承担。

……

5. 世界文化遗产保护管理办法，2006 年 11 月 14 日颁布

第三条 世界文化遗产工作贯彻保护为主、抢救第一、合理利用、加强管理的方针，确保世界文化遗产的真实性和完整性。

第四条 国家文物局主管全国世界文化遗产工作，协调、解决世界文化遗产保护和管理中的重大问题，监督、检查世界文化遗产所在地的世界文化遗产工作。

县级以上地方人民政府及其文物主管部门依照本办法的规定，制定管理制度，落实工作措施，负责本行政区域内的世界文化遗产工作。

第五条 县级以上地方人民政府应当将世界文化遗产保护和管理所需的经费纳入本级财政预算。

公民、法人和其他组织可以通过捐赠等方式设立世界文化遗产保护基金，专门用于世界文化遗产保护。世界文化遗产保护基金的募集、使用和管理，依照国家有关法律、行政法规和部门规章的规定执行。

第六条 国家对世界文化遗产保护的重大事项实行专家咨询制度，由国家文物局建立专家咨询机制开展相关工作。

世界文化遗产保护专家咨询工作制度由国家文物局制定并公布。

第七条 公民、法人和其他组织都有依法保护世界文化遗产的义务。

国家鼓励公民、法人和其他组织参与世界文化遗产保护。

国家文物局、县级以上地方人民政府及其文物主管部门应当对在世界文化遗产保护中作出突出贡献的组织或者个人给予奖励。

省级文物主管部门应当建立世界文化遗产保护志愿者工作制度，开展志愿者的组织、指导和培训工作。

第八条 世界文化遗产保护规划由省级人民政府组织编制。承担世界文化遗产保护规划编制任务的机构，应当取得国家文物局颁发的资格证书。世界文化遗产保护规划应当明确世界文化遗产保护的标准和重点，分类确定保护措施，符合联合国教科文组织有关世界文化遗产的保护要求。

尚未编制保护规划，或者保护规划内容不符合本办法要求的世界文化遗产，应当自本办法施行之日起 1 年内编制、修改保护规划。

世界文化遗产保护规划由省级文物主管部门报国家文物局审定。经国家文物局审定的世界文化遗产保护规划，由省级人民政府公布并组织实施。世界文化遗产保护规划的要求，应当纳入县级以上地方人民政府的国民经济和社会发展规划、土地利用总体规划和城乡规划。

……

第十八条 国家对世界文化遗产保护实行监测巡视制度，由国家文物局建立监测巡视机制开展相关工作。

世界文化遗产保护监测巡视工作制度由国家文物局制定并公布。

……

第二十一条 列入《中国世界文化遗产预备名单》的文化遗产，参照本办法的规定实施保护和管理。

……

6. 中国世界文化遗产监测巡视管理办法，2006年12月8日颁布

第三条 国家对世界文化遗产实行国家、省、世界文化遗产地三级监测和国家、省两级巡视制度。监测包括日常监测、定期监测、反应性监测；巡视包括定期或不定期巡视。

国务院文物行政部门负责制订世界文化遗产监测巡视工作的方针、政策、管理制度和技术规范；组织或委托专业机构实施反应性监测；组织定期或不定期巡视。

省级文物行政部门负责对本辖区内世界文化遗产进行定期监测、反应性监测，及定期或不定期巡视。

世界文化遗产保护管理机构负责世界文化遗产的日常监测。

第四条 日常监测的内容包括文物本体保存状况、核心区和缓冲区内的自然、人为变化、周边地区开发对文物本体的影响、游客承载量等。

定期监测是指省级文物行政部门每五年对世界文化遗产实行的系统监测以及每年对列入《濒危世界遗产名录》或者《中国世界文化遗产警示名单》的世界文化遗产进行的重点监测。系统监测的内容包括对保护规划执行情况、遗产保护、管理、展示、宣传等情况的全面监测；重点监测内容包括对保护存在问题采取的解决方法及成效的监测。

反应性监测是针对保护管理出现的问题进行的一种专门监测，内容包括对威胁到遗产保护的异常情况或危险因素进行监测。

第五条 国家或省级文物行政部门组织对遗产地进行定期或不定期巡视，巡视内容包括审核监测结果，检查保护、管理状况，并提出整改要求。

第六条 世界文化遗产保护管理机构须于每年1月将上年度的日常监测报告上报省级文物行政部门。

省级文物行政部门须将审核后的年度日常监测报告于每年3月上报国务院文物行政部门，并按照国务院文物行政部门的要求按时报送定期监测报告。

国务院文物行政部门每年向社会公布世界文化遗产保护管理监测结果。

第七条 国家、省、世界文化遗产保护管理机构分别对反应性监测、定期监测、日常监测工作形成记录档案，并妥善保管。

国务院文物行政部门负责建立并运行世界文化遗产保护管理记录档案数据库系统。

第八条 鼓励使用先进科学技术手段，对世界文化遗产开展多学科、多部门合作的监测。

国务院文物行政部门负责建设世界文化遗产动态监测管理系统。

第九条 监测资料、监测数据的真实性、全面性必须予以保证。国家和省级文物行政部门对未按规定开展监测工作、未按时报送以及隐瞒、篡改监测结果的机构和个人予以警告并依法责令改正。

对监测巡视中发现的问题，世界文化遗产保护管理机构应按要求及时整改。未按期整改的，国务院文物行政部门可将其列入《中国世界文化遗产警示名单》或根据情况列入《濒危世界遗产名录》。

……

第十二条 列入《中国世界文化遗产预备名单》的文化遗产，其监测巡视工作参照本办法实行。

……

7. 内蒙古自治区文物保护条例，1990 年 4 月 14 日颁布，1993 年 3 月 4 日修订，2005 年 12 月 1 日修订

第六条 旗县级以上人民政府应当成立文物保护委员会，负责协调解决本行政区域内文物保护工作中的重大问题。

旗县级以上人民政府文物行政部门对本行政区域内的文物保护实施监督管理。

人民法院、人民检察院和公安、工商、建设、交通、环保、海关等有关部门在各自的职责范围内，负责有关的文物保护工作。

第七条 文物特别丰富或者有重要文物遗存的苏木、乡镇，应当设置基层文物保护组织或者专、兼职文物保护管理人员。

第八条 旗县级以上人民政府应当将文物保护事业纳入国民经济和社会发展规划，所需经费列入财政预算，并随着财政收入的增长而逐年增加，特别是要增加民族文物征集和保护的经费。

文物保护事业经费应当专款专用，专户管理。

第九条 文化、宗教、园林等单位利用文物进行经营性活动，应当从每年的收入中提取适当经费，专门用于该文物保护单位或者文物古迹的保护和维修。

自治区鼓励一切单位和个人为文物保护事业给予物资和技术支持。

第十条 各级人民政府文物行政部门应当制定文物保护科学技术研究规划，提高文物保护的科学技术水平。

各级人民政府文物行政部门应当指导或者组织各种文物保护、收藏、科研单位，培养和培训当地文博专业技术人员，并提供经费保障。

第十一条 对于文物保护事业有贡献的单位和个人，各级人民政府应当给予精神鼓励或者物质奖励。

第十二条 革命遗址、纪念建筑物、古文化遗址、古墓葬、古建筑、石窟寺、石刻、古长城、界壕、壁画、岩画等不可移动文物，应当根据它们的历史、艺术、科学价值，分别确定为国家级、自治区级、盟市级、旗县级文物保护单位。文物保护单位的核定公布、备案程序，按照有关法律法规的规定办理。

尚未核定公布为文物保护单位而确有保护价值的文物，当地人民政府应当采取保护措施，由旗县级以上人民政府文物行政部门予以登记并公布。

第十三条 各级文物保护单位，由同级人民政府划定保护范围，做出标志说明，建立记录档案，并区别情况设置专门机构或者专人负责管理，报上一级人民政府文物行政部门备案。

各级人民政府制定城乡建设规划时，事先应当由城乡建设规划部门会同文物行政部门商定对本行政区域内各级文物保护单位的保护措施，并纳入规划。

自治区人民政府文物行政部门应当负责组织制定自治区行政区域内国家级和自治区级文物保护单位的保护规划，报自治区人民政府公布实施。

第十四条 根据保护文物的实际需要，经自治区人民政府批准，可以在文物保护单位的周围划出一定的建设控制地带。在建设控制地带兴建建筑物，其设计方案，应当根据文物保护单位的级别，经相应的文物行政部门同意后，报城乡建设规划部门批准。

……

8. 内蒙古自治区草原管理条例，1984年12月26日颁布，2004年11月26日修订

第二十八条 自治区实行基本草原保护制度，对基本草原实施严格管理。

第二十九条 禁止开垦草原。

各级人民政府对水土流失严重、有沙化趋势、需要改善生态环境的已垦草原，应当有计划、有步骤地退耕还草；已造成退化、沙化、

盐碱化、荒漠化的，应当限期治理。

第三十条 自治区对草原实行以草定畜、草畜平衡制度。

草畜平衡核定由旗县级人民政府草原行政主管部门每三年进行一次，并落实到草原所有者和使用者。

第三十一条 已经承包经营的国有草原和集体所有草原，依据核定的载畜量，由拥有草原使用权或者所有权的单位与草原承包经营者签定草畜平衡责任书。

未承包经营的国有草原，由草原使用者与旗县级以上人民政府签定草畜平衡责任书。

未承包经营的集体所有草原，由草原所有者与苏木乡级人民政府签定草畜平衡责任书。

第三十二条 自治区依法实行退耕、退牧还草和禁牧、休牧制度。

禁牧、休牧的地区和期限由旗县级人民政府确定并予以公告。

不得在禁牧、休牧的草原上放牧。

第三十三条 实施草原建设项目以及草原承包经营者建设小面积人工草地需要改变草原原生植被的，应当符合草原保护、建设、利用规划。旗县级以上人民政府草原行政主管部门应当加强监督检查。

第三十四条 不得在下列草原地区建设旱作人工草地：

（一）年平均降水量在250毫米以下的；

（二）坡度20度以上的；

（三）土质、土壤条件不适宜种植的。

第三十五条 禁止在荒漠、半荒漠和严重退化、沙化、盐碱化、荒漠化和水土流失的草原以及生态脆弱区的草原上采挖植物和从事破坏草原植被的其他活动。

第三十六条 禁止采集、加工、收购和销售发菜。

经自治区人民政府批准，旗县级以上人民政府可以组织有关部门在本行政区域内重点出入通道设置临时检查站，查堵外出或者进入草原地区采集发菜的人员。

第三十七条 自治区人民政府草原行政主管部门负责在草原上采集甘草、麻黄草、苁蓉、防风、黄芩、柴胡等野生植物的管理工作。

禁止采集和收购带根野生麻黄草。

草原野生植物的采集、收购管理办法由自治区人民政府制定。

第三十八条 严禁在草原上进行非法捕猎活动。

禁止在草原上买卖和运输鹰、雕、猫头鹰、百灵鸟、沙狐、狐狸和鼬科动物等草原鼠虫害天敌和草原珍稀野生动物。

第三十九条 因建设征收或者征用草原的，应当遵守国家和自治区有关环境保护管理法律法规的规定；在建设项目环境影响报告书中，应当有草原环境保护方案。

第四十条 在草原上从事采土、采砂、采石等作业活动，应当报旗县级人民政府草原行政主管部门批准。开采矿产资源的，并应当依法办理有关手续。

经批准在草原上从事本条第一款所列活动的，应当在规定的时间、区域内，按照准许的采挖方式作业，并采取保护草原植被的措施。

在他人使用的草原上从事本条第一款所列活动的，还应当事先征得草原使用者的同意。

第四十一条 各级人民政府应当加强草原生态环境的管理，防止废水、废气、废渣及其他污染源对草原的污染。

造成草原生态环境污染的，当事人应当接受调查处理，并立即采取补救措施。

……

9. 内蒙古自治区元上都遗址保护管理办法，2010年11月18日颁布

第一章 总则

第一条 为加强元上都遗址的保护和管理，根据《中华人民共和国文物保护法》、《内蒙古自治区文物保护条例》等有关法律、法规，制定本办法。

第二条 本办法适用于元上都遗址及其环境的保护和管理。

第三条 元上都遗址保护管理工作贯彻保护为主、抢救第一、合理利用、加强管理的方针，确保遗址的真实性和完整性。

第四条 锡林郭勒盟及正蓝旗、多伦县的文化、公安、建设、国土资源、环保、交通运输、水利、农牧业、林业、电力、通讯、工商、税务等部门和遗址所在地的苏木乡镇人民政府，应当组织建立元上都遗址保护管理办公室，依法认真履行保护文物的职责，积极配合元上都遗址保护管理办公室做好遗址的保护工作。

第五条 积极鼓励公民、法人和其他组织，支持元上都遗址保护工作。

第六条 锡林郭勒盟行政公署及正蓝旗、多伦县人民政府编制的遗址保护等专项规划，应服从本办法的要求。专项规划如需修改，应经元上都遗址保护管理办公室同意并报原审批机关批准。

第二章 保护与管理

第七条 元上都遗址由《元上都遗址保护管理规划》划定的遗产区、

缓冲区组成。

第八条 元上都遗址的保护对象包括遗产区内的上都城遗址、铁幡竿渠遗址、砧子山墓地、一棵树墓地等不可移动文物，以及分布于遗产区和缓冲区范围内的草原特色环境景观与蒙古族居民的敖包及其祭祀传统文化遗产。

第九条 《元上都遗址保护管理规划》按照遗产与环境的组成要素性质实施分类保护。保护要求和保护重点如下：

（一）位于遗产区范围内的全国重点文物保护单位“元上都遗址”属于不可移动文物中的考古遗址类，应按照《中华人民共和国文物保护法》和《中华人民共和国文物保护法实施条例》的规定，执行《全国重点文物保护单位元上都遗址保护总体规划》的保护与管理措施。

（二）位于遗产区和缓冲区范围内的草原特色环境景观属于自然性质，按照国家有关生态环境保护的相关法律法规实施保护管理。

（三）位于遗产区和缓冲区内的诸多敖包群以及蒙古族居民的敖包祭祀传统属于遗产地环境中有机演变性质的文化景观，按照世界文化遗产保护文化多元性的宗旨要求实施保护管理。

第十条 上都城址（含宫城、皇城、外城、东关厢、南关厢、西关厢、北关厢、铁幡竿渠等遗址遗迹）、砧子山墓地和一棵树墓地应按照《全国重点文物保护单位元上都遗址保护总体规划》的要求，公布遗址的保护范围、建设控制地带和管理规定。

第十一条 草原特色环境景观的遗产要素按照《元上都遗址生态环境与特色景观保护规划》的专项要求实施保护与管理措施，划定自然山水和湿地、沙地、草甸3种草原特色景观的保护范围，明确需要保护的自然地理景观要素和特色植物品种，制定并实施具体的生态环境保护措施。

第十二条 敖包群及敖包祭祀传统按照《元上都遗址保护管理规划》中的专项要求实施保护与管理措施。其中，敖包群按照不可移动文物实施保护与管理，敖包祭祀的全部程序与活动项目按照非物质文化遗产制定传承措施，包括体育项目的摔跤、赛马、射箭和弹唱项目的蒙古长调、呼麦、地方民歌以及服饰、语言等相关要素的技艺传承措施。

第十三条 禁止在元上都遗址的遗产区和缓冲区内进行任何危害遗址安全、破坏景观或污染环境的建设活动。严格控制元上都遗址各类保护区划内的建设活动和设施设置。

第十四条 在元上都遗址保护范围内不得擅自进行爆破、钻探、挖掘等作业。禁止一切破坏、损坏文物和危害遗址的行为；禁止移动、拆除、污损、破坏保护设施；禁止取土、挖沙、开窑、挖塘、建坟等破坏地形地貌的活动；禁止从事产生工业粉尘、废气、废渣、废水、噪声等环境污染的生产活动。

在该范围内进行文物调查、勘探和考古发掘工作以及相关科学研究项目，应按照《中华人民共和国文物保护法》的规定履行报批手续，并向元上都遗址保护管理办公室备案。未经批准，任何单位或个人不得擅自在元上都遗址内从事文物调查、勘探和考古发掘以及科学研究活动。

在该范围内拍摄电影、电视剧（片）、专业录像或专业摄影涉及文物的，应依法取得批准文件，并在文物管理人员的监督下进行。

第十五条 元上都遗址遗产区暨全国重点文物保护单位的保护范围和建设控制地带内的所有建设项目（含农房、基础设施建设以及其它改、扩、新建工程）必须符合《全国重点文物保护单位元上都遗址保护总体规划》要求，在本量、规模、色调等方面与遗址的景观相协调。

第十六条 元上都遗址缓冲区内的其他建设项目必须符合《元上都遗址保护管理规划》要求，确保遗址及其环境的安全、完整，以及协调的视觉空间和草原环境的特色。

第三章 职能与分工

第十七条 锡林郭勒盟行政公署和正蓝旗、多伦县人民政府及遗址所在地苏木乡镇人民政府做好遗产区和缓冲区内的生态环境保护以及污染防治监督管理工作，保护元上都遗址的自然生态环境和草原特色景观。

第十八条 元上都遗址按照《中国世界文化遗产监测巡视管理办法》要求，实行国家、自治区、世界文化遗产地三级监测和国家、自治区两级巡视制度。监测方式包括日常监测、定期监测、反应性监测；巡视方式包括定期或不定期巡视。

元上都遗址保护管理办公室应当加强对元上都遗址各类遗产要素的日常监测，鼓励使用先进科学技术手段，开展多学科、多部门合作的监测，形成记录档案，妥善保管，并提出日常监测报告，报自治区有关行政主管部门备案。

第十九条 元上都遗址保护管理办公室应当制定应急预案，在发生危及元上都遗址安全的突发事件或发现元上都遗址存在安全隐患时，要采取必要的控制措施，并及时向自治区有关行政主管部门报告，同时向锡林郭勒盟行政公署，正蓝旗、多伦县人民政府通报情况。

第二十条 元上都遗址保护管理办公室应当积极开展元上都遗址

世界突出普遍价值的诠释、展示与传播工作，增进公众对文化遗产价值的认识和理解，增强公众对文化遗产的尊重和保护意识。

元上都遗址世界突出普遍价值的诠释与展示应当遵循有利于接近和理解、注重依据、保持价值、保证真实性、维护可持续性、兼具包容性和广泛性、坚持持续研究和培训的原则。

元上都遗址的诠释设施应当符合《元上都遗址保护管理规划》的要求，并与世界文化遗产的历史和文化属性相协调。

第二十一条 元上都遗址的遗产区、缓冲区内实施服务项目，应当遵循公开、公平、公正和公共利益优先的原则，并维护当地居民的权益。

元上都遗址的遗产区、缓冲区内所有商业经营网点、摊点等的设置，均需经元上都遗址保护管理办公室同意后，方可由工商、税务、旅游、卫生等部门发放相关证照。

元上都遗址的遗产区、缓冲区内所有经营户，必须按规定的营业地点和营业范围营业，不得擅自移位和改变经营范围。

第二十二条 元上都遗址保护管理办公室应当按照《元上都遗址保护管理规划》要求，严格控制元上都遗址保护区内的环境容量和游客接待规模。

第四章 奖励与惩罚

第二十三条 有下列事迹之一的单位或个人，给予表彰和奖励。

（一）认真执行国家有关文物的法律、法规，为保护元上都遗址做出重大贡献的。

（二）为保护元上都遗址与违法犯罪分子作坚决斗争的。

（三）发现元上都文物及时上报或者上交，使文物得到保护的。

（四）对元上都遗址的保护、建设或管理取得重大科技成果或做出突出贡献的。

（五）在元上都文物面临破坏危险时，抢救文物有功的。

（六）长期从事元上都遗址保护和管理工作，做出显著成绩的。

第二十四条 有下列行为之一，构成犯罪的，按照有关法律规定追究刑事责任：

（一）盗掘元上都遗址的。

（二）故意或者过失损毁元上都遗址遗迹的。

（三）以牟利为目的倒卖国家禁止经营的元上都遗址出土文物或走私元上都遗址出土文物的。

（四）盗窃、哄抢、私分或者非法侵占元上都遗址出土文物的。

（五）其它妨害元上都遗址保护管理的行为。

第五章　附则

第二十五条　本办法由自治区文化、文物行政管理部门负责解释。

第二十六条　本办法自公布之日起实施。

10. 正蓝旗文物保护管理办法，1990 年 12 月 20 日颁布

第四条　旗人民政府负责保护本行政区域内的文物，加强对文物保护工作的领导，制止一切破坏文物的行为。

第五条　旗文化行政管理部门主管本行政区域内的文物工作，加强文物保护和文物知识的宣传教育。

第六条　我旗是文物保护重点旗之一。根据《内蒙古自治区文物保护条例》第二章第七条规定，设立有关部门组成的正蓝旗文物保护管理委员会，在旗人民政府的领导下，协调解决文物保护管理工作中的重大问题。文物保护管理所负责日常工作。

第七条　在重点文物保护单位所在的苏木（乡、场）设立三至五人组成的文物保护领导小组，指定一名专人或兼职人员负责管理，做到经常实地检查，发现问题及时采取措施。同时上报旗文化行政管理部门。一切机关、组织和个人都有保护文物的义务。

第八条　根据《内蒙古自治区文物保护条例》第二章第九条“文物保护管理经费，分别列入自治区地方各级财政预算，必须专款专用”规定，我旗文物保护管理经费纳入财政预算，保证文物工作的正常开展。

……

第十二条　在文物保护单位的范围内，严禁存放易燃、易爆等物品，严禁进行爆破、设计、砍伐名木古树、毁林开荒、新建住宅、掘井、打菜窖等危害文物安全的活动。而且在国家级重点文物保护单位的保护范围内严禁打草、打牧。

第十三条　根据《内蒙古自治区文物保护条例》第三章第十三条规定，旗政府责令在元上都城、公司城址内的居住户限期搬迁，今后在保护区内一律不准新建房屋设施。

第十四条　根据《内蒙古自治区文物保护条例》第三章第十五条“对各级文物保护单位的修缮、保养、迁移，必须遵守不改变文物原状的原则，经同级文化行政管理部门批准方可进行”的精神，旗文化行政管理部门有计划有步骤地将重点文物保护单位内的部分文物如石碑、石头人等集中保护管理，并就地作出标志说明。

……

5.c 保护措施执行手段

元上都遗址以国内外遗产保护公约、法律、法规作为保护工作的有力保障，通过建立有效管理机制、健全管理机构、完善保护专项政策法规、编制并执行遗产保护及相关的专项规划、制定并实施保护工程方案，以及通过现代科技加强保护管理监测等一系列不同层面的手段进行保护和管理。

5.c-1 依据遗产保护法律法规执行保护

2006 年，元上都遗址列入中国世界文化遗产预备名单。遵照国际的《保护世界文化和自然遗产公约》（1972 年）、《实施保护世界文化与自然遗产公约的操作指南》（2008 年）等世界遗产保护公约以及国家的《中华人民共和国文物保护法》（2007 年）、《中华人民共和国文物保护法实施条例》（2003 年）和文化部的《世界文化遗产保护管理办法》（2006 年）、国家文物局的《中国世界文化遗产监测巡视管理办法》（2006 年）、《内蒙古自治区元上都遗址保护管理办法》（2010 年）等法律法规的要求，正蓝旗人民政府和正蓝旗元上都遗址文物事业管理局围绕元上都遗址的世界遗产价值认定、遗产价值载体的真实性和完整性保护等方面，调整和补充管理执行手段。

元上都遗址作为中华人民共和国全国重点文物保护单位之一，依据《中华人民共和国文物保护法》（2007 年）、《中华人民共和国文物保护法实施条例》（2003 年）、《内蒙古自治区文物保护条例》（2005 年）、《正蓝旗文物保护管理办法》（1990 年）等法律法规要求开展文物保护管理工作，公布文物保护单位，划定保护范围，设立保护标志，建立记录档案。在元上都范围内进行的一切考古调查、勘探、发掘，均必须履行报批手续。属于配合基本建设的项目，由考古发掘单位经由锡林郭勒盟、内蒙古自治区文物行政管理部门向国家文物局提出申请，由国家文物局依照文物保护法有关规定审查批准；属于科学研究的项目，可直接向国家文物局提出申请，并在批准后向内蒙古自治区和锡林郭勒盟文物行政管理部门备案。

元上都遗址作为特色鲜明的草原都城，草原保护是其保护工作内容的重要组成部分。目前申报范围内的草原保护主要依据《中华人民共和国草原法》（2002 年）、《内蒙古自治区草原管理条例》（2004 年）、《内蒙古自治区基本草牧场保护条例》（1998 年）、《内蒙古自治区草原管理实施细则》（1998 年）等法律法规进行保护。此外，锡林郭勒盟行政公署制定了《锡林郭勒盟草原管理若干规定》（1999 年）、《锡林郭勒盟草畜平衡实施细则（暂定）》（2004 年）、《锡林郭勒盟草畜平衡实施细则（暂定）补充意见》（2007 年）、《锡林郭勒盟阶段性禁牧项目实施办法（试行）》（2010 年）等数项政府规章。

目前正蓝旗人民政府通过加强文物保护管理人员的执法能力的培训，开展法律法规知识的考核，2006 年经各级执法部门培训并取得行政执法资格证书，并组织成立了文物专业执法稽查工作组，加大文物执法的力度。同时不定期开展文物保护法规的普法宣传，使上述法律法规成为元上都遗址保护管理的有效保障。

5.c-2 建立有效管理机制，健全保护管理机构

1979 年锡林郭勒盟文物保护管理工作站成立，负责全盟的文物保护和管理工作。2002 年 4 月，正蓝旗元上都遗址文物事业管理局成立，专职负责全国重点文物保护单位元上都遗址的日常管理和保护工作。2010 年 5 月，元上都遗址保护管理委员会成立，负责涉及遗产的各政府职能部门（包括文物局、农牧业局、建设局、国土资源局等）的协调工作。2010 年 11 月，锡林郭勒盟元上都文化遗产管理局成立，负责元上都遗址的遗产保护和管理工作，同时负责协调正蓝旗元上都遗址文物事业管理局和多伦县文物局的相关工作。

元上都遗址目前已建立系统的管理机制，主要包括国家、自治区、盟、旗四级的行政管理体系和业务管理体系（图 5.c-1）。

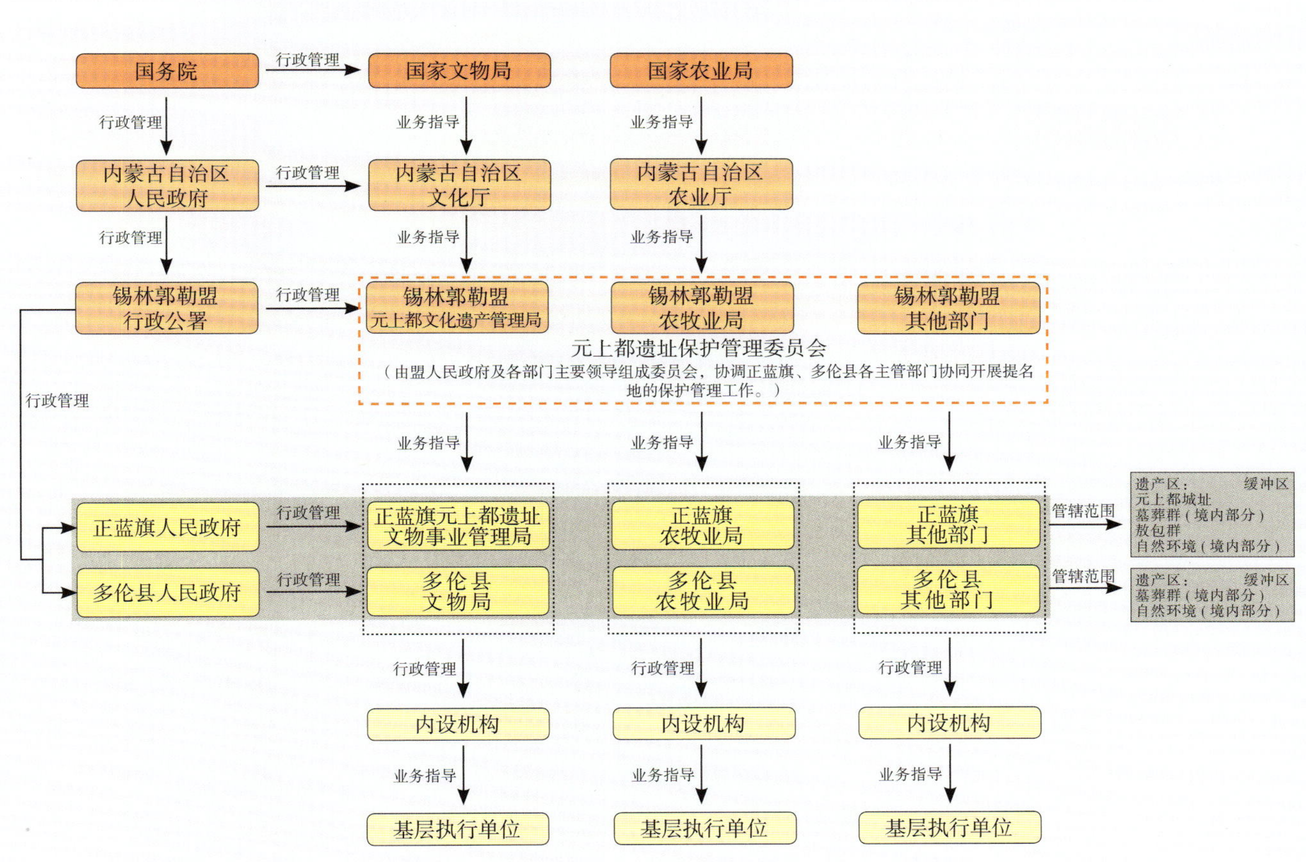

图 5.c-1 元上都遗址管理机制结构示意图

（1）整体管理体制

元上都遗址保护的行政管理体系构成为：国务院、自治区政府、盟行政公署、旗（县）政府、旗（县）政府派出机构正蓝旗元上都遗址文物事业管理局、多伦县文物局等。

元上都遗址保护的业务管理体系构成为：国家文物行政主管部门（国家文物局）、国家草原行政主管部门（国家农业部）；内蒙古自治区文化厅、内蒙古自治区农业厅；锡林郭勒盟元上都文化遗产管理局、锡林郭勒盟农牧业局；正蓝旗元上都遗址文物事业管理局、多伦县文物局等地方政府主管部门。

（2）元上都遗址保护管理委员会

因元上都遗址申报范围跨正蓝旗、多伦县两地辖区，其中大部分位于正蓝旗境内，为实现元上都遗址的全面、有效保护及科学监测，已经在盟一级设立了元上都遗址保护管理委员会，建立了由锡林郭勒盟行政公署督促、协调，正蓝旗人民政府主要负责，多伦县人民政府积极参与并配合的保护管理机制。

元上都遗址保护管理委员会受锡林郭勒盟行政公署直接领导，由锡林郭勒盟政府领导和元上都文化遗产管理局、农牧业局、建设局等主要部门负责人，以及正蓝旗、多伦县政府领导参加，负责督促、协调正蓝旗、多伦县人民政府以及两地各主管部门间的合作，开展提名地的保护管理工作。委员会下常设办公室设在正蓝旗人民政府，办公室主任由正蓝旗旗长担任。

（3）锡林郭勒盟元上都文化遗产管理局

为了进一步加强元上都遗址的遗产保护和管理工作，2010 年 11 月成立了锡林郭勒盟元上都文化遗产管理局，负责遗产的整体保护和管理工作，对正蓝旗元上都遗址文物事业管理局和多伦县文物局实施业务指导，并协调解决两个旗（县）的工作衔接问题。

锡林郭勒盟元上都文化遗产管理局设六个内设机构：综合办公室、文物保护科、法律法规科、文物普查科、宣传科和文物科，除对元上都遗址进行重点保护和管理外，还负责全盟文物资源的相关工作。

（4）旗（县）相关主管部门职能

元上都遗址申报范围和缓冲区中属于正蓝旗境内的区域由正蓝旗元上都遗址文物事业管理局（以下简称“正蓝旗文物局”）负责管理。正蓝旗文物局隶属旗文化体育广播电视局（旅游局），为正科级全额拨款事业单位，其主要职责是以元上都遗址为重点，加强元上都遗址的保护、管理和展示、研究，同时全面负责正蓝旗境内地上、地下文物的调查及保护管理工作，征集民族民俗文物和流散文物，充实和更新文物陈列内容，扩大文物藏品数量。文物局实行内设机构和基层单位两级管理，其中内设机构包括：办公室、文物考古办公室和文物保护办公室、财务后勤管理办公室。基层单位目前包括元上都遗址工作站、元上都遗址博物馆、元上都文物执法大队，受内设机构各办公室的领导，并在相关的职能范畴内执行管理职能。

正蓝旗林业局、农牧业局、水务局、草监局、环保局等相关主管部门配合元上都遗址文物事业管理局，负责管理元上都遗址申报范围内林地、林木、草原、湿地、水源、野生动植物等资源的保护和管理；建设局、国土资源局等相关主管部门负责监管申报范围内建设、土地利用等活动。正蓝旗各主管部门间的合作由元上都遗址保护管理委员会协调。

元上都遗址申报范围和缓冲区内属多伦县境内的管理由多伦县文物局按照遗产保护工作的要求进行管理，多伦县相关主管部门配合。多伦县文物局是主管全县文物和博物馆工作的单位，机构规格为正科级，属全额拨款事业单位。文物局下设四个股室：局机关办公室、文物保护股、汇宗寺国保办公室、诺尔古建筑群国保办公室。

5.c-3 完善保护专项政策法规

目前正蓝旗人民政府通过执行《内蒙古自治区元上都遗址保护管理办法》（2010 年），以法规的方式落实对元上都遗址的保护和管理的相关要求，加强依法管理的力度，主要内容详见壹·文本 5.e“遗产管理规划或其他管理制度”所述。

为落实《中华人民共和国文物保护法》（2007 年修订）要求、加强文物依法管理的力度，内蒙古自治区、正蓝旗人民政府分别制定文物保护专项法规，用于指导行政辖区的文物保护管理工作。1990 年公布、1993 年修订、2005 年再次修订的《内蒙古自治区文物保护条例》，以及 1990 年公布的《正蓝旗文物保护管理办法》，对设立文物管理机构、文物保护单位、文物保护区划内的建设控制要求、考古发掘要求等文物保护和管理措施做出了法规性要求。此外，正蓝旗人民政府还通过《文物安全保卫制度》（2002 年）、《正蓝旗加强野外文物保护工作实施意见》（2003 年）、《关于加强全旗境内不可移动文物管理的通知》（2004 年）等政府规章进一步加强文物保护工作。

5.c-4 编制并执行遗产保护专项规划

（1）元上都遗址保护管理规划

通过制定和执行《元上都遗址保护管理规划》（2009 － 2015），为系统开展符合世界文化遗产保护标准的元上都遗址保护和管理工作、实施保护措施提供科学依据。（规划内容详见壹 · 文本 5.e “遗产管理规划或其他管理制度” 所述）

（2）元上都遗址文物保护专项规划

2006 年，正蓝旗元上都遗址文物事业管理局委托陕西省古建设计研究所编制全国重点文物保护单位元上都遗址的专项保护规划《元上都遗址保护总体规划》，2008年规划编制完成。为科学、合理、有效地保护元上都遗址及其环境，继承优秀的历史与民族文化，发挥元上都遗址在内蒙古地区文明建设中的重要作用，该规划在对元上都遗址进行科学的价值评估、保存现状评估、环境现状评估、管理现状评估基础上，分别制定系统有效地保护、管理、展示、研究等专项规划措施，提出防灾要求，并对其他规划提出衔接要求，指明规划分期和实施重点，预算投资经费。

（3）生态环境保护专项规划

为实现元上都遗址的整体保护，配合元上都遗址文物保护专项规划的实施，近年来对元上都遗址周边的生态环境保护制订了一系列的保护专项规划。

2005年，内蒙古自治区文物局、陕西省古建设计研究所联合编制完成《内蒙古自治区正蓝旗元上都周边蒙古民族文化遗产及生态环境保护规划》。规划中涉及的保护对象的主要内容包括以金莲川草原、滦河、浑善达克沙地为主的自然景观和以正蓝旗蒙古民族传统的语言、文字、习俗、饮食等为主的人文景观。通过有效保护以正蓝旗为代表的察哈尔部蒙古民族传统文化遗产和生态环境，促使元上都遗址这一珍贵的文化遗产获得有效保护与合理利用，最终带动内蒙古地区以及京津地区的生态效益与社会效益可持续发展。规划参照《元上都遗址保护总体规划》所制定的规划范围，在元上都周边更为广阔的正蓝旗境内的蒙古民族文化遗产地和生态环境区域内实行。

2008年，正蓝旗人民政府委托锡林郭勒盟水利勘测设计队编制《锡林郭勒盟正蓝旗中小河流治理规划》。规划区域为境内频发洪涝灾害的中小河流及沿河两岸，基本涵盖了境内洪涝灾害重发地区。在认真调查分析境内各河流存在的防洪基本情况的基础上，针对历史上洪灾多发区域防洪建设薄弱环节，科学确定近、远期治理的重点河流和重点河段。

2010年，中国科学院植物研究所编制完成元上都遗址生态环境的专项保护规划《元上都遗址生态环境与特色景观保护规划》。该规划以遗产区和缓冲区内的湿地、森林草原、典型草原和沙地为保护对象，贯彻“全面规划，积极保护，科学管理，永续利用”的方针，坚持保护优先、重点突出、全面规划、合理布局、适度开发、分步实施的原则，大力开展科学研究、科普教育、生态监测，将遗产区建成集资源保护、科学研究、科普教育、生态旅游于一体的文化遗产地。

5.c-5 协调不同层级的保护区划

元上都遗址作为中华人民共和国世界文化遗产预备项目，依据世界遗产的保护管理要求，划定了“遗产区”和“缓冲区”。同时，元上都遗址还拥有全国重点文物保护单位的保护称号，依据全国重点文物保护单位的保护管理要求，制定了保护范围和建设控制地带，为便于遗产保护管理措施的实施，二者之间进行了有效的衔接。

提名地的遗产区完全包含全国重点文物保护单位元上都遗址的城址、砧子山墓葬群和一棵树墓葬群的保护范围，其边界与全国重点文物保护单位元上都遗址的城址建设控制地带边界完全一致（参见壹·文本 1.e-14“地图 14: 提名地区划与元上都遗址保护总体规划衔接图”）。

5.c-6 加强保护管理监测

正蓝旗元上都遗址文物事业管理局和多伦县文物局根据世界遗产保护管理要求，建立了元上都遗址的保护管理监测系统，加强科学的保护管理监测工作。充分利用现代科技手段，对遗产本体进行保存状况的真实性、完整性监测；对提名地的草原生态环境保护情况实施监测；对提名地的环境质量、气候状况实施监测；对遗产本体和生态环境的各项保护措施实施监测，记录和分析保护作用和效果；对遗产周边环境中的建设情况、景观和谐等方面实施监测；对提名地申报范围内的自然和人为威胁因素实施监测；对遗产地的旅游发展情况、游客容量等实施监测；对遗产地的人口、土地、建设、交通等社会经济发展状况实施监测；对保护管理机构、管理措施、宣传教育等管理情况和管理效果实施监测。

5.d 申报遗产所在市或地区的现有规划

除“5.c-4 编制并执行遗产保护专项规划”所列的提名地相关的专项保护规划外，遗产所在地区锡林郭勒盟和正蓝旗的以下几个规划均包含与元上都遗址保护相关的内容。

5.d-1 锡林郭勒盟相关规划

5.d-1-1 锡林郭勒盟旅游发展总体规划（2003－2020）

该规划中将锡林郭勒盟旅游目的地主要性质和特色之一定位为“最能够体现蒙元帝国辉煌历史的元上都遗址”，其历史文化旅游开发的重点包括元上都遗址、砧子山墓葬群、历史人物如成吉思汗、忽必烈及马可·波罗等，其重点建设的三个综合旅游区之一为正蓝旗元上都草原旅游区，并且拟策划一系列的旅游线路及旅游产品。

5.d-1-2 锡林郭勒盟矿产资源总体规划（2008－2015）

该规划“第五章 矿产资源调查评价与勘查”中将锡林郭勒盟内的 6 个自然保护区（森林公园）的核心区和 11 个文化遗产和名胜古迹所在地确定为禁止勘查区。另外盟内军事禁区、国防工程设施圈定区、机场、铁路、高速公路两侧可视范围 500 米区域内，重要湖泊、主要水系和重要水源地，都确定为禁止勘查区。“第六章 矿产资源开发利用与保护”中对正蓝旗及多伦县矿业经济区采取了一系列规范和限制矿产资源开发利用的措施。

5.d-2 正蓝旗及多伦县[2]相关规划

5.d-2-1 正蓝旗上都镇城市总体规划（2002—2020）

该规划的“第五章 旅游资源保护与利用”中，将元上都遗址作为正蓝旗的重要历史文化旅游资源，并划分元上都蒙元文化旅游区，重点完成元上都遗址—乌和尔沁敖包30公里道路、元上都遗址—慧温河察哈尔民俗体验旅游区30公里砂石路的建设；“第十二章 文物古迹保护规划”中，对规划区重要文物古迹元上都遗址制定文物古迹保护措施，“要严格禁止对文物古迹的破坏和侵占，修订文化保护区规划，制定具体的文物保护管理条例，划定文物古迹保护区域范围，对能够修复的文化遗址要投放资金进行修复，不能修复的要保持维护，不允许再遭到破坏”。

5.d-2-2 正蓝旗土地利用总体规划（1990—2010）

该规划第十六条规定：根据正蓝旗土地基本用途和土地用途管制的需要，将全旗土地分为农用地区、建设用地区、未利用地区以及自然和人文景观保护区。第二十条指明：“自然和人文景观保护区是指为保护元上都遗址和四郎城遗址而划定的区域”，并制定了对应的管制细则。

5.d-2-3 正蓝旗“十一五”旅游业发展规划（2006—2010）

该规划的战略目标中将元上都遗址作为正蓝旗“蒙元”品牌，坚持“元朝龙兴之都，蒙元文化故乡”的品牌定位，全力打造京北蒙元文化和草原文化旅游胜地，继续办好元上都文化旅游节、金莲川赏花节、察哈尔奶食节和“牧人之家”那达慕等特色旅游活动，将元上都历史文化传统和现代时尚的赏花、摄影相结合，打造精品活动。在旅游业战略布局的空间结构中，以元上都遗址为中心的元上都蒙元文化综合旅游带是正蓝旗“两大旅游带”之一。

5.d-3 其他相关的在编规划

《元上都遗址湿地保护规划》（2009—2025），内蒙古自治区林业勘察设计院。

《野生动植物保护规划》（2009—2025），内蒙古自治区林业勘察设计院。

《草原植被养护规划》（2009—2025），内蒙古自治区林业勘察设计院。

2. 位于多伦县境内的砧子山墓葬群的相关规划内容已全部纳入《元上都遗址保护管理规划》和《元上都遗址保护总体规划》，并经内蒙古自治区人民政府公布实施。

5.e 遗产管理规划或其他管理制度

5.e-1 内蒙古自治区元上都遗址保护管理办法

《内蒙古自治区元上都遗址保护管理办法》(2010年)是元上都遗址保护管理的主要依据。主要内容包括：适用范围、管理体制、资金来源、保障体系、保护区域、保护对象、保护要求与保护重点、编制和执行保护规划、提出建设开发控制措施、生态环境保护、日常监测、诠释和展示要求、宣传教育要求、游客服务要求、奖惩规定等。

5.e-2 元上都遗址保护管理规划(2009—2015)

为应对元上都遗址面临的主要压力及威胁，制定《元上都遗址保护管理规划》为遗产保护管理提供长期有效的支持与保障。该规划在全面分析元上都遗址的遗产构成、评估遗产价值的基础上，确定指导思想与规划原则，制定规划目标与基本对策，并根据遗产价值构成要素的特征对各类保护对象分别制定管理规定和保护措施。同时在有效保护遗产真实性、完整性的前提下，该规划还对遗产所涉及的遗产展示、城镇建设、土地利用等方面提出规划要求。其主要内容包括：元上都遗址的遗产概况、遗产价值陈述、遗产构成、遗产保护管理现状评估、规划目标和基本对策、保护管理区划和管理规定、遗产管理专项规划、考古遗址保护管理规划、自然环境保护管理规划、人文环境保护管理规划、遗产展示管理规划、遗产监测管理规划、规划分期和投资估算等。

《元上都遗址保护管理规划》(2009—2015)目录附后。

5.e-3 其他管理制度

除上述系统性管理制度外，针对提名地在保护管理过程中的具体运行、实施的问题，元上都遗址保护管理机构也制订了其他相关制度，其中包括:《正蓝旗文物局文物征集工作方案》(2009年)，征集和整理以元上都遗址为中心的具有正蓝旗地方特色和民族特色的精品文物，以充实元上都遗址博物馆藏品，丰富展示内容;《正蓝旗旅游定点单位管理暂行办法》(2007年)，加强旅游行业管理，规范旅游市场秩序。

《元上都遗址保护管理规划》（2009–2015）目录

5.f 资金来源和水平

元上都遗址的保护资金主要来源于中央政府、地方各级财政专项拨款以及所在管理机构旅游和相关产业取得的收入，主要用于元上都遗址的考古勘探、发掘、保护和研究、遗址的保护维修与日常维护、生态环境的保护与治理、基础设施的完善、宣传与科研经费、保护管理机构的人员知识更新与培训及人员经费等（表5–3）。

其中长期稳定的资金来源包括：①用于元上都遗址考古勘探、发掘的专项经费，由国家文物局按照审定批准的方案拨给，2009年资金投入为100万元；②用于元上都遗址城墙的保护、围护设施的专项经费，由国家财政部和国家文物局拨给，自2001年以来总计资金投入为280万元；③用于元上都遗址保护规划编制的专项经费，由国家财政部和国家文物局拨给，自2005年以来总计投入为170万元。

除上述长期稳定的政府财政保护专项拨款外，近年来国家不定期开展的系列保护项目也是提名地保护资金的重要来源，主要包括：①元上都遗址被列入国家文化遗产地保护项目，保护项目总投资5100万元，其中申请国家资金3600万元，地方配套1500万元，项目已上报国家发展改革委员会批准立项；②元上都遗址保护意大利政府贷款项目已列入国家发展改革委员会2009年外国政府贷款备选项目第一批计划，总投资260万欧元，其中意大利政府贷款200万欧元，地方政府自筹60万欧元，项目资金主要用于购置环境保护监测设备、考古发掘设备和博物馆相关设备等；③元上都遗址保护设施项目获得抢救性文物保护设施建设国家补助资金，项目总投资1090万元，国家补助资金872万元，地方配套218万元，目前已下达429万元，其建设内容为建设看护管理用房、步行砂石路、防护围栏、永久性保护设施等。

此外，提名地所在地政府及保护管理机构也积极开展资金自筹，拓展资金筹集渠道。主要包括：①2008年正蓝旗人民政府设立元上都遗址保护专项基金，专门用于元上都遗址的保护和管理，筹资渠道目前主要为财政拨款，自设立至今已拨款200万元，主要用于人员管理、培训经费及日常支出；②元上都遗址旅游经营门票及相关产业的收入逐年提高，近两年的旅游总收入为88.67万元，随着元上都遗址知名度的提高，地方旅游经营的收入尚有提高的空间。

从目前元上都遗址的资金投入情况来看，对遗产的保护管理的支出主要由政府承担，从元上都遗址宝贵的文化遗产属性角度出发，这样的资金来源布局较为合理，并将继续存在和发展下去。资金的使用符合专项资金的使用目的，以遗址的保护、管理、研究为主，管理业务、办公设备更新、人员培训等为辅。在今后元上都遗址保护与管理的长期工作过程中，在保持现有的稳定资金来源、继续努力争取国家财政专项拨款的基础上，要大力倡导社会团体或个人捐助，使元上都遗址的保护工作得到更大范围的公众支持，更为合理的使用资金。

表 5-3　2010 年以前元上都遗址保护管理资金投入及使用情况说明表

年份	资金性质	资金来源	资金水平（万元）		资金使用
			资金计划	已落实资金	
2001～2009	长期稳定的政府财政保护专项拨款	国家文物局	—	100	元上都遗址考古勘探、发掘
		国家财政部和国家文物局	—	280	元上都遗址城墙的保护、围护设施
		国家财政部和国家文物局	—	170	元上都遗址保护规划编制
2005～2009	不定期开展的系列保护项目专项资金	国家文化遗产地保护项目（国家发展改革委员会）	5100	未落实	基础设施建设、文物保护与展示工程、其他费用（工程预备费、设计费等）共计 3100 万；遗址周边散户移民搬迁，现有遗址大门搬迁、周边环境治理、其他费用共计 2000 万
2009		元上都遗址保护意大利政府贷款项目（国家发展改革委员会）	260 万欧元	未落实	建设马可·波罗信息中心，购置元上都博物馆设备，人才培训及服务，遗址考古发掘修复设备，环境保护监测设备
2009		元上都遗址抢救性文物保护设施项目（国家财政拨款及地方配套）	1090	429	明德门遗址的保护、明德门的加固和防渗漏排水设施、覆土填草，搭建木栈道和观景台，元上都遗址围栏围封
2009		明德门保护工程项目（内蒙古自治区拨款）	200	200	明德门保护工程项目
2009～2010		元上都遗址博物馆建设项目（国家拨款及地方配套）	8730	1200	博物馆业务用房及附属设施
2008～2009	提名地所在地政府及保护管理机构自筹	元上都遗址保护专项基金（正蓝旗人民政府拨款）	200	200	人员管理、培训经费及日常支出
2008～2009		元上都遗址旅游经营门票收入	—	88.67	元上都管理经费及日常开支

5.g 专业知识来源和保护与管理技术的培训

元上都遗址的保护、管理和研究工作一直得到国家文物局、内蒙古自治区文物局、内蒙古自治区文物考古研究所、内蒙古大学等管理和研究机构的大力支持与指导。国家文物局和内蒙古自治区文物局的专家库、中国住房与城乡建设部和内蒙古建设厅的专家库以及国内相关领域的专家学者，是元上都遗址保护和管理工作人员接受专业知识培训的主要来源。专家们的专业领域包括考古学、遗产保护、遗产管理、博物馆学、生态学等，来自专业科研单位、高等院校、工程设计单位、政府行政管理单位等。

元上都遗址的保护和管理人员主要通过日常学习、定期培训、加强交流、考察学习等方式接受岗位培训、业务知识和管理方法的培训。员工在上岗前需接受相关岗位的业务培训，考核合格后才能正式上岗。在职员工除在日常岗位工作中接受业务指导外，还由正蓝旗元上都遗址文物事业管理局组织多方面的定期专业技术培训，如每年举办的国家、自治区文物部门组织的相关专业培训、自治区文化厅组织举办的全区文博专业“专升本”学习班、文化遗产高峰论坛和专业培训活动、锡林郭勒盟第三次全国文物普查培训班、全盟公务员、事业单位工作人员及企业经营管理人员法律知识考试、全区行政执法监督人员培训班、全区文博单位文物保管员培训班等。2009 年 10 月正蓝旗文物局加入“中国古迹遗址保护协会”，成为第一个自治区集体参加该组织的成员单位，同时积极参加协会组织的相关培训活动（图 5.g-1）。

在专业技术培训之外，内蒙古社会科学院、中央民族大学、内蒙古自治区

图 5.g-1 部分培训教材及课件

文物考古研究所、中国蒙古史学会、南京大学、内蒙古大学、内蒙古师范大学、中国人民大学、吉林大学等学术科研机构先后多次在元上都遗址举办学术交流会，交流学术动态和最新的研究成果。在一些考古发掘、科学研究项目中，元上都遗址的保护管理部门还与内蒙古大学、中国人民大学、吉林大学等高等院校进行广泛合作，从工作项目中积累工作经验，提升业务能力。此外，不定期选派相关的业务和管理骨干赴蒙古、法国、意大利、德国、奥地利、荷兰、比利时、土耳其等国进行实地考察学习，与国际文化遗产保护接轨，学习国外遗产保护及管理的先进经验。通过各层次的专业培训和学习，元上都遗址保护及管理人员的业务技术能力和管理水平得到大幅提高，基本达到对遗产进行有效保护和管理的要求。

5.h 旅游设施和统计资料

5.h-1 游客量统计

元上都遗址因其壮阔的遗址现场、丰富的历史文化内涵和独特的草原景观，受到人们越来越多的关注。其交通便利，距离北京 400 余公里，距离自治区首府呼和浩特市 500 公里，距离张家口、锡林浩特等城市均为 200 多公里。

近年来国内外游客数量呈迅猛增长之势，逐年递增。根据统计资料显示，元上都遗址的旅游旺季在 6 ~ 8 月三个月，占全年游客的 70%，游客 95% 来自国内，5% 来自国外（表 5-4）。

表 5-4　2004 ~ 2009 年元上都遗址遗产区游客量统计

年度	游客量（万人次）	门票收入（万元人民币）
2004	2.5	-
2005	4	-
2006	5	-
2007	12	-
2008	25	33
2009	30.2	55.67

元上都遗址管理部门通过全面规划元上都遗址的旅游开发，以遗产保护为前提有效调控遗址及周边环境的游客数量，同时创新服务手段、调整门票价格、加大旅游基础设施的建设、提升遗产的整体品质，以应对日益增长的游客数量对遗产保护带来的压力。

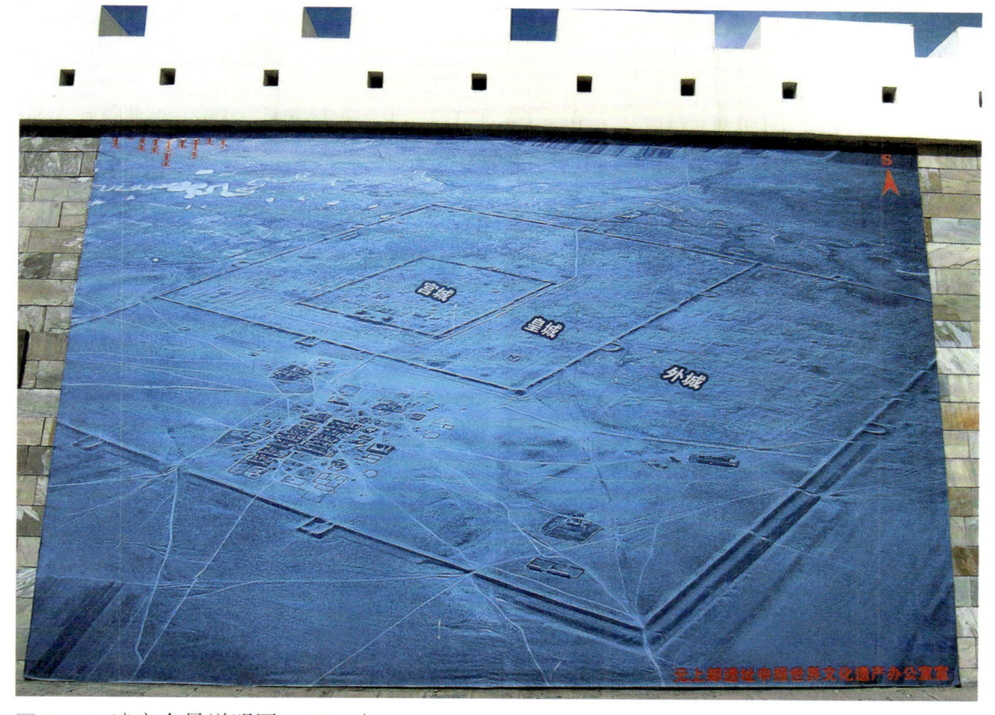

图 5.h-1 遗产全景说明图　2009 年

5.h-2 旅游设施统计

5.h-2-1 展陈和解说设施

元上都遗址的展陈和解说设施有：游览道路、引导系统、标识系统、解说系统、博物馆等设施。其中，游览道路区分车行和步行；引导系统包括指路牌、指路图等；标识系统包括导游全景图（准确标识遗存位置及主要服务设施的位置，包括游客服务中心、厕所、出入口、停车场等，并有中、蒙、英文的标注）、遗存标识牌等；解说系统包括遗存说明牌（图 5.h-1）、语音解说设施、讲解员解说等；博物馆为元上都遗址专题博物馆。所有设施在体量、色彩、形式、位置、材料等方面都兼顾了与遗址景观环境及文化氛围相和谐，解说内容均真实、清晰、明确。

5.h-2-2 基础交通及环境卫生设施

遗址申报范围内现已基本具备水、电、路、停车场、接待室、厕所等基础交通及环境卫生设施。其中基础交通设施包括遗址内旅游砂石路 3.8 公里，公共停车场总车位面积 10000 平方米，交通工具现有旅游观光环保型太阳能电瓶驱动车 11 辆，连体三人、双人以及小轮式单人自行车 23 辆；环境卫生设施包括公厕 1 处，垃圾箱 16 个（表 5-5, 图 5.h-2、图 5.h-3）。

5.h-2-3 服务设施

元上都遗址的申报区不含任何大型旅游服务设施，主要服务设施位于缓

表 5–5　元上都遗址游客设施统计表

设施分类	设施配置	数量
引导设施	景点指路牌	4 块
	游览引导指示牌	12 块
	导游全景图	1 张
展陈和解说设施	遗址说明牌	12 块
	讲解服务处	1 处
文化设施	博物馆、陈列纪念馆	2 座
环境卫生设施	公厕	1 个
	垃圾箱	16 个
交通设施	道路	3.8 公里
	停车场总车位	10000 平方米
	电瓶车	11 辆
	出租自行车	23 辆
服务设施	游客休憩桌凳	5 套
	游客服务中心	1 处
	购物服务处	1 处
	咨询处	1 处

图 5.h–2　太阳能电瓶驱动车

图 5.h–3　自行车存放地

冲区边缘的上都镇。申报区内一直很好地保持着当日参观、夜无留宿、文明服务、安全有序的状况。元上都遗址距离正蓝旗人民政府所在地上都镇仅 20 公里，其住宿、餐饮、零售、服务、医疗、通讯等基础服务设施由上都镇提供。

目前上都镇拥有蒙餐饭店25家，蒙古酒吧4家，牧人之家旅游点12家，星级宾馆5家，中小型餐饮饭店48家，中小型宾馆45家，医院共3家（分别为正蓝旗人民医院、正蓝旗蒙医院和妇幼保健所），邮政服务所1家，食、宿、通讯、停车场等基本服务设施完备。

5.h-2-4 游客服务中心

游客服务中心设于遗址博物馆内。具体技术指标如下：
总建筑面积：1290平方米
停车场：535平方米
对外服务区：397平方米（门厅、过厅、寄存、茶餐厅等）
办公：358平方米

5.i 遗产展示和宣传相关的政策和方案

依据《保护世界文化和自然遗产公约》（1972年）、《国际文化旅游宪章》（1999年）、《阐释与展示宪章》（2007年草案）要求，正蓝旗人民政府及元上都遗址的保护管理机构针对元上都遗址的遗产价值特征，从政策、规划和措施等层面对遗产的展示和宣传开展了一系列工作。

5.i-1 遗产展示和宣传政策、法规

《元上都遗址保护总体规划》中的“第7章 展示规划建议”中规定：“一切展示利用均以不破坏元上都遗址本体及其环境为原则，并遵守文物保护范围及建设控制地带的管理规定；对遗址展示中相关设施的建造应加以严格控制，项目的申报、审批、设计、施工及验收必须按文物保护法的有关规定执行，尽量避免对遗址及其环境的干扰，并与元上都遗址的整体环境与历史氛围相协调……”

《内蒙古自治区元上都遗址保护管理办法》对元上都遗址的展示与传播的原则要求：

> **第二十一条** 元上都遗址保护管理办公室应当积极开展元上都遗址世界突出普遍价值的诠释、展示与传播工作，增进公众对文化遗产价值的认识和理解，增强公众对文化遗产的尊重和保护意识。
>
> 元上都遗址世界突出普遍价值的诠释与展示应当遵循有利于接近和理解、注重依据、保持价值、保证真实性、维护可持续性、兼具包容性和广泛性、坚持持续研究和培训的原则。
>
> 元上都遗址的诠释设施应当符合《元上都遗址保护管理规划》的要求，并与世界文化遗产的历史和文化属性相协调。

《元上都遗址保护管理规划》中“遗产展示管理规划”的遗产展示目标与主要策略是：

遗产展示目标：

1. 通过整体策划元上都遗址的展示结构，正确、充分的诠释出遗产的突出普遍价值。

2. 通过提升元上都遗址遗产整体的旅游管理水平，科学、适度、持续、合理地展示遗产，充分发挥遗产的社会与经济效益。

3. 通过遗产的合理展示，推进元上都遗址的遗产保护和管理的各项事业稳步发展。

遗产展示策略：

1. 整体分析遗产的展示条件，策划遗产整体展示结构

2. 完善价值诠释体系，正确诠释遗产价值

3. 构建可持续的遗址现场展示系统，留出发展空间

4. 丰富遗址展示方式，提升游客观赏质量

5. 加强遗产价值的传播，提升公众对遗产的认识

5.i–2 遗产展示

5.i–2–1 遗产现场展示

遵照遗产价值保护的真实性和完整性要求，当地政府在加强文物保护的前提下，对宫城、皇城中的部分城墙基址、建筑基址进行了保护性展示，展示方法主要包括遗址植被标示、部分遗址清理后复原展示等。为更加全面展示遗产现场，正蓝旗人民政府已经委托专业机构编制文物保护与展示方案，在元上都遗址申报范围内系统、全面地设计展示路线，并设立遗址标识和文字介绍，配备专职讲解员，以更加科学、准确地阐释元上都遗址的历史文化内涵和遗产价值（图 5.i–1）。

5.i–2–2 专题博物馆

提名地申报范围内目前在建专题遗址博物馆—元上都遗址博物馆，整体展示遗产价值和内涵。博物馆依托乌兰台敖包的自然地形，遵循生态建筑的设计手法。博物馆总建筑面积 5000 平方米，占地 27300 平方米。该馆通过各种专题展览，充分利用物质手段（出土文物、图片、模型）以及现代多媒体手段向游客全方位介绍提名地的历史、人文、景观和遗产价值，是公众了解元上都遗址遗产价值的重要场所。博物馆建成后年接待参观人数可达 40 万人次，有效展示元上都遗址及文物遗存，对元上都遗址出土文物进行妥善保护和适当陈列

展示，并不断以新的考古研究成果充实、更新。

此外，正蓝旗上都镇目前已建有介绍蒙元文化、元上都城、察哈尔民俗和正蓝旗历史文化为主的元上都博物馆。该博物馆为正蓝旗首座民办博物馆，占地面积 9900 平方米，建筑面积 3000 平方米，共上下两层，分为四个展厅，一个影音播放厅，以及古玩、工艺品商品部（图 5.i–2）。

图 5.i–1 遗址现场植被标示

图 5.i–2 元上都博物馆

5.i–3 遗产宣传

5.i–3–1 网络宣传

提名地管理机构正蓝旗元上都遗址文物事业管理局依托正蓝旗人民政府网站（http://www.zlq.gov.cn/zjysd），发布元上都遗址保护、管理、研究的最新动态，将提名地相关的历史文化信息在网络平台上全方面发布，2009 年1 ~ 12 月编写信息简报 29 期，网络信息、通知、工作动态报道达 21 次，使提名地各方面的价值和保护情况在更大的范围内获得影响。此外，在其他相关的学术研究专题网（如元上都文化网 http://www.shdwh.cn）、文化遗产保护网、蒙古民族风情网、摄影交流等网站都有元上都遗址的相关报道（图 5.i–3、图 5.i–4）。

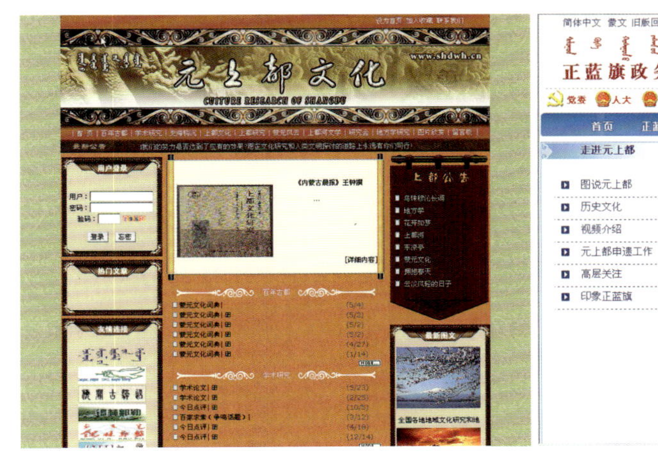

图 5.i–3 正蓝旗人民政府网站元上都遗址专栏

图 5.i–4 元上都文化网

5.i–3–2 出版宣传

正蓝旗人民政府依托多家专业科研单位、高等院校等学术研究机构、团体，不断深入挖掘、整理、提炼提名地的多层次遗产价值，出版了大量适应不同层次和专业工作者的出版物。

目前已与中央民族大学出版社联合出版5000册元上都研究丛书《元上都研究资料选编》《元上都研究文集》，并已在全国范围内出版发行；2008年由中国大百科全书出版社出版元上都专题报告研究文集《元上都》；配合内蒙古大学完成《蒙古系列文化研究资料汇编》，并委托内蒙古大学和南京大学进行蒙元系列文化研究课题的专项研究，部分学术成果已经出版；此外还有《走进元上都》（中英文版）、《元上都解说》丛书两套、《元上都大观》等遗产知识普及性书籍（具体目录参看壹・文本7.e“参考文献”）。

此外，制作宣传普及读本5000册，宣传纪念品400件，投资元上都外宣广告牌一座，印刷文物保护、文物征集与管理等相关宣传单10000余份，并通过出动流动宣传车、张贴宣传标语、播放宣传片等方式，努力提高广大群众的文物保护意识，积极营造全社会共同关心元上都遗址保护的良好氛围。

5.i–3–3 媒体宣传

正蓝旗人民地方政府经常利用报刊、电视、广播等各种现代传媒手段介绍元上都遗址，在德国《马可・波罗行记》栏目，中央电视台一套节目《见证》栏目“元三都·龙兴金莲川”、内蒙古日报、锡盟日报、锡盟电视台等海内外报纸、电视、广播等媒体栏目，广泛宣传元上都遗址悠久的历史的文化。内蒙古电视台和内蒙古博物馆通过电视节目举办了元上都知识问答活动，取得了良好的宣传效果（图5.i–5）。

5.i–3–4 公共活动

正蓝旗人民政府通过举办一系列大型公共活动，加强元上都遗址的影响力。现元上都遗址已被列为“锡林郭勒盟中小学爱国主义教育基地”，以每年的国际博物馆日、元上都文化旅游节、中国文化遗产日等为契机，组织全旗3651名中小学生免费参观元上都博物馆。此外在2002年锡林郭勒盟草原那达慕大会上，表演了以元上都为主要内容的大型舞剧《元都古韵》；自2007年以来每年在元上都遗址举办金莲川赏花节，吸引了大量的国内外游客参加。这些大型活动的开展，有效推动了元上都遗址知名度的提高（图5.i–6）。

图5.i–5 CCTV 1《见证》栏目“元三都・龙兴金莲川”

图 5.i–6 2007 年正蓝旗首届金莲川赏花节暨摄影采风活动开幕仪式现场

5.i–3–5 学术交流

正蓝旗人民政府不定期邀请国内外的专家学者参加专题研讨会和专项考察，近年来先后成功举办了“元上都建城 740 周年学术研讨会”（2007 年）、由 12 个国家和地区 60 余名国内外专家学者参加的“元上都与元代社会学术研讨会”（2009 年）等大型学术国际性交流活动，在国内外引起很大反响。此外，与内蒙古大学合作将元上都遗址设为“内蒙古大学蒙古史研究基地”，在遗产价值的传播方面发挥积极作用。

5.j 人员配置水平

锡林郭勒盟元上都文化遗产管理局已成立，人员正在进一步补充完善中，拟定正式人员编制 20 人，其中：行政管理人员 3 名，专业技术人员 17 名。

正蓝旗元上都遗址文物事业管理局截至 2010 年 5 月有正式编制职工 12 人，其中：具有大专以上学历者 9 名，占总人数的 75%；在读文博本科者 7 名，占总人数的 58%。专业技术人员的专业背景包括资源保护与旅游、地理、美术、蒙古语言文学及经济管理等方面。元上都考古工作站的工作人员由内蒙古文物考古研究所和正蓝旗文化、文物部门专业人员组成，现有工作人员 20 名。元上都文物执法大队的工作人员由正蓝旗公安局的人员组成，共有 7 人。此外临时聘用的还包括遗址现场看护人员 5 人，导游及后勤服务人员 20 人，大学生志愿者 2 人。

多伦县文物局截至 2010 年 12 月，现有正式编制人员 12 人，其中：行政管理人员 3 名，专业技术人员 9 名。

目前元上都遗址的人才队伍的梯队建设以及专业方向的全面覆盖等方面仍有较大提升空间，提名地保护及管理机构已制定长期的发展计划，逐步完善。

6 监　测

6.a 衡量保护状况的主要指标

为健全申报遗产的保护、维修、日常维护、灾害防治、风险防范、旅游管理等方面的相关制度，提升遗产保护管理水平，“元上都遗址”按保存状况、保护措施、环境状况和旅游状况等4类指标分别实行定期和系统的监测，以确保遗产的价值、真实性和完整性不受侵害，确保遗产的可持续保存和利用。

保存状况监测是对“元上都遗址”各个组成要素的真实性、完整性保护状况的监测，监测方式主要采用仪器监测、人工观察记录、图纸记录、摄影图像记录、事件记录等。物理属性的监测周期一般为每季度记录一次，每年进行一次系统分析；对于负面影响的监测一般于发生时间进行档案记录。

保护措施监测是对“元上都遗址”遗产本体和历史环境的各项保护措施的实施过程和保护效果进行的监测，主要包括对遗存勘察工作、本体保护措施、保护设施、环境整治、规划执行等方面的监测。监测方式主要采用人工观察记录、摄影图像记录、仪器监测数据、评价报告等，监测周期不等。

环境状况监测是对“元上都遗址”申报范围和缓冲区内的环境质量、自然灾害、草原生态状况和景观环境进行的监测。监测方式主要采用仪器监测、数据统计分析、人工观察记录、摄影图像记录等，监测周期不等。

旅游状况监测是对“元上都遗址”的常规旅游数据、价值诠释和宣传效果进行的监测。监测方式主要采用数据统计分析、评价报告等，监测周期不等（详见表6-1）。

表6-1　**监测现状表**

监测指标		监测周期	记录保存地点
1. 保存状况监测			
真实性	地面遗迹（包括元上都城址、墓葬群、敖包遗址等地上遗存）的变化情况监测，包括：外形、结构、尺寸、材料、做法、位置等物理属性	每季度记录 每年分析	正蓝旗元上都遗址文物事业管理局、多伦县文物局
	遗产申报范围内自然环境的变化情况监测，包括：山的形态；河流的流向、水量与岸线；草原的范围等各环境要素的相对空间关系	每季度记录 每年分析	
完整性	地面遗迹的完整性特征监测，包括：元上都城址的整体格局和遗存规模；墓葬群的布局和规模、墓葬的形制；敖包的规模与形制	每季度记录 每年分析	
	自然环境的完整性特征监测，包括：山、水、草原、林地等组成要素的分布范围及变化情况	每季度记录 每年分析	正蓝旗元上都遗址文物事业管理局、多伦县文物局、正蓝旗国土资源局、多伦县国土资源局
完整性	负面影响的记录与程度分析，包括：放牧、农耕、人为建设、墓葬盗掘等	每次	正蓝旗元上都遗址文物事业管理局、多伦县文物局、正蓝旗公安局、多伦县公安局

续表 6-1

监测指标		监测周期	记录保存地点
2. 保护措施监测			
遗存勘察工作	考古计划的报批与审核、考古工作的范围、过程和成果，以及阶段考古工作完成后遗存的保护情况等	每次	内蒙古自治区文物考古研究所、正蓝旗元上都遗址文物事业管理局、多伦县文物局
本体保护措施	保护工程的方案设计、审批及实施过程等	每次	正蓝旗元上都遗址文物事业管理局、多伦县文物局
	保护工程的实施效果，包括对遗产真实性的影响等	每年	
保护设施	文物库房、遗址博物馆、围栏、监控、消防等保护设施建设时的基础数据	每年	
	文物库房、安防监控和消防的监控数据	每日	
环境整治	环境影响评价报告	每年	
	整治项目、措施的成果报告	每次	
规划执行	保护规划、管理规划等的执行情况检查	每年	
3. 环境状况监测			
环境质量	气象数据，如大气质量、温度、湿度等	每日	正蓝旗气象局、多伦县气象局
	地表水质量	每月	正蓝旗水务局、多伦县水务局
自然灾害	大风、强沙尘、暴雨、暴雪、山洪、干旱、冰冻	每次	正蓝旗气象局、多伦县气象局、正蓝旗水务局
	鼠害、虫害	每次	正蓝旗农牧业局
	火灾	每次	正蓝旗草监局
草原生态	草群类型、高度、盖度、鲜草产量、载畜量	每年	正蓝旗草监局、多伦县草监局、正蓝旗农牧业局、多伦县农牧业局
	动、植物档案	每年夏、冬	
景观环境	对周边环境的控制效果	每年	正蓝旗元上都遗址文物事业管理局
	特色草原景观的保护效果	每年	正蓝旗农牧业局、多伦县农牧业局
4. 旅游状况监测			
常规	游客量、游客行为特征、门票收入、旅游服务设施等	每日	正蓝旗元上都遗址文物事业管理局
价值诠释	展示结构、展示设施、展示效果等	每年	正蓝旗元上都遗址文物事业管理局
宣传效果	宣传措施、宣传媒介、宣传教育等	每年	正蓝旗元上都遗址文物事业管理局、正蓝旗旅游局

6.b 监测遗产的行政安排

申报遗产的系统监测由元上都遗址保护管理委员会和锡林郭勒盟元上都文化遗产管理局协调，正蓝旗元上都遗址文物事业管理局和多伦县文物局负责监督实施，定期建立各项监测档案。申报遗产的监测工作主要包括遗产保护专业监测类、常规监测类共两大类行政安排：

6.b-1 遗产保护专业项目监测的行政安排

以下监测项目属遗产保护专业类，由锡林郭勒盟元上都文化遗产管理局协调，正蓝旗元上都遗址文物事业管理局和多伦县文物局监督并汇总监测结果：

遗产保存状况的监测，包括对遗产真实性和完整性的监测，由正蓝旗元上都遗址文物事业管理局、多伦县文物局、正蓝旗国土资源局、多伦县国土资源局、正蓝旗公安局、多伦县公安局等部门负责组织和实施监测工作，定期整理监测结果并建立档案。

遗存勘察工作的监测主要由内蒙古自治区文物考古研究所负责，正蓝旗元上都遗址文物事业管理局、多伦县文物局配合实施。

本体保护措施、保护设施、环境整治、规划执行、景观环境等监测工作由正蓝旗元上都遗址文物事业管理局和多伦县文物局负责组织并具体实施。

6.b-2 常规项目监测的行政安排

以下监测项目属常规类，由元上都遗址保护管理委员会协调，正蓝旗元上都遗址文物事业管理局和多伦县文物局与正蓝旗和多伦县的相关业务部门建立联系，定期提取相关监测资料：

环境质量、自然灾害、草原生态等内容的监测由正蓝旗和多伦县的气象局、水务局、草监局负责并具体实施。

旅游状况的监测由正蓝旗元上都遗址文物事业管理局和正蓝旗旅游局负责并具体实施。

6.c 以前报告活动的结果

申报遗产自 19 世纪后半期至今的主要监测报告包括 4 大类：保存状况监测档案、保护措施监测报告、环境状况监测档案、旅游状况监测记录。现将主要的成果分述如下：

6.c-1 保存状况监测档案

申报遗产的保存状况监测档案以《全国重点文物保护单位记录档案》为主，每年定期更新的监测数据会不断收入档案中，是遗产真实性、完整性监测的直接依据。

《全国重点文物保护单位记录档案・元上都遗址》，2005年由正蓝旗元上都遗址文物事业管理局按照《中华人民共和国文物保护法》对全国重点文物保护单位的"四有"要求建立的记录档案，它是申报遗产最重要的保存状况监测档案。

档案共分为主卷、副卷和备考卷3大类。其中，主卷按照文字、图纸、照片、保护规划及保护工程方案、文物调查及考古发掘、文物保护工程及防治监测、文物展示、电子文件等8个类别分别建档；副卷按照行政管理文件、大事记、法律文书等3个类别分别建档；备考卷按照参考资料、论文、图书等3个类别分别建档。

6.c-2 保护措施监测报告

申报遗产的保护措施监测报告分为遗存勘察报告和保护措施实施报告两大类。

6.c-2-1 遗存勘察报告

元上都遗址的遗存勘察活动始于19世纪后半期，现将主要的遗存勘察报告按照时间顺序分述如下。

（1）《上都——蒙古多伦诺尔元代都城址调查》

19世纪后半期以来，许多外国人对元上都遗址进行了探查和现状记述，是了解元上都遗址历史保存状况的珍贵资料，其中以20世纪30年代日本学者的考古调查工作最为全面深入。

《上都——蒙古多伦诺尔元代都城址调查》，1941年出版，原田淑人、驹井和爱共同执笔。1937年7月，日本东亚考古学会原田淑人、驹井和爱一行7人，组成元上都遗址考古探险队，自7月13日至20日，对元上都遗址作了较为细致的调查和测绘，后整理出版为该报告，是以考古学的方法研究元上都的第一篇田野调查报告。全书文字部分分为序、调查始末、遗迹、遗物和结语五个部分。作者把上都三重城垣分别称为内城、外城和外苑城。调查报告详细地对内城、外城、外苑城进行了描述，并分别绘制了全城和内城的实测图，考察了城门、瓮城和三重城墙的结构，对内城和外城的部分建筑遗迹也作了考察和记述。书中对采集的石、砖、瓦、瓷、钱币和石制品的花纹图样等，进行了分类整理，并按质地和类别一一叙说，记述较详。

（2）《元上都故城》

20世纪50年代由内蒙古文物工作队的张郁撰写，该报告简要记述了元上都遗址当时的保存状况。

（3）《元上都调查报告》

1977年由内蒙古大学历史系的贾洲杰等撰写。该报告在对元上都遗址进行更加科学、细致的调查和测绘基础上，对元上都三重城垣的名称进行更正，调查范围扩大到城外关厢区、粮仓、店铺、铁幡竿渠等处，证明了元上都的城市规模、布局以及都市功能区的划分、大型建筑物及其位置等都与历史文献记载十分吻合，为明确和扩大元上都遗址保护范围，有针对性地保护建筑遗址提供了考古学依据。

（4）《元上都城南砧子山南区墓葬发掘报告》

1994年由内蒙古自治区文物考古研究所等单位联合发表。该考古报告源于1990年8~9月对砧子山墓葬群南区进行的考古清理，主要介绍了墓葬群现状、墓葬形制和出土遗物，并对墓葬群反映出的几个问题进行了较为深入的分析。

（5）《元上都及周围地区的考古发现与初步研究》

1999年发表，魏坚执笔。该文记述了1993~1998年间内蒙古自治区文物考古研究所在元上都遗址开展的重点调查、小型试掘和科学测绘工作，准确搞清了元上都的经纬度、海拔高度和方向，明确了三重城垣的布局、建筑方式和结构，了解了城外四关的建筑布局规律及其不同功用和相互关系。

（6）《内蒙古东南部航空摄影考古报告》

2002年出版，由中国历史博物馆航空摄影考古中心、内蒙古自治区文物考古研究所编写。该报告的第三章第五节收录了元上都遗址的考古资料、不同时期的航测照片及GPS（全球卫星定位系统）控制点数据等，并对这些图像资料进行了计算机增强、拼接、校正等技术处理。同时，参考了大量历史文献和地方志资料，结合实地考古勘测结果，对遥感影像做出了综合解译，分析和研究了元上都遗址内遗迹的布局，为元上都遗址的保护提供了线索和依据。

（7）《多伦县砧子山西区墓地》

2004年发表，魏坚等执笔。该报告详细介绍了内蒙古自治区文物考古研究所在1998~2000年间对砧子山墓葬群西区进行考古清理所获得的成果。在1994年《元上都城南砧子山南区墓葬发掘报告》的基础上，进一步明确了砧子山墓葬群作为元上都汉人家族墓地的性质。

（8）《正蓝旗一棵树墓地》

2004年发表，魏坚等执笔。该报告介绍了1995～1998年间在一棵树墓葬群进行的三次考古清理工作所取得的成果，并对一棵树墓葬群所反映出的文化特征、年代等重要问题进行了分析。

（9）《元上都》

2008年出版，魏坚编著。该著作分研究篇和报告篇两部分，是以考古学的方法系统研究元上都及其周边地区元代历史文化的学术著作。研究篇收录了作者在元上都经15年考古实践和研究完成的《元上都的考古学研究》一文，以及和相关学科专家合作完成的3篇论文。报告篇收录了作者在元上都及其周边地区进行考古调查和发掘的13篇田野考古工作报告。该报告在广泛收集元代以来中外旅行家对元上都记述的资料基础上，通过对元上都及其周边墓葬和祭祀地考古学资料的综合研究，结合文献史料，对元上都遗址进行了较为全面的分析和探讨，是研究元上都遗址不可多得的重要资料。

6.c-2-2 保护措施实施报告

1999年后，元上都遗址逐步开展了多项有详细计划的保护措施，现将主要的实施报告分述如下。

（1）《元上都皇城南门及东墙清理修复报告》

2004年发表，魏坚等执笔。该报告详细记述了内蒙古自治区文物考古研究所、锡林郭勒盟文物站和正蓝旗文物局于2002～2003年进行的元上都遗址皇城南门及东墙外侧的清理和修复过程，确定了该城门即元代文献中记载的上都最重要的城门明德门，并描述了该城门及瓮城结构以及在瓮城西侧皇城南墙下布设一条探沟的情况，理清了元上都城墙基础的建筑方法，记述了修复351米皇城东墙北段的方法，为元上都遗址城门、城墙的合理保护和科学修复提供了指导和范例。

（2）《元上都遗址博物馆项目可行性研究报告》

2009年编制完成。该报告从元上都遗址博物馆的项目需求、市场预测、建设条件、建设选址、建设规模、建设内容、建设方案、公用工程、消防与劳动安全、节能、项目实施计划与组织管理、投资估算、资金筹措、财务评价、效益评价、项目风险等诸多方面详细论证了元上都遗址博物馆建设的可行性，有效避免了未来建设项目对遗产可能带来的威胁。

6.c-3 环境状况监测档案

元上都遗址的环境状况监测档案，包括统计数据、自然灾害防御预案和科学考察报告。其中：

统计数据保存于各实施监测的具体部门。如：《正蓝旗元上都区域气候监测表》《自然灾害监测表》《元上都遗址动植物保护情况》《元上都遗址所在地大气、水文、地质情况》《正蓝旗草原牧草生长情况实地监测表》《正蓝旗草原工作站草原统计表》《正蓝旗休牧草场草地草群指标监测表》等。

自然灾害防御预案由政府委托专业部门根据历年监测结果编制完成。如：《正蓝旗山洪灾害防御预案》《正蓝旗防洪预案》。

科学考察报告的最新成果是2009年由内蒙古自治区林业勘察设计院编制完成的《内蒙古元上都遗址自然环境综合科学考察报告》，它是一份深入细致的研究元上都遗址周边环境的科学考察报告。该报告在经过野外实地考察，收集大量资料的基础上进行编写，分为总论、自然环境、植被与植物资源、脊椎动物资源、旅游资源、社区及社区经济、自然环境保护评价等7个章节。为元上都遗址遗产环境的监测搭建了一个科学的体系，同时，也为遗产环境的监测提供了大量翔实的监测指标和监测数据。

6.c-4 旅游状况监测记录

元上都遗址的旅游状况监测记录以历年的旅游统计数据为主。此外，还包括正蓝旗旅游局的历年工作报告和元上都遗址游客破坏因素的应急预案。

7 文 件

7.a 照片、幻灯片、图像清单和授权表及其他视听材料

7.a–1 图像列表、照片、视听材料授权表

表 7–1 图像列表、照片、视听材料授权表

编号	格式（幻灯 / 印制品 / 录像）	图片说明	照片日期	摄影师 / 录像导演	版权所有人（如果不是摄像师 / 导演）	版权所有人的详细联系信息（姓名、地址、电话 / 传真和电邮）	非排他性权利转让
1	电子图片	元上都城遗址航空影像	1987 年	中国国家博物馆遥感与航空摄影考古中心	中国国家博物馆遥感与航空摄影考古中心、内蒙古自治区文物考古研究所	主任：杨林 地址：中国北京市东城区东长安街 16 号，100006 电话：(86–10) 65132801 传真：(86–10) 65128986 电邮：nmch@sohu.com	可转让
2	电子图片 / 幻灯片	宫城遗址鸟瞰	1997 年	同上	同上	同上	可转让
3	电子图片	外城，皇城北面区域鸟瞰	1997 年	同上	同上	同上	可转让
4	电子图片	外城，皇城西侧区域鸟瞰	1997 年	同上	同上	同上	可转让
5	电子图片	皇城小东门及瓮城鸟瞰	1997 年	同上	同上	同上	可转让
6	电子图片 / 幻灯片	皇城西门及瓮城遗址鸟瞰	1997 年	同上	同上	同上	可转让
7	电子图片 / 幻灯片	皇城遗址西北角角楼鸟瞰	1997 年	同上	同上	同上	可转让
8	电子图片	皇城内华严寺遗址鸟瞰	1997 年	同上	同上	同上	可转让
9	电子图片	东关厢粮仓遗址鸟瞰	1997 年	同上	同上	同上	可转让
10	电子图片 / 幻灯片	西关厢粮仓遗址鸟瞰	1997 年	同上	同上	同上	可转让
11	电子图片	北关厢部分建筑遗址鸟瞰	1997 年	同上	同上	同上	可转让
12	电子图片	铁幡竿渠鸟瞰	1997 年	同上	同上	同上	可转让
13	电子图片 / 幻灯片	砧子山墓葬群鸟瞰	1997 年	同上	同上	同上	可转让
14	电子图片 / 幻灯片	一棵树墓葬群鸟瞰	1997 年	同上	同上	同上	可转让

续表 7–1

编号	格式（幻灯/印制品/录像）	图片说明	照片日期	摄影师/录像导演	版权所有人（如果不是摄像师/导演）	版权所有人的详细联系信息（姓名、地址、电话/传真和电邮）	非排他性权利转让
15	电子图片	上都河鸟瞰	1997 年	同上	同上	同上	可转让
16	电子图片	元上都城遗址航空影像	2009 年	北京市测绘设计研究院	内蒙古自治区锡林郭勒盟正蓝旗元上都遗址文物事业管理局	局长：高华 地址：中国内蒙古自治区正蓝旗上都镇，027200 电话：(86–479) 4226629 传真：(86–479) 4226630 电邮：ysd-sy@163.com	可转让
17	电子图片	元上都遗址宫城航拍	2009 年	同上	同上	同上	可转让
18	电子图片	元上都遗址皇城航拍	2009 年	同上	同上	同上	可转让
19	电子图片	元上都遗址外城航拍	2009 年	同上	同上	同上	可转让
20	电子图片	砧子山墓葬群航拍	2009 年	同上	同上	同上	可转让
21	电子图片	一棵树墓葬群航拍	2009 年	同上	同上	同上	可转让
22	电子图片	宫城东城墙	2009 年	孙小明	同上	同上	可转让
23	电子图片	宫城西城墙	2009 年	同上	同上	同上	可转让
24	电子图片	宫城南城墙	2009 年	同上	同上	同上	可转让
25	电子图片/幻灯片	宫城北城墙	2009 年	同上	同上	同上	可转让
26	电子图片/幻灯片	大安阁遗址全景	2009 年	同上	同上	同上	可转让
27	电子图片/幻灯片	大安阁出土龙柱	2008 年	刘学民	同上	同上	可转让
28	电子图片/幻灯片	穆清阁遗址全景	2008 年	同上	同上	同上	可转让
29	电子图片/幻灯片	皇城东城墙	2008 年	同上	同上	同上	可转让
30	电子图片	皇城北城墙	2008 年	同上	同上	同上	可转让

续表 7-1

编号	格式（幻灯/印制品/录像）	图片说明	照片日期	摄影师/录像导演	版权所有人（如果不是摄像师/导演）	版权所有人的详细联系信息（姓名、地址、电话/传真和电邮）	非排他性权利转让
31	电子图片	皇城西北角台遗址	2008年	刘学民	同上	同上	可转让
32	电子图片/幻灯片	皇城明德门遗址	2009年	孙小明	同上	同上	可转让
33	电子图片	华严寺遗址	2009年	同上	同上	同上	可转让
34	电子图片	外城北墙护城河及瓮城	2009年	同上	同上	同上	可转让
35	电子图片	外城南墙及护城河	2009年	同上	同上	同上	可转让
36	电子图片	东关粮仓遗址	2009年	同上	同上	同上	可转让
37	电子图片	西关粮仓遗址	2009年	同上	同上	同上	可转让
38	电子图片/幻灯片	铁幡竿渠全景	2008年	刘学民	同上	同上	可转让
39	电子图片	铁幡竿渠拦洪大坝	2005年	魏坚	同上	同上	可转让
40	电子图片	铁幡竿渠泄洪口	2005年	同上	同上	同上	可转让
41	电子图片/幻灯片	砧子山墓葬	2010年	俞锋	同上	同上	可转让
42	电子图片	砧子山墓葬考古现场	2008年	魏坚	同上	同上	可转让
43	电子图片	砧子山墓葬随葬品	2008年	同上	同上	同上	可转让
44	电子图片	砧子山墓葬壁画	2008年	同上	同上	同上	可转让
45	电子图片	一棵树墓葬	2008年	同上	同上	同上	可转让
46	电子图片	一棵树墓葬考古现场	2008年	同上	同上	同上	可转让
47	电子图片	一棵树墓葬出土银壶	2008年	同上	同上	同上	可转让
48	电子图片/幻灯片	金莲川草原景观	2009年	刘学民	同上	同上	可转让

续表 7–1

编号	格式（幻灯/印制品/录像）	图片说明	照片日期	摄影师/录像导演	版权所有人（如果不是摄像师/导演）	版权所有人的详细联系信息（姓名、地址、电话/传真和电邮）	非排他性权利转让
49	电子图片	金莲川草原景观	2009年	孙小明	同上	同上	可转让
50	电子图片/幻灯片	金莲花	2009年	同上	同上	同上	可转让
51	电子图片/幻灯片	上都河湿地景观	2009年	刘学民	同上	同上	可转让
52	电子图片	沙地草原景观	2009年	孙小明	同上	同上	可转让
53	电子图片/幻灯片	沙地草原景观	2009年	同上	同上	同上	可转让
54	电子图片	浩力图淖尔	2009年	同上	同上	同上	可转让
55	电子图片	扎格斯台淖尔	2009年	同上	同上	同上	可转让
56	电子图片/幻灯片	沙丘	2009年	同上	同上	同上	可转让
57	电子图片/幻灯片	乌和尔沁敖包林场	2009年	同上	同上	同上	可转让
58	电子图片/幻灯片	泉流	2009年	同上	同上	同上	可转让
59	电子图片	动物	2009年	同上	同上	同上	可转让
60	电子图片/幻灯片	哈登台敖包	2009年	同上	同上	同上	可转让
61	电子图片	小园山敖包	2009年	同上	同上	同上	可转让
62	电子图片/幻灯片	额金敖包	2009年	同上	同上	同上	可转让
63	电子图片/幻灯片	乌兰台敖包	2009年	同上	同上	同上	可转让
64	电子图片	民俗图片：敖包祭祀	2009年	同上	同上	同上	可转让
65	电子图片	民俗图片：敖包祭祀	2009年	同上	同上	同上	可转让
66	电子图片	民俗图片：游牧生活	2000年	—	同上	同上	可转让

续表 7-1

编号	格式（幻灯/印制品/录像）	图片说明	照片日期	摄影师/录像导演	版权所有人（如果不是摄像师/导演）	版权所有人的详细联系信息（姓名、地址、电话/传真和电邮）	非排他性权利转让
67	电子图片	民俗图片：蒙古包	2000 年	—	同上	同上	可转让
68	电子图片	民俗图片：苏鲁锭祭祀	2006 年	—	同上	同上	可转让
69	电子图片	民俗图片：那达慕大会	2006 年	—	同上	同上	可转让
70	电子图片	民俗图片：骆驼大会	2006 年	—	同上	同上	可转让
71	电子图片	民俗图片：马头琴	—	—	同上	同上	可转让
72	电子图片	民俗图片：民歌演唱	2009 年	—	同上	同上	可转让
73	电子图片	民俗图片：蒙古长调	2009 年	—	同上	同上	可转让
74	幻灯片	御天门	1997 年	—	内蒙古自治区锡林郭勒盟正蓝旗元上都遗址文物事业管理局	局长：高华 地址：中国内蒙古自治区正蓝旗上都镇，027200 电话：(86-479) 4226629 传真：(86-479) 4226630 电邮：ysd-sy@163.com	可转让
75	幻灯片	2 号建筑基址（穆清阁）考古现场——东殿房址地面	2010 年	—	同上	同上	可转让
76	幻灯片	2 号建筑基址（穆清阁）考古现场——西殿踏道与房址	2010 年	—	同上	同上	可转让
77	幻灯片	2 号建筑基址（穆清阁）考古现场	2010 年	—	同上	同上	可转让
78	幻灯片	穆清阁遗址	1997 年	—	同上	同上	可转让
79	幻灯片	宫城出土建筑构件——汉白玉螭首	1997 年	—	同上	同上	可转让

续表 7–1

编号	格式（幻灯/印制品/录像）	图片说明	照片日期	摄影师/录像导演	版权所有人（如果不是摄像师/导演）	版权所有人的详细联系信息（姓名、地址、电话/传真和电邮）	非排他性权利转让
80	幻灯片	1号建筑基址（大安阁）出土——龙首石门饰	1997年	—	同上	同上	可转让
81	幻灯片	2号建筑基址（穆清阁）出土——琉璃龙纹瓦当滴水	2010年	—	同上	同上	可转让
82	幻灯片	2号建筑基址（穆清阁）出土——琉璃龙形鸱吻	2010年	—	同上	同上	可转让
83	幻灯片	2号建筑基址（穆清阁）出土——如意带纹砖构件	2010年	—	同上	同上	可转让
84	幻灯片	皇城北城墙	2010年	—	同上	同上	可转让
85	幻灯片	皇城东护城河	2010年	—	同上	同上	可转让
86	幻灯片	外城北墙西侧瓮城	1997年	—	同上	同上	可转让
87	幻灯片	外城北墙上西侧城门鸟瞰	1997年	中国国家博物馆遥感与航空摄影考古中心	中国国家博物馆遥感与航空摄影考古中心、内蒙古自治区文物考古研究所	主任：杨林 地址：中国北京市东城区东长安街16号，100006 电话：(86–10) 65132801 传真：(86–10) 65128986 电邮：nmch@sohu.com	可转让
88	幻灯片	外城城门前护城河	1997年	—	内蒙古自治区锡林郭勒盟正蓝旗元上都遗址文物事业管理局	局长：高华 地址：中国内蒙古自治区正蓝旗上都镇，027200 电话：(86–479) 4226629 传真：(86–479) 4226630 电邮：ysd-sy@163.com	可转让
89	幻灯片	东关厢航空影像	2009年	北京市测绘设计研究院	同上	同上	可转让

续表 7-1

编号	格式（幻灯/印制品/录像）	图片说明	照片日期	摄影师/录像导演	版权所有人（如果不是摄像师/导演）	版权所有人的详细联系信息（姓名、地址、电话/传真和电邮）	非排他性权利转让
90	幻灯片	东关厢粮仓遗址鸟瞰	1997 年	中国国家博物馆遥感与航空摄影考古中心	中国国家博物馆遥感与航空摄影考古中心、内蒙古自治区文物考古研究所	主任：杨林 地址：中国北京市东城区东长安街 16 号，100006 电话：(86-10) 65132801 传真：(86-10) 65128986 电邮：nmch@sohu.com	可转让
91	幻灯片	南关厢航空影像	2009 年	北京市测绘设计研究院	内蒙古自治区锡林郭勒盟正蓝旗元上都遗址文物事业管理局	局长：高华 地址：中国内蒙古自治区正蓝旗上都镇，027200 电话：(86-479) 4226629 传真：(86-479) 4226630 电邮：ysd-sy@163.com	可转让
92	幻灯片	南关厢西区房屋基址 1 台阶拼花图案	1997 年	—	同上	同上	可转让
93	幻灯片	西关厢航空影像	2009 年	北京市测绘设计研究院	同上	同上	可转让
94	幻灯片	北关厢航空影像	1987 年	中国国家博物馆遥感与航空摄影考古中心	中国国家博物馆遥感与航空摄影考古中心、内蒙古自治区文物考古研究所	主任：杨林 地址：中国北京市东城区东长安街 16 号，100006 电话：(86-10) 65132801 传真：(86-10) 65128986 电邮：nmch@sohu.com	可转让
95	幻灯片	北关厢建筑遗址鸟瞰	1997 年	同上	同上	同上	可转让
96	幻灯片	铁幡竿渠入口	1997 年	—	内蒙古自治区锡林郭勒盟正蓝旗元上都遗址文物事业管理局	局长：高华 地址：中国内蒙古自治区正蓝旗上都镇，027200 电话：(86-479) 4226629 传真：(86-479) 4226630 电邮：ysd-sy@163.com	可转让
97	幻灯片	砧子山墓葬群出土器物——雕花石桌	2010 年	—	同上	同上	可转让
98	幻灯片	砧子山墓葬群出土建筑构件——莲花纹石基座	2010 年	—	同上	同上	可转让
99	幻灯片	一棵树墓葬群	2009 年	孙小明	同上	同上	可转让

续表 7-1

编号	格式（幻灯/印制品/录像）	图片说明	照片日期	摄影师/录像导演	版权所有人（如果不是摄像师/导演）	版权所有人的详细联系信息（姓名、地址、电话/传真和电邮）	非排他性权利转让
100	幻灯片	小园山敖包	2009 年	孙小明	同上	同上	可转让
101	幻灯片	敖包祭祀	2009 年	同上	同上	同上	可转让
102	幻灯片	那达慕大会——摔跤	2009 年	同上	同上	同上	可转让
103	幻灯片	浩力图淖尔	2009 年	和平	同上	同上	可转让
104	幻灯片	小扎格斯台淖尔北侧落日	2009 年	孙小明	同上	同上	可转让
105	幻灯片	典型草原	2009 年	同上	同上	同上	可转让
106	幻灯片	金莲川草原与浑善达克沙地相接处	2009 年	—	同上	同上	可转让
107	录像	元上都遗址	2010 年	内蒙古自治区文化厅	内蒙古自治区文化厅	厅长：王志诚 地址：中国内蒙古自治区呼和浩特市乌兰察布西路内蒙古文化大厦 210 室，010020 电话：（86-471）6298554 （86-471）6968239 传真：（86-471）6968239 电邮：ysdsywb@163.com	可转让

7.a-2 照片、多媒体 DVD 光盘

请扫描二维码观看

7.b 与保护称号、遗产管理规划或成文管理制度相关的正文、其他遗产规划摘要

表 7-2 **管理文件表**

编号	法律法规名称	摘录内容
1	中华人民共和国宪法	摘录
2	中华人民共和国文物保护法	摘录
3	中华人民共和国草原法	摘录
4	中华人民共和国文物保护法实施条例	摘录
5	世界文化遗产保护管理办法	全文
6	中国世界文化遗产监测巡视管理办法	摘录
7	内蒙古自治区文物保护条例	摘录
8	内蒙古自治区草原管理条例	摘录
9	内蒙古自治区基本草牧场保护条例	摘录
10	内蒙古自治区元上都遗址保护管理办法	全文
11	内蒙古自治区草原管理实施细则	摘录
12	锡林郭勒盟加强野外文物保护工作实施意见	全文
13	正蓝旗文物保护管理办法	摘录
14	锡林郭勒盟草原管理若干规定	摘录
15	锡林郭勒盟草畜平衡实施细则（暂定）	摘录
16	锡林郭勒盟草畜平衡实施细则（暂定）补充意见	摘录
17	锡林郭勒盟阶段性禁牧项目实施办法（试行）	摘录
18	正蓝旗加强野外文物保护工作实施意见	全文
19	关于加强全旗境内不可移动文物管理的通知	全文
20	正蓝旗旅游定点单位管理暂行办法	全文
21	正蓝旗元上都遗址文物事业管理局文物征集工作方案	全文

表 7–3　规划文件表

编号	文件名称	篇幅
1	元上都遗址保护管理规划（2009—2015）	全文
2	元上都遗址保护总体规划（2010—2029）	摘录
3	元上都遗址生态环境与特色景观保护规划（2010—2020）	摘录
4	内蒙古自治区正蓝旗元上都周边蒙古民族文化遗产及生态环境保护规划（2006—2026）	摘录
5	锡林郭勒盟正蓝旗中小河流治理规划（2009—2030）	摘录
6	锡林郭勒盟旅游发展总体规划（2003—2020）	摘录
7	锡林郭勒盟矿产资源总体规划（2008—2015）	摘录
8	正蓝旗上都镇城市总体规划（2002—2020）	摘录
9	正蓝旗土地利用总体规划（1990—2010）	摘录
10	正蓝旗“十一五”旅游业发展规划（2006—2010）	摘录

7.c 遗产近期记录或列表的格式和日期

以下所有档案记录均保存于内蒙古自治区锡林郭勒盟正蓝旗元上都遗址文物事业管理局、内蒙古自治区文物考古研究所。

表 7–4　记录档案表

编号	档案内容	日期
1	全国重点文物保护单位记录档案	2005 年
2	上都——蒙古多伦诺尔元代都城址调查	1941 年
3	元上都故城	1950 年
4	元上都调查报告	1977 年
5	元上都城南砧子山南区墓葬发掘报告	1994 年
6	元上都及周围地区的考古发现与初步研究	1999 年
7	元上都城址东南砧子山西区墓葬发掘简报	2001 年
8	内蒙古东南部航空摄影考古报告	2002 年
9	多伦县砧子山西区墓地	2008 年
10	正蓝旗一棵树墓地	2008 年
11	元上都	2008 年

续表 7-4

编号	档案内容	日期
12	元上都皇城南门及东墙清理修复报告	2008 年
13	元上都遗址博物馆可行性研究报告	2009 年
14	元上都遗址自然保护区科学考察报告	2009 年
15	正蓝旗元上都区域气候监测表	1995—2009 年
16	自然灾害监测表	1999—2008 年
17	正蓝旗山洪灾害防御预案	2008 年 6 月 3 日
18	正蓝旗防洪预案	2009 年 6 月 1 日
19	元上都遗址动植物保护情况	2009 年
20	元上都遗址所在地大气、水文、地质情况	2009 年
21	正蓝旗草原牧草生长情况实地监测表	2005—2009 年
22	正蓝旗草原工作站草原统计表	2006—2009 年
23	正蓝旗休牧草场草地草群指标测定表	2003—2007 年
24	正蓝旗旅游局工作总结	2004—2005 年
25	正蓝旗旅游局工作总结	2006 年
26	正蓝旗旅游局工作总结	2007 年
27	正蓝旗旅游局工作总结	2008 年
28	正蓝旗旅游局工作总结	2009 年
29	元上都遗址游客破坏因素应急预案	2009 年

7.d 列表、记录和档案保存地址

内蒙古自治区锡林郭勒盟正蓝旗元上都遗址文物事业管理局
地址：中国内蒙古自治区正蓝旗上都镇
邮政编码：027200

7.e 参考文献

7.e-1 主要参考文献

序号	名称	作者	版本信息
1	《元史》	[明]宋濂等撰	北京：中华书局，1976年
2	《蒙古秘史》	[元][佚名]著，策·达木丁苏隆编译，谢再善译	北京：中华书局，1956年
3	《世界征服者史》(上、下册)	[伊朗]志费尼著，何高济译	呼和浩特：内蒙古人民出版社，1980年
4	《史集》(Jami'al—Tarikh)	[波斯]拉施特主编，余大钧、周建奇译	北京：商务印书馆，1983~1985年
5	《柏朗·嘉宾蒙古行纪》	[意]柏朗·嘉宾著，耿昇、何高济译	北京：中华书局，1985年
6	《鲁布·鲁克东行纪》	[法]鲁布·鲁克著，耿昇、何高济译	北京：中华书局，1985年
7	《马可波罗行纪》	[意]马可·波罗著，[法]沙海昂注，冯承钧译	北京：中华书局，2003年
8	《鄂多立克东游录》	[意]鄂多立克著，何高济译	北京：中华书局，1981年
9	《海屯行纪》	[小亚美尼亚]海屯一世著，何高济译	北京：中华书局，1981年
10	《蒙古黄金史》	[清]罗桑丹津著，色·道尔吉译	呼和浩特：蒙古学出版社，1993年
11	《蒙古源流》	[清]萨囊彻辰撰，道润梯步译	呼和浩特：内蒙古人民出版社，2007年
12	《多桑蒙古史》	[瑞典]多桑著，冯承钧译	上海：上海书店，2001年(Abraham Constantin Mouradgea d' Ohsson: Histoire des Mongols，1852)
13	《草原帝国》	[法]勒内·格鲁塞(Rene Grousset)著，龚钺译	北京：商务印书馆，1989年(L' Empire des Steppes，1939)
14	《东方考古学丛刊乙种第二册——上都》	[日]东亚考古学会	[日]东京：东亚考古学会，1941年
15	《元上都调查报告》	贾洲杰	《文物》1977年第5期
16	《元上都》	陈高华、史卫民	长春：吉林教育出版社，1988年
17	《中国古代城市规划史》	贺业钜	北京：中国建筑工业出版社，1996年
18	《元上都研究》	叶新民	呼和浩特：内蒙古大学出版社，1998年
19	《明开平卫及其附近遗迹的考察》	李逸友	《内蒙古文物考古》1999年第2期
20	《元上都及周围地区的考古发现与初步研究》	魏坚	《内蒙古文物考古》1999年第2期

序号	名称	作者	版本信息
21	《泰晤士世界历史地图集》	[英]杰费里·巴勒克拉夫主编，邓蜀生等译	北京：生活·读书·新知三联书店，1982年（Geoffrey Barraclough:The Times Atlas of World History,Times Books Limited, London1978,1979）
22	《中国古代建筑史》第二卷“两晋、南北朝、隋唐、五代建筑”	傅熹年主编	北京：中国建筑工业出版社，2001年
23	《中国古代建筑史》第四卷“元、明建筑”	潘谷西主编	北京：中国建筑工业出版社，2001年
24	《中国古代建筑史》第三卷“宋、辽、金、西夏建筑”	郭黛姮主编	北京：中国建筑工业出版社，2003年
25	《モンゴル帝国史の考古学的研究》	[日]白石典之	[日]东京：同成社，2002年
26	《元上都研究丛书——元上都研究资料选编》	叶新民、齐木德道尔吉	北京：中央民族大学出版社，2003年
27	《元上都研究丛书——元上都研究文集》	叶新民、齐木德道尔吉	北京：中央民族大学出版社，2003年
28	《元上都》	魏坚	北京：中国大百科全书出版社，2008年
29	《陈高华说元朝》	陈高华著、党宝海编	上海：上海科学技术文献出版社，2009年
30	《元代大都上都研究》	陈高华、史卫民	北京：中国人民大学出版社，2010年
31	《元上都城南砧子山南区墓葬发掘报告》	内蒙古自治区文物考古研究所等	《内蒙古文物考古文集》（第一辑），1994年
32	《元上都城东南砧子山西区墓葬发掘简报》	内蒙古自治区文物考古研究所、吉林大学边疆考古研究中心	《文物》2001年第9期
33	《内蒙古东南部航空摄影考古报告》	中国历史博物馆遥感与航空摄影考古中心、内蒙古自治区文物考古研究所	北京：科学出版社，2002年
34	《蒙古国古代游牧民族文化遗存考古调查报告（2005~2006年）》	（中蒙联合）中国内蒙古自治区文物考古研究所、蒙古国游牧文化研究国际学院、蒙古国国家博物馆编	北京：文物出版社，2008年
35	《哈剌巴拉嘎斯与哈剌和林——鄂尔浑河谷的两个晚期游牧民族都城，德国考古研究院和蒙古科学院考古所在2000—2009年间的发掘与研究》	（德蒙联合）汉斯乔治·哈图、乌兰拜耶·厄登尼巴	[蒙古]乌兰巴托，2009年

7.e-2 其他参考文献

7.e-2-1 历史文献

序号	名称	作者	版本信息
1	《揽辔录》	[宋]范成大撰	(清 鲍廷博 辑《知不足斋丛书》本)北京：中华书局，1999 年
2	《宋史》	[元]脱脱等撰	北京：中华书局，1977 年
3	《金史》	[元]脱脱等撰	北京：中华书局，1975 年
4	《辽史》	[元]脱脱等撰	北京：中华书局，1974 年
5	《通制条格校注》	[元]佰杭、刘正等纂，方龄贵校注	北京：中华书局，2001 年
6	《圣武亲征录》	[元][佚名]撰	(王国维《蒙古史料四种》本)台北：正中书局，1975 年
7	《元一统志》	[元]札马剌丁等撰，赵万里汇辑	北京：中华书局，1966 年
8	《大元圣政国朝典章》	[元]	(台北故宫博物院影印元刊本)北京：中国广播电视出版社，1998 年
9	《大元马政记》	[元][佚名]撰	台北：台湾广文书局，1961 年
10	《大元毡罽工物记》	[元][佚名]撰	上海：上海仓圣明智大学，1916 年
11	《大元官制杂记》	[元][佚名]撰	台北：台湾广文书局，1900 年
12	《佛祖历代通载》	[元]释念常	北京：书目文献出版社，2005 年
13	《大元至元辨伪录》	[元]释祥迈	北京：国家图书馆出版社，2003 年
14	《湛然居士文集》	[元]耶律楚材撰，谢方点校	北京：中华书局，1986 年
15	《长春真人西游记》	[元]李志常撰	(王国维《蒙古史料四种》本)台北：正中书局，1975 年
16	《元文类》	[元]苏天爵	长春：吉林人民出版社，1998 年
17	《藏春集》	[元]刘秉忠	(《北京图书馆古籍珍本丛刊》，影印明刻本)北京：商务印书馆，2005 年
18	《秋涧集》	[元]王恽	吉林：吉林出版集团，2005 年
19	《北巡私记》	[元]刘佶	(《云窗丛刻》本)上海：上海古籍出版社，1996 年
20	《郝文忠公陵川文集》	[元]郝经	太原：山西人民出版社，2006 年
21	《青崖集》	[元]魏初	北京：商务印书馆，2005 年
22	《雪楼集》	[元]程钜夫	北京：商务印书馆，2005 年
23	《牧庵集》	[元]姚燧	(《四部丛刊》本)上海：上海书店，1989 年

序号	名称	作者	版本信息
24	《道园学古录》	[元]虞集	上海：上海书店，1989年
25	《道园类稿》	[元]虞集	北京：北京图书馆出版社，2006年
26	《马石田文集》	[元]马祖常	上海：上海古书流通处，1922年
27	《燕石集》	[元]宋褧	北京：商务印书馆，2005年
28	《金华黄先生文集》	[元]黄溍	上海：上海书店，1989年
29	《圭斋文集》	[元]欧阳玄	上海：上海书店，1989年
30	《清容居士集》	[元]袁桷	上海：上海书店，1989年
31	《柳待制文集》	[元]柳贯	上海：上海书店，1989年
32	《至正集》	[元]许有壬	北京：商务印书馆，2005年
33	《滋溪文稿》	[元]苏天爵辑撰，陈高华、孟繁清点校	北京：中华书局，1997年
34	《元朝名臣事略》	[元]苏天爵辑撰，姚景安点校	北京：中华书局，1996年
35	《禁扁》	[元]王士点	上海：上海古书流通处，1921年
36	《析津志》	[元]熊梦祥	北京：北京古籍出版社，1983年
37	《山居新语》	[元]杨瑀	扬州：江苏广陵古籍刻印社，1985年
38	《南村辍耕录》	[元]陶宗仪	北京：中华书局，1997年
39	《钱塘遗事》	[元]刘一青	上海：上海古籍出版社，1985年
40	《玩斋集》	[元]贡师泰	北京：商务印书馆，2005年
41	《纯白斋类稿》	[元]胡助	北京：商务印书馆，2005年
42	《金台集》	[元]迺贤	台北：台湾商务印书馆，1983年
43	《霞外诗集》	[元]马臻	北京：商务印书馆，2005年
44	《伊滨集》	[元]王沂	北京：商务印书馆，2005年
45	《王忠文公集》	[元]王祎	北京：中华书局，1985年
46	《上京》	[元]伍良臣	(《永乐大典》卷七七〇二)北京：中华书局，1986年
47	《张蜕庵诗集》	[元]张翥	上海：上海书店，1985年
48	《滦京杂咏》	[元]杨允孚	北京：商务印书馆，2005年
49	《近光集》	[元]周伯琦	(文渊阁《四库全书》本)北京：商务印书馆，2005年
50	《扈从集》	[元]周伯琦	(文渊阁《四库全书》本)台北：台湾商务印书馆，1983年
51	《雁门集》	[元]萨都剌撰，殷孟伦、朱广祁点校	上海：上海古籍出版社，1982年
52	《上京杂诗》	[元]宋本	(《永乐大典》卷七七〇二)北京：中华书局，1986年

序号	名称	作者	版本信息
53	《积斋集》	[元]程端学	北京：商务印书馆，2005年
54	《皇元风雅》	[元]傅习、孙存吾辑	北京：北京图书馆出版社，2006年
55	《全辽志》	[明]李辅修、陈绛等纂	辽宁：辽海书社，1931~1934年
56	《元史纪事本末》	[明]陈邦瞻撰，王树民点校	北京：中华书局，1979年
57	《庚申外史》	[明]权衡	（任崇岳笺证本）郑州：中州古籍出版社，1991年
58	《草木子》	[明]叶子奇	北京：中华书局，1959年
59	《鸿猷录》	[明]高岱	上海：上海古籍出版社，1992年
60	《危太朴文集》	[明]危素	（《元人文集珍本丛刊》7）台北：新文丰出版公司，1985年
61	《危太朴文续集》	[明]危素	（《元人文集珍本丛刊》7）台北：新文丰出版公司，1985年
62	《明史纪事本末》	[清]谷应泰	北京：中华书局，1985年
63	《口北三厅志》	[清]黄可润纂修	台北：成文出版社，1968年
64	《嘉庆重修一统志》	[清]嘉庆敕撰	上海：上海书店，1984年
65	《读史方舆纪要》	[清]顾祖禹撰，贺次君、施和金点校	北京：中华书局，2005年
66	《大清太宗文皇帝实录》	[清]图海等监修	台北：新文丰出版公司，1978年
67	《大清世祖章皇帝实录》	[清]卢震等纂修	台北：华联出版社，1964年
68	《大清圣祖仁皇帝实录》	[清]马齐、朱轼纂修	台北：新文丰出版公司，1978年
69	《蒙古风俗鉴》	[清]罗布桑却丹原著，赵景阳翻译	沈阳：辽宁民族出版社，1988年
70	《昌平山水记》	[清]顾炎武	北京：北京古籍出版社，1980年
71	《宋东京考》	[清]周城撰，单远慕点校	北京：中华书局，1988年
72	《元诗选》	[清]顾嗣立编	上海：上海古籍出版社，1993年

7.e-2-2 学术专著[1]

序号	名称	作者	版本信息
1	《辽金军及金代兵制考》	[日]箭内亘	上海：商务印书馆，1932年
2	《蒙古史研究》	[日]箭内亘	上海：商务印书馆，1932年
3	《元代蒙汉色目待遇考》	[日]箭内亘	上海：商务印书馆，1932年
4	《元朝制度考》	[日]箭内亘	上海：商务印书馆，1933年

1. 按出版年代排序。

序号	名称	作者	版本信息
5	《元朝怯薛及斡耳朵考》	［日］箭内亘	上海：商务印书馆，1933 年
6	《元代经略东北考》	［日］箭内亘	上海：商务印书馆，1933 年
7	《蒙古史》	［日］河野元三述著，欧阳瑞骅译	台北：台北文海出版社，1970 年
8	《元人文集篇目分类索引》	陆峻岭编	北京：中华书局，1979 年
9	《蒙古社会制度史》	［苏］符拉基米尔佐夫著，刘荣焌译	北京：中国社会科学出版社，1980 年
10	《蒙古及蒙古人（第二卷）》	［俄］阿·马·波兹德涅耶夫著，刘汉明等译	呼和浩特：内蒙古人民出版社，1983 年
11	《蒙古及蒙古人（第一卷）》	［俄］阿·马·波兹德涅耶夫	呼和浩特：内蒙古人民出版社，1989 年
12	《蒙古族古代音乐舞蹈初探》	乌兰杰	呼和浩特：内蒙古人民出版社，1985 年
13	《中国古代城市规划史论丛》	贺业钜	北京：中国建筑工业出版社，1986 年
14	《中国蒙古族科学技术史简编》	李汶忠编著	北京：科学出版社，1990 年
15	《蒙古族风俗志》	王迅、苏赫巴鲁	北京：中央民族学院出版社，1990 年
16	《蒙古族文化》	蔡志纯等	北京：中国社会科学出版社，1993 年
17	《内蒙古文物考古文集（第一辑）》	内蒙古自治区文物考古研究所编 李逸友、魏坚主编	北京：中国大百科全书出版社，1994 年
18	《中国民族民间舞蹈集成（内蒙古卷）》	中国民族民间舞蹈集成编辑部编	北京：中国 ISBN 中心，1994 年
19	《中华文明史（元代）》	《中华文明史》编纂工作委员会	石家庄：河北教育出版社，1994 年
20	《蒙医学概述》	安官布、金玉主编	呼和浩特：内蒙古科学技术出版社，1995 年
21	《郭守敬及其师友研究论文集》	邢台市郭守敬纪念馆编	内部资料，1996 年
22	《风暴帝国——解读世界史上版图最大的蒙古王朝》	北京泛亚太经济研究所编 宋宜昌、倪建中主编	北京：中国国际广播出版社，1997 年
23	《内蒙古文物考古文集（第二辑）》	内蒙古自治区文物考古研究所编 魏坚主编	北京：中国大百科全书出版社，1997 年
24	《蒙古族美术研究》	阿木尔巴图编著	沈阳：辽宁民族出版社，1997 年
25	《蒙古族文物与考古研究》	盖山林编著	沈阳：辽宁民族出版社，1999 年
26	《〈蒙古源流〉》研究	乌兰	沈阳：辽宁民族出版社，2000 年
27	《蒙古族美学史》	满都夫	沈阳：辽宁民族出版社，2000 年
28	《中国古代城市规划建筑群布局及建筑设计方法研究》（上、下册）	傅熹年	北京：中国建筑工业出版社，2001 年
29	《蒙古族生活掠影》	张秀华编著	沈阳：沈阳出版社，2001 年
30	《古典戏曲外来语考释词典——以源于蒙古语者为主》	方龄贵	上海：汉语大词典出版社 昆明：云南大学出版社，2001 年

序号	名称	作者	版本信息
31	《蒙古族古代战例史》	巴特	北京：金城出版社，2002 年
32	《中国荒漠化与农业可持续发展——以内蒙古、河北、甘肃、青海、新疆等省区为例》	郝晋珉等	呼和浩特：内蒙古教育出版社，2002 年
33	《20 世纪中国文物考古发现与研究丛书——古代城市》	曲英杰	北京：文物出版社，2003 年
34	《元代政治制度研究》	李治安	北京：人民出版社，2003 年
35	《内蒙古集宁路古城遗址出土瓷器》	内蒙古自治区文物考古研究所编 陈永志主编	北京：文物出版社，2004 年
36	《蒙古族古代军事史》	胡泊主编	沈阳：辽宁民族出版社，2004 年
37	《蒙古文化专题研究》	嘎尔迪	北京：民族出版社，2004 年
38	《蒙元驿站交通研究》	党宝海	北京：昆仑出版社，2006 年
39	《蒙古族音乐史》	呼格吉勒图著，龙梅、乌云巴图译	沈阳：辽宁民族出版社，2006 年
40	《蒙古兽医研究》	巴音木仁	沈阳：辽宁民族出版社，2006 年
41	《内蒙古通史纲要》	郝维民、齐木德道尔吉主编	北京：人民出版社，2006 年
42	《蒙古族科学技术简史》	李迪	沈阳：辽宁民族出版社，2006 年
43	《蒙古族古代交通史》	德山、乌日娜、赵相璧	沈阳：辽宁民族出版社，2006 年
44	《蒙古族宗教史》	苏鲁格	沈阳：辽宁民族出版社，2006 年
45	《蒙元史暨民族史论集》	郝时远、罗贤佑主编	北京：社会科学文献出版社，2006 年
46	《藏传佛教与蒙古族文化》	唐吉思	沈阳：辽宁民族出版社，2007
47	《蒙古史研究（第九辑）》	中国蒙古史学会	呼和浩特：内蒙古人民出版社，2007
48	《蒙古族商业发展史》	额斯日格仓、包·赛吉拉夫	沈阳：辽宁民族出版社，2007
49	《蒙古鹿石》	[俄] B · B · 沃尔科夫著，王博、吴妍春译	北京：中国人民大学出版社，2007
50	《蒙古民族形成史》	[苏] 莉·列·维克托罗娃著，陈弘法译	呼和浩特：内蒙古教育出版社，2008
51	《蒙古佛教史》	乔吉	呼和浩特：内蒙古人民出版社，2008 年
52	《蒙古诸部与俄罗斯 17–18 世纪》	[俄] 齐米特道尔吉耶夫	呼和浩特：内蒙古人民出版社，2008 年
53	《蒙古民族基督宗教史》	宝贵贞、宋长宏	北京：宗教文化出版社，2008 年
54	《蒙古高原行纪》	[日] 江上波夫等著，赵令志译	呼和浩特：内蒙古人民出版社，2008 年
55	《中国行政区划通史（元代卷）》	李治安、薛磊	上海：复旦大学出版社，2009 年
56	《蒙元帝国初期的政教关系》	胡其德	台北县：花木兰文化出版社，2009 年
57	《上都文化研究》	徐进昌主编	赤峰：内蒙古科学技术出版社，2009 年

7.e-2-3 学术论文

序号	题目	作者	发表时间	刊物名称
1	《元上都的佛教》	［日］野上俊静	1950 年	《佛教史学》第 2 期
2	《元代上都人的生活》	费海玑	1959 年	《大陆杂志》第 19 卷第 11 期
3	《关于元上都》	［日］石田干之助	1960 年	《日本大学创立 70 周年纪念论文集（第 1 卷人文科学编）》
4	《元朝诸帝季节性游猎生活》	劳乃煊	1963 年	《大陆杂志》第 26 卷第 3 期
5	《金元诸帝游猎生活的行帐》	劳乃煊	1963 年	《大陆杂志》第 27 卷第 9 期
6	《元代两京间驿路考释》	袁翼	1974 年	《元史研究论集》，台北：台湾商务印书馆
7	《元王恽赴上都行程考释》	袁翼	1974 年	《元史研究论集》，台北：台湾商务印书馆
8	《元上都》	贾洲杰	1977 年	《内蒙古大学学报（哲学社会科学版）》第 3 期
9	《〈元史·释老传〉研究》	［日］野上俊静	2003 年	《北方民族史与蒙古史译文集》，昆明：云南人民出版社
10	《介绍一件元青花瓷盖罐》	刘桂山、陈锦惠、王锡民	1979 年	《文物》第 8 期
11	《新疆伊犁地区霍城县出土的元青花瓷等文物》	新疆博物馆	1979 年	《文物》第 8 期
12	《元上都天文台与阿拉伯天文学之传入中国》	陆思贤、李迪	1981 年	《内蒙古师范学院学报（自然科学版）》第 1 期
13	《元上都地理方位考》	曹佐	1981 年	《青海师范大学学报（哲学社会科学版）》第 2 期
14	《从元人咏上都诗看滦阳风情》	叶新民	1983 年	《内蒙古大学学报（哲学社会科学版）》第 1 期
15	《元上都的官署》	叶新民	1983 年	《内蒙古大学学报（哲学社会科学版）》第 1 期
16	《考古学上所见之察罕脑儿行宫》	郑绍宗	1983 年	《历史地理（第三辑）》上海：上海人民出版社
17	《元代察罕脑儿行宫及明安驿故址辨》	尹自先	1984 年	《河北师范学院学报》第 4 期
18	《忽必烈与大都》	［日］衫山正明	1984 年	《中国近世的都市与文化》
19	《辽代四时捺钵考五篇》	傅乐焕	1984 年	《辽史丛考》，北京：中华书局
20	《元察罕脑儿行宫今地考》	陈得芝	1984 年	《元史论集》，北京：人民出版社
21	《元上都的宗教》	叶新民	1985 年	《内蒙古大学学报哲学社会科学版》第 2 期
22	《东蒙古石人研究》	巴雅尔	1985 年	《蒙古的古代文化》
23	《元上都的经济与居民生活》	贾洲杰	1986 年	《蒙古史研究（第二辑）》

序号	题目	作者	发表时间	刊物名称
24	《内蒙古元代城址概说》	李逸友	1986 年	《内蒙古文物考古》第 4 期
25	《元上都宫殿楼阁考》	叶新民	1987 年	《内蒙古大学学报(哲学社会科学版)》第 3 期
26	《蒙古石人研究》	Л.Л. 维克托罗娃	1987 年	《第五次国际蒙古学学家大会苏联代表团论文集（第一集）》
27	《歙县出土两批窖藏元瓷珍品》	叶涵鋆、夏跃南、胡承恩	1988 年	《文物》第 5 期
28	《江西乐安发现元代窖藏瓷器》	余家栋、梅绍裘	1989 年	《文物》第 1 期
29	《元上都的社会经济》	叶新民	1989 年	《内蒙古大学学报（哲学社会科学版）》第 4 期
30	《元上都的驿站》	叶新民	1989 年	《蒙古史研究（第三辑）》
31	《元上都的外国使者》	叶新民	1991 年	《内蒙古社会科学》第 2 期
32	《蒙古敖包的属性、传说及其形体研究》	常宝军	1991 年	《黑龙江民族丛刊》第 4 期
33	《略述内蒙古北部边疆部分地区的“石头墓”和“石板墓”》	郑隆	1991 年	《包头文物资料（第二辑）》
34	《元朝佛教兴盛的物证》	翁善珍	1991 年	《中国考古学会第八次年会论文》
35	《两都巡幸制与上都的宫廷生活》	叶新民	1992 年	《元史论丛（第四辑）》
36	《敖包与玛尼堆之象征比较研究》	马昌仪	1993 年	《黑龙江民族丛刊》第 3 期
37	《王恽〈开平纪行〉疏证稿》	贾敬颜	1993 年	《元史论丛（第五辑）》
38	《元上都研究综述》	叶新民	1994 年	《内蒙古大学学报（哲学社会科学版）》第 1 期
39	《锡林郭勒草原生态变迁与原因》	范瑞	1994 年	《内蒙古草业》第 3 期
40	《元朝帝王巡幸上都的原因》	东湖	1994 年	《中国历史地理论丛》第 3 期
41	《元上都水利考察》	郑玉璋、杨亚军、袁羚	1996 年	《内蒙古水利》第 1~4 期
42	《略论锡林郭勒草原生态旅游资源和发展生态旅游的问题与对策》	陈佐忠	1996 年	《干旱区资源与环境》（第 4 期）
43	《元上都重要考古发现的意义》	魏坚、王新宇	1997 年 3 月 16 日	《中国文物报》
44	《元代都城制度的研究与中都地区的历史地位》	史卫民	1998 年	《文物春秋》第 3 期
45	《元上都的历史地位》	肖瑞玲	1998 年	《内蒙古师范大学学报（哲学社会科学版）》第 5 期
46	《元上都教育考》	王风雷	1998 年	《中国蒙古史学会第三次年会论文集》
47	《扎马鲁丁与元上都天文台》	冯立升	1998 年	《中国蒙古史学会第三次年会论文集》

序号	题目	作者	发表时间	刊物名称
48	《大安御阁势岩亭》	李逸友	1998 年	《中国蒙古史学会第三次年会论文集》
49	《元上都与元代地位争夺之关系》	杨选第	1998 年	《广播电视大学学报（哲学社会科学版）》第 2 期
50	《上都在元代科技活动中的地位》	李迪，冯立升	1999 年	《广西民族学院学报(自然科学版)》第 1 期
51	《关于元上都宫城北墙中段的阙式建筑台基》	陆思贤	1999 年	《内蒙古文物考古》第 2 期
52	《元上都与大都城址的平面布局》	张景明	1999 年	《内蒙古文物考古》第 2 期
53	《金代旧桓州城址考》	特木尔	1999 年	《内蒙古文物考古》第 2 期
54	《元上都大安阁址考》	李逸友	2001 年	《内蒙古文物考古》第 2 期
55	《〈忽必烈汗〉与元上都》	伊赫	2001 年	《丝绸之路》第 4 期
56	《壮哉元上都》	王大方 等	2002 年	《实践》第 2 期
57	《元上都话旧》	那青松	2002 年	《草原税务》第 11 期
58	《论蒙古鹿石的年代及相关问题》	乌恩	2003 年	《考古与文物》第 1 期
59	《丝绸之路沿线发现的死者口中含币习俗研究》	王维坤	2003 年	《考古学报》第 2 期
60	《金莲川畔元上都》	宝音德力根	2003 年	《人与生物圈》第 5 期
61	《蒙元四都记》	［日］白石典之著，魏坚译	2003 年	《文物天地》第 10 期
62	《十三世纪后中国北方“离宫”式的城市》	徐苹芳	2003 年 10 月	在《“新世纪的考古学 ---- 文化、区位、生态的多元动”学术研讨会》上的发言
63	《窝阔台的哈剌和林》	［日］白石典之	2003 年	《文物天地》第 10 期
64	《元上都东凉亭与河北滦平鸽子洞出土文书述略》	王大方	2004 年	《内蒙古文物考古》第 1 期
65	《废墟漫步——元上都历史追踪》	赵静	2004 年	《文博》第 3 期
66	《元代上都的商业经济》	汪兴和	2004 年	《江苏商论》第 4 期
67	《元上都意义浅说》	王大方	2004 年	《实践》第 8 期
68	《锡林郭勒草原旅游资源开发与可持续发展》	朝洛蒙、巴特尔	2004 年	《干旱区资源与环境》第 9 期
69	《元上都的考古学研究》	魏坚	2004 年	吉林大学博士学位论文
70	《从元上都的兴衰看人类活动对自然环境的影响》	郭殿勇	2005 年	《西部资源》第 1 期
71	《浑善达克沙地荒漠化原因探析——以正蓝旗为例》	聂春雷、郑元润	2005 年	《吉林农业大学学报》第 2 期
72	《北京中轴线偏离子午线的分析》	夔中羽	2005 年	《地球信息科学》第 3 期
73	《元上都回回司天台的始末》	李迪	2005 年	《内蒙古师范大学学报（自然科学版）》第 3 期

序号	题目	作者	发表时间	刊物名称
74	《元上都——草原上的人间天堂》	张文芳	2005 年	《中华遗产》第 5 期
75	《浑善达克沙地榆树疏林自然保护区核心区设计的初步研究》	彭羽等	2005 年	《植物生态学报》第 5 期
76	《元中都与和林、上都、大都的比较研究》	张春长	2005 年	《文物春秋》第 5 期
77	《元上都——拥抱着巨大文明的废墟》	魏坚	2005 年	《吉林大学社会科学学报》第 6 期
78	《〈蒙古秘史〉崇尚“三段式时间”习俗之秘》	牧・赛吉拉夫	2005 年	《内蒙古师范大学学报（哲学社会科学版）》第 11 期
79	《敖包祭祀的起源》	刘文锁、王磊	2006 年	《西域研究》第 2 期
80	《世界遗产理念与元上都文化景观》	王大方	2006 年	《内蒙古社会科学》第 4 期
81	《元代都城建设对比分析研究》	郭晓宁	2006 年 6 月	西安建筑科技大学硕士学位论文
82	《元上都：故都的记忆》	王珊子	2006 年	《绿色中国》第 19 期
83	《敖包新考》	陶理、汪汾玲	2007 年	《东北史地》第 1 期
84	《蒙古村落多层次信仰》	纳钦	2003 年 5 月	中央民族大学博士学位论文
85	《元代都城制度初探》	潘颖岩	2007 年 6 月	西安建筑科技大学硕士学位论文
86	《祭祀敖包与崇拜山林》	景爱	2008 年	《百科知识》第 8 期
87	《元朝的都城》	李大鸣	2008 年	《紫禁城》第 10 期
88	《古代蒙古族自然资源保护法律及启示》	冰梅 等	2008 年 11 月	《兰州大学学报（社会科学版）》第 11 期
89	《“敖包节”的由来》	张瑞文	2008 年	《青年科学》第 11 期
90	《元上都遗址申遗工作是一项重大的系统工程》	魏琢	2009 年	《内蒙古统战理论研究》第 1 期
91	《〈大元大一统志〉编纂者考》	庞蔚	2009 年	《广州社会主义学院学报》第 2 期
92	《元上都文化的历史定位与现实价值》	杨富有	2009 年	《实践（思想理论版）》第 5 期
93	《辽金元都城文化的特点及形成原因》	李冬楠	2009 年	《学术交流》第 9 期
94	《祭坛与敖包起源》	王其格	2009 年	《赤峰学院学报（汉文哲学社会科学版）》第 9 期

7.f 附件目录

附件 1 图集

1.a 历史图片
1.b 遗存图片
1.c 自然风景图片
1.d 民俗图片
1.e 元上都文化影响图片

附件 2 历史文化资料

2.a 元上都大事年表
2.b 相关诗文、史料摘要目录
2.c 元上都对比分析参考资料

附件 3 相关资料

3.a 保护管理法规文件目录
3.b 监测记录档案文件目录
3.c 多媒体资料目录

8 负责机构的联系方式

8.a 申报联系方

机构：中华人民共和国国家文物局
联系人：唐炜
职务：中华人民共和国国家文物局文物保护与考古司世界遗产处 处长
地址：中国北京市朝阳门北大街 10 号，100020
国家，省，市：中华人民共和国 北京市
电话：(86-10)59881634
传真：(86-10)59881637
电子邮件 : laotang1977666@sina.com

8.b 地方管理机构

中国内蒙古自治区文化厅
厅长：王志诚
地址：中国内蒙古自治区呼和浩特市乌兰察布西路内蒙古文化大厦 210 室
邮编：010020
电话：(86-471) 6298554
(86-471) 6968239
传真：(86-471) 6968239
电邮：ysdsywb@163.com

内蒙古自治区锡林郭勒盟元上都文化遗产管理局
局长：庄永兴
地址：中国内蒙古自治区锡林郭勒盟锡林浩特市新区蒙元文化苑
邮编：026000
电话：(86-479) 8286558
传真：(86-479) 8286074

内蒙古自治区锡林郭勒盟正蓝旗元上都遗址文物事业管理局
局长：高华
地址：中国内蒙古自治区正蓝旗上都镇
邮编：027200
电话：(86-479) 4226629
传真：(86-479) 4226630
电邮：ysd-sy@163.com

内蒙古自治区锡林郭勒盟多伦县文物局
局长：吴克林
地址：中国内蒙古自治区多伦县诺尔镇上都路
邮编：027300
电话：（86-479）4528688
传真：（86-479）4528855
电邮：dlwenwuju@yahoo.com.cn

8.c 其他地方机构

内蒙古自治区锡林郭勒盟正蓝旗元上都博物馆
馆长：周宝帧
地址：中国内蒙古自治区正蓝旗上都镇腾飞路
邮编：027200
电话：（86-479）4235024
传真：（86-479）4235024

8.d 官方网站地址

http://www.nmgwh.gov.cn/
联系名称：内蒙古自治区文化厅
电子邮箱：ysdsywb@163.com

http://www.zlq.gov.cn/
联系名称：正蓝旗人民政府
电子邮箱：ysd-sy@163.com

http://www.dlxzf.gov.cn/
联系名称：多伦县人民政府
电子邮箱：dlxxb@dlxzf.gov.cn

9 代表缔约国签名

签字：

局长：单霁翔

中华人民共和国国家文物局局长

中华人民共和国

中国 北京

2010 年 12 月

世界遗产
WORLD HERITAGE · PATRIMOINE MONDIAL
元上都遗址
SITE OF XANADU

元上都遗址申遗文本编制项目组

项目负责人：陈同滨

执　笔　者：陈同滨　蔡　超　徐新云　李　敏

俞　锋　郭辛欣　韩真元　吴　东

2012 年中国申报世界文化遗产项目

NOMINATION DOSSIER FOR THE WORLD CULTURAL HERITAGE

SITE OF XANADU

元上都遗址

申报世界文化遗产提名文件

内蒙古自治区文物局

中国建筑设计研究院有限公司建筑历史研究所

编著

文物出版社

贰·附件

1 图 集

1.a 历史图片

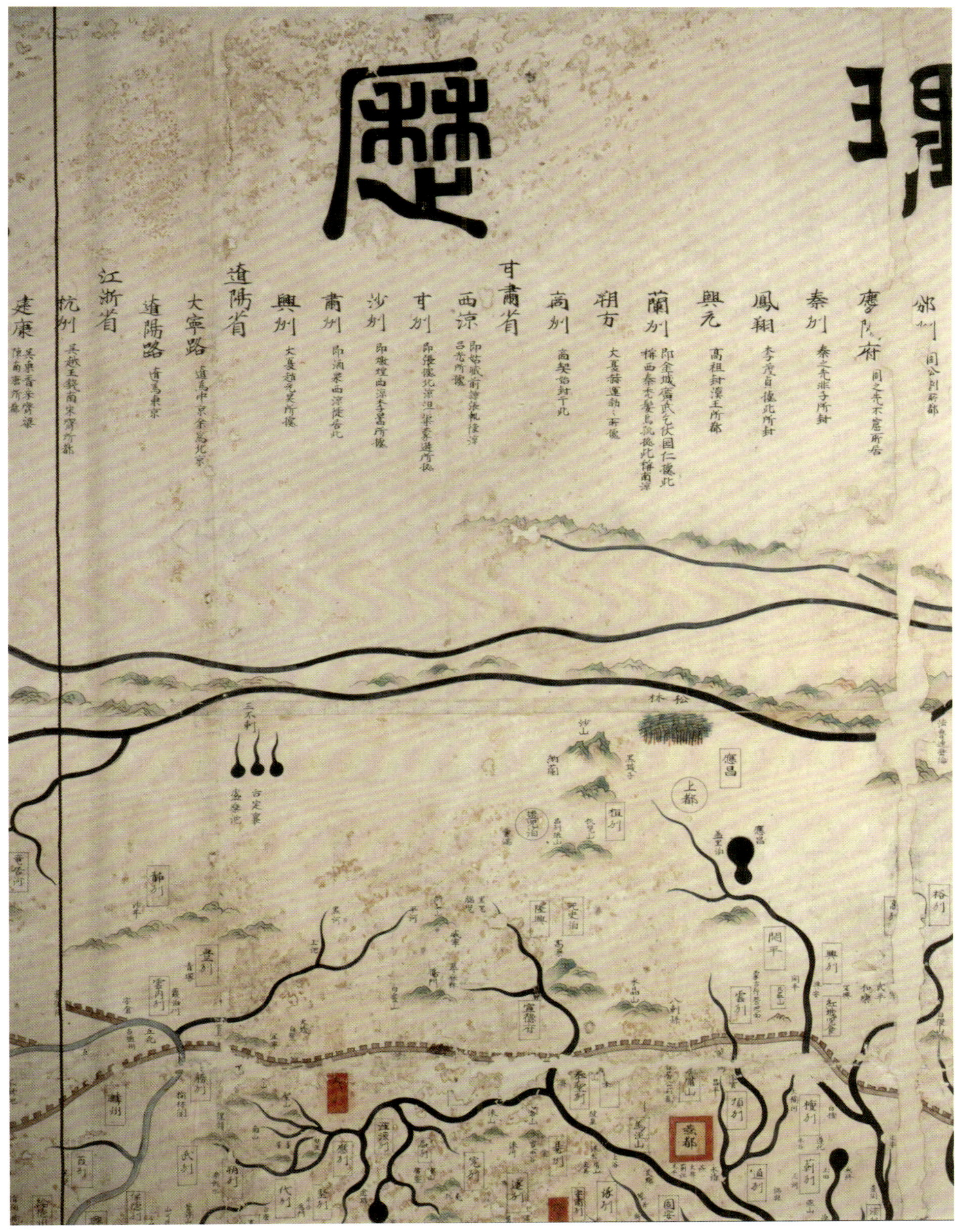

混一疆里历代国都之图（局部）

纵 158.5、横 168.0 厘米

1402 年朝鲜人原绘，1500 年日本人摹绘，现藏于日本东京龙谷大学图书馆

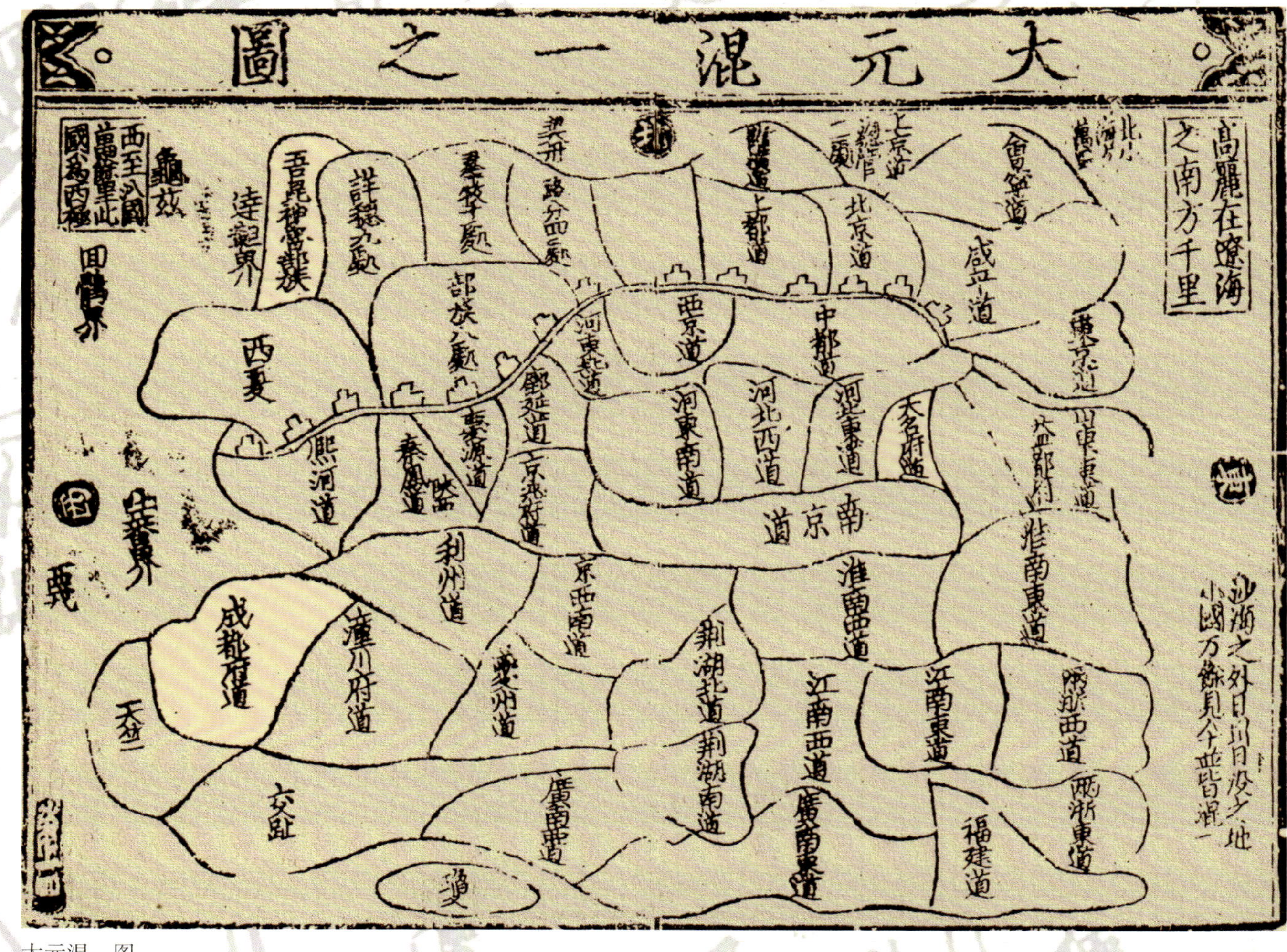

大元混一图

出自［南宋］陈元靓：《事林广记》癸集卷上，元至顺年间（1330～1333年）刊本，中华书局1999年2月影印本

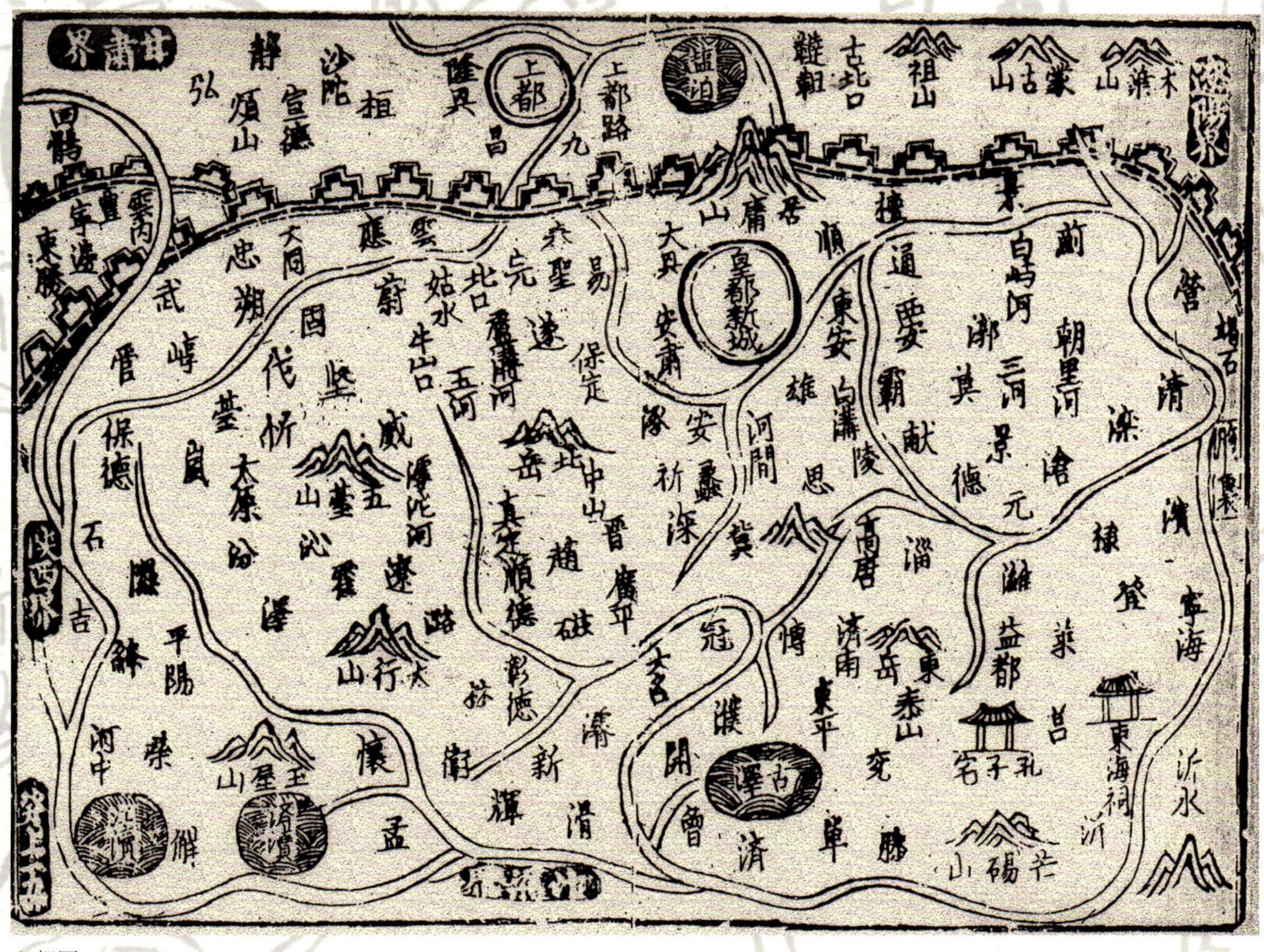

上都图

出自［南宋］陈元靓：《事林广记》癸集卷上，元至顺年间（1330~1333年）刊本，中华书局1999年2月影印本

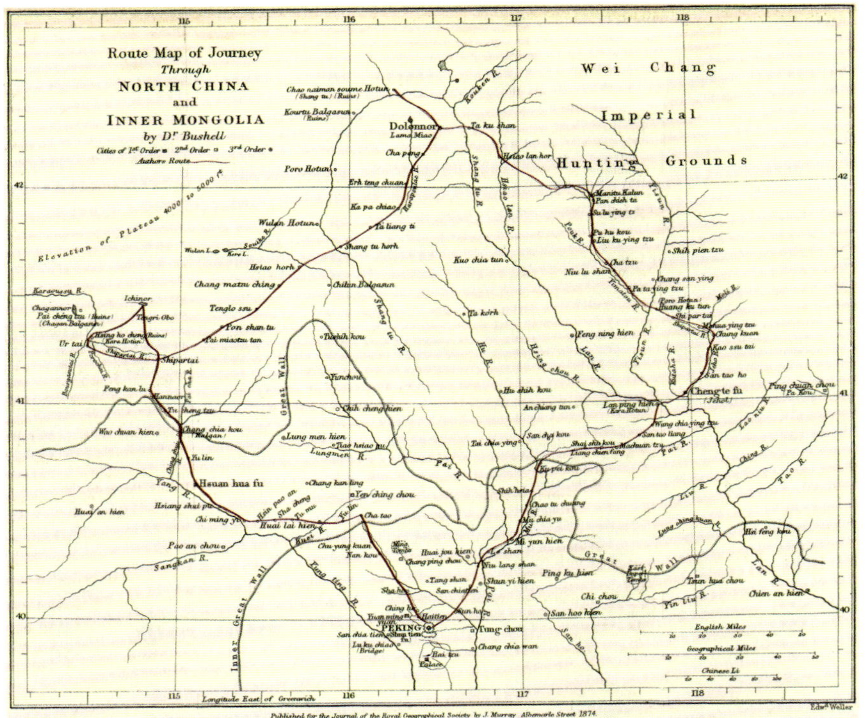

卜士礼（Stephen Wootoon Bushell）塞外旅行线路图

1874 年

内蒙古元上都申遗课题组提供

甘伯乐（A. C. Campbell）的蒙古旅行图

1902 年

内蒙古元上都申遗课题组提供

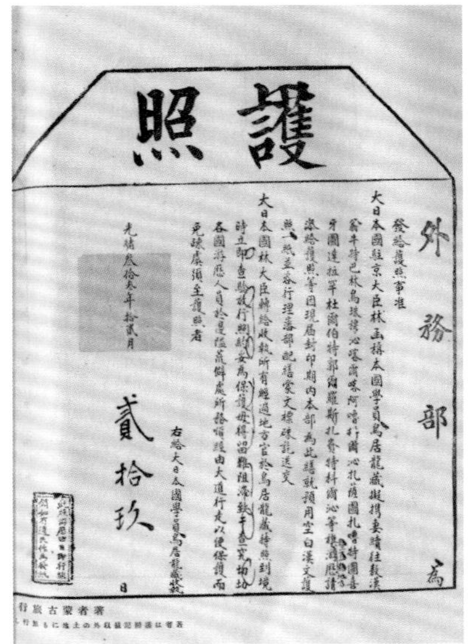
護照
外務部 為
貳拾玖

乌居夫妇护照及旅行线路

1907~1908 年

内蒙古元上都申遗课题组提供

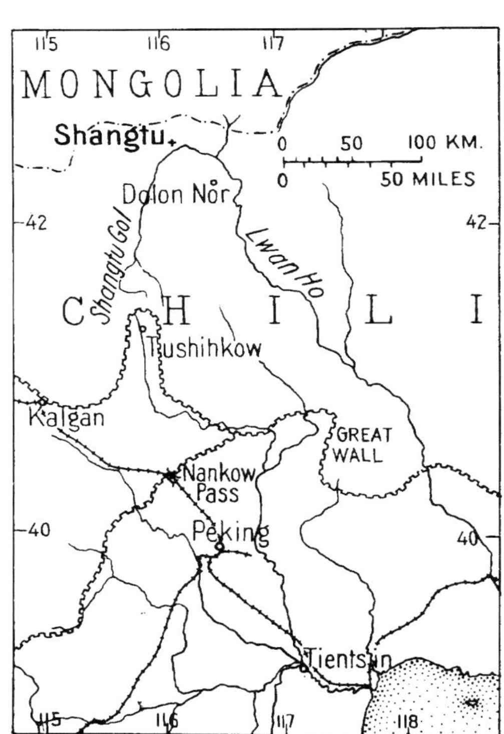

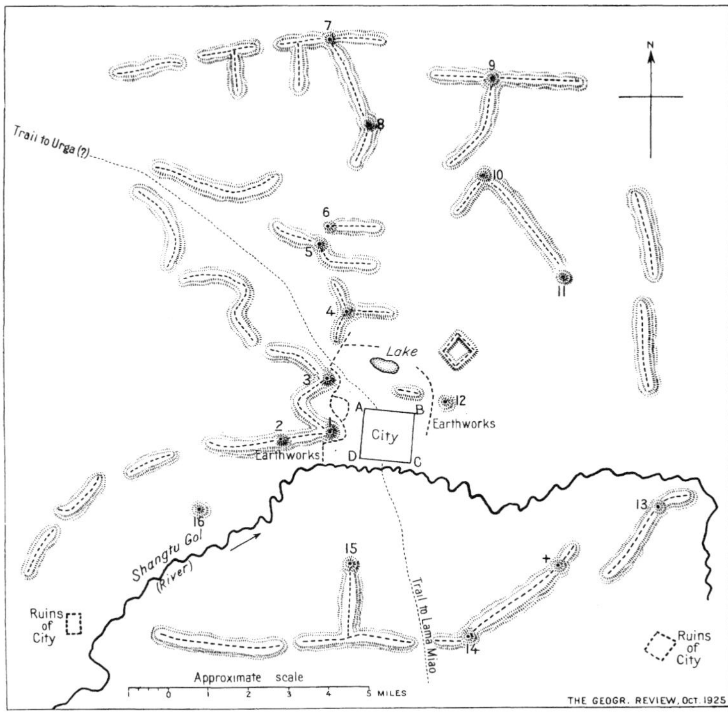

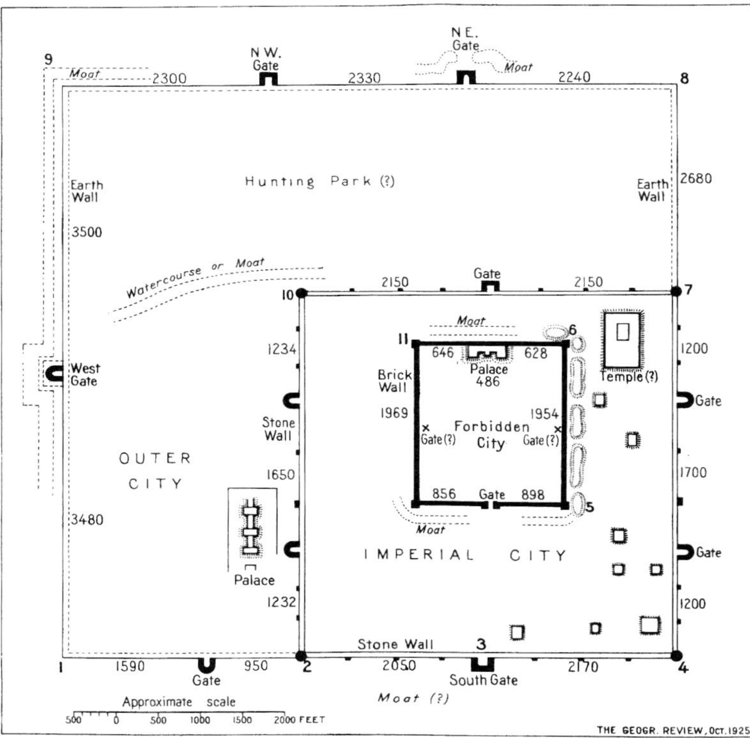

FIG. 6—Map of the City of Shangtu. The measurements were taken with linen tape and checked twice. A moat possibly existed to the south, but if so it has been obliterated by swamps in the vicinity of the river.

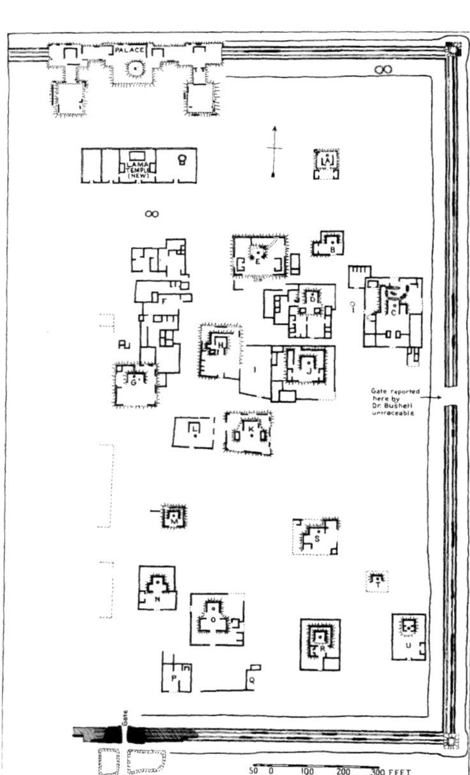

FIG. 11—The eastern half of Shangtu, Forbidden City (cf. Figure 6).

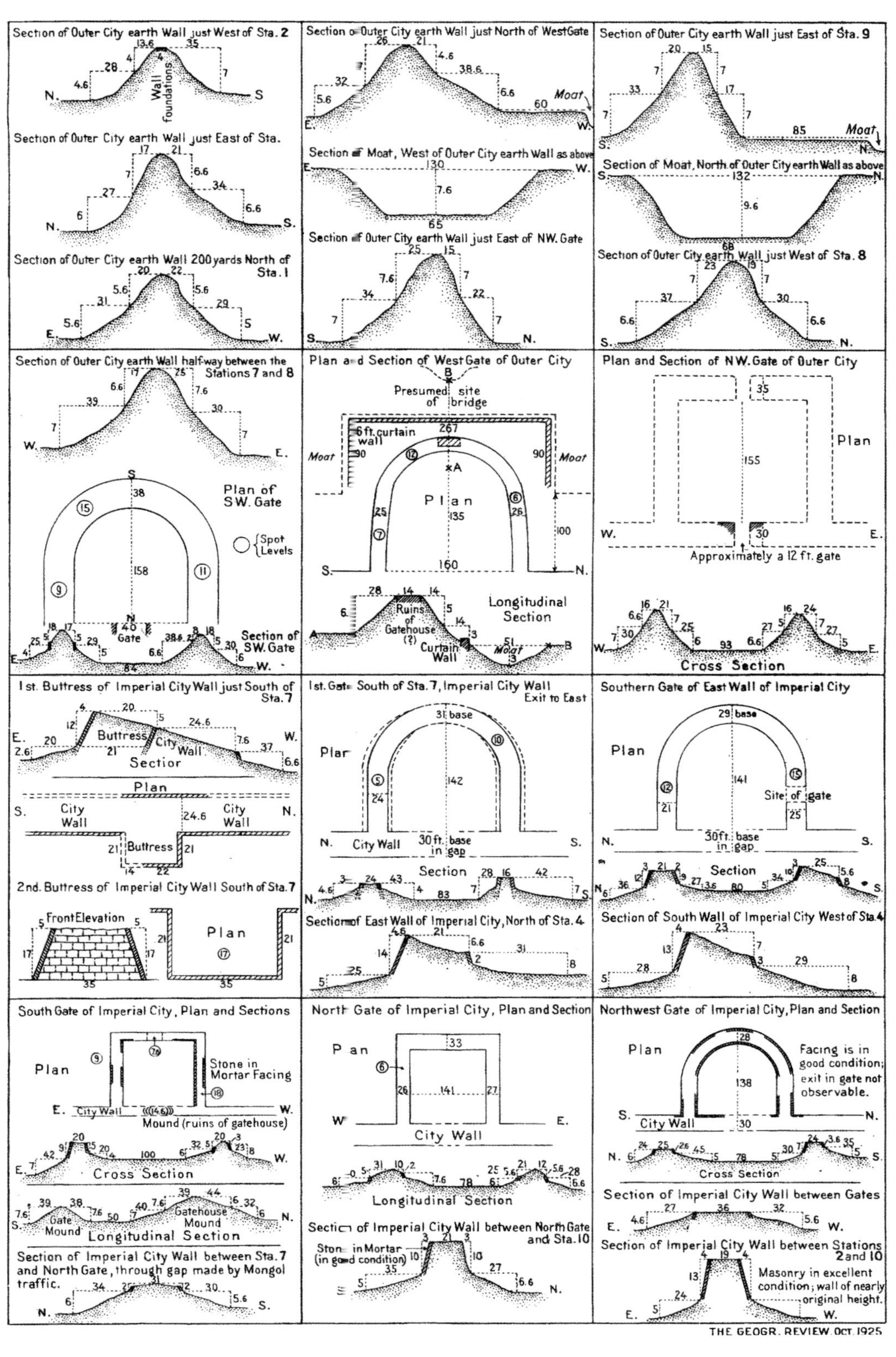

易恩培 (Lawrence Impey) 文所附旅行图

1925 年

内蒙古元上都申遗课题组提供

元世祖（文武皇帝）孛儿只斤忽必烈

世祖皇帝后

元代皇帝及后妃像由元代宫廷画家绘制，现藏于中国台湾台北故宫博物院

元成宗铁穆耳

元天顺帝阿速吉八

元武宗海山及其三位皇后

元文宗图帖睦尔

元惠宗妥欢帖睦尔

[元] 刘贯道　元世祖出猎图

1280年

图轴　绢本　纵182.9、横104.1厘米　现藏于中国台湾台北故宫博物院

［元］赵雍　贡马图

1347 年

纸本　纵 31.5 、横 73.5 厘米　现藏于美国华盛顿弗列尔东方艺术馆(Freer Gallery of Art)

蒙象棋

伊朗古画

皇帝御極之十年七月十八日拂郎國獻天馬身長
一丈一尺三寸有奇高六尺四寸有奇昂首高
八尺有二寸廿有一日勅臣周朗貌以為圖廿有
三日詔臣揭傒斯為之贊臣惟本
聖德及制作之雖皆合列于詩頌故以頌體為之是
日翰林學士承旨巎巎進臣為贊而
皇帝謙讓弗居申敕臣朗繪于卷軸二十八日詔臣
復贊之臣本才疏識下豈足以上當
聖心然職在撰述敢不稽首奉詔謹作贊曰
維乾東靈維房降精有產西極神駿難名彼
不敢有重譯來廷東踰月窟梁雍是經朝飲太阿
河伯屏營莫秣太華神靈下迎四歲寒暑爰至
上京
皇帝臨軒使拜仰稱臣國拂郎遐限西濱蒙化
效貢願歸
聖明皇帝謙讓嘉爾遠誠牽于赤墀頫首若矜
既稱其德亦貌其形高尺者六脩倍猶羸色應
玄武足躡長庚回眸電激頫鬣風生卓犖權
奇虎視龍騰按圖考式曾未足并周騁八駿徐
偃櫜兵漢駕鼓車奚劉中興維
帝神聖載籍有徵光武是師　滿足[illegible]登崇俊
良共基太平一進一退為
國重輕先人後物萬國咸寧

［元］周朗　拂郎国贡天马图

1342 年

现藏于中国北京故宫博物院

刘秉忠像

内蒙古元上都申遗课题组提供

郭守敬

中国人民邮政 1962 年发行的邮票

阿尼哥

尼泊尔王国（尼泊尔联邦民主共和国）
1972 年发行的纪念邮票

马可·波罗

马赛克壁画，现藏于热那亚塔利亚图尔斯官市政厅

蒙军俘虏西域人

[伊朗]拉施特《史集》

窝阔台即位后，又一次派军西征，并大举南下，攻灭了金朝。这幅具有西域特色的古画描绘了蒙古军队在西征中用枷押送战俘的场面

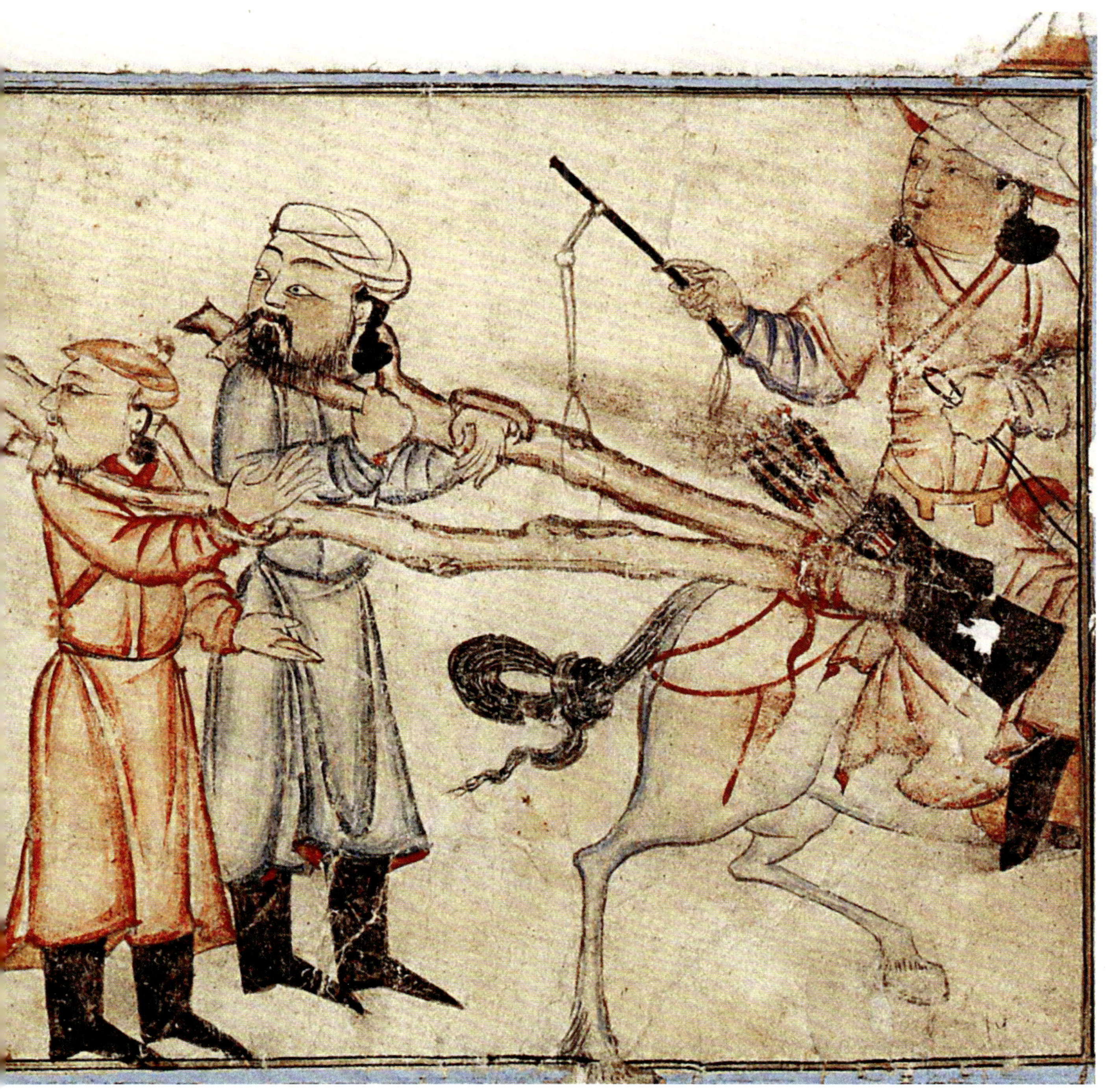

忽必烈在元上都接见马可·波罗

欧洲古画

内蒙古元上都申遗课题组提供

马可·波罗出发图

古法文版《马可·波罗游记》

王延青　元世祖出巡场景（《蒙古历史长卷》局部）

2005年

油画　《蒙古历史长卷》　全长206米，高2.5米。内蒙古鄂尔多斯东联集团·成吉思汗陵旅游区蒙古历史文化博物馆永久陈列

王延青　蒙古忽里台大会场景
（《蒙古历史长卷》局部）
2005 年

1.b 遗存图片

1.b-1 城址

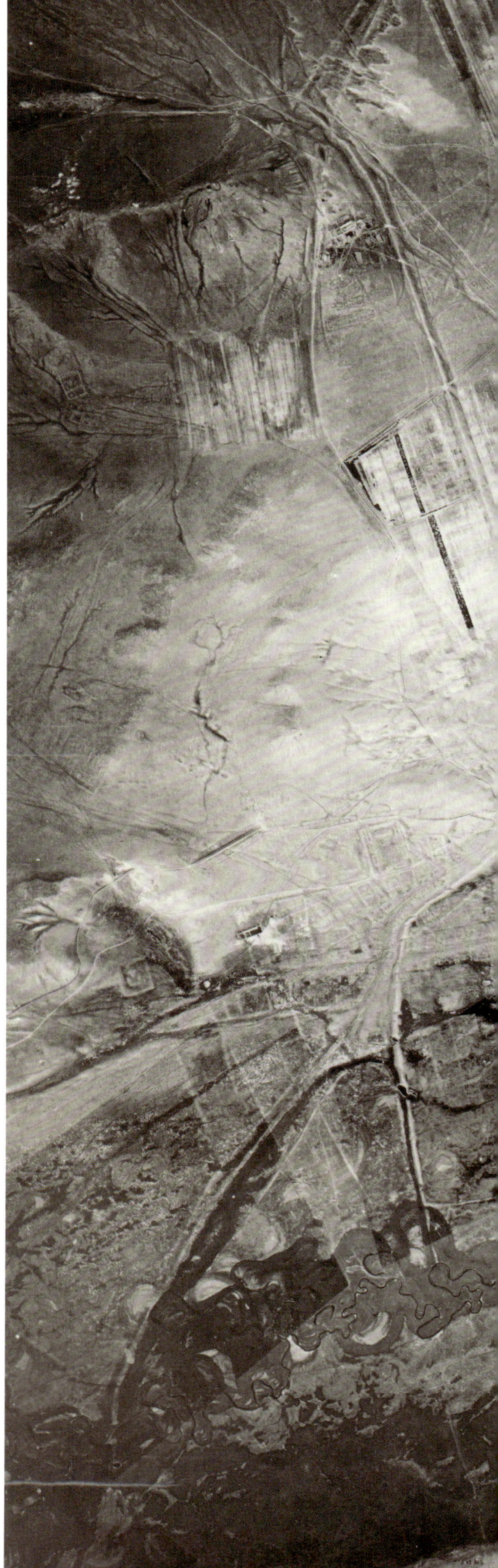

元上都城遗址航空影像 1987 年

1.b-1-1 宫城

宫城遗址航空影像　2009 年

宫城遗址鸟瞰（北一南） 1997 年

御天门瓮城遗址（西北—东南）

宫城穆清阁遗址上鸟瞰全景（北—南）

宫城东城墙遗址（南一北）

宫城南城墙遗址西段内侧（北一南）

宫城西城墙遗址北段（北一南）

宫城北城墙遗址外观（西一东）

宫城御天门遗址（南一北）

宫城御天门遗址发掘现场

石像（宫城御天门遗址出土）

宫城1号建筑基址（大安阁）石砌围基（西南—东北）

宫城 1 号建筑基址（大安阁）石砌围基（南—北）

宫城 1 号建筑基址（大安阁）考古清理现场

宫城 1 号建筑基址（大安阁）下层出土汉白玉角柱

宫城 1 号建筑基址（大安阁）上层出土龙首石门饰

墓顶石

宫城 1 号建筑基址（大安阁）上层出土 I 式墓顶石

I 式墓顶石局部（左段）

I 式墓顶石局部（中段）

模制花砖

模制花砖

砖

雕花砖

砖

雕花砖

模印花砖

砖

石刻经板

沟纹砖

石刻经板

石球

宫城 1 号建筑基址（大安阁）上层出土建筑构件

兽面瓦当

龙纹瓦当

荷花纹滴水

龙纹瓦当

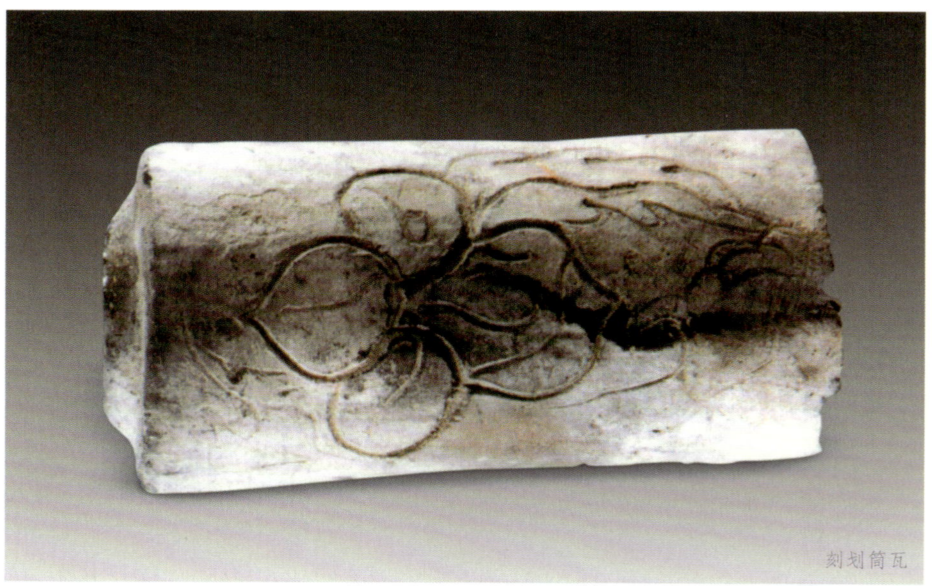
刻划筒瓦

宫城1号建筑基址（大安阁）上层出土建筑构件

宫城 2 号建筑基址（穆清阁）（南一北）

宫城 2 号建筑基址（穆清阁）（西南一东北） 2009 年

宫城 2 号建筑基址（穆清阁）中部（南一北）

宫城 2 号建筑基址（穆清阁）考古现场

宫城 2 号建筑基址（穆清阁）考古现场

宫城 2 号建筑基址（穆清阁）考古现场

龙形琉璃瓦当与滴水

龙形琉璃瓦当

龙纹琉璃滴水

琉璃螭吻

绿釉凤鸟纹滴水

宫城2号建筑基址（穆清阁）出土建筑构件

鸟形琉璃构件

仙人琉璃构件

座角柱砖构件

座角柱砖构件

如意带纹砖构件

折枝菊花纹砖

折枝菊花纹石构件

宫城 2 号建筑基址（穆清阁）出土建筑构件

缠枝菊花纹石构件

海冬青纹石构件

宝象纹石构件

刻“清”字砖

石构件

棱纹花砖

汉白玉螭首

宫城 2 号建筑基址（穆清阁）出土建筑构件

1.b-1-2 皇城

皇城遗址航空影像 2009 年

皇城东城墙遗址（东一西） 2009 年

皇城东城墙遗址

皇城东城墙外护城河遗址

皇城东城墙上神树

皇城小东门及瓮城遗址鸟瞰（东一西） 1997 年

皇城东城墙马面与瓮城遗址（北一南）

皇城小东门遗址（南一北）

复仁门遗址（南一北） 2009 年

皇城北城墙遗址东段（东一西）

皇城北城墙及复仁门瓮城遗址（东一西）

复仁门及瓮城遗址鸟瞰（北一南） 1997 年

皇城遗址西北角鸟瞰（西一东） 1997 年

皇城东北角墩遗址（北一南）

皇城西北角墩遗址（北一南）

皇城西城墙遗址外包砌石块

皇城西城墙南段及小西门瓮城遗址（北一南）

皇城西门及瓮城遗址鸟瞰（西一东） 1997 年

皇城西门瓮城遗址（东北一西南）

皇城小西门瓮城遗址（东北－西南）

皇城小西门及瓮城遗址鸟瞰　2009 年

皇城明德门遗址（北一南） 2009 年

皇城明德门及瓮城遗址（北一南） 2009 年

皇城明德门及瓮城遗址（北一南） 2009 年

皇城南城墙遗址西段（西一东） 2009 年

带耳筒状铜器
酱釉碗
佛泥座构件
琉璃狮首
石球
铁辖
陶俑
陶纺轮

皇城出土器物

大理石碑额拓片

大理石碑额正

大理石龟趺

大理石碑额背面

皇城出土建筑构件

来源：《东方考古学丛刊乙种第二册·上都》1941 年

向日葵花纹砖

瓦当

琉璃构件

皇城出土建筑构件

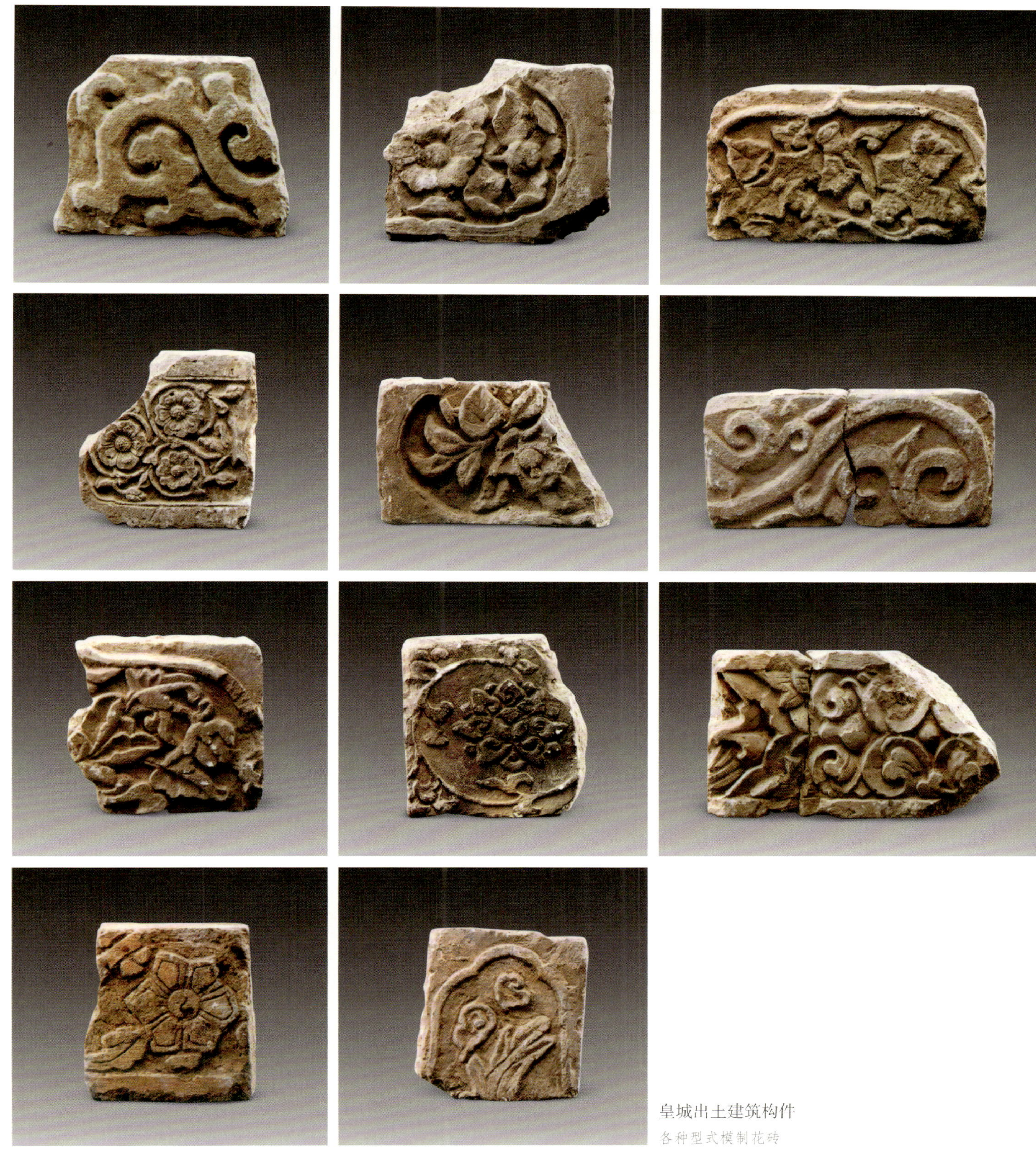

皇城出土建筑构件

各种型式模制花砖

华严寺遗址鸟瞰（北一南） 1997 年

华严寺遗址（东一西）

乾元寺遗址鸟瞰　2009 年

乾元寺遗址台基（南一北）

乾元寺遗址石柱础

汉白玉螭首

1.b–1–3 外城

外城遗址航空影像　2009 年

外城－皇城北侧区域鸟瞰（北－南） 1997 年

外城－皇城西侧区域鸟瞰（北－南） 1997 年

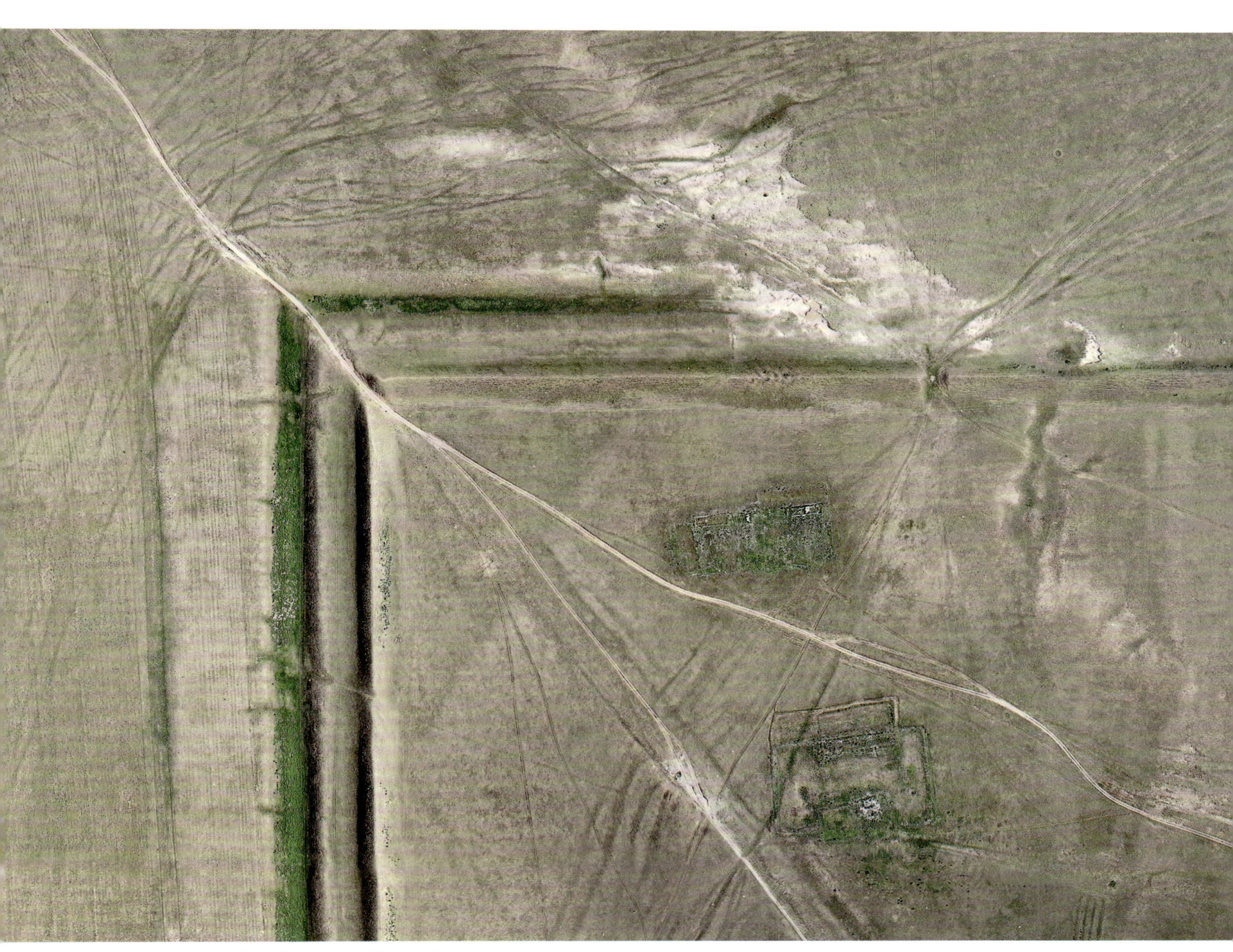

外城西北角城墙及护城河遗址鸟瞰 2009年

外城北城墙西段护城河及瓮城遗址（西－东）

外城北城墙西侧瓮城遗址（西南－东北）

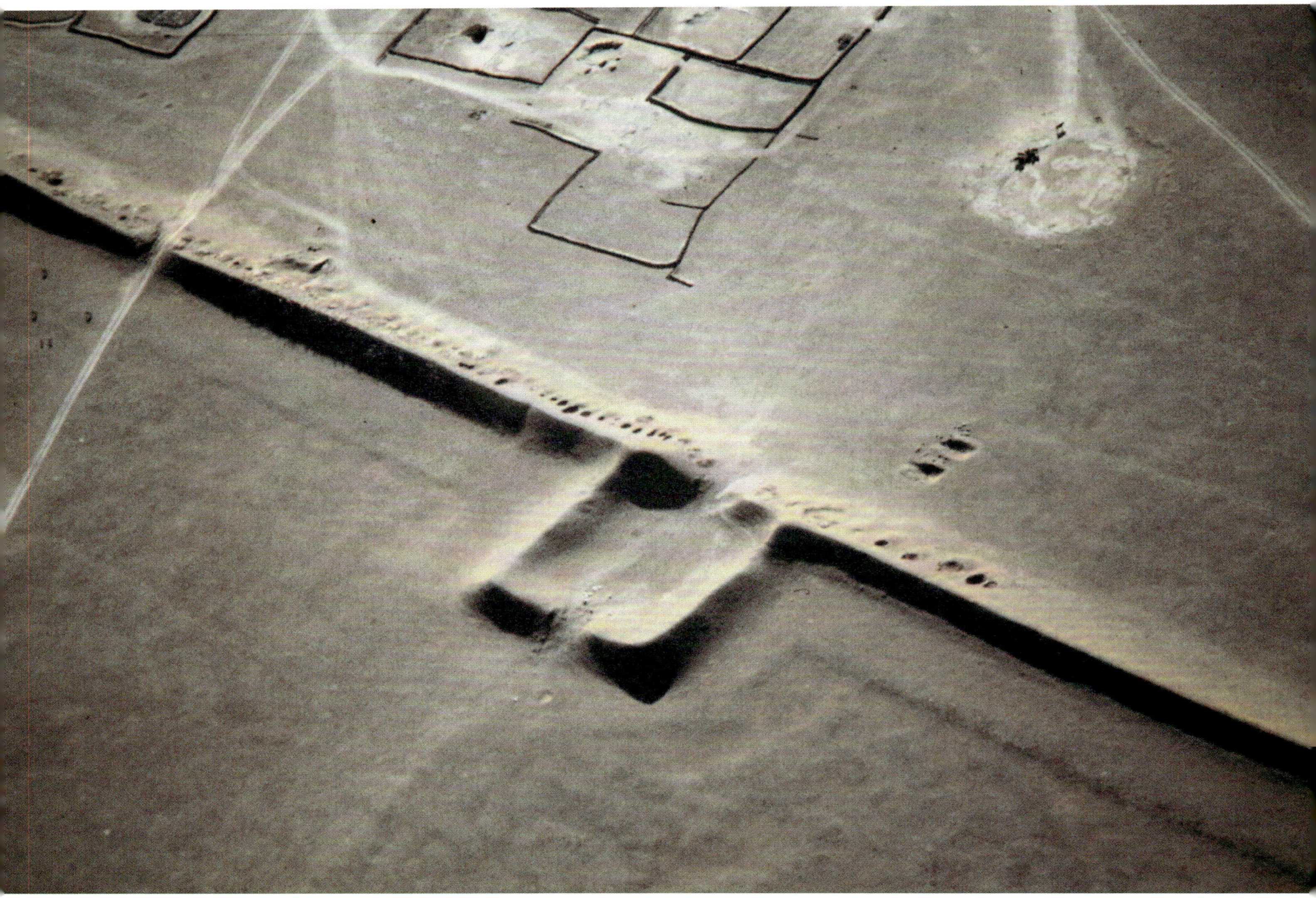

外城北城墙西侧城门及瓮城遗址鸟瞰（西北－东南） 1997 年

外城西门及瓮城遗址鸟瞰　2009 年

外城西门瓮城遗址（北一南）

外城南门及瓮城遗址鸟瞰　2009 年

外城南门瓮城遗址（东一西）

外城南护城河遗址西段（东一西）　2009 年

明德门前护城河遗址考古现场（南一北） 2009 年

外城护城河遗址考古现场

外城南城墙西段护城河（西南一东北）

1.b-1-4 关厢

东关厢

西关厢

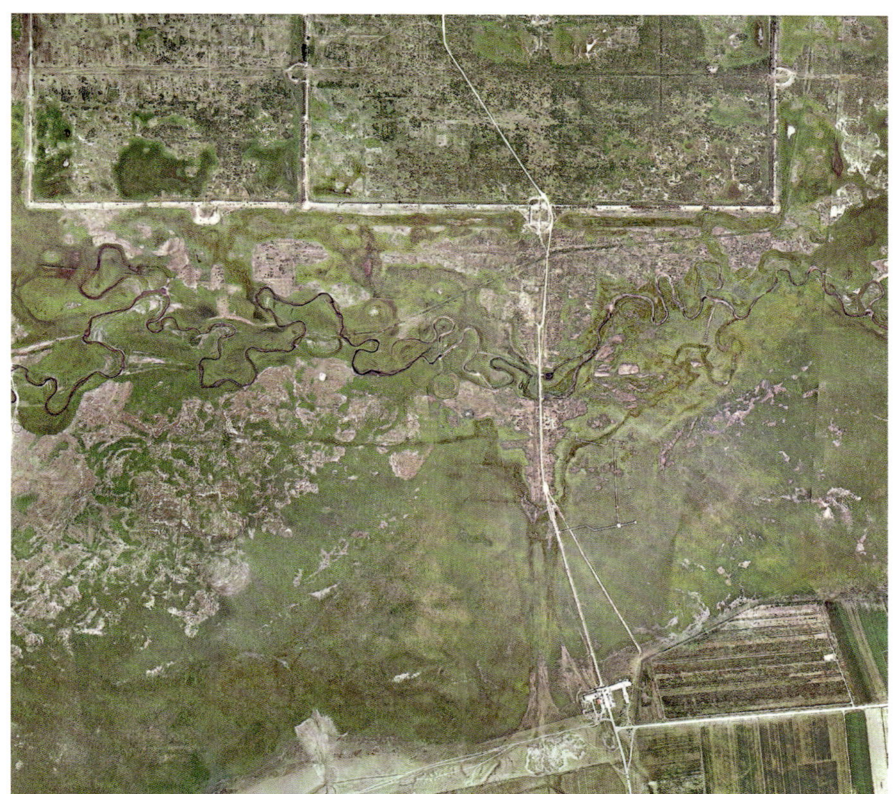
南关厢

北关厢

关厢遗址航空影像 2009年

东关厢遗址航空影像 1987 年

东关厢南部遗址鸟瞰（北一南） 1997 年

东关厢北部遗址鸟瞰（北一南） 1997 年

东关厢粮仓遗址鸟瞰（北一南） 1997 年

东关厢粮仓遗址（南一北） 2009 年

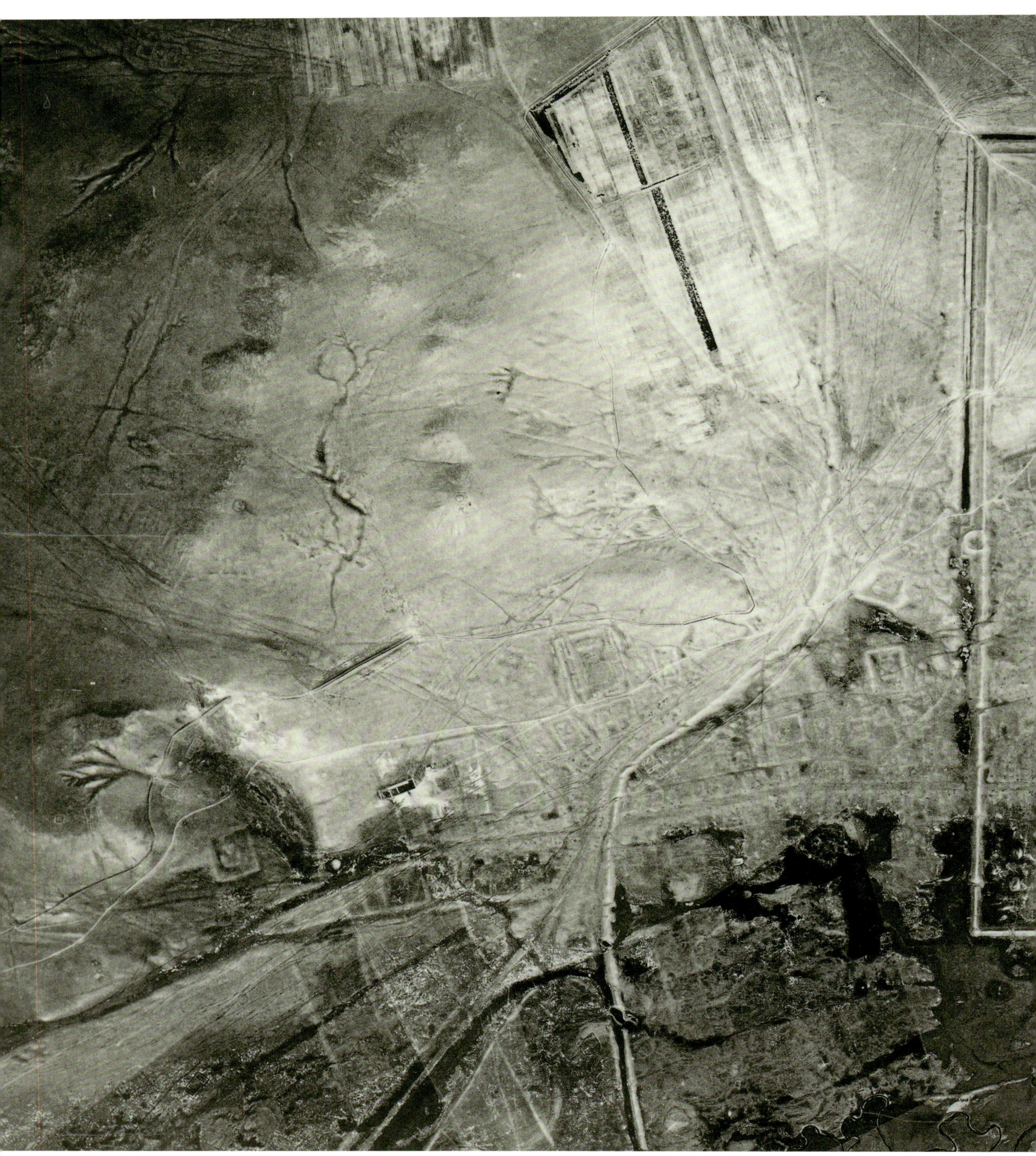

西关厢遗址航空影像　1987 年

西关厢南部遗址鸟瞰（西一东） 1997 年

西关厢北部遗址鸟瞰（西北一东南） 1997 年

西关厢粮仓遗址鸟瞰（东一西） 2009 年

西关厢粮仓遗址鸟瞰（西一东） 1997 年

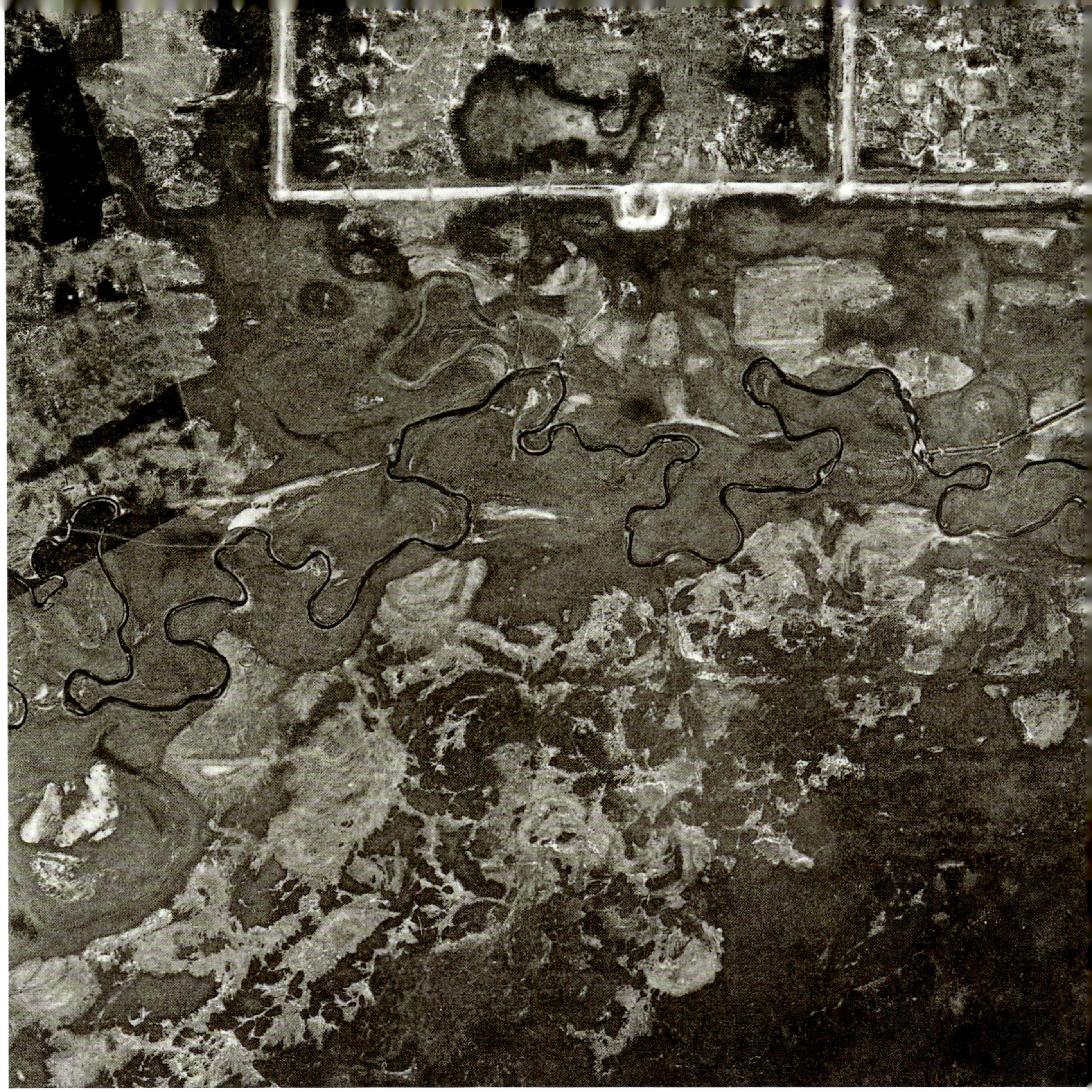

南关厢遗址航空影像　1987 年

南关厢西区房屋基址 1 全景（南—北）

南关厢西区房屋基址 2 全景（南—北）

南关厢西区房屋基址 1 台阶拼花图案

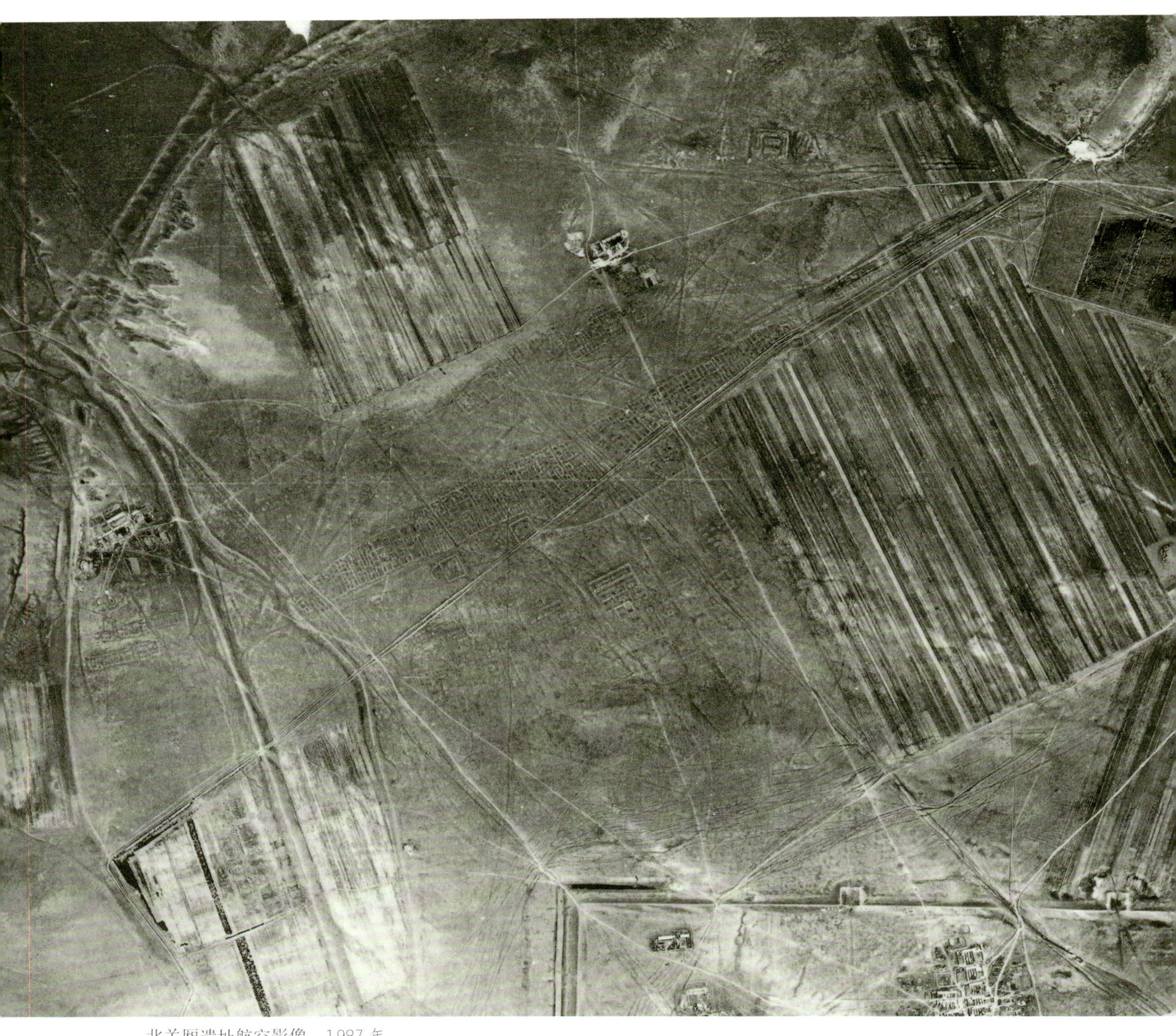

北关厢遗址航空影像　1987 年

北关厢部分建筑遗址鸟瞰（北一南） 1997 年

北关厢粮仓遗址鸟瞰（北一南） 1997 年

1.b-1-5 铁幡竿渠

铁幡竿渠遗址（北一南）

铁幡竿渠遗址（西一东）

2

1 铁幡竿渠遗址南端坝体鸟瞰（西一东） 1997 年

2 铁幡竿渠遗址大坝（南一北）

3 铁幡竿渠遗址（西北一东南） 2009 年

4 铁幡竿渠遗址北端泄洪口（南一北）

1.b–2 墓葬群

1.b–2–1 砧子山墓葬群

砧子山墓葬群航空影像　1997 年

砧子山墓葬群鸟瞰（西北—东南） 1997 年

砧子山墓葬群南坡局部鸟瞰（北—南） 1997 年

砧子山墓葬群西坡鸟瞰（西一东） 1997年

砧子山墓葬群西坡局部鸟瞰（西北一东南） 1997年

砧子山墓葬群（东—西） 2010 年

墓道上方铺石（南一北）

墓门封门石

墓顶石构件

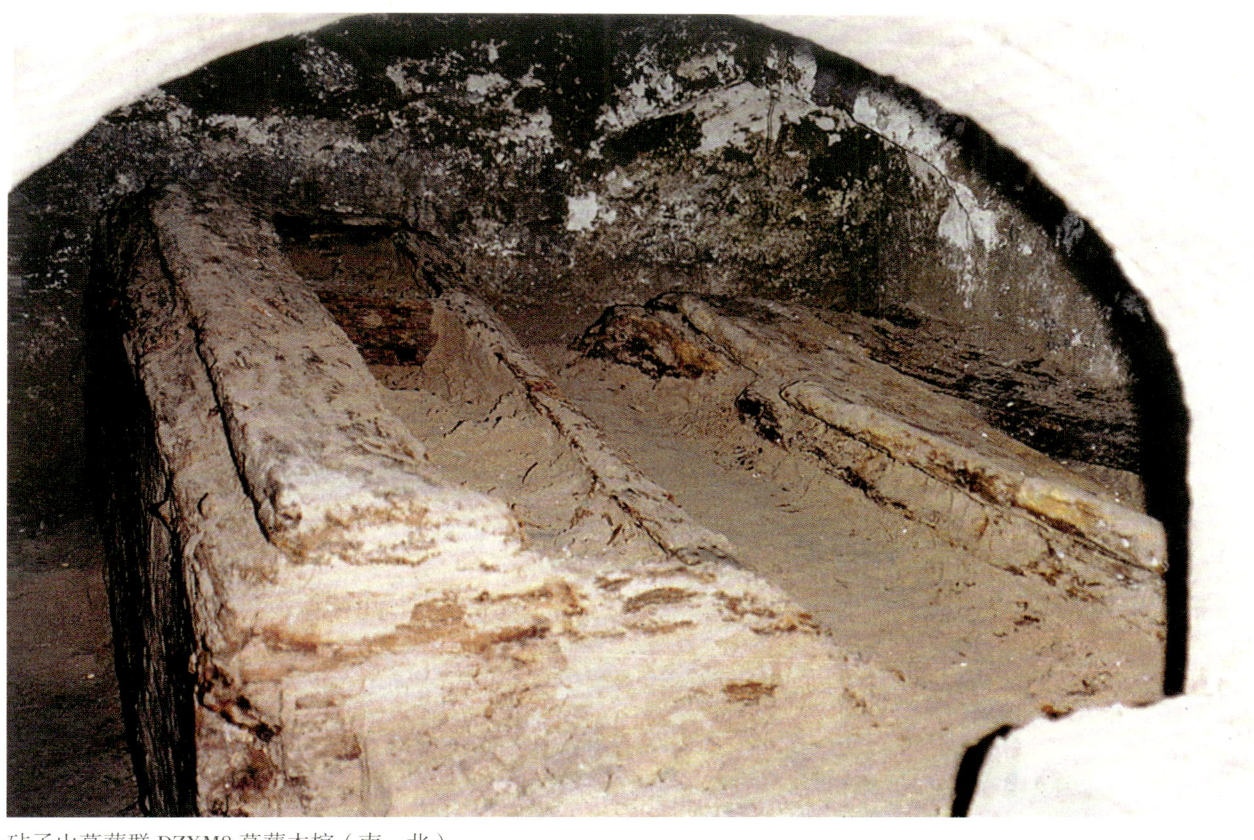

砧子山墓葬群 DZXM8 墓葬木棺（南一北）

砧子山墓葬群 DZXM8 墓葬随葬品（南一北）

砧子山墓葬群 DZXM8 墓葬南壁墓门两侧壁画

砧子山墓葬群 DZXM8 墓葬南壁墓门上方壁画

金戒指

铜圜钱

春钱

银带扣

银双鱼纹佩饰

香炉

小口瓶

砧子山墓葬群 DZXM8 墓葬部分随葬品

砧子山墓葬群部分墓葬

砧子山墓葬群出土器物

香炉

香炉

影青香炉

香炉

梅瓶

小口瓶

小口瓶

小口瓶

小口瓶

小口双耳瓶

梅瓶

四系小口瓶

梅瓶

砧子山墓葬群出土器物

铜镜 铜镜 铜钗
平底铜杯 熨斗 铁镞
马镫 石珠饰 金耳饰
金耳饰 金箔 银佩饰

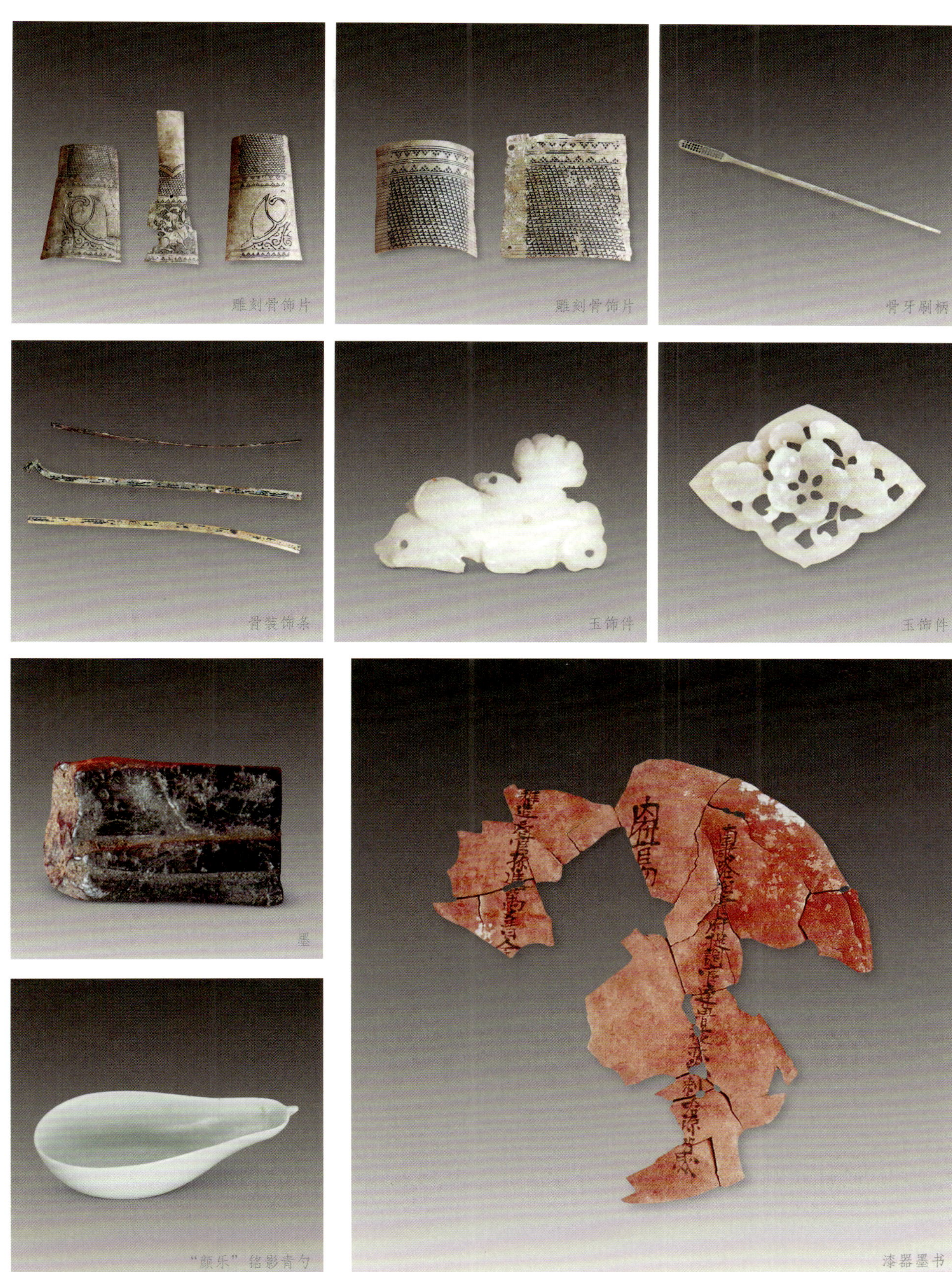

砧子山墓葬群出土器物

莲花纹石基座

石桌

砧子山墓葬群出土建筑构件

“永思”铭石牌坊

五子登科画像石

砧子山墓葬群出土建筑构件

石构件

花砖

石函

石羊头

花砖

墓志

1.b-2-2 一棵树墓葬群

一棵树墓葬群鸟瞰（东南一西北） 1997 年

一棵树墓葬群部分墓葬

墓葬外景

一棵树墓葬群远景

一棵树墓葬群 LYM1 全景（西—东）

一棵树墓葬群 LYM20 全景（北—南）

一棵树墓葬群 LYM22 全景（北—南）

桦树皮箭

铜镜

银壶

铜管状器

一棵树墓葬群出土器物

1.b-3 敖包群

大敖包（西一东） 2009 年

额金敖包（南一北） 2010 年

哈登台敖包（东一西） 2009 年

乌拉敖包（北一南） 2009 年

查干敖包（东一西） 2009 年

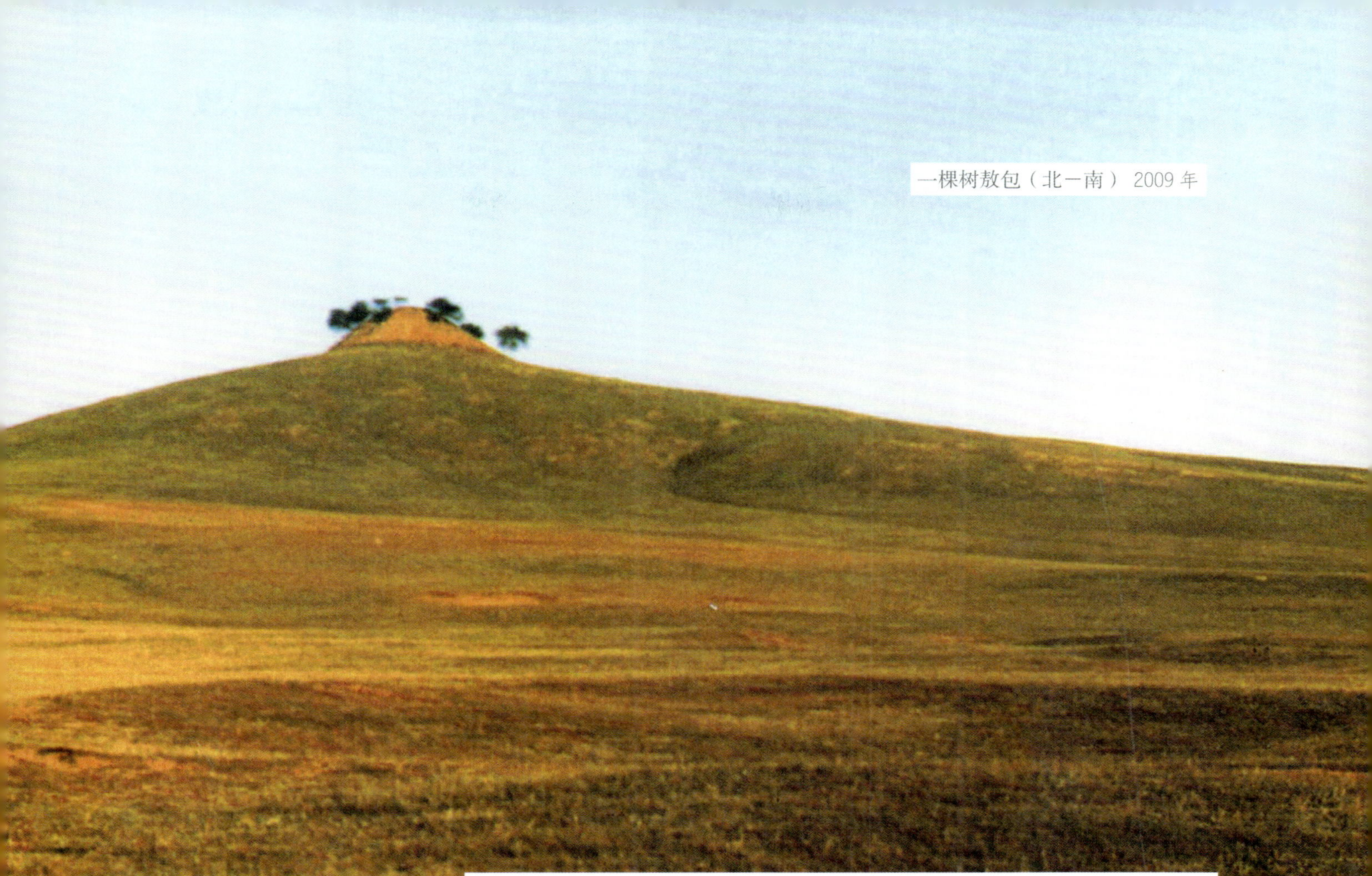

一棵树敖包（北—南） 2009 年

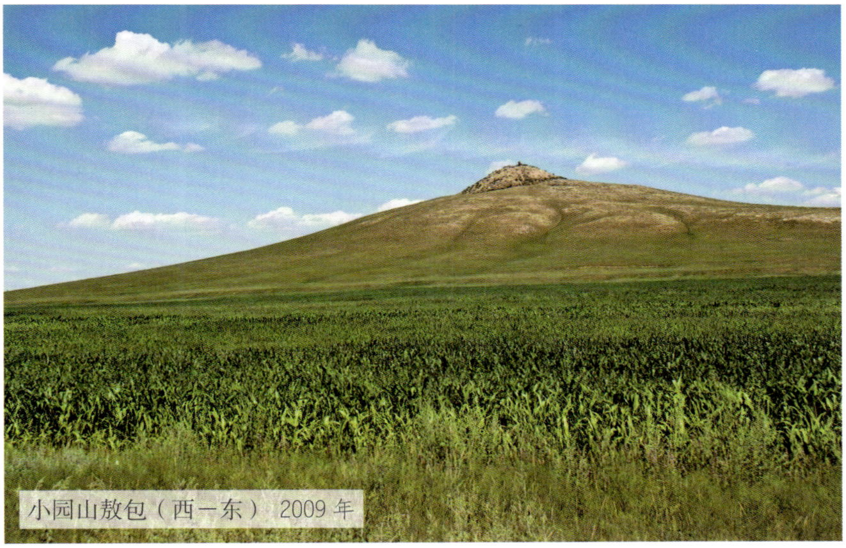

小园山敖包（西—东） 2009 年

葫芦苏台敖包（北—南） 2010 年

乌兰台敖包（西—东） 2009 年

乌和尔沁敖包（东一西） 2010年

阿土台敖包（北一南） 2010 年

昌图敖包（西一东） 2010 年

1.c 自然风景图片

1.c-1 湿地草原

金莲川湿地　2009 年

金莲川湿地　2009 年

上都河湿地 2009年

上都河湿地景观　2009 年

上都河湿地景观　2009 年

上都河湿地景观　2009 年

上都河湿地景观 2009年

1.c-2 沙地草原

扎格斯台淖尔沙地草原　2009 年

扎格斯台淖尔　2009 年

扎格斯台淖尔　2009 年

小扎格斯台淖尔北侧落日　2009 年

毛哈尔布拉格　2009 年

浩力图淖尔　2009 年

浩力图淖尔　2009 年

胡斯台布拉格流域沙丘　2009 年

混德楞布拉格流域　2009 年

混德楞布拉格与胡斯台布拉格交汇处　2009 年

沙地草原冬季景观　2009 年

1.c–3 典型草原

典型草原景观 2009 年

砧子山附近的典型草原　2009 年

查干敖包附近的典型草原　2009 年

典型草原冬季景观　2010 年

典型草原冬季景观　2010 年

1.c-4 森林草原

乌和尔沁敖包林场 2009年

乌和尔沁敖包林场 2009年

乌和尔沁敖包林场冬季景观　2009 年

1.c-5 植物动物

金莲花 2009年

草原花卉 2009 年

草原树木　2009 年

草原上的牛群　2009 年

草原上的羊群　2009 年

草原家畜　2009 年

1.d 民俗图片

1.d–1. 游牧生活

游牧生活

游牧生活

蒙古包内景

1.d-2 敖包祭祀

敖包祭祀

1.d-3 那达慕大会

驯马

赛马

民族乐器演奏

民族歌舞

搏克（摔跤）比赛

民族舞蹈

1.d–4 骆驼大会

骆驼大会

1.d–5 民族音乐

民族乐器演奏

蒙古长调演唱

民歌演唱

马头琴

呼麦表演

1.d-6 民族饮食

民族饮食

1.d-7 民族服饰

民族服饰

民族服饰

1.e 元上都文化影响图片

澳大利亚一家名为 Xanadu 的酒庄

萨缪·泰勒·柯勒律治的诗歌《忽必烈汗》插图中的 Xanadu 场景

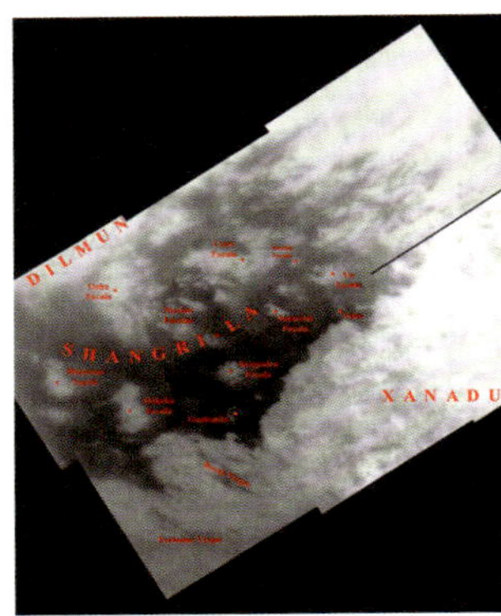

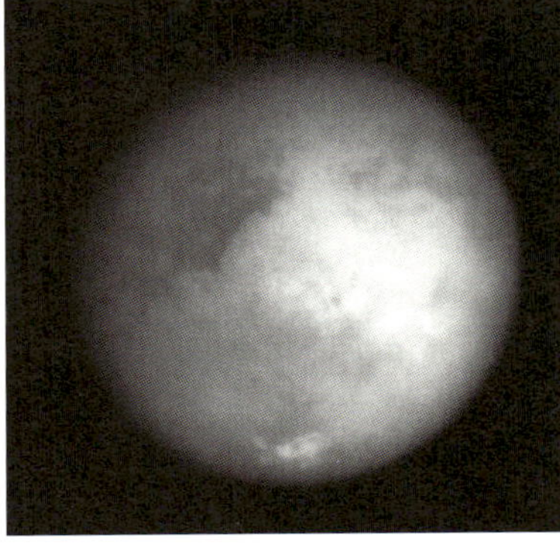

土星卫星六泰坦（Titan）表面一块被命名为 Xanadu 神秘的明亮区

爱尔兰的一所住宅 Xanadu

美国一系列实验性家居“Xanadu”

位于巴哈马群岛的大巴哈马岛的度假村 Xanadu

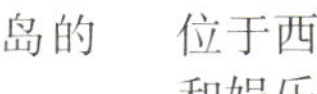

位于西班牙的阿罗约莫里诺思的大型购物商场和娱乐中心“马德里 Xanadu”

Xanadu 游艇

比尔·盖茨的未来主义风格住宅被谑称为 Xanadu2.0

Patrick Dougherty 的雕塑 Xanadu

红酒 Xanadu Dragon Unoaked Chardonnay

弗兰克·劳埃德·赖特设计的旧金山 Xanadu 画廊

生长在澳大利亚的一种天南星科植物 Xanadu

红酒 Xanadu Shiraz 07

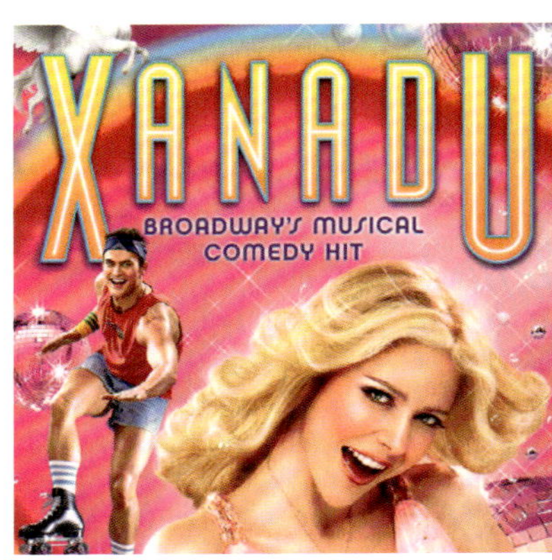

百老汇音乐剧 Xanadu 海报及剧照

1980 年由 Robert Greenwald 导演的电影 Xanadu 海报

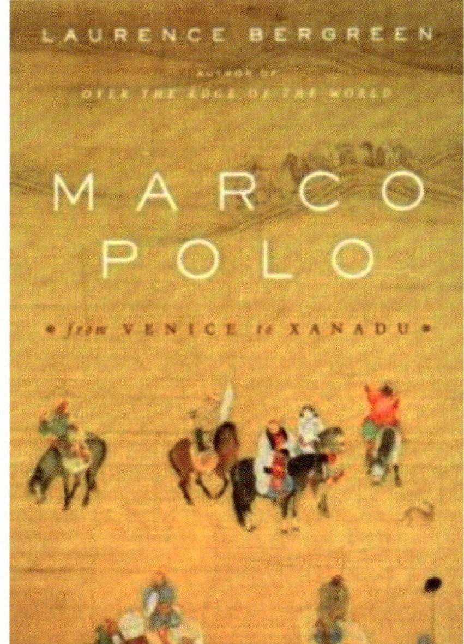

1953 年德国第七军乐团的一个原创音乐剧《Xanadu: Macro Polo》

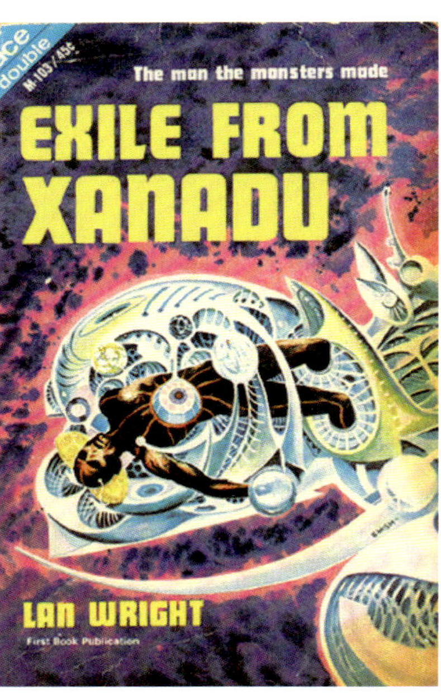

1964 年英国作家 Lan Wright 的一本科幻小说《Exile from Xanadu》

美国 DC 漫画公司创造的人物形象 Xanadu 夫人

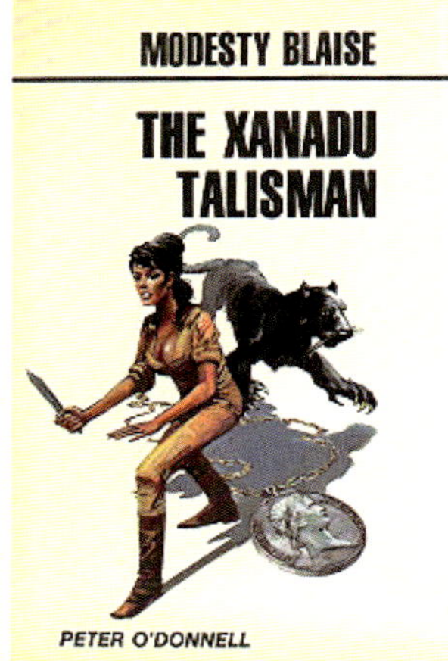

英国作家Peter O'Donnell 1981 年的一本科幻探险小说《The Xanadu Talisman》

电影 Xanadu 中 Olivia Newton-John 的形象

日本开发的一个电脑游戏 Xanadu Next

美国马里兰州竞技类游戏商店 Xanadu Games

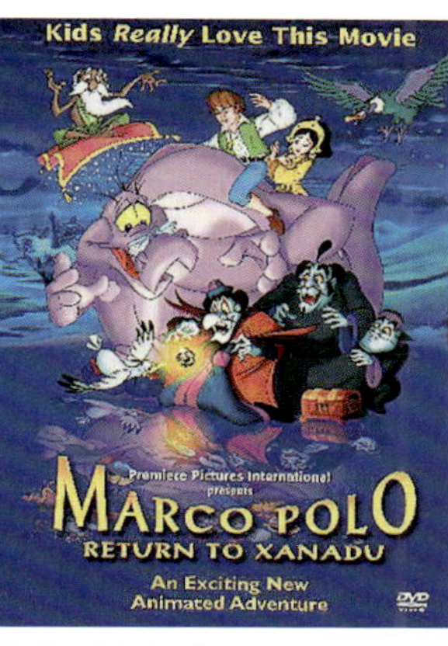

中美联合制作的动画故事片《Marco Polo Return to Xanadu》

1987 年的一个视频游戏《猛龙 II：Xanadu》

游戏星际争霸之克隆人的战争中的一艘战舰 Xanadu Blood

亚洲航空联盟的一项飞行计划 Xanadu

苏格兰歌手 Colin MacIntyre 的一首歌曲《Watching Xanadu》

爵士乐唱片 Xanadu

德国四大流行乐队之一 Xanadu

1968 年英国单曲排行榜的第一名《The Legend of Xanadu》

Olivia Newton-John 演唱的电影 Xanadu 原声歌曲

由日本音乐组合 Moi Dix Mois 演唱 DiXanadu 专辑中的一首歌

2 历史文化资料

2.a 元上都大事年表

蒙古帝国历史	中国历史	蒙元都城建设	元上都历史事件
1206 年，成吉思汗统一蒙古高原各部，大蒙古国建立			
	1215 年，蒙古取金中都		
	1218 年，蒙古灭西辽		
1219 年，钦察汗国（金帐汗国）成立			
		1220 年，成吉思汗建都哈剌和林	
1221 年，丘处机出发西行拜谒成吉思汗，路过哈剌和林一带，次年到达成吉思汗行在（即塔里寒 Talikan，在阿富汗之汗阿巴德 Khanabad 东面）			
1225 年，窝阔台汗国成立			
1227 年，成吉思汗死 察合台汗国成立	1227 年，蒙古灭西夏		
1229 年，窝阔台即蒙古大汗位			
1231 年，蒙古进攻高丽			
	1234 年，蒙古灭金。（1125 金灭辽，1127 金灭北宋）		
1240 年，成吉思汗的孙子拔都攻占基辅			
1241 年，拔都率部入侵波兰、匈牙利、斯洛伐克、捷克，直至在奥地利的维也纳附近受阻			
1246 年，贵由即蒙古大汗位意大利教士柏朗嘉宾抵达哈剌和林，归国后写《柏朗嘉宾蒙古行纪》			
1251 年，蒙哥即大汗位，命忽必烈总领漠南汉地军国重事[1]		1251 年，忽必烈以旧金桓州一带为驻地	
	1253 年，蒙古灭大理		

1.《元史》卷四："岁辛亥，六月，宪宗即位，同母弟惟帝最长且贤，故宪宗尽属以漠南汉地军国庶事，遂南驻爪忽都之地。"《新元史》卷四六·志第十三·地理一："上都路。金桓州地。元初为札剌儿、兀鲁特两部分地。宪宗六年，世祖命刘秉忠建城于桓州东、滦水北之龙冈。"

续表

蒙古帝国历史	中国历史	蒙元都城建设	元上都历史事件
1254 年，法国教士鲁布鲁克来到哈剌和林，次年返回欧洲写下《鲁布鲁克东行纪》亚美尼亚国王海屯来到哈剌和林，后命其随从写下《海屯行记》			
1255 年，哈剌和林举行第一次佛道大辩论，佛教占上风			
1256 年，伊利汗国建立		1256 年，忽必烈命刘秉忠建开平城	
1258 年，蒙古帝国的西征军攻占巴格达		1258 年，开平城建成。在城东北角建大龙光华严寺	1258 年，蒙哥汗委托忽必烈在开平（上都）召集佛、道二教代表人物数百人，进行辩论，佛教得胜
1259 年，蒙古军征叙利亚			
1260 年，蒙古军攻克大马士革	1260 年，忽必烈在开平称汗	1260 年，哈剌和林结束都城地位	1260年，忽必烈在开平称汗。高丽王遣使带着疏文和礼品来到开平，祝贺忽必烈即皇位
			1261 年，高丽国王派其子王湛、高丽国参知政事李藏用入元朝为质 欧洲某国的使者到达开平朝见忽必烈
		1263 年，升开平府为上都[2]	
		1264 年，改燕京为中都	1264 年，高丽使者至上都参加忽必烈庆贺平定阿里不哥战役的胜利的大会
		1266 年，上都建大安阁	
		1267 年，上都重建孔子庙 开始中都（燕京）都城建设	
		1268 年，上都建城隍庙	
	1271 年，建国号大元，颁布建国号诏[3]	1271 年，上都万安阁成	1271 年，元廷在上都设立回回司天台[4]

2.《元史》卷五《世祖二》：“（中统四年，五月）（1263 年）戊子，升开平府为上都”。

3.《元史》卷七：“（1271 年，至元八年）（三月）甲寅，车驾幸上都。……（八月）壬子，车驾至自上都。……（十一月）建国号曰大元，诏曰……”

4.《元史》卷七：“（至元八年七月）设回回司天台官属，以札马剌丁为提点。”《元史》卷九〇：世祖在潜邸时，有旨征回回为星学者，札马剌丁等以其艺进，未有官署。至元八年，始置司天台”。又《元史》卷九〇：“中统元年，因金人旧制，立司天台，设官属。”为有别于“回回司天台”的另一司天台。如《元史》卷三三：“命司天监及回回司天监禜星。”

续表

蒙古帝国历史	中国历史	蒙元都城建设	元上都历史事件
		1272 年，改中都（燕京）为大都[5]	
		1274 年，在上都建大乾元寺，建太一宫	
1275 年，高丽臣服于元朝			1275 年，忽必烈在上都接见意大利人马可·波罗父子
	1279 年，元灭南宋		
			1280 年，高丽王王见春（即王湛）到上都朝见忽必烈
			1283 年，高丽派使臣赵仁规到上都
		1288 年，营建上都城内仓库	
		1290 年，发二千人修上都城墙[6]	
			1294 年，忽必烈病逝，高丽国王与其妃来上都吊丧 元成宗铁木耳在上都登基
		1298 年，建上都铁幡竿渠	
			1300 年，高丽国王王昛再次到达上都朝见元成宗。 1300 年，元成宗在上都接见缅国木连城首领阿散哥派其弟者苏率领 91 人的使团
		1307 年，枢密院发军二千五百人缮修上都鹰坊与官廨。哈剌和林成为和林行省治所。开始在今河北省张北营建中都	1307 年，元武宗海山在上都登基
1310 年，窝阔台汗国亡于察合台汗国			
	1313 年，行科举	1313 年，修缮上都孔庙	
		1320 年，在上都为皇后作鹿顶殿	
		1321 年，修缮上都城及华严寺	

5.《元史》卷七：“（至元九年二月）改中都为大都。”
6.《元史》卷一六《世祖纪》：“（至元二十七年二月）发虎贲吏休士二千人赴上都修城。”

续表

蒙古帝国历史	中国历史	蒙元都城建设	元上都历史事件
	1322年，罗马教士鄂多立克到达大都，1330年归国后写《鄂多立克东游录》	1322年，停建上都歇山殿和帝师寺 十二月，敕两都营缮仍旧	
		1323年，修缮上都华严寺、八思巴帝师寺	
		1324年，作歇山顶楼于上都	
		1325年，修上都香殿，修缮乾元寺	
		1326年，修上都复仁门	
			1328年九月，泰定皇太子阿剌吉八即帝位于上都，文宗图贴睦尔即位于大都，两都之战开始。十月，上都政权失败
			1329年，文宗图帖睦尔在上都登基
		1331年，修上都洪禧、崇寿等殿 四月，命上都建屋居鹰鹘	
			1333年，惠宗妥欢帖木儿在上都登基
			1342年，罗马教皇专使马黎诺里（Marignolli）使团抵达上都，元顺帝接见。使团所献礼物中有一匹骏马获得元朝君臣的赞赏，即“拂郎国贡天马”事件
		1347年，上都斡耳朵成，修缮上都华严寺、乾元寺	
		1353年，上都穆清阁成	
	1358年，红巾军攻占上都。	1358年，上都被毁 1358年，中都被毁	
		1362年，惠宗准备修复上都宫殿被大臣劝止	
	1368年，明军入大都，元朝灭亡	1368年，大都结束元代都城历史 元慧宗之子顺帝退守哈剌和林，为北元政权	

续表

蒙古帝国历史	中国历史	蒙元都城建设	元上都历史事件
1370年，察合台汗国被帖木儿帝国所灭		1370年，明在上都设开平卫	
1372年，明军进攻哈剌和林，未克			
1388年，伊利汗国被帖木儿帝国所灭 1388年，明军打败北元军队			
		1397年，重新整修开平城完工	
1402年，北元灭亡		1402年，哈剌和林逐渐荒废	
		1430年，开平卫内迁至河北赤城，元上都旧址再次废弃	
15世纪，金帐汗国分裂成喀山汗国、克里米亚汗国、阿斯特拉罕汗国、西伯利亚汗国、大帐汗国等国家		15世纪，上都旧址宫城中部修筑了一座喇嘛庙，后废毁	
1635年，蒙古帝国彻底灭亡			

2.b 相关诗文、史料摘要目录

一、相关诗文、史料摘录

1. 元上都外国文献摘译

（1）《马可・波罗游记》
（2）《史集》
（3）《多桑蒙古史》
（4）《蒙古及蒙古人》

2. 基础史料

（1）上都的自然环境
（2）上都的兴建和布局
（3）上都的行宫
（4）上都的驿路
（5）两都巡幸制度
（6）上都的宫廷生活
（7）上都的行政管理
（8）上都的政治生活
（9）上都的经济生活
（10）上都的宗教
（11）元朝末年的上都
（12）元朝皇帝巡幸上都日期表

3. 刘秉忠传
4. 元上都建城史

二、相关重要历史人物简介

1. 帝王、诸王
2. 官员
3. 外国来华使节、商旅、科学家

三、蒙古文化与蒙古帝国、元朝发展

1. 元帝国在世界文明史上的地位
2. 元上都在蒙元文化史上的地位与蒙元文化的特色

四、元上都民族、民俗研究报告

1. 元上都社会生活史研究

2. 元上都遗址非物质文化遗产及周边自然景观和生态系统概述

3. 上都文化研究论文选编

（1）《关于元上都》

（2）《元朝诸帝季节性的游猎生活》

（3）《元代宫廷大宴考》

（4）《元代中国与欧洲友好往来的一段佳话——周朗〈天马图〉小考》

（5）《元上都的佛教》

（6）《元上都的宗教》

（7）《元上都的体育和娱乐活动》

（8）《元代中外科技交流的发展与上都的作用》

2.c 元上都对比分析参考资料

表 1 蒙古国古城址统计表[7]

序号	城址名称	位置	特征	规模	年代	备注
1	塔林和热姆匈奴三连城	蒙古国后杭爱省巴特钦格勒苏木	三座城东西一字排开	西城边长约 400 米；中城方向北偏西 5°，边长约 140 米；东城方向北偏东 7°，边长约 280 米	匈奴时期（公元前 3 世纪 ~ 公元 3 世纪）	地面可采集到金元时期的瓷片
2	哈喇巴拉嘎斯古城遗址	蒙古国后杭爱省浩腾特苏木	分为内、外城	方圆 30 公里。内城南北约 300 米，东西约 250 米，方向为北偏东 20°	回鹘时期（8 ~ 9 世纪）	
3	祁连回鹘古城遗址	蒙古国后杭爱省奥给诺尔苏木	单重方城	边长约 100 米	回鹘时期（8 ~ 9 世纪）	
4	哈尔布哈契丹古城遗址	蒙古国布尔干省达欣其楞苏木	单重方城		辽金时期（10 ~ 13 世纪）	
5	额默根特契丹古城遗址	蒙古国布尔干省布日格杭爱苏木	平面呈长方形	南北 400 米，东西 200 ~ 300 米	辽金时期（10 ~ 13 世纪）	
6	青陶勒盖辽镇州古城遗址	蒙古国布尔干省达欣其楞苏木	平面呈长方形	南北 1200 米，东西 700 米	辽金时期（10 ~ 13 世纪）	
7	塔林乌兰和热姆契丹保州城	蒙古国布尔干省巴彦诺尔苏木	单重方城		辽金时期（10 ~ 13 世纪）	
8	巴仁和热姆契丹西城址	蒙古国肯特省莫伦苏木	单重方城	北墙长 825 米，东墙长 862 米，南墙长 826 米，西墙长 803 米	辽金时期（10 ~ 13 世纪）	推测为《辽史》中所记载的琵琶城
9	朱恩和热姆契丹东城址	蒙古国肯特省莫伦苏木	单重方城	北墙长约 510 米，东墙长约 507 米，南墙长约 420 米，西墙长约 502 米	辽金时期（10 ~ 13 世纪）	
10	塞尔哈鲁特古城遗址	蒙古国中央省阿尔呼斯特苏木	单重方城	南北 120 米，东西 105 米	蒙元时期（13 ~ 14 世纪）	推测为《元史》中记载的塞尔哈留特城
11	哈拉呼勒可汗古城遗址	蒙古国后杭爱省额尔德尼曼达勒苏木	平面呈长方形	南北约 400 米，东西约 300 米	蒙元时期（13 ~ 14 世纪）	
12	岛亦特古城遗址	蒙古国后杭爱省奥给诺尔苏木	基本呈长方形状		蒙元时期（13 ~ 14 世纪）	推测为窝阔台汗夏宫遗址

7. 根据《蒙古国古代游牧民族文化遗存考古调查报告（2005~2006 年）》整理，北京：文物出版社，2008 年。

续表 1

序号	城址名称	位置	特征	规模	年代	备注
13	杭爱韶布呼障城遗址	蒙古国前杭爱省呼基尔特苏木	不规则长方形	西、北墙均长 35 米，东墙长约 27 米，南墙长约 51 米	蒙元时期（13 ~ 14 世纪）	
14	哈剌和林古城遗址	蒙古国前杭爱省哈剌和林苏木	不规则长方形	长约 1000 米，宽约 800 米，最长处达 1200 米	蒙元时期（13 ~ 14 世纪）	蒙元都城遗址之一
15	莫力黑陶勒盖古城遗址	蒙古国前杭爱省哈剌和林苏木	呈长方形	东西约 38.7 米，南北约 47.7 米	蒙元时期（13 ~ 14 世纪）	

表 2　内蒙古元代城址统计表[8]

序号	遗址名称	位置		年代	形制	规模	备注
1	云内州故城址	呼和浩特市	托克托县古城乡南园子村东北约 700 米	辽、金、元	平面呈长方形	1440×1240 米	县级文物保护单位
2	大岱城址	呼和浩特市	土默特左旗大岱乡政府驻地西北约 1 公里	元	平面呈方形	150×150 米	
3	东沙岗遗址	呼和浩特市	托克托县城关镇西北东沙岗，大黑河东岸台地上	唐、辽～明	平面呈长方形，城内西北部有东西毗连的两座小城	2410×1931 米	自治区级文物保护单位《文物资料丛刊》第 4 期
4	河滨县故城	呼和浩特市	托克托县中滩乡前双墙村北 500 米	辽、金、元	平面呈方形	220×220 米	辽代东胜州河滨县城，金代东胜州宁化镇城，元代废弃
5	碱池城址	呼和浩特市	托克托县燕山营乡碱池村东北约 200 米	辽、金、元	平面呈长方形	190×175 米	
6	宁边州故城（下城湾古城）	呼和浩特市	清水河县窑沟乡城湾煤矿厂部西 50 米，黄河东北岸台地上	金、元	平面呈不规则三角形	周长 630 米	
7	东土城遗址	呼和浩特市	武川县东土城乡乡政府驻地东北侧	金、元	平面呈长方形	130×120 米	《内蒙古文物考古》1984 年第 3 期
8	南土城遗址	呼和浩特市	武川县东土城乡南土城村东北侧	金、元	平面呈长方形	132×117 米	《内蒙古文物考古》1984 年第 3 期

8. 根据《中国文物地图集·内蒙古自治区分册》相关条目整理。

续表 2

序号	遗址名称	位置		年代	形制	规模	备注
9	西营子城址		土默特右旗美岱召镇西营子村南 1 公里	元	平面呈方形	150×150 米	
10	库伦图城址		达尔罕茂明安联合旗巴音敖包苏木库伦图村东约 400 米	金、元	平面呈方形	85×85 米	
11	破塔子城址		达尔罕茂明安联合旗额尔登敖包苏木哈沙图村破塔子畜牧点东南 1 公里	金、元	平面呈方形	500×500 米	市级文物保护单位
12	德日苏呼都格城址		达尔罕茂明安联合旗满都拉苏木额尔登敖包东 15 公里	金、元	平面呈四边形	127 ＋ 103 ＋ 148 ＋ 136 米	市级文物保护单位
13	北城圐圙城址	包头市	达尔罕茂明安联合旗满都拉苏木黑沙吵嘎查古城子牧点内	金、元	平面呈方形	560×560 米	《阴山汪古》
14	沙贝库伦城址		达尔罕茂明安联合旗额尔登敖包苏木政府驻地北约 6 公里	金、元	平面呈长方形	156×96 米	《阴山汪古》
15	苏吉城圐圙城址		达尔罕茂明安联合旗大苏吉乡城圐圙村南约 500 米	金、元	平面呈方形	560×560 米	市级文物保护单位 《阴山汪古》
16	哈召呼都格城址		达尔罕茂明安联合旗希拉穆苏木哈召呼都格村南 500 米	金、元	平面呈长方形	177×130 米	
17	阿伦斯木城址（赵王城、五英雄城）		达尔罕茂明安联合旗都荣敖包苏木乌兰察布嘎查西北约 6 公里	元	平面呈长方形	950 ＋ 960 ＋ 560 ＋ 580 米	全国重点文物保护单位《内蒙古文物考古》1992 年 1–2
18	高州故城		元宝山区风水沟镇土城子村东南侧，老哈河北岸山间平原上	辽、金、元	平面呈长方形	1030×755 米	自治区级文物保护单位 《内蒙古文物考古》1992 年第 1–2 期
19	松山馆故城	赤峰市	松山区穆家营子镇下洼子村内	辽、金、元	平面呈长方形	200×150 米	《北方文物》1994 年第 1 期
20	松山州故城		松山区城子乡城子村内	辽、金、元	平面呈方形	510×510 米	市级文物保护单位 《内蒙古文物考古》1986 年第 4 期

续表 2

序号	遗址名称		位置	年代	形制	规模	备注
21	应昌县故城	赤峰市	克什克腾旗达日罕乌拉苏木政府驻地东北约 5 公里	元	平面呈方形	500×500 米	
22	元应昌路故城		克什克腾旗达日罕乌拉苏木苏巴彦门都嘎查西北 500 米	元	由内、外城及关厢组成，平面呈长方形	800×650 米	自治区级文物保护单位《内蒙古文物考古》1984 年第 3 期
23	全宁路故城		翁牛特旗乌丹镇西门外	元	平面呈方形	1000×1000 米	旗级文物保护单位
24	黑城城址		宁城县甸子乡黑城村西南 500 米	青铜器时代、汉、辽～明	分内、外城，平面呈长方形	1800×800 米	《文物》1985 年第 4 期
25	元宁昌路故城		敖汉旗	辽、元	平面呈长方形	260×240 米	自治区级文物保护单位
26	辽武安州故城		敖汉旗南塔乡白塔子村西侧	辽、金、元	三重城墙	不详	自治区级文物保护单位《内蒙古文物考古》1997 年第 1 期
27	大浩特罕城址	呼伦贝尔市	鄂温克族自治旗辉苏木辉道嘎东 1 公里	元	两重城，外城平面呈方形	360×360 米	旗级文物保护单位
28	甘珠花城址		新巴尔虎左旗吉布胡郎图苏木甘珠花村	辽、金、元	平面呈方形	240×240 米	旗级文物保护单位
29	布哈陶拉盖城址		新巴尔虎左旗巴音塔拉苏木布哈陶拉盖嘎查南约 300 米	元	平面呈方形	200×200 米	
30	黑山头城址		鄂尔吉纳市黑山头镇古城村	金、元	分内、外城，外城平面呈长方形	589×527 米	自治区级文物保护单位
31	哈音海尔瓦城址	锡林郭勒盟	镶黄旗哈音海尔瓦苏木政府驻地东 2 公里	元	平面呈方形	340×340 米	
32	黑城子城址		正蓝旗黑城子种畜场三分厂南 5 公里，金界壕南约 4.5 公里	金、元	平面呈长方形	270×210 米	
33	四郎城城址		正蓝旗上都音高勒苏木四郎城嘎查内	金、元	分内、外城，外城平面呈长方形	1165×1100 米	

续表 2

序号	遗址名称		位置	年代	形制	规模	备注
34	敖伦毛都城址	锡林郭勒盟	正蓝旗卓伦高勒苏木敖伦毛都嘎查北 1.5 公里	元	平面呈长方形	160×140 米	
35	元上都遗址	锡林郭勒盟	正蓝旗上都河镇东约 20 公里	元	平面呈方形，为宫城、皇城和外城三重城。	2200×2200 米	全国重点文物保护单位
36	白城子城址	锡林郭勒盟	多伦县城关镇白城子村内	元	平面呈方形	300×300 米	县级文物保护单位
37	大土城城址	乌兰察布市	察哈尔右翼前旗大土城乡乡政府驻地内	金、元	平面呈长方形	841×720 米	旗级文物保护单位
38	城卜子城址	乌兰察布市	察哈尔右翼前旗三号地乡土城子村西北约 400 米	金、元	平面呈长方形	270×160 米	
39	元集宁路故城	乌兰察布市	察哈尔右翼前旗巴音塔拉乡土城子村	金、元	分内、外城，平面呈长方形	850×700 米	自治区级文物保护单位
40	思腊哈达城址	乌兰察布市	四子王旗红格尔苏木思腊达村西 50 米	金、元	平面呈长方形	750×740 米	
41	大庙城址	乌兰察布市	四子王旗红格尔苏木布拉莫仁庙村西南 1 公里	金、元	平面呈长方形	570×520 米	《内蒙古文物考古》创刊号 1981 年
42	元净州路故城	乌兰察布市	四子王旗吉生太乡卜子村东	金、元	平面呈长方形	920×670 米	《内蒙古文物考古文集》第二辑
43	东麻黄洼城址	乌兰察布市	四子王旗巨巾号乡东麻黄村北 500 米	金、元	平面呈方形	130×130 米	
44	乌兰牧场城址	乌兰察布市	四子王旗乌兰牧场东南 1 公里	金、元	平面呈方形	150×150 米	
45	罗坝城址	乌兰察布市	四子王旗供济堂乡庙底村东 500 米	金、元	平面呈方形	150×150 米	
46	三间茅庵城址	乌兰察布市	四子王旗供济堂乡三间茅庵村北 1 公里	元	平面呈方形	150×150 米	
47	波罗板升城址	乌兰察布市	四子王旗大黑河乡古城南村北 500 米	元	分内、外城，外城平面呈长方形	750×600 米	
48	察汗不浪城址	乌兰察布市	察哈尔右翼后旗当郎忽洞苏木察汗不郎村西南约 1 公里	金、元	平面呈方形	285×285 米	旗级文物保护单位《内蒙古文物资料选辑》
49	曹不罕城址	乌兰察布市	察哈尔右翼后旗石门口乡曹不罕村内	金、元	平面呈长方形	435×400 米	

续表 2

序号	遗址名称	位置		年代	形制	规模	备注
50	下色拉营城址	乌兰察布市	察哈尔右翼后旗当郎忽洞苏木下色拉营村北约200米	元	平面呈长方形	190×170米	
51	大南沟城址		察哈尔右翼后旗哈彦忽洞苏木达南沟村约500米	元	平面呈长方形	900×600米	旗级文物保护单位
52	广益隆城址		察哈尔右翼中旗广益隆乡东土城子村西500米	金、元	平面呈长方形	1116×750米	自治区级文物保护单位《内蒙古文物资料选辑》
53	克力孟城址		察哈尔右翼中旗库联苏木克力孟村南500米	元	平面呈长方形	117×168米	
54	土城东城址		察哈尔右翼中旗土城子乡土城村东1公里	元	平面呈长方形	448×377米	
55	淤泥滩城址		凉城县麦胡图乡淤泥滩村	辽、金、元	平面呈长方形	504×323米	《内蒙古文物资料选辑》
56	小围子城址		凉城县麦胡图乡小围子村西约150米，岱海北岸的冲积平原上	金、元	平面呈长方形	460×240米	旗级文物保护单位
57	六苏木城址		凉城县六苏木乡乡政府驻地东约250米	元	平面呈方形	450×450米	
58	干草忽洞城址		凉城县天成乡干草忽洞村东北约1公里	元	平面呈方形	900×900米	
59	大圪达城址		兴和县五一乡大圪达村西北500米	元	平面呈长方形	500×300米	
60	台基庙城址		兴和县台基庙乡乡政府驻地南约1公里	元	平面呈长方形	2000×1000米	县级文物保护单位
61	大文城址		商都县八股地乡大文村东北500米	金、元	平面呈长方形	380×347米	
62	泉子沟城址		商都县卯都乡泉子沟村东侧	金、元	平面呈方形	550×550米	
63	西井子城址		商都县西井子乡乡政府驻地东南10公里	金、元	平面呈长方形	700×450米	
64	大拉子城址		商都县大拉子乡土城子村	金、元	平面呈长方形	700×400米	《阴山汪古》
65	公主城城址		商都县四台坊子乡公主城村内	金、元	平面呈长方形	680×500米	
66	李之营城址		化德县七号乡李之营子村西北约500米	元	平面呈长方形	250×150米	

续表 2

序号	遗址名称		位置	年代	形制	规模	备注
67	大恒城城址	乌兰察布市	化德县白土卜子乡大恒城村北 50 米	元	平面呈方形	200×200 米	县级文物保护单位
68	土城城址		化德县土城子乡乡政府驻地内	元	平面呈方形	330×300 米	县级文物保护单位
69	大湾城址		化德县土城子乡大湾村北 500 米	元	平面呈方形	200×200 米	县级文物保护单位
70	康家渠城址	鄂尔多斯市	达拉特旗耳字壕乡康家渠村东南 400 米	西夏、元	不详	不详	
71	巴格陶利城址		鄂托克前旗敖勒召其镇东约 5 公里	西夏～元	平面呈长方形	410×385 米	
72	城坡城址		准格尔旗哈岱高勒乡城坡村东约 500 米	西夏～元	分南、北两城，南城平面呈四边形，北城平面呈长方形。	南城 300 + 200 + 210 + 200 米 北城:290×50 米	旗级文物保护单位
73	文德布勒格城址	阿拉善盟	额济纳旗达来呼布镇东南 14 公里	汉、唐、西夏、元	分内、外两城，外城平面呈长方形。	56×40 米	
74	马圈城址		额济纳旗达来呼布镇东南 21 公里	汉、唐、西夏、元	分内、外两城，外城平面呈长方形。	164×210 米	
75	元亦集乃路故城（黑水城遗址）		额济纳旗达来呼布镇东南 25 公里	西夏、元	平面呈长方形	421×374 米	自治区级文物保护单位 《文物》1987 年第 7 期

表 3 亚洲北方两大文化类型遗产概况表[9]

表 3.1 中亚灌溉农业文明遗产

提名地	国家	类型	规模	时间范围	申报标准	简介	照片
梅尔夫历史与文化公园	土库曼斯坦	文化遗产	353 公顷	4000 年前至今	(ii)(iii)	梅尔夫是中亚地区丝绸之路沿线最古老、保存最完好的绿洲城市之一。这片宽阔的绿洲横跨了 4000 年的人类历史，至今仍保留着许多纪念性的建筑，尤其是过去 2000 年来的建筑	
库尼亚－乌尔根奇	土库曼斯坦	文化遗产	不详	11 世纪至今	(ii)(iii)	库尼亚－乌尔根奇位于土库曼斯坦的西北部、阿姆沙河的南面。乌尔根奇是阿契美尼德帝国统治下可兰次姆地区的首都。古镇拥有一系列 11～16 世纪时期的纪念碑，包括一座清真寺、旅馆的门、堡垒、陵墓和一座尖塔。这些纪念碑展示了当时建筑和手工艺方面的卓越成就，其影响力波及伊朗、阿富汗和 16 世纪印度的后期建筑	
尼莎帕提亚要塞	土库曼斯坦	文化遗产	78 公顷	公元前 3 世纪中期至公元 3 世纪	(ii)(iii)	尼莎帕提亚要塞由新旧两组台形遗址构成，展示了帕提亚王国最早和最重要的城市遗址。帕提亚王国是公元前 3 世纪中期至公元 3 世纪的大国。在近两千年的历史中，这里几乎从未遭到破坏，将古代文明的发掘遗址保存下来，并巧妙地将自身的传统文化元素和希腊及西罗马元素结合起来。对两处遗址进行的考古挖掘发现了装饰精美的建筑，展示了室内、城邦和宗教方面的功能。挖掘工作一直在皇家城堡内进行，现在被称为“老尼莎”。这处遗址还包括被称为“新尼莎”的古代城镇。老尼莎是占地 14 公顷的台形土墩，形状为不规则的五边形，四周是建有 40 多个矩形塔台的防御土墙，与各个墙角侧面相接的是坚固的棱堡。占地 25 公顷的新尼莎四周是高达 9 米的围墙，有两个入口。坐落在重要的商业和战略枢纽交叉路口的尼莎考古遗址，生动地展现了中亚和地中海地区对大国文化影响之间的互动，在充当东西方、南北方之间重要的通讯和贸易中心的同时阻挡了罗马的扩张。这一遗址见证了帝国的重要性、财富和文化	

9. 根据联合国教科文组织遗产中心网站（http:// whc.unesco.org）相关内容整理。

续表 3.1

提名地	国家	类型	规模	时间范围	申报标准	简介	照片
布哈拉历史中心	乌兹别克斯坦	文化遗产	不详	2000 年前至今	（ii）（iv）（vi）	丝绸之路上的布哈拉已有两千多年的历史。在中亚城市之中，它完好地保存了绝大多数建筑物，是中世纪城市的典范。其中著名的纪念物有伊斯梅尔·萨马尼的著名墓碑，公元 10 世纪穆斯林的建筑杰作以及 17 世纪的一批建筑	
沙赫利苏伯兹历史中心	乌兹别克斯坦	文化遗产	240 公顷	不详	（iii）（iv）	沙赫利苏伯兹的历史中心包含许多具有重要意义的古迹，这些古迹都见证了该城世俗发展的过程，特别是沙赫利苏伯兹在公元 15 世纪至 16 世纪阿米尔贴木尔和阿米尔贴木尔德斯统治时期达到巅峰的历史	
伊钦·卡拉内城	乌兹别克斯坦	文化遗产	26 公顷	不详	（iii）（iv）（v）	伊钦·卡拉城是一座古老的希瓦绿洲的内城，由 10 米高的砖墙保护着，它是通往伊朗的沙漠中商队的最后一个驿站。尽管只有很少的一些古老纪念性建筑保存在那里，但它依然是中亚保存完好的穆斯林建筑群中的典范，其中著名的建筑如德尤马清真寺、陵墓以及 19 世纪初由阿拉－库里可汗修建的两座辉煌的宫殿	
处在文化十字路口的撒马尔罕城	乌兹别克斯坦	文化遗产	965 公顷	公元前 7 世纪至今	（i）（ii）（iv）	撒马尔罕历史名城是世界多元文化交汇的大熔炉，建于公元前 7 世纪，在公元 14 世纪至 15 世纪的贴木尔王朝时期得到了重要发展。撒马尔罕拥有众多著名的古代建筑，如列吉斯坦伊斯兰教神学院、比比·哈内姆大清真寺、贴木尔家族陵墓和兀鲁伯天文台等	
霍贾·艾哈迈德·亚萨维陵墓	哈萨克斯坦	文化遗产	0.55 公顷	1389 年至 1405 年	（i）（iii）（iv）	霍贾·艾哈迈德·亚萨维陵墓，位于突厥斯坦（以前称为亚瑟市），建造于帖木儿时期，即公元 1389～1405 年。就是从这座未完工的建筑中，波斯高明的建筑者们试验了各种建筑方法，后来使用到了帖木儿王国都城撒马尔罕的建造中。今天，霍贾·艾哈迈德·亚萨维陵墓成为帖木儿时期规模最大、保存最完整的建筑之一	

续表 3.1

提名地	国家	类型	规模	时间范围	申报标准	简介	照片
泰姆格里考古景观岩刻	哈萨克斯坦	文化遗产	900 公顷	公元前 1000 年至 20 世纪初	(iii)	置身于泰姆格里大峡谷，在辽阔的群山环抱中，有一组值得注意的多达 5000 多件的岩石雕刻。其创作年代跨越公元前 1000 年到 20 世纪初整整 3000 年。这些作品散布在远古人类居住的建筑和坟墓的 48 个遗址上，反映了当地人耕种、社会组织和宗教仪式等情况。遗址中的人类住所通常是多层的，各个年代都有人居住。这里，还有大面积的古代墓群，其中包括带有盒形和箱形石坟的石围栏（铜器时代的中期和晚期），以及建在坟墓（铁器时代至今）上的土石堆（坟头）。峡谷中部有密集的雕版画，它们被认为是远古祭坛的遗迹，表明这些地方曾用于摆放祭品	

表 3.2　东亚农耕文明遗产

提名地	国家	类型	规模	时间范围	申报标准	简介	照片
泰山	中国	混合遗产	25000 公顷	太古代至今	(i) (ii) (iii) (iv) (v) (vi) (vii)	近两千年来，庄严神圣的泰山一直是帝王朝拜的对象。山中的人文杰作与自然景观完美和谐地融合在一起。泰山一直是中国艺术家和学者的精神源泉，是古代中国文明和信仰的象征	
长城	中国	文化遗产	6952.35 公顷	公元前 220 年、1368 年至 1644 年	(i) (ii) (iii) (iv) (vi)	公元前约 220 年，秦始皇下令将早期修建的一些分散的防御工事连接成一个完整的防御系统，用以抵抗来自北方的侵略。长城的修建一直持续到明代（1368～1644 年），终于建成为世界上最大的军事设施。长城在建筑学上的价值，足以与其在历史和战略上的重要性相媲美	

续表 3.2

提名地	国家	类型	规模	时间范围	申报标准	简介	照片
明清故宫（北京故宫、沈阳故宫）	中国	文化遗产	13 公顷	1625 年至 1783 年	(i) (ii) (iii) (iv)	北京故宫于 1987 年被列入《世界遗产名录》，沈阳故宫作为其扩展项目也被列入其中，目前称为明清故宫（北京故宫和沈阳故宫）。沈阳清朝故宫建于 1625～1626 年至 1783 年间，共有 114 座建筑，其中包括一个极为珍贵的藏书馆。沈阳故宫是统治中国的最后一个朝代在将权力扩大到全国中心、迁都北京之前，朝代建立的见证，后来成为北京故宫的附属皇宫建筑。这座雄伟的建筑为清朝历史以及满族和中国北方其他部族的文化传统提供了重要的历史见证	
莫高窟	中国	文化遗产	131029 公顷	十六国的前秦时期	(i) (ii) (iii) (iv) (v) (vi)	莫高窟地处丝绸之路的一个战略要点。它不仅是东西方贸易的中转站，同时也是宗教、文化和知识的交汇处。莫高窟的 492 个小石窟和洞穴庙宇，以其雕像和壁画闻名于世，展示了延续千年的佛教艺术	
秦始皇陵及兵马俑坑	中国	文化遗产	4569 公顷	公元前 210 年至今	(i) (iii) (iv) (vi)	毫无疑问，如果不是 1974 年被发现，这座考古遗址中的成千上万件陶俑将依旧沉睡于地下。第一位统一中国的皇帝秦始皇，殁于公元前 210 年，葬于陵墓的中心，在他周围围绕着那些著名的陶俑。结构复杂的秦始皇陵是仿照其生前的都城——咸阳的格局而设计建造的。陶俑形态各异，连同他们的战马、战车和武器，成为现实主义的完美杰作，同时也具有极高的历史价值	
周口店北京人遗址	中国	文化遗产	480 公顷	公元前 18 000 至前 11 000 年	(iii) (vi)	周口店“北京人”遗址位于北京西南 42 公里处，遗址的科学考察工作仍在进行中。到目前为止，科学家已经发现了中国猿人属北京人的遗迹，他们大约生活在中更新世时代，同时发现的还有各种各样的生活物品，以及可以追溯到公元前 18000～11000 年的新人类的遗迹。周口店遗址不仅是有关远古时期亚洲大陆人类社会的一个罕见的历史证据，而且也阐明了人类进化的进程	

续表 3.2

提名地	国家	类型	规模	时间范围	申报标准	简介	照片
承德避暑山庄及其周围寺庙	中国	文化遗产	不详	公元1703年至1792年	(ii)(iv)	承德避暑山庄，是清王朝的夏季行宫，位于河北省境内，修建于公元1703~1792年，是由众多的宫殿以及其他处理政务、举行仪式的建筑构成的一个庞大的建筑群。建筑风格各异的庙宇和皇家园林同周围的湖泊、牧场和森林巧妙地融为一体。避暑山庄不仅具有极高的美学研究价值，而且还保留着中国封建社会发展末期的罕见历史遗迹	
曲阜孔庙、孔林和孔府	中国	文化遗产	不详	公元前478年至今	(i)(iv)(vi)	孔子是公元前6至5世纪最伟大的哲学家、政治家和教育家。孔子的庙宇、墓地和府邸位于山东省的曲阜。孔庙是公元前478年为纪念孔子而兴建的，千百年来屡毁屡建，到今天已经发展成超过100座殿堂的建筑群。孔林里不仅容纳了孔子的坟墓，而且他的后裔中，有超过10万人也葬在这里。当初小小的孔宅如今已经扩建成一个庞大显赫的府邸，整个宅院包括了152座殿堂。曲阜的古建筑群之所以具有独特的艺术和历史特色，应归功于2000多年来中国历代帝王对孔子的大力推崇	
平遥古城	中国	文化遗产	245.62公顷	14世纪至今	(ii)(iii)(iv)	平遥古城建于14世纪，是现今保存完整的汉民族城市的杰出范例。其城镇布局集中反映了五个多世纪以来，中国的建筑风格和城市规划的发展。特别值得一提的是，这里与银行业有关的建筑格外雄伟，因为19至20世纪初期平遥是整个中国金融业的中心	

续表 3.2

提名地	国家	类型	规模	时间范围	申报标准	简介	照片
北京皇家祭坛——天坛	中国	文化遗产	215 公顷	15 世纪上半叶至今	(i)(ii)(iii)	天坛，建于 15 世纪上半叶，四周古松环抱，是保存完好的坛庙建筑群。无论在整体布局还是单一建筑上，都反映出天地之间（即人神之间）的关系，而这一关系在中国古代宇宙观中占据着核心位置。同时，这些建筑还体现出帝王在这一关系中所起的独特作用	
北京皇家园林——颐和园	中国	文化遗产	297 公顷	1750 年至今	(i)(ii)(iii)	北京颐和园，始建于 1750 年，1860 年在战火中严重损毁，1886 年在原址上重新进行了修缮。其亭台、长廊、殿堂、庙宇和小桥等人工景观与自然山峦和开阔的湖面相互和谐地融为一体，具有极高的审美价值，堪称中国风景园林设计中的杰作	
龙门石窟	中国	文化遗产	331 公顷	公元 316 至 907 年	(i)(ii)(iii)	龙门地区的石窟和佛龛包含北魏晚期至唐代（公元 316～907 年）期间最具规模和最为优秀的中国艺术藏品。这些艺术作品全部反映佛教宗教题材，代表了中国石刻艺术的最高峰	
明清皇家陵寝	中国	文化遗产	23773.4 公顷	17 世纪至今	(i)(ii)(iii)(iv)(vi)	位于辽宁省的清朝盛京三陵建于 17 世纪，是继 2000 年和 2003 年列入《世界遗产名录》的明朝寝陵之后的三座清朝皇家寝陵，分别为永陵、福陵和昭陵，是开创清皇室基业的皇帝及其祖先的陵墓。寝陵遵照中国传统的占卜和风水理论而建，饰以大量以龙为主题的石雕、雕刻和瓦片，展示了清朝墓葬建筑的发展。盛京三陵及其众多建筑将以前朝代的传统和满族文化的新特征融为一体	
云冈石窟	中国	文化遗产	349 公顷	5 世纪至 6 世纪	(i)(ii)(iii)(iv)	云冈石窟，位于山西省大同市，现存洞窟 252 座、石像 51000 尊，代表了 5 世纪至 6 世纪时期中国高超的佛教艺术成就。“昙曜五窟”整体布局严整，风格和谐统一，是中国佛教艺术发展史的第一个巅峰	

续表 3.2

提名地	国家	类型	规模	时间范围	申报标准	简介	照片
高句丽王城、王陵及贵族墓葬	中国	文化遗产	4165 公顷	公元前 37 年至公元 668 年	(i)(ii)(iii)(iv)(v)	此遗址包括 3 座王城和 40 座墓葬的考古遗迹：五女山城、国内城、丸都山城，14 座王陵及 26 座贵族墓葬。这些都属于高句丽文化，从公元前 37 年到公元 668 年，高句丽王朝一直统治中国北部地区和朝鲜半岛的北部，这里的文化因此而得名。五女山城是唯一部分挖掘的王城。国内城位于今天的集安市内，在高句丽迁都平壤之后，与其他王城相互依附共为都城。丸都山城是高句丽王朝的都城之一，城内有许多遗迹，其中包括一座雄伟的宫殿和 37 座墓葬。一些墓葬的顶部设计精巧，无需支柱就可支撑宽敞的墓室，还能承载置于其上的石冢或土冢	
殷墟	中国	文化遗产	414 公顷	公元前 1300 至 1046 年	(ii)(iii)(iv)(vi)	殷墟考古遗址靠近安阳市，位于北京以南约 500 公里处，是商代晚期（公元前 1300～1046 年）的古代都城，代表了中国早期文化、工艺和科学的黄金时代，是中国青铜器时代最繁荣的时期。在殷墟遗址出土了大量王室陵墓、宫殿以及中国后期建筑的原型。遗址中的宫殿宗庙区（1000×650 米）拥有 80 处房屋地基，还有唯一一座保存完好的商代王室成员大墓“妇好墓”。殷墟出土的大量工艺精美的陪葬品证明了商代手工业的先进水平，现在它们是中国的国宝之一。在殷墟发现了大量甲骨窖穴。甲骨上的文字对于证明中国古代信仰、社会体系以及汉字这一世界上最古老的书写体系之一的发展有着不可估量的价值	
高句丽古墓群	朝鲜	文化遗产	233 公顷	公元前 3 世纪至公元 7 世纪	(i)(ii)(iii)(iv)	墓群包括几组墓葬和一些独立的墓葬，共计约 30 座，是公元前 3 世纪至公元 7 世纪中国东北部和朝鲜半岛一半地区最强大的帝国之一——高句丽帝国后期的古墓，多以精美的壁画装饰，几乎是高句丽文化唯一的遗迹。迄今为止，在中国和朝鲜发现的 10000 多座高句丽古墓中只有 90 座古墓绘有壁画。其中半数以上就在该遗址，被认为是高句丽帝王、皇室成员或贵族的墓葬。这些壁画以独特的方式反映了当时的日常生活	

续表 3.2

提名地	国家	类型	规模	时间范围	申报标准	简介	照片
石窟庵和佛国寺	韩国	文化遗产	不详	公元8世纪至今	(i) (iv)	石窟庵和佛国寺石窟庵建于公元8世纪，位于吐含山的斜坡上，石窟庵内有一尊纪念佛像，该佛像以普密斯帕莎穆德拉姿势面朝着大海。佛像周围有各种神仙、菩萨和信徒的雕像，这些雕像惟妙惟肖，工艺细腻，采用了深浅浮雕的方式，堪称远东地区佛教艺术杰作。佛国寺（建于公元774年）和石窟庵一起构成了一处具有重大意义的宗教建筑群	
海印寺及八万大藏经藏经处	韩国	文化遗产	不详	公元15世纪至今	(iv) (vi)	海印寺位于伽耶山，寺中藏有高丽大藏经版。高丽大藏经版是现存最完整的佛教全书，全书用80000块木版雕刻而成，完成于公元1237年至1248年。藏经阁建于公元15世纪，是专门为收藏高丽大藏经版而建造的，这一建筑也被认为是杰出的艺术作品。作为高丽大藏经版最古老的保存地，海印寺和藏经阁有着非常特别之处，其保存木版技术的发明和实施让世人惊叹不已	
宗庙	韩国	文化遗产	19.4公顷	1392年至今	(iv)	宗庙是距今时间最远，而且保存原貌最好的儒家圣殿。宗庙是为了祭祀朝鲜王朝（1392 ~ 1910年）的先祖们而修建的，从16世纪起它就一直保持着现在我们所见到的样子。宗庙中还收藏着许多碑石，上面雕刻着古代教育皇家成员的教义。在祭祀仪式上有音乐、舞蹈、唱歌表演，这种源于14世纪的传统一直延续到今天	
昌德宫建筑群	韩国	文化遗产	不详	公元15世纪早期至今	(ii) (iii) (iv)	公元15世纪早期，太宗皇帝下令在吉祥之地再修建一座新的宫殿，于是成立了修建宫殿的队伍来执行这项命令，新的宫殿占地58公顷，内有处理政务的宫殿和皇族的寝宫，整个宫殿完美地适应了当地的崎岖地形，与四周的自然环境和谐地融为一体，成为远东地区宫殿建筑设计的典范之作	
华松古堡	韩国	文化遗产	不详	公元18世纪末至今	(ii) (iii)	朝鲜李氏王朝皇帝崇舟在公元18世纪末将其父亲的陵墓迁移到水原后，他依照当时颇具影响力的军事建筑方式在陵墓四周修建了防御工事，这种防御工事同时体现出了当时东西方最新的战争理论发展。陵墓周围的巨大墙体延伸了将近六公里，装有四扇大门，配有堡垒、炮台和其他特色建筑，整个防御工事一直保留到了今天	

续表 3.2

提名地	国家	类型	规模	时间范围	申报标准	简介	照片
庆州历史区	韩国	文化遗产	2880公顷	公元7世纪至10世纪	(ii)(iii)	庆州历史区内有大量韩国佛教艺术的精品，包括雕刻、浮雕、佛塔以及许多从公元7世纪至10世纪佛教艺术鼎盛时期流传下来的庙宇和宫殿遗址	
高昌、华森和江华的史前墓遗址	韩国	文化遗产	51.65公顷	公元前1000年	(iii)	在高昌、华森和江华发现的石墓群建于公元前1000年左右，该墓群用巨型厚石板建造而成。这里是全世界各地发现的巨石文化的一部分，同时也是这种文化最集中的一处	
法隆寺地区的佛教古迹	日本	文化遗产	586.03公顷	公元7世纪末至8世纪初	(i)(ii)(iv)(vi)	在奈良县的法隆寺地区，约有48座佛教建筑，其中有一些建于公元7世纪末至8世纪初，是世界上现存最古老的木结构建筑。这些木结构建筑杰作的重要性不仅仅在于它们展现了中国佛教建筑与日本文化的艺术融合历史，还在于它们标志着宗教史发展的一个重要时期，因为修建这些建筑的时候正是中国佛教经朝鲜半岛传入日本的时期	
姬路城	日本	文化遗产	250公顷	17世纪早期至今	(i)(iv)	姬路城堡是17世纪早期日本城堡建筑保存最为完好的例子，整个城堡由83座建筑物组成，展示了幕府时代高度发达的防御系统和精巧的防护装置。这些建筑在保证了防御功能的同时也体现了极高的美学价值，是木结构建筑的典范之作。城堡的白色外墙、建筑物的布局和城堡屋顶的多层设计都显得气势恢宏，雄伟壮观	

续表 3.2

提名地	国家	类型	规模	时间范围	申报标准	简介	照片
古京都遗址（京都、宇治和大津城）	日本	文化遗产	4635 公顷	公元 794 年至今	（ii）（iv）	古京都是仿效古代中国首都形式，于公元 794 年建立的。从建立起直到 19 世纪中叶古京都一直是日本的帝国首都。作为一千多年来日本的文化中心，古京都不仅见证了日本木结构建筑，特别是宗教建筑的发展，而且也向世人展示着日本花园艺术的变迁，现在日本的花园设计艺术已经对全世界的景观花园设计产生了重大影响	
白川乡和五屹山历史村座	日本	文化遗产	58941.1 公顷	不详	（iv）（v）	白川乡和五屹山村落，地处山区，长期以来与外界隔绝。这些村落的居民以种桑养蚕为生，当地的农舍很有特色，在日本是独一无二的，它们比一般农舍略大，为两层结构，屋顶坡面很陡，用茅草覆盖。尽管经历了严重的经济动荡，荻町、相仓和菅沼这些村落依旧体现了当地人那种与自然生活环境和社会经济环境完美适应的传统生活方式	
广岛和平纪念公园	日本	文化遗产	43.1 公顷	1945 年 8 月 6 日至今	（vi）	广岛和平纪念公园是 1945 年 8 月 6 日广岛原子弹爆炸区留下的唯一一处建筑。通过许多人的努力，包括广岛市民的努力，这个遗址被完好地保留了下来，一直保持着遭受原子弹袭击后的样子。广岛和平纪念公园不仅是人类历史上创造的最具毁灭性力量的象征，而且体现了全世界人们追求和平，最终全面销毁核武器的愿望	
严岛神殿	日本	文化遗产	431.2 公顷	公元 6 世纪至今	（i）（ii）（iv）（vi）	严岛位于濑户内海，自古以来一直是神道教的圣地。岛上的第一座神殿可追溯到公元 6 世纪。现在见到的神殿建于公元 13 世纪，协调有致的建筑显示了卓越的艺术水平和技术能力。神殿通过大海和高山不同色彩和形态的强烈反差完美地表达了日本人对于自然之美的理念，即自然美和人类所创造美的融合	

续表 3.2

提名地	国家	类型	规模	时间范围	申报标准	简介	照片
古奈良的历史遗迹	日本	文化遗产	617 公顷	公元 710 年至 784 年	(ii)(iii)(iv)(vi)	奈良在公元 710 年至 784 年是日本的首都，在那个时期，日本国家政府的结构确定了下来，并且奈良到达了其鼎盛时期，成为日本文化的发源地。古奈良的历史遗迹——佛教庙宇、神道教神殿以及挖掘出来的帝国官殿遗迹——向世人展示了一幅公元 8 世纪日本首都的生动画面，深刻揭示了当时的政治及文化动荡和变迁	
日光神殿和庙宇	日本	文化遗产	424 公顷	公元 17 世纪至今	(i)(iv)(vi)	几个世纪以来，日光神殿和神庙与它们周围的自然环境一直被视为神圣之地，并因其杰出的建筑和装饰而闻名于世。同时该遗址与德川幕府时期的历史具有密切的关系	
纪伊山地的圣地与参拜道	日本	文化遗产	12606.4 公顷	公元 9 世纪至今	(ii)(iii)(iv)(vi)	大峰、熊野三山以及高野山三座圣地坐落在纪伊山地茂密的森林中，俯瞰太平洋，它们通过多条参拜古道连接奈良和京都两个古都，反映出根植于日本自然崇拜古老传统的神道教与自中国和朝鲜半岛引入日本的佛教的相互融合。该遗址（面积为 495.3 公顷）及其周围的森林景观是 1200 多年来持续保留完好的圣山传统的写照。这个地区连同其丰富的小溪、河流和瀑布仍然是日本现存文化的一部分，每年吸引多达 1500 万游客来参拜和游览。三个遗址内都有神殿，有些神殿甚至修建于 9 世纪	
石见银山遗迹及其文化景观	日本	文化遗产	3663 公顷	16 世纪至 20 世纪	(ii)(iii)(v)	位于本州岛西南部的石见银山遗迹是一组山脉，海拔 600 米，被深深的河谷截断，以大型矿藏、熔岩和优美的地貌为主，是 16 世纪至 20 世纪开采和提炼银子的矿山遗址。这一带还有用来将银矿石运输至海岸的运输路线，以及通往韩国和中国的港口城镇。通过运用尖端技术提炼出来的优质白银和开采到的大量白银，大大促进了 16 世纪至 17 世纪日本和东南亚经济的整体发展，促进了日本白银和黄金的大规模生产。矿山现在被浓密的森林所覆盖。遗址上还建有堡垒、神龛、部分山道运输线以及三个运输银矿的港口城镇：Tomogaura、Okidomari 和 Yunotsu。遗址占地 442 公顷，设立 3221 公顷的缓冲区	

3 相关资料

3.a 保护管理法规文件目录

一、元上都遗址保护的相关法律法规

1. 相关法律法规目录
2. 相关法律法规摘要

(1)《中华人民共和国宪法》，1982年12月4日颁布，2004年3月14日修订（摘录）
(2)《中华人民共和国文物保护法》，1982年11月19日颁布，1991年6月29日、2002年10月28日、2007年12月29日修订（摘录）
(3)《中华人民共和国草原法》，1985年6月18日颁布，2002年12月28日修订（摘录）
(4)《中华人民共和国文物保护法实施条例》，2003年5月13日颁布（摘录）
(5)《世界文化遗产保护管理办法》，2006年11月14日颁布（摘录）
(6)《中国世界文化遗产监测巡视管理办法》，2006年12月8日颁布（全文）
(7)《内蒙古自治区文物保护条例》，1990年4月14日颁布，1993年3月4日、2005年12月1日修订（摘录）
(8)《内蒙古自治区草原管理条例》，1984年12月26日颁布，2004年11月26日修订（摘录）
(9)《内蒙古自治区基本草牧场保护条例》，1998年11月27日颁布（摘录）
(10)《内蒙古自治区草原管理实施细则》，1998年8月4日颁布（摘录）
(11)《锡林郭勒盟加强野外文物保护工作实施意见》，2003年9月15日颁布（全文）
(12)《正蓝旗文物保护管理办法》，1990年12月20日颁布（摘录）
(13)《元上都遗址保护管理办法》，2010年11月18日颁布（全文）

二、其他管理制度

1. 其他管理制度目录
2. 其他管理制度摘要

(1)《锡林郭勒盟草原管理若干规定》，1999年4月2日颁布（摘录）
(2)《锡林郭勒盟草畜平衡实施细则（暂行）》，2004年2月2日颁布（摘录）
(3)《锡林郭勒盟草畜平衡实施细则（暂行）补充意见》，2007年9月14日颁布（摘录）
(4)《锡林郭勒盟阶段性禁牧项目实施办法（试行）》，2010年8月16日颁布（摘录）
(5)《正蓝旗加强野外文物保护工作实施意见》，2003年11月15日颁布（全文）
(6)《关于加强全旗境内不可移动文物管理的通知》，2004年2月20日颁布（全文）
(7)《正蓝旗旅游定点单位管理暂行办法》，2004年2月20日颁布（全文）
(8)《正蓝旗元上都遗址文物事业管理局文物征集工作方案》，2009年5月20日颁布（全文）

三、遗产保护相关规划

1. 遗产保护相关规划目录
2. 遗产保护相关规划摘要
（1）《元上都遗址保护管理规划（2009–2015）》（全文）
（2）《元上都遗址保护总体规划（2010–2029）》（摘录）
（3）《元上都遗址生态环境与特色景观保护规划（2010–2020）》（摘录）
（4）《内蒙古自治区正蓝旗元上都周边蒙古民族文化遗产及生态环境保护规划（2006–2026）》（摘录）
（5）《锡林郭勒盟正蓝旗中小河流治理规划（2009–2030）》（摘录）

四、遗产所在地相关规划

1. 遗产所在地相关规划目录
2. 遗产所在地相关规划摘要
（1）《锡林郭勒盟旅游发展总体规划（2003–2020)》（摘录）
（2）《锡林郭勒盟矿产资源总体规划（2008–2015)》（摘录）
（3）《正蓝旗上都镇城市总体规划（2002–2020)》（摘录）
（4）《正蓝旗土地利用总体规划（1990–2010)》（摘录）
（5）《正蓝旗“十一五”旅游业发展规划（2006–2010）》（摘录）

五、培训档案

1. 执法及业务人员培训登记表（2010 年 3 月 20 日统计）

3.b 监测记录档案文件目录

一、保存状况监测档案

1. 全国重点文物保护单位记录档案（2005 年立卷，目录）

二、保护措施监测档案

1.《上都——蒙古多伦诺尔元代都城址调查》（1941 年完成，目录）
2.《元上都故城》（20 世纪 50 年代完成，摘录）
3.《元上都调查报告》（1977 年完成，摘录）
4.《元上都城南砧子山南区墓葬发掘报告》（1994 年完成，摘录）

5.《元上都及周围地区的考古发现与初步研究》（1999 年完成，摘录）
6.《元上都城址东南砧子山西区墓葬发掘简报》（2001 年完成，摘录）
7.《多伦县砧子山西区墓地》（2008 年完成，摘录）
8.《正蓝旗一棵树墓地》（2008 年完成，摘录）
9.《元上都》（2008 年完成，目录）
10.《元上都皇城南门及东墙清理修复报告》（2008 年完成，摘录）
11.《元上都遗址博物馆可行性研究报告》（2009 年完成，摘录）

三、环境状况监测档案

1.《元上都遗址自然环境科学考察报告》（2009 年完成，摘录）
2. 正蓝旗元上都区域气候监测表（1995 ~ 2009 年统计，摘录）
3. 自然灾害监测表（1999 ~ 2008 年统计，摘录）
4. 正蓝旗山洪灾害防御预案（2008 年 6 月 3 日完成，摘录）
5. 正蓝旗防洪预案（2009 年 6 月 1 日完成，摘录）
6. 元上都遗址动植物保护情况（2009 年统计，摘录）
7. 元上都遗址所在地大气、水文、地质情况（2009 年完成，摘录）
8. 正蓝旗草原牧草生长情况实地监测表（2005 ~ 2009 年统计，摘录）
9. 正蓝旗草原工作站草原统计表（2006 ~ 2009 年统计，摘录）
10. 正蓝旗休牧草场草地草群指标测定表（2003 ~ 2007 年统计，摘录）

四、旅游状况监测档案

1. 正蓝旗旅游局工作总结（2004 ~ 2005 年，摘录）
2. 正蓝旗旅游局工作总结（2006 年，摘录）
3. 正蓝旗旅游局工作总结（2007 年，摘录）
4. 正蓝旗旅游局工作总结（2008 年，摘录）
5. 正蓝旗旅游局工作总结（2009 年，摘录）
6. 元上都遗址游客破坏因素应急预案（2009 年，全文）

3.c 多媒体资料目录

一、遗产申报文件电子版
二、遗产授权图片电子版及遗产介绍短片
三、遗产授权图片幻灯片

叁·补充资料

元上都遗址

SITE OF XANADU

1 信件正文

亲爱的瑞加娜：

非常感谢你们在2011年9月9日来信中对中国2012年世界文化遗产申报项目元上都申报内容和保护、管理状况的进一步关注和查询。

我很高兴对你们所关注的问题作进一步澄清和说明如下：首先，我综合回答你们的第1个和第2个问题，可能也会部分地涉及第5和第6个问题。

描述／边界

问题1．在12座代表性敖包中有3座（北边的阿土台、乌和尔沁和昌图）不在申报区范围内，但在缓冲区内。他们被包括在申报遗产的描述中（申遗文本第2-4页，第2-64～2-69页[1]），并在标识遗产区缓冲区边界的地图中用红点表示。如果这3座敖包是申报遗产的一部分，请说明它们各自的遗产边界。

完整性／边界

问题2．《操作指南》第100条指出，遗产边界应包括在将来的研究中有可能贡献和加深对遗产OUV理解的区域。但是，在遗产区缓冲区地图中，在申报遗产组成部分的12座敖包以外，位于缓冲区的其他敖包被用黑点标示。请说明为什么这些敖包未被列为申报遗产的一部分。选择12座代表性敖包的理由是什么？

答：

（1）关于敖包在申报项目中的身份、属性以及保护状况的说明

首先，我想汇总陈述和敖包相关的问题。敖包祭祀是蒙古族传统信仰，作为这一信仰的产物，敖包在蒙古族住居生活地区都有分布。元上都遗址所在地锡林郭勒盟是全内蒙古自治区敖包分布最为密集的地区，这一状况尤其在城址周围得到充分体现。因此，在申报文件中，我们将其视作遗产背景环境的人文特色载体，予以重点关注和保护，但不属于申报元素。

在整个申报文件中，敖包不是申报的遗产实体，而只是元上都遗址的环境特色和组成要素之一。申报文本在第2–4页的表述“人文环境包括遗产所在地保存完好的蒙古族传统文化，以及城址周边分布于群山顶部的敖包所体现的草原游牧民族早期的山岳崇拜。”第2–64页，也是在2.a.4“人文环境”中表述为“至今仍保留着浓郁纯正的蒙古族传统文化，古老的敖包及与敖包相关的祭祀、那达慕大会等活动延续至今”，直到第2–69页。其他相关章节也都把敖包和敖包祭祀作为传统和环境的一部分来提及和论述。

1.附件和回复信件中的序号和页码，是指原文件中按章编排的顺序，与现重新编排的文件并不对应。

元上都遗址是以城址（含宫城、皇城、外城、关厢、粮仓等）为主体，附属防洪体系、墓地的综合遗存整体。敖包是元上都遗址环境特别不同于其他古代城址的一种现象，非常值得承认和关注。其本体不被作为此次申报的直接内容，是因为如同很多考古遗址一时不能解答一切现象的来龙去脉一样，缔约国的专家和国际同行们还面临如下两个问题：

一是敖包的早期确切年代难以确认。根据 18 世纪初期的历史文献记载和几代老年人的传述，敖包无疑已具有很古老的历史存续，并是元上都环境的典型特征之一。但关于它们的产生年代和沿革，至今还没有发现更早的确切的文献记载。在元上都申报范围之外，考古工作者曾经彻底解剖过一个类似的敖包，也没有找到任何关于时代的证据。

二是敖包至今仍在不断地发展变化。损坏它当然是被严禁的。但敖包祭祀仍然盛行于元上都遗址周边的草原。尊奉它的人们继续时时会为它添加石块。这是一种信仰和权力。如何界定敖包在这种背景下的真实性，是个有争议的课题。因此，如果国际同行们倾向于在上述情况下把相关敖包也列为元上都遗址世界遗产的申报要素，缔约国将乐于这样做，补充必要的相关文件和地图，并肯定会继续完好地保护它们。

（2）关于缓冲区内 3 座敖包的属性说明

与此同理，申报区外 3 处以红点标示的敖包（北边的阿土台、乌和尔沁和昌图敖包）应被澄清为非申报元素，但均属旗[2]级文物保护单位，受到重点关注和保护。

（3）关于 12 座敖包的选择说明

申报文本之所以选择 12 座敖包予以标示和描述，不仅是因为它们在这一区域最具有代表性和影响力且本体保存完整，还因为它们的组合足以展现遗址环境特征的完整性，同时还标识了城址空间的完整性。这些敖包目前均已列为旗（县）级文物保护单位，受到尊重和法律保护（见附件 1：正蓝旗人民政府关于公布一棵树墓葬以及乌和尔沁等 12 处敖包为旗级文物保护单位的文件）。如果你们认为相关敖包的描述被放在了不恰当的章节，引起了误解，恳请提示并允许我们予以纠正。除此之外，其他相关敖包也都在元上都环境特色中，但并不突出引人注目。不过，按照中国文化部颁发的《世界文化遗产保护管理办法》（详见第 5 个问题第 2 条答复内容），在世界遗产名录、甚至预备名单中的遗产地保护区与缓冲区内的所有被关注的元素，都须遵从中国世界遗产保护管理的相关要求。也就是说，无论是否已经被指定为某一级文物保护单位，一旦

2. 旗是内蒙古自治区的一种特殊的县级行政管理级别的划分，盟是旗的上一级行政管理级别，相当于地区级的市，自治区相当于省。

列入世界遗产目录，乃至世界遗产预备名单，对它们的保护和管理在专业方面所要遵从的级别都要高于一般的文物保护单位。从这个层面讲，未予详细描述的、您来信所指以黑点标示的敖包也都受到法规的保护。

我希望上述陈述、澄清和意愿能够回答你来信中的第1、2个问题，部分回答第5个问题，并可作第6个问题的参考。

问题3. 申报文本（第3-62页和图2.a.79）指出在砧子山和一棵树墓葬群之外还有更多的公共墓葬区。这些墓葬区是在申报区还是缓冲区内？2010年11月18日颁布的《内蒙古自治区元上都遗址保护管理办法》第八条（申报文本第5-16～5-17页）在此方面表述得不够清楚。

附 元上都遗址保护管理办法

第八条　元上都遗址的保护对象包括遗产区内的上都城遗址、铁幡竿渠遗址、砧子山墓地、一棵树墓地等不可移动文物，以及分布于遗产区和缓冲区范围内的草原特色环境景观与蒙古族居民的敖包及其祭祀传统文化遗产。

答：

（1）关于公共墓葬区

文本中第3-62页和图2.a.79所示的公共墓葬群是考古工作者在遗产周边地区的调查结果，其中经考古可认证为与元上都遗址直接相关的公共墓葬为4处：除砧子山墓葬和一棵树墓葬2处，尚有“卧牛石墓葬”和“羊群庙墓葬”2处。后两处墓葬均不在遗产区范围内：前者位于缓冲区西边缘内，后者位于缓冲区外、城址西北方向70公里处（详见附件2：元上都遗址周边墓葬群分布示意图）。这两处墓葬由于保存状况不佳，也不能提供更多、更好的历史证据，未列为本次申报对象。但它们分别属于各级文物保护单位，其中：羊群庙墓葬属自治区级文物保护单位（详见附件3：内蒙古自治区人民政府关于公布内蒙古自治区第三批重点文物保护单位的通知），卧牛石墓葬属旗级文物保护单位（详见附件4：正蓝旗人民政府关于公布第二批旗级文物保护单位的通知），均已受到相关法律法规的保护。鉴此，申报内容最后只包含了保存状况基本完好、并有很多出土文物的砧子山墓地（汉人）和一棵树墓地（蒙人），并感到这两处墓葬作为古都的殡葬区具有充分的代表性。

（2）关于《内蒙古自治区元上都遗址保护管理办法》第八条

您来信中提到的第5-16～5-17页内容，经校查，您可能指的是文本第5-26～5-27页内容。这段文字意在表述，所有申报的不可移动文物，诸如：上都城遗址、铁幡竿渠遗址、砧子山墓地、一棵树墓地，以及传统与环境要素，诸如：草原特色环境景观与蒙古族居民的敖包及其祭祀传统，都被置于相关的保护法规和保护措施全面稳妥的保护管理中。此外，缓冲区内未列入申报要素的其他不可移动文物也都置于相关法规保护措施中，如：卧牛石墓葬已公布为正蓝旗旗级文物保护单位。

名录 / 数据库

问题 4. 对于申报区内所有已探明的考古遗址，包括墓葬、建筑、敖包、采石场、水利工程等，是否有可使用的名录 / 数据库？文本中对铁幡竿渠和水利设施进行了描述，但没有测绘图标明拦洪坝、泄洪渠的轮廓及其残迹。同样，对于明显位于城址后面（以北？），为敖包等提供石料的采石场，以及为粮仓提供粮食的农耕区，都没有地图标明其位置。

答：

（1）关于申报区内所有已探明的考古遗址名录 / 数据库和铁幡竿渠测绘图的说明

正蓝旗元上都遗址文物事业管理局、多伦县文物局与内蒙古测绘局、内蒙古博物院、内蒙古自治区文物考古研究所、内蒙古文物保护研究信息中心、锡林郭勒盟文物工作站等专业机构合作，对元上都遗址申报区内所有已探明的考古遗址，包括墓葬、建筑、敖包、铁幡竿渠等水利工程进行了详细调查、登记和测绘，并建立了相应的档案资料和信息数据库。这些档案资料和信息数据库在正蓝旗和多伦县的档案室中都得到了妥善保存并可随时调取使用。由于大量的信息数据都是使用中文记录，难以在短时间内翻译成英文。英文中有部分表格只是示例，并未涵盖全部记录。中文附件包含了全部信息记录。附件 7 铁幡竿渠测绘图清晰标明了铁幡竿渠的拦洪坝、泄洪渠等遗迹。

附件 5：申报区内所有已探明的考古遗址名录 / 数据库（英文摘录）

附件 6：申报区内所有已探明的考古遗址名录 / 数据库（中文全文）

附件 7：铁幡竿渠测绘图

（2）关于为敖包等提供石料的采石场

敖包绝大部分都是由信仰者就地捡拾石块垒积而成；少数居于适合树立敖包的制高点，而周边又缺少地表石块的，人们会在附近挖掘一些石料来用，但这不需要很大型和持久开采的石场。申报文件中提及的敖包及旁边的采石坑，就属于这种情况（详见附件 8：12 座代表性敖包保护措施详图）。

（3）关于为粮仓提供粮食的农耕区

元上都遗址的粮仓，是元代用来储备从中原与南方的农耕区，运到元上都的粮食的专用储备仓库。这些粮食，一方面供应元上都的帝王、大臣、士兵、民众，另一方面还要向蒙古高原北部地区运输粮食。因此，当时元上都的粮仓，每年出入的粮食“少者不下三十四万余石”（引自:《经世大典·官制·仓库官》）。

上都地处蒙古高原东南缘的农牧交接地带，城址所在地被史书称为“苦寒之地”，只适于有限品类的农作物在短暂的季节作少量种植。所以，元上都周边不存在大片的农耕区域。

现在申报区和缓冲区内延续至今的少量农田，主要也只种植少量后来传入的土豆和很少的耐寒低产农作物如莜麦[3]。鉴于深度的农耕开垦对当地沙质土地和草原有不可逆转的破坏作用，当地已禁止扩大开垦农耕。

保护

问题 5. 文本第 5-5 页指出元上都遗址是国家重点文物保护单位（最高保护级别）。但是,《提名地区划与元上都遗址保护总体规划衔接图》（图 1.e-14）表明，申报区并非全部属于“文物保护范围”。请说明位于申报区内，但不处于“文物保护范围”，或没有被单独列为旗级保护单位的墓葬、敖包等是如何受到法律保护的。

答：

（1）关于申报区内位于文物保护范围之外的墓葬、敖包等遗存的法律保障说明

如你们所注意到的，城址及相关环境早已列入了国保的保护框架下；其他墓葬和敖包如前所述，也分别被列为各级文物保护单位。即：申报区内已发现或探明的所有墓葬、敖包等不可移动文物，包括位于全国重点文物保护单位“保护范围”之外的，均已获得各级文物保护单位的身份，受到《中华人民共和国文物保护法》的保护。如：旗级文物保护单位卧牛石墓葬（详见附件 9：正蓝旗人民政府关于公布正蓝旗第二批文物保护单位保护范围及建设控制地带的通知）

（2）关于申报区内未被单独列为旗级保护单位的墓葬、敖包等遗存的法律保障说明

同时，也如你们已考虑到的，若有新发现的不可移动文物，我们都将根据下列中国《世界文化遗产保护管理办法》（2006 年）第九条规定执行：按照世界遗产保护的需要，由当地人民政府依法核定公布为文物保护单位或登记公布为不可移动文物，设定专业的保护管理要求与程序，受到《中华人民共和国文

3.《元史》卷一三六《拜住传》记载：“察罕脑儿……此地苦寒，入夏始种粟黍。”［元］胡助：《纯白斋类稿·宿牛群头》卷一四：“荞麦花开草木枯，沙头雨过茁蘑菇。牧童拾得满筐子，卖与行人供晚厨。”

物保护法》的有效保护。

中国《世界文化遗产保护管理办法》（2006 年）第九条规定：

世界文化遗产中的不可移动文物，应当根据其历史、艺术和科学价值依法核定公布为文物保护单位。尚未核定公布为文物保护单位的不可移动文物，由县级文物主管部门予以登记并公布。

世界文化遗产中的不可移动文物，按照《中华人民共和国文物保护法》和《中华人民共和国文物保护法实施条例》的有关规定实施保护和管理。

问题 6. 请说明 12 座代表性敖包在《元上都遗址保护管理规划》：土地利用现状图（T-18）或遗产景观可视区域图（T-19）中为何没有被列为保护对象。

答：

（1）关于《规划》中的土地利用现状图（T–18）和遗产景观可视区域图（T–19）

《土地利用现状图》（T–18）的重点是表明遗产区现在的土地利用情况，《遗产景观可视区域图》（T–19）的重点是分析遗址向外的可视区域问题，这两张图本身难以反映敖包的保护规划内容。有关敖包保护措施的规划图见规划文件《代表性敖包保护措施图》（T–26）。

（2）关于《规划》中的敖包保护措施

尽管敖包在申报文件中不属于申报要素，但与遗址的环境特征关联密切。所以《元上都遗址保护管理规划》在“1 遗产概况”的第 10 条明确将敖包列为保护对象，在“10 人文环境保护管理规划”中给出了保护策略和具体措施，并在《规划》图纸中绘制了《代表性敖包保护措施图》（T–26）。因限于图纸比例，没有专门绘制敖包保护措施详图。

为进一步说明敖包保护措施的具体内容，现补充附上敖包作为旗级文物保护单位的保护措施详图（详见附件 8：12 座代表性敖包保护措施详图）。

管理

问题 7. 遗产及其缓冲区完全位于内蒙古自治区锡林郭勒盟，大部分位于正蓝旗，部分位于多伦县（图 1. e-2 与图 1. e-14）. 文本中描述（第 5-33 ~ 5-37 页）及图 5. c. 1 中所示的管理结构显得极度复杂。请说明它在实践中是如何运转的。元上都遗址保护管理委员会的成员有哪些，多久召开一次会议？

答：

（1）关于元上都遗址管理机构的运转实践

元上都遗址遗产区和缓冲区的主体和绝大部分位于内蒙古自治区锡林郭勒

盟的正蓝旗，只有一处砧子山墓地位于锡林郭勒盟的多伦县境内。按照中国文物保护法律确定的属地管理原则，不可移动文物主要是由所在地的地方人民政府保护管理。因此，元上都遗址主要是由正蓝旗和多伦县人民政府管理，正蓝旗元上都遗址文物事业管理局和多伦县文物局具体负责遗址的日常保护管理工作。

由于元上都遗址涉及正蓝旗和多伦县两地，锡林郭勒盟于 2010 年 6 月针对遗产所在地的综合保护管理工作，设立了“锡林郭勒盟元上都遗址保护管理委员会”，负责统筹正蓝旗、多伦县人民政府和盟各有关政府部门之间的合作，是个协调委员会（详见附件 10：中共锡盟委办公厅、锡盟行署办公厅关于成立元上都遗址保护管理委员会的通知、附件 11：中共锡盟委办公厅、锡盟行署办公厅关于调整元上都遗址保护管理委员会的通知）。2010 年 11 月，锡林郭勒盟为进一步加强元上都遗址的文物保护工作，又成立了“锡林郭勒盟元上都遗址文化遗产管理局”，作为负责具体事物的盟一级常设政府机构，是正蓝旗和多伦县共同的上级专业管理部门，专门负责具体领导和协调正蓝旗和多伦县对元上都遗址的文物保护管理工作。

内蒙古自治区文物局作为内蒙古自治区人民政府文物主管部门，主要是负责组织开展元上都遗址的考古发掘、文化遗产保护、展示工程，指导锡林郭勒盟、正蓝旗、多伦县开展元上都遗址的保护管理工作。

国家文物局作为中国国务院文物主管部门，负责审批元上都遗址的考古发掘、文化遗产保护、展示工程、遗产区和缓冲区内可能影响文化遗产价值的建设项目；指导内蒙古自治区、锡林郭勒盟、正蓝旗、多伦县开展元上都遗址的保护管理工作；代表缔约国政府负责元上都遗址的申报和监测管理工作。

中国中央政府和相关各级地方人民政府的农业、环境保护等有关部门也依据相关法律法规，负责元上都遗址的草原、环境等保护工作。

（2）关于元上都遗址保护管理委员会的成员和会议情况

该委员会由锡林郭勒盟盟长担任主任，主管文化遗产保护工作的副盟长担任副主任，成员包括锡林郭勒盟文化、文物、建设、旅游、交通等 26 个有关部门以及正蓝旗、多伦县人民政府的正职。委员会办公室设在正蓝旗人民政府，正蓝旗旗长兼任办公室主任（现有成员名单详见附件 11：中共锡盟委办公厅、锡盟行署办公厅关于调整元上都遗址保护管理委员会的通知）。

该委员会每个季度至少召开一次会议，遇有重大问题则及时召开会议研究决定（详见附件 12：锡林郭勒盟元上都遗址保护管理委员会会议记录表）。

问题 8. 遗产的日常管理似乎由正蓝旗遗产保护管理委员会负责（《正蓝旗文物保护条例》第六条，文本第 5-31 页）。请说明管理遗产人员的数量和资质。

答：

（1）关于正蓝旗政府文物管理部门与机构在遗产日常管理中的作用

如前文所述，正蓝旗人民政府于2002年成立了“正蓝旗元上都遗址文物事业管理局”，专门负责元上都遗址的保护管理，极大地加强了遗址的保护工作，发挥了重要的作用，取代了1990年《正蓝旗文物保护管理办法》提及的正蓝旗文物保护管理委员会在元上都遗址保护管理方面的职能。

（2）遗产管理人员的数量和资质

目前，负责元上都遗址日常保护管理的正蓝旗元上都遗址文物事业管理局和多伦县文物局及其下属机构的人员情况如下：

正蓝旗元上都遗址文物事业管理局现有工作人员15人，其中大学本科学历5人，大专8人，有6人具有中高级专业技术职务。正蓝旗元上都遗址文物事业管理局下辖元上都遗址工作站、元上都遗址博物馆和元上都文物执法大队3个单位。元上都遗址工作站具体负责元上都遗址的日常管理维护、旅游接待服务及安全防范、监测工作，现有工作人员24人，其中研究生学历1人、大学本科4人、大专6人，有4人具有中高级专业技术职务。元上都遗址博物馆具体负责元上都遗址出土文物的管理、展示及博物馆日常管理工作，现有工作人员31人，其中研究生学历2人、大学本科13人、大专10人，有4人具有中高级专业技术职务。元上都文物执法大队具体负责元上都遗址地上、地下文物安全案件侦查和执法工作。现有工作人员4人，其中大学本科2人，大专2人（详见附件13：正蓝旗元上都遗址文物事业管理局人员登记表）。

多伦县文物局现有人员10人，其中大学本科学历6人，大专4人，有6人具有中级专业技术职务。多伦县文物局下辖多伦县砧子山元代古墓群保护管理工作站，具体负责砧子山古墓群的保护管理工作，现有人员6人，其中大学本科学历4人、大专2人，有2人具有中级专业技术职务（详见附件14：多伦县文物局人员登记表）。

问题9. 文本自然灾害及预防部分没有提及洪水的可能性。今天元上都遗址有可能和历史上一样面临洪水的风险吗？《元上都保护管理规划》中指出铁幡竿渠需要修复。请说明元上都遗址应对洪水危险的措施。

答：

（1）关于元上都遗址的洪水风险

内蒙古自治区水利科学研究院根据近30年的水文资料编制的《正蓝旗元上都遗址防洪报告》（2010年10月）研究成果证明，因气候变化十分明显，在历史上曾经对元上都遗址构成洪水灾害威胁的上都河，在近30年来没有发生过洪水灾害；并经由专业测算：100年内上都河最大洪峰量仅为7.7立方米/秒，这一流量在辽阔的金莲川草原河滩上已不能构成任何洪水威胁（详见附件15：正蓝旗元上都遗址防洪评价报告）。

（2）关于应对洪水的措施

如前所述，洪灾对元上都遗址已不具有现实威胁；同时，铁幡竿渠的防洪坝和宽渠还在，依然发挥着很强的防洪功能，而且草原植被覆盖住的历史坝体与渠道已具有相当强的稳定性；现已无人居住的元上都城址外墙有明显的留存，也已都被覆盖在厚厚的草原植被下，有很高的防洪能力。《元上都遗址保护管理规划》中指出铁幡竿渠需要修复，主要是针对铁幡竿渠本体的进一步保护措施，计划对少数部位的部分缺失予以修补。这些现存的少量缺失不构成对坝体及其防洪功能的严重损害。但每年的监测、分析、预测和及时的防范、疏导是缔约国一刻也不会放松的工作。

我衷心希望我完整地说清了所有的问题。如果你们还有任何感到不够清晰或不够充分之处，请毫不犹豫地再次向我提出。我将随时听候你们的召唤。

再次感谢你们为世界遗产公约所作出的可敬的努力和贡献。

致敬

诚挚的

顾育才
副局长
中华人民共和国国家文物局

2 相关文件附录（目录）

附件 1：正蓝旗人民政府关于公布一棵树墓葬以及乌和尔沁等 12 处敖包为旗级文物保护单位第二批旗级文物保护单位的通知的文件

附件 2：元上都遗址周边墓葬群分布示意图

附件 3：内蒙古自治区人民政府关于公布内蒙古自治区第三批重点文物保护单位的通知

附件 4：正蓝旗人民政府关于公布第二批旗级文物保护单位的通知

附件 5：申报区内所有已探明的考古遗址名录 / 数据库（英文摘录）

附件 6：申报区内所有已探明的考古遗址名录 / 数据库（中文全文）

附件 7：铁幡竿渠测绘图

附件 8：12 座代表性敖包保护措施详图

附件 9：正蓝旗人民政府关于公布正蓝旗第二批文物保护单位保护范围及建设控制地带的通知

附件 10：中共锡盟委办公厅、锡盟行署办公厅关于成立元上都遗址保护管理委员会的通知

附件 11：中共锡盟委办公厅、锡盟行署办公厅关于调整元上都遗址保护管理委员会的通知

附件 12：锡林郭勒盟元上都遗址保护管理委员会会议记录表

附件 13：正蓝旗元上都遗址文物事业管理局人员登记表

附件 14：多伦县文物局人员登记表

附件 15：正蓝旗元上都遗址防洪评价报告

后记

回顾

2012年6月29日，北京时间22点23分（当地时间18点23分），在俄罗斯圣彼得堡召开的联合国教科文组织第36届世界遗产委员会会议上，中国世界文化遗产提名项目——“元上都遗址”通过审议列入《世界遗产名录》，成为内蒙古自治区首个世界遗产、我国第30项世界文化遗产，至此我国世界遗产总数达到42项。

项目受理与编制过程

自2009年元上都遗址正式列入国家申报计划后开始，中国建筑设计研究院建筑历史研究所受内蒙古自治区文化厅委托，作为技术负责单位承担并开展了该项目有关遗产申报的一系列技术咨询服务，包括申遗文本、保护管理规划、展示工程方案、现场迎检、补充材料等世界遗产提名技术文件的编制。在遗产地长期准备的前期工作基础上，申遗技术团队紧张有序地开展资料整理、分析研究、文本编写、图纸绘制和不同程度地参与英文翻译、排版校对、印刷制作等环节的工作，并如期圆满完成。我国政府按照规定程序，分别于2010年9月向联合国教科文组织世界遗产中心提交申遗文本预审稿、2011年1月正式提交全套申遗提名技术文件、2011年8月完成现场迎检评估、2011年10月提交回复国际机构世界遗产中心质询的补充材料，最终在2012年5月5日世界遗产中心网站公布ICOMOS的评估意见为“推荐列入（Inscription）”，于2012年6月29日的世界遗产大会审议通过列入“世界遗产名录”。

创新与探索

申遗文本的编制工作是元上都遗址全套世界遗产提名技术文件最核心的部分，

需要从世界文明与文化的角度提炼遗产的“突出普遍价值”（简称 OUV），是保护管理、阐释展示、整治提升等工作开展的重要基石。为此，申遗技术团队立足于“城市文化”的角度，从农耕文明与游牧文明的文化特色和融汇过程分析，经由中国古代城市史、建筑史等专题研究，对草原都城遗址的遗产价值开展了一系列学术探讨与对比分析，形成了若干新观点。最终申遗文本在经过国内众多权威专家学者审议后提交世界遗产中心，所声明的列入理由、四条价值标准、真实性、完整性等核心内容全部获得国际古迹遗址保护理事会 ICOMOS 的充分认可，成为向世界阐释遗产价值、传播中华文化的重要文件。

在探索元上都遗址突出普遍价值的研究过程中，项目团队曾自拟了一系列的支撑类专题研究，这其中既包括对一些宏大历史文化背景的总结提炼，如四大汗国和元帝国的关系、草原丝路与元上都的关系、亚洲北方草原地区游牧民族建立城市的规划特点、中国古代都城形制与格局的演变分析等；也包括一些针对元上都遗址的专题研究，如元代三座都城的比较、元上都对其后城市营建的影响、上都选址的影响因素等；甚至还包括对一些基本名词或概念的辨析，如漠南与漠北、皇城与内城、关厢、敖包等。诚然这些专题已有大量的研究成果可供参考，但为了在申遗文本有限的篇幅中进行更为准确的遗产描述、更加精准的价值陈述，项目团队仍需要在参阅大量的研究材料基础上进行概念辨析与专题研究后，进行取舍、总结、提炼，进而有所创新、发现。

这一过程虽然艰辛但也充满乐趣，比如针对亚洲北方草原地区游牧民族建立城市的规划特点这一专题，项目团队内部就游牧民族为何建立城市、如何使用城市以及城市反过来如何影响游牧民族的具体问题展开了深入的讨论，意识到城市的建立对于游牧民族所具有的权力象征意义。又如关于元朝起止年这一意想不到问题的争议处理，元朝的起止年亦非像我们一般以为的那样是无可争议的，在各种出版物的陈述中竟然有五种说法之多！专家们各执一词，都有自己的依据。该当如何取舍令我们十分困惑。在阅读了大量蒙元史的研究报告后，我们决定将蒙元历史分三段表述：大蒙古国时期、蒙元帝国时期、北元时期，这样就可较为清晰地界定元上都的历史价值。

“对比分析”是编制世界遗产申报文件的另一个难点。它需要找到元上都遗址与其他同期同类遗产在价值上的区别，以发现其价值的独特性和不可替代性，从而证明其在世界范围内具有突出普遍价值。在世界范围内，与元上都遗址最具可比性的遗产是哈喇和林遗址，两者同属蒙古人统治时期创建的历史都城，在13～14世纪均属世界上享有盛誉的国际化城市。但哈喇和林遗址早在2004年就作为“鄂尔浑河谷文化景观”的组成部分被列入世界遗产，其突出普遍价值早已被世人认可，我们如果不能揭示和证明元上都遗址所见证的文化和文明与哈喇和林遗址的见证价值有所差异，那么元上都遗址就可能被哈喇和林遗址所代表，并因失去突出普遍价值而无缘世界遗产。对此，我们在资深专家的指导下，从一开始就将主要对比研究的对象锁定哈喇和林遗址，我们找到当时学界公认的哈喇和林遗址平面图，通过城市形制的对比发现哈喇和林地表遗址似乎是一个另类，从城市布局根本看不出它所反映的城市文化特点。在困惑之时，内蒙古自治区元上都申遗工作领导小组文本工作组协调项目组及有关方面专家，专程赴蒙古国考察了“鄂尔浑河谷文化景观”；并收到内蒙古自治区文物考古研究所驻蒙古国考古队提供的德国考古队编写的2000～2009年关于哈喇和林考古发掘的报告。这份报告属于该遗址的最新考古成果，为我们辨析哈喇和林的城市空间格局提供了重要的支撑：哈喇和林的整个城市格局与辽、金等游牧民族早期建立的城市一样，都是两城并置的形式，其中一边是统治者、另一边是被统治者。我们最终解读与发现哈喇和林城市格局的那一天，工作通宵达旦。当太阳升起的时候，我们提出了“并列型”和“环套型”两种典型的城市布局形制，作为游牧与农耕文明两种不同的城市空间模式。

与此同时，鉴于申遗文本最终提交的是英文文件，所有在文本编制过程中呕心沥血来回修改、无比纠结反复推敲的中文表述，最后还得翻译为准确的英文才能被国际同行所理解。而元上都遗址因涉及蒙元史、蒙古族等相关内容，一些专有名词和专业词汇需结合蒙古语的表述进行翻译，或者结合国际语境中交流与对话需求，进行适当简化后转换成英文翻译。受申遗工作时间节点的限定，申遗文本的整个工作过程可概括为“多边工作”。内蒙古自治区元上都申遗工作领导小组文本工作组在原委托翻译单位所译英文稿基础上，又请有蒙古史、英文翻译专家、特别是熟悉申遗文本英文翻译的专家组成的团队，与我们对接核校，即边写边改边翻译边排版。这种工作模式对两个团队的综合协调能力，及人员耐力、毅力、体力均提出了极大的挑战。特别是关于元上都英文名称的翻译考证，引发了我们对元上都遗址的全新认识：“元上都”在提交《世界遗产预备名单》时，意译为Upper Capital，但我们在文本研究过程中却发现，经由200年前英国浪漫派诗人柯勒律治（Samuel Taylor Coleridge）的一首诗《忽必烈汗》（1816 年），使其在整个欧洲、甚至国际社会获得了极为广泛的影响。诗的开篇首句为“在上都（Xanadu）忽必烈汗下令 / 建造了一座堂皇的宫殿……”此后，Xanadu 就被用于专指忽必烈汗的上都，寓意为梦幻般的东方宫殿，颇为类似香格里拉的含义。在全世界，有许许多多的电影、歌剧、画廊、摇滚歌曲、实验建筑、购物中心、植物、红酒、雕塑、标准色彩（一种灰绿色）……都以 Xanadu 命名，甚至土星卫星六泰坦（Titan）表面一块神秘的明亮区，也被命名为 Xanadu！这是出乎我们意外的事情，完全没有想到，这座掩埋在草原深处、沉睡数百年的都城遗址，竟然在国际上如此出名！据说，在联合国教科文组织世界遗产中心评审专家组的审定会议上，30 多位各国评审专家集体唱起了一首名为《上都传奇》（The Legend of Xanadu）的歌！这首在 1968 年蝉联英国单曲排行榜的第一名、在当时堪称脍炙人口流行歌曲。富有戏剧性的是，会场唯一不会唱的，竟然是我们中国的专家。这不仅令我们汗颜，也引起我们的反思，为何对于元上都的理解，在国外，远比在国内要更加广泛和重视？

成果意义

这一时刻，距离 1996 年元上都遗址列入中国世界文化遗产预备名单、内蒙古自治区政府启动申遗工作已有 16 年。在这经年累月的申遗工作筹备期间，国家文物局主要领导与内蒙古自治区、锡林郭勒盟、正蓝旗、多伦县的党委和政府都对元上都遗址申遗工作给予高度重视与大力支持，众多的国内外专业机构和专家学者从历史、考古、民族、文化、遗产、环境、生态、建筑、规划等不同专业方向贡献才学智慧与专业指导，大量奋斗在一线的文物保护、考古发掘、管理维护、讲解阐释的工作人员与志愿者奉献青春与挥洒汗水，最终实现了内蒙古自治区世界文化遗产零的突破。元上都遗址申遗成功，标志着内蒙古文化遗产事业迈入新的发展阶段，其所反映的蒙古族和汉族在思想上和制度上的民族融合，对于巩固全国各族人民的大团结，也具有十分深远和重大的政治意义。

出版声明

元上都遗址申遗提名文件的出版自申遗成功后即被内蒙古自治区文物局提上日程，并于 2014 年 12 月委托中国建筑设计研究院建筑历史研究所原文件编制团队开始筹备相关出版工作。最初的任务策划希望同时出版蒙、中、英三种文字版本，预计的工作难度在蒙文翻译和排版制作。但在实际工作过程中，因原提名文件内容过于庞杂，在申遗文本之外还附有大量的历史文献、保护管理、规划方案、对比分析、图形图像等附件资料，总计约1000页文本及200页图版，在第一步的出版内容、出版方式等问题上就进行了多轮、多方的反复讨论，我们希望既能让读者了解原提名文件的技术内容，同时又能满足工作经费的限制，最终确定三种文字版本各自由不同的机构承担，各版本的内容以申报文本为核心，附加部分其他内容。

本中文版分为上下册，基本保持了原提名文件的总体架构，但在具体内容组织和格式上有局部调整，主要包括：①申报文本全文保留，但对原对应英文阅读的版式进行调整，更为符合中文阅读习惯；②原附件内容的图集和对比分析资料得以保留，是研究元上都遗址价值的重要参考，其他的大量历史文献、保护管理资料汇编仅保留目录，保护管理规划和展示工程方案均已公布并实施，此次出版文件中全文略去；③原回应国际古迹遗址保护理事会ICOMOS的补充材料信件也补充纳入进来，可以使读者充分了解申遗过程中技术团队与国际组织之间互动对话的过程。

本提名文件中所使用的图纸，除单独标明提供的相关专业机构或个人外，绝大部分为文本编制项目组根据相关资料绘制或改绘；本提名文件中所使用的图片或照片，除单独注明拍摄者或者提供的相关专业机构、个人之外，均由文本编制项目组成员拍摄或由内蒙古自治区文物局协调提供，特此说明。

协同致谢

元上都遗址申遗成功至今已逾6年，在申遗文本即将出版面世之际回首过往，曾经淡去的场景、人物、情感的记忆慢慢浮现，庆幸我们能亲身经历并投入到这一艰苦异常而激情燃烧的申遗历程，收获激动人心的圆满成果！

感谢内蒙古自治区人民政府、国家文物局、内蒙古自治区文化厅和文物局、锡林郭勒盟、正蓝旗、多伦县的各级领导和工作人员对元上都遗址申报文本编制工作的重视与支持；

向所有支持、指导、审议、参与元上都遗址申遗文件编制的各级领导和专家学者致谢，向所有长期研究、保护、管理、维护的工作人员和志愿者致敬！

元上都的历史记住了这一时刻！

回望中国两千多年农耕与游牧两大文明的碰撞、交流与融合，始终是一个突出的且重要的主题。而我们在元上都遗址的世界文化遗产申报过程中，不仅努力践行了自己的文化遗产保护价值观，更重要的是在文明视野方面打开了一个全新的、广阔的认知领域！

元上都遗址申遗文本编制项目组

陈同滨　蔡超　徐新云　李敏　俞锋　郭辛欣　韩真元　吴东

附：

《元上都遗址申报世界文化遗产提名文件》编制大事记

元上都遗址自 1964 年被内蒙古自治区列为省级重点文物保护单位后，1988 年被国务院公布为第三批全国重点文物保护单位，2005 年被国家文物局列入《国家"十一五"重大考古遗址保护规划》名单，2006 年由国家文物局列入《中国世界遗产预备名单》、提交 UNESCO 世界遗产中心备案，2009 年正式列为国家文物局 2012 年中国申报世界文化遗产项目。

自此，由内蒙古自治区、锡林郭勒盟和正蓝旗等三级政府在此前一系列准备工作的基础上，开始全面推进元上都遗址的世界遗产申报工作，主要工作成果与成效均已列入文本的第四章和第五章。以下仅就提名文件（含申遗文本、管理规划和补充材料）的编撰过程进行大事编年，作为事实性记录、可为后续其他申遗项目提供一定参考。

保护管理规划

2009 年 2 月，正蓝旗政府与中国建筑设计研究院建筑历史研究所（以下简称：中建院历史所）正式签订合同，委托受理《元上都遗址保护管理规划》。

2010 年 9 月 20 日，内蒙古自治区人民政府批复自治区文化厅，同意实施《元上都遗址保护总体规划》（内政字 [2010]184 号）。

2010 年 11 月，国家文物局在北京召开《元上都遗址保护管理规划》评审会，与会专家审议后批准通过规划，同时开展规划主要内容的翻译工作。

2010 年 12 月，内蒙古自治区人民政府印发通知，公布实施《元上都遗址保护管理规划》。

2011 年 1 月，完成规划全文与批文翻译工作，编入提名文件附件。

申遗文本

2009年11月4日，由内蒙古自治区元上都申遗领导小组文本工作组组长，代表内蒙古自治区文化厅与中建院历史所正式签订《元上都遗址申遗文本合同》。

2009年3~6月，作为申遗文本编撰第一阶段启动的重要任务，由中建院历史所向内蒙古自治区申遗文本工作组提出11项文本基础资料研究的命题课题；申遗文本工作小组随即组成多方专家参与的课题组，展开研究。

2010年3月，内蒙古自治区申遗文本工作组向中建院历史所提交11项文本基础资料研究课题，共计25.6万字的研究成果，为文本编制提供了重要的学术支撑，部分重要资料编入文本附件。

2010年3月初，内蒙古自治区申遗文本工作组与中国对外翻译有限公司、南京东方翻译院分别签订申遗文本英文翻译合同。

2010年3月初，内蒙古自治区申遗文本工作组分别与中国古遗址保护协会签订申遗文本咨询服务合同、与北京方舟正佳图文设计有限公司签订申遗文本排版印刷合同。

2010年3月末~4月3日，内蒙古自治区申遗文本工作组组织专家组赴锡林浩特市、正蓝旗、多伦县收集遗址地监测和记录文件，编入文本附件D。

2010年4~5月，内蒙古自治区申遗文本工作组组织专家组赴锡林浩特市、正蓝旗、多伦县收集遗址地保护管理和规划等文件，编入文本附件C。

2010年4月14日，在北京召开元上都遗址的突出普遍价值专家讨论会。

2010年6月，元上都遗址申遗文本初稿完成，正式上报国家文物局。

2010年7月，国家文物局组织专家对三个预备申遗项目进行评审，确定元上都为2012年中国政府申遗项目。

2010年8月30日~9月3日，赴蒙古国哈剌和林遗址考察。

2010年9月21日，向国家文物局提交申遗文本预审稿，并寄送世界遗产中心。

2010年9月29日，世界遗产中心接收元上都申遗文本预审稿。

2010年10月国庆期间，通过函审方式征求在京专家对文本中涉及都城系列对比等问题的意见。

2010年11月，收到世界遗产中心对元上都申遗文本初审意见。

2010年11月18日，内蒙古自治区申遗文本工作组组织区内专家召开文本评审会。

2010年12月11日，在京组织专家召开申遗文本讨论会，就文本调整内容进行研讨。

2010年12月～2011年1月，完成申遗文本的编写、翻译、排版、印刷、校核等工作。

2010年12月22日～2011年1月11日，内蒙古自治区文本工作组组织10余名蒙古史、英文翻译、文化遗产保护专家团队，与文本编制项目组相互配合，完成申遗文本中文版、英文版修订核校和印刷工作。

2011年1月12日，文本工作组代表内蒙古自治区政府向国家文物局正式呈报申遗文本（含附件A、B、C、D），由国家文物局按规定程序报送世界遗产中心。

补充材料

2011年7～8月，准备迎接世界遗产专家现场评估工作，项目组负责编制价值阐述材料，并配合制作专家考察手册。

2011年8月7～9日，正式迎接韩国世界遗产专家Jae-Heon Choi赴元上都遗址履行世界遗产现场评估任务。

2011年9月11日，项目组收到国家文物局转发世界遗产中心发来的补充材料要求。

2011年9月15日～28日，国家文物局组织三次针对补充材料要求的专题研讨。

2011年10～12月，完成元上都遗址申遗补充材料的编写、翻译、排版、印刷、校核等工作，报送国家文物局，寄送世界遗产中心。

2012年5月5日，世界遗产中心网站公布元上都遗址评估报告，报告中评估意见为“推荐列入（Inscription）”。

2012年6月29日18时23分（当地时间），在俄罗斯圣彼得堡举行的联合国教科文组织第36届世界遗产委员会会议上，中国世界文化遗产提名项目“元上都遗址”顺利通过审议，成功登录《世界遗产名录》，成为中国第30项世界文化遗产。